걱정 해방

Kopf hoch!:
Mental gesund und stark in herausfordernden Zeiten
by Prof. Dr. Volker Busch
Published by Droemer Verlag, an imprint of Verlagsgruppe
Droemer Knaur GmbH & Co. KG, Munich.

불안 과잉 시대, 마음의 면역력을 키우는 멘탈 수업

걱정 해방

폴커 부슈 지음
김현정 옮김

Kopf hoch!

비즈니스북스

옮긴이 김현정

이화여자대학교 독어독문학과를 졸업하고 동 대학원에서 석사 학위를 받았으며, 독일 예나 대학교에서 수학했다. 현재 번역 에이전시 엔터스코리아에서 번역가로 활동 중이다. 옮긴 책으로는 《세상은 이야기로 만들어졌다》, 《투게더: 공동체 의식에 대한 조금 색다른 접근》, 《시간을 잃어버린 사람들》, 《발상: 스치는 생각은 어떻게 영감이 되는가》, 《복종에 반대한다》, 《무관심의 시대》, 《감정이 지배하는 사회》, 《나이 든다는 것에 관하여》 등 다수가 있다.

걱정 해방

1판 1쇄 발행　2025년 1월 24일
1판 2쇄 발행　2025년 1월 31일

지은이 | 폴커 부슈
옮긴이 | 김현정
발행인 | 홍영태
편집인 | 김미란
발행처 | (주)비즈니스북스
등　록 | 제2000-000225호(2000년 2월 28일)
주　소 | 03991 서울시 마포구 월드컵북로6길 3 이노베이스빌딩 7층
전　화 | (02)338-9449
팩　스 | (02)338-6543
대표메일 | bb@businessbooks.co.kr
홈페이지 | http://www.businessbooks.co.kr
블로그 | http://blog.naver.com/biz_books
페이스북 | thebizbooks
인스타그램 | bizbooks_kr
ISBN 979-11-6254-405-1　03190

◼
◆
◼

사랑하는 나의 아내 슈테파니에게,
"서로를 믿는 한 우리를 이길 것은 아무것도 없다!"

친애하는 독자 여러분, 이 책을 선택한 여러분을 진심으로 환영한다!

양심적인 의사는 약을 처방하기 전 '복용 설명서'에 대해 환자와 상의한다. 이런 설명서는 당연히 문학적 매력을 발산하지도 않고 극적인 긴장감도 기대하기 어려우며, 후속 치료를 받아야겠다는 의지를 항상 불러일으키는 것도 아니다. 다만 약을 복용하는 법에 대해 몇 가지 짧고 명쾌한 답변을 제공한다. 말하자면 약 복용 설명서는 반드시 약에 첨부되어야 한다는 단순한 의무를 넘어, 앞으로 일어날 일에 대해 명확한 정보를 제공한다는 소중한 가치를 지닌다. 이런 이유에서 먼저 이 책에 대한 몇 가지 유용한 정보를 설명서의 형태로 제공하려 한다. 여러분이 이 책에 무엇을 기대해야 할지 알게 하고, 불필요한 오해를 방지하기 위해 말이다.

내용물

여러분이 손에 들고 있는 이 책은 의학 전문서가 아니다. 나는 현미경으로나 볼 수 있는 상세한 조직세포 연구를 제시하지도, 몇 페이지에 걸쳐 유전자 분석을 늘어놓지도 않을 것이다. 또한 약물 복용량이나 약리학적 효능에 관한 연구도 이 책에서는 찾을 수 없을 것이다.

다만 이 책은 몇 가지 사회적, 시대적 진단을 바탕으로 일상생활의 심리적 부담감에 더 잘 대처할 방법을 설명한다. 동시에 정신을 강화하고 안정적으로 만드는 방법도 알아본다. 단도직입적으로 말해서 이 책에는 좋고 건강한 내용은 많으며 나쁘고 아픈 내용은 적다.

성분

이 책의 주요 성분은 마음과 뇌다. 여기에 쉽게 풀어 쓴 신경과학적 사실과 치료 경험, 흥미롭고 유머러스한 이야기, 지혜로운 사람들의 생각, 유용한 사고 훈련과 다수의 실용적인 행동 권장 사항을 담았다. 어쩌면 내가 팟캐스트나 블로그에서 쓴 글의 흔적들도 조금 포함되었을 수 있다. 하지만 그 정도 용량으로는 알레르기 반응이 일어나지 않을 테니 두려워하지 않아도 된다.

이 책에는 현재의 복잡한 사회적·정치적·경제적 문제에 관한 주제넘은 해결책은 담겨 있지 않다. 나는 과학자이자 의사로서 전문 지식과 경험에 충실할 것이다. 이 책은 여러분과 여러분의 정신 건강에 중점을 두고 있다. 어떤 정치적 의제도 따르지 않으며 사회적 상황이나 주제를 다룰 때도 기본적으로 인간의 심리와 뇌의 기능을 바탕으로 논리를 전개한다.

여러분은 정신 건강이나 정신적 회복력에 대해 분명 많은 텍스트들을 이미 읽었을 테고 그중 여러 조언을 기억하고 있을 것이다. 만약 그렇다면 이 책은 여러분이 이미 알고 있는 익숙한 내용을 다시금 상기하는 자리가 될 수도 있다. 하지만 새로운 관점을 더 많이 얻을 것이라 확신한다. 이 책은 운동, 식단, 요가, 마음챙김 수련 등 오늘날 많은 곳에서 다루고 있는 내용보다는(물론 이런 것들은 의심할 여지 없이 매우 가치 있는 전략이다!) '감염된 마음'을 치료하고 회복하는 방법에 더 집중한다.

효능 및 효과

이 책은 뚜렷한 정신 질환은 없으나 현재 어떤 식으로든 부담을 느끼고 있는 독자들을 위해 쓰였다. 최근 들어 더 예민해지고 부담감을 감당하기가 어려워진 사람들, 저녁이 되면 긴장하고 스트레스를 받는 사람들, 이전보다 더 예민하고 짜증스럽게 반응하며 빨리 흥분하는 사람들, 생각이 많아지고 고민이 깊어진 사람들, 삶에서 유쾌함과 편안함을 잃어버린 사람들이 이 책의 대상이다. 또한 격변하는 세상의 흐름에 불안감을 느끼는 사람들, 두려움과 걱정에 휩싸여 미래를 바라보는 사람들, 자신감을 잃은 사람들에게도 이 책이 큰 도움이 될 것이다.

주의할 점은 이 책이 심각한 불안장애나 우울증에 대한 전문적인 치료를 전적으로 대신할 순 없다는 것이다. 그런 이들에게는 이 책을 넘어선 전문적인 치료법과 전문의 및 치료사의 처방이 필요하다. 하지만 이 책에 담긴 내용도 일부 도움이 될 것이다.

사용상의 주의 사항

이 책은 이미 모든 것을 알고 있다고 생각하는 사람, 관점을 바꾸거나 새로운 것을 시도할 마음이 없는 사람, 아이러니를 이해하지 못하는 사람에게는 적합하지 않다. 왜냐하면 이 책에는 그런 내용이 많이 담겨 있기 때문이다. 따라서 여러분이 언급한 사항 중 하나라도 해당한다면 이 책을 읽지 말기를 바란다. 책을 읽다 화가 너무 많이 날 수 있다(필요하다면 내게 조언을 구하기를 바란다).

부작용

각 장의 몇몇 내용은 여러분의 신경을 약간 자극할 수도 있다. 하지만 이는 경미한 불편함에 불과하다. 나중에 알게 되겠지만 이는 의도한 것이다. 예외적인 경우 몇 가지 관점이 여러분의 속을 불편하게 만들어 불쾌감을 살짝 유발할 수 있으나 이런 증상은 빨리 사라질 것이다. 모든 내용은 (테스트에 참여한 독자들에게서 확인했듯이) 전반적으로 쉽게 소화할 수 있다. 그러나 예상과 달리 정신적 소화불량 증세가 계속된다면 책을 잠시 덮어 두고 하룻밤 동안 잠을 청하고 난 후 다시 읽어 볼 것을 권한다. 소화제는 필요하지 않을 것이다.

기타 첨가제

이 책의 중요한 첨가제는 이해하기 쉽게 쓰인 비유적인 언어다. 나는 의도적으로 이런 언어를 사용해서 내용이 머릿속에 쏙쏙 박히고 생각의 계기를 제공하도록 했다. 또 다른 첨가제는 유머인데, 이는 전달하는 내용이 약간 씁쓸할 경우 달콤한 맛을 낸다. 이런 첨가제들을 통해 다소 복잡하고 어려운 부분도 쉽고 재미있게 읽히기를 바란다.

용법 및 용량

이 책을 한꺼번에 복용하지 않기를 권한다. 과다 복용의 위험이 있기 때문이다. 일주일에 걸쳐 소량씩 나눠 복용하는 편이 소화하기 쉽고 효과도 더 오래 유지된다. 이 책은 또한 장별로 읽을 수 있도록 구성되어 있다. 공복에 뇌를 너무 많이 가동하면 소화가 안 될 수 있다. 쿠키도 먹고 코코아도 마시면서 편안하게 읽기를 바란다. 내 책은 맛있게 먹을 수 있는 약이다.

제조 방법

이 책의 모든 텍스트는 챗GPT나 그 어떤 유사한 프로그램의 도움 없이 작성되었다. 많은 저자가 시간 소모적인 문장 작성 작업을 덜어 주는 디지털 보조 시스템에 매력을 느낄지 몰라도 개인적으로 나는 그런 것들을 거부한다. 실용서는 과학적으로 잘 검증된 사실('환각'에 빠지는 일이 없도록), 획기적인 생각, 몇몇 불편한 논제, 기발한 아이디어, 상상력이 풍부한 언어적 이미지, 텍스트에 생명력을 채워 주는 개인적인 이야기가 바탕이 되어야 하며 여기에 저자만의 특유한 표현법으로 옷을 입히는 것이 좋다.

챗봇Chatbot이었다면 전반적으로 이런 작업은 거의 불가능했을 것이다. 내가 이 작업에 성공했는지는 독자 여러분이 판단하길 바란다. 하지만 여러분이 어떤 판단을 내리든 내 글이 인공지능으로 작성된 것이 아니라는 점만은 확실하다. 이 책은 여러분을 위해 내가 쓴 책이다.

나는 내게 상담을 받으러 오는 사람들을 '환자'patient라는 말 대신 '내담자'client라 부르는 것을 선호한다. 이를 이 책에서도 그대로 유지하고 싶다. 폐쇄 병동에서와 달리 내담자들은 자발적으로 나를 찾아오며 언제든지 상담이나 치료를 중단하거나 종료할 수 있다. 그들은 라틴어 patientia('인내'라는 뜻)가 암시하는 것처럼 의학적 진단이나 치료를 '참고 견디지' 않는다. 우리는 눈높이를 서로 맞추고 어떤 길을 택할지 스스로 결정하며 원한다면 함께한다. 이 책의 독자들 역시 그랬으면 한다.

또한 나는 이 책에서 성 중립적 표현을 사용하기보다 성별이 큰 역할을 하지 않는 일반적이고 포괄적인 언어를 사용했다. 대신 지혜로운 여성과 남성의 명언을 고루 인용하고 남녀 내담자들의 이야기를 담았으며 때로는 여성 독자들이, 때로는 남성 독자들이 공감할 수 있는 사례를 선택함으로써 내용 면에서 양성이 평등하게 분배되도록 주의를 기울였다.

이 책을 잘 이해한다면 스트레스와 긴장이 풀리고 마음이 가벼워지며 자신감이 생길 것이다. 또한 인간에 관한 흥미롭고 새로운 사실을 알게 되고, 뇌의 기능에 저도 모르게 감탄하며 살짝 미소를 머금을 것이다. 이 책을 복용할 준비가 되었는가? 그렇다면 페이지를 넘겨 시작해 보자.

제1장 │ 더 유연해지기 : 불확실성을 잘 견디는 법

■ Problem

제2장 │ 좋은 것에 집중하기 : 부정적인 것으로부터 나를 보호하는 법

제5장 | 자신감을 갖기 : 두려움을 극복하고 미래를 가꾸는 법

■ Problem

■ Solution

문명화된 시대의
신경증

―――――――――――――

어느 여인의 정신과 기록

"오늘은 어때요?"

　의사가 무릎 위에 놓인 수첩에 오늘 날짜를 적으며 묻는다. 그의 앞에는 잘 차려입은 30대 후반의 여성이 앉아 있다. 긴장한 듯한 그녀의 얼굴이 불안해 보인다.

　"지난번에 말씀드렸던 압박감이 아직도 머릿속에 남아 있어요. 꼭 끈으로 머리를 조르는 것 같아요. 너무 지쳐서 계속 눕고 싶다는 충동을 끊임없이 느껴요. 그리고 왠지 모르게 마음이 불안해요. 쉬고 싶은데 잘 되지 않아요."

의사는 니켈 안경테 너머로 그녀를 바라보며 말한다.

"특별히 자꾸 생각나는 게 있나요?"

"모르겠어요. 너무 많아요. 세상이 온통 너무 불안해 보여요. 도시의 소음과 바쁘게 돌아다니는 사람들이 저를 미치게 만들어요. 사람들이 너무 짜증을 내요. 그들의 인생에서 여유와 즐거움은 사라진 것 같아요. 저도 마찬가지고요."

"남편과 함께 계실 때는 평온한가요?"

"남편은 일하느라 바빠서 밤늦게나 집에 들어와요. 매일 정치가들을 욕하고 세상이 망하기 직전이라고 말하죠. 세상 모든 것을 걱정해요. 그런 이야기를 들으면 저도 가슴이 답답해지고요."

"기분이 나아지고 싶을 땐 어떻게 하나요?"

의사가 그녀에게 묻는다. 여성은 몸을 뒤로 기대고 깊은숨을 내쉰다.

"그냥 공원에 혼자 있는 게 좋아요. 공원에서는 집중할 필요도 없고 스트레스도 덜 받아요. 그리고 그냥 가만히 있을 수 있어요…."

이유를 알 수 없는 신경쇠약

여러분은 방금 전 조용하고 은밀한 관찰자가 되어 최근 나와 한 내담자가 나눈 상담을 목격했다고 생각할 수도 있다. 하지만 그렇지 않다. 진실을 말하자면 나는 방금 여러분을 150년 전 과거로 데려갔다. 여러분은 뉴욕의 신경과 전문의 조지 밀러 비어드George Miller Beard의 진료실을 다녀간 것이다.

비어드가 자신의 수첩에 기록한 날짜는 1874년 어느 가을날이다. 그 즈음 뉴욕 전역의 사람들이 불쾌감, 소화불량, 두통, 걱정, 상심, 신경과민, 예민함, 소음에 대한 민감함, 불면증, 안절부절못함, 긴장, 집중력 저하, 신체적 쇠약, 무기력함, 피로감 등 다양한 비특이적 증상 때문에 그를 찾아왔다. 비어드는 이와 유사한 비특이적 증상과 기분 장애 때문에 병원을 찾은 환자들을 '소파 증례'Sofafälle라고 불렀는데, 처음에는 주로 여성이 많았지만 나중에는 남성이 점점 더 많아졌다.

그보다 5년 전인 1869년, 비어드는 자신의 관찰을 바탕으로 '미국의 신경증'American Nervousness이라는 새로운 질병 개념을 창시했다.[1] 그가 저서에서 설명하듯이 이 신경증은 '머리부터 발끝까지' 사람을 '사로잡는다'.[2] 당시 미국에는 정신 질환에 관한 의학 저널이 없었기 때문에 그는 외과 저널에 자신이 관찰한 내용을 발표해야 했다. 하지만 이 신경증 질환에 대한 인식은 급속도로 확산해, 곧 신경쇠약Neurasthenia이라는 병명으로 국제적으로 인정되었고 19세기 말에는 미국과 유럽의 모든 의과대학에서 다루게 되었다.

이 설명할 수 없는 신경쇠약의 원인으로는 증기기관, 철도, 전신, 전기와 같은 현대의 기술 성과와 당시의 급격한 사회 변화가 지목되었다. 또한 '지나친 정신 활동'도 이 신경증의 원인으로 추정되었다. 이런 증상을 겪는 당사자들은 신경계 전체를 회복해야 했기 때문에 휴식을 취하라는 처방을 받았다. 최초의 요양원과 휴양 시설이 독일에서 생겨난 주된 이유 중 하나도 바로 이 신경쇠약이었다.

사람들은 복잡하고 시끄러워진 세상, 더는 이해할 수 없고 통제 불가능한 세상에서 벗어날 곳을 찾으며 전동 헤어브러시나 전기 복대 등을 통해 뇌와 지친 신경을 재충전하려고 한다. 남성에게는 레시틴Lecithin과 자양강장제 무이라 푸아마Muira Puama으로 구성된 신경강장제 무이라시틴Muiracithin 복용이 추천된다. 그러나 이런 치료법들은 대부분 효과가 없다. 현재로서는 증상의 원인이 밝혀지지 않았기 때문이다.

문명화된 시대가 가져온 불치병

신경학적으로 발생하는 질환이 정신 장애로 판명되기까지는 몇 년이 걸린다. 오늘날 신경쇠약은 생물학, 심리학, 사회적 요인 간의 상호작용에서 발생하는 것으로 알려져 있다. 다시 말해 신체적 요인 외에 심리적 측면과 환경적 측면도 이런 복합적인 신경쇠약 증상이 발현하는 원인이다.

앞서 사례의 여성과 같이 신경쇠약으로 고통받는 사람들의 수가 증가한 이유는 당시의 광범위한 사회적 격변을 들 수 있다. 즉 산업화는 엄청난 발전으로 많은 사람에게 새로운 기회를 제공하기는 했지만 삶의 속도가 빨라지고 변동성이 증가하는 시대, 가용성과 유연성에 대한 요구가 커지는 시대, 경제적 경쟁이 심화된 시대로 이어졌다. 점점 더 복잡해지는 세상은 위협적으로 느껴졌고 새로운 세상에서 자신의 자리를 찾기 위해 노력하는 개인은 지쳐 버렸다.

게다가 당시는 정치적으로 매우 불안정하고 종교적 유대와 전통적 가치관이 해체된 시기였기 때문에 사람들은 대부분 삶의 근거를 상실했다.[3] 19세기 후반의 세계는 거의 모든 삶의 분야에서 빠른 변화가 있었으며 모든 곳에서 미래가 불확실해 보였다.

따라서 신경쇠약은 '문명화된 시대의 신경증' 원형이라고 할 수 있다. 오늘날까지도 정신과 전문의들은 드물기는 하지만 신경쇠약을 진단 코드로 분류하기도 한다.[4] 그리고 건강염려증이나 번아웃 증후군 같은 현대의 많은 질병 개념은 신경쇠약과 매우 유사하다. 이 질병들은 일반적으로 문화와 문명, 개인의 생활 방식 변화 때문에 많은 사람이 겪은 최초의 신경쇠약이 현대적으로 변형된 것이라고 볼 수 있다. 현재 우리는 수많은 신경쇠약을 다시 경험하고 있다. 신경이 지나치게 곤두서고 피로해지는 수레바퀴가 다시 돌아가고 있다.

정신 면역체계를
주목해야 하는 이유

과도한 기대와 디지털 스트레스

다시 현재로 돌아와 비어드 박사가 여성 환자에게 물었던 똑같은 질문을 우리 자신에게 해보자.

"오늘은 어때요?"

요즘 내게 상담을 받는 많은 내담자가 마음의 긴장, 신경과민, 불안함, 초조함 같은 증상을 호소한다. 이들은 세상의 소음을 견디기 어려워하고 뒤로 물러나고 싶어 한다. 정치, 미디어, 소셜 네트워크에서 벌어지는 끊임없는 논쟁과 홍수처럼 쏟아지는 부정적인 뉴스도 이들을 화나게 한다. 그들은 쉽게 짜증을 내고 빨리 흥분하며 어떤 사람들은 자신이 더 예민해졌다는 느낌을 받기도 한다. 모든 것이 이들을 잔뜩 긴장시키고 신경을 곤두서게 만든다.

또한 저녁이 되면 머리를 쉬게 두지 못하고 그날 일어난 일에 대해 고민하거나 다음에 일어날 일에 대해 걱정하느라 머리를 쥐어뜯는 일이 많다. 그리고 금방 피곤함을 느끼고 자주 무기력하고 지쳐 있으며 에너지와 의욕이 부족하다. 그들은 미래에 대한 걱정이 많으며 동시에 회복력이 떨어진다고 말한다.

내담자들이 내게 말하는 이 증상들은 '심리생리학적Psychophysiological 긴장 상태'라고 요약할 수 있다. 다소 전문적으로 들리겠지만 실제로 스트레스 연구에 사용되는 많은 개념이 건축물리학에서 유래한 것이다(이를테면 '하중'이나 '저항' 등). 나의 내담자 중 일부는 앞에서 언급한 신경쇠약과 놀랍도록 매우 유사한 증상을 보인다. 신경쇠약은 일반적으로 좁은 의미의 정신 장애에 해당하지는 않지만 그렇다고 해서 아무것도 아닌 건 아니다. 당사자들은 아직은 일상생활에서 어느 정도 잘 '작동'할 수 있지만 편안함, 균형감, 만족감, 활동 욕구 등을 충만하게 느끼지 못한다.

쉽게 말해서 이들은 실제로 아픈 것은 아니지만 그렇다고 건강한 것도 아니다. 이들의 증상은 피아노 줄에 비유할 수 있다. 줄이 끊어지지는 않았지만 과도하게 늘어난 상태다. 그래서 피아노를 치면 소리가 나긴 하지만 줄이 많이 늘어나서 음이 비뚤어지고 잘못 들리는 것이다.

늘어난 피아노 줄은 오늘날 곳곳에서 흔하게 확인된다. 모든 연령대에 걸쳐 2,000명의 건강을 조사한 악사AXA 그룹의 2023년 정신 건강 보고서에 따르면 응답자의 32퍼센트가 자신이 정신적으로 건강하지 않다고 느꼈다(유럽 국가들을 비교했을 때 독일은 영국과 함께 상위권을 차지했다). 그들은 정신적 부담을 느끼는 이유로 인플레이션, 전쟁, 경제적 불확실성뿐만 아니라 소셜 네트워크 및 미디어의 영향으로 인한 과도한 기대치와 디지털 스트레스를 꼽았다.[1]

시대가 정말 우리를 병들게 할까?

응답자들의 답변은 주관적인 심리적 불만과 현재의 사회정치적 상황 사이에 연관성이 있음을 암시한다. 현재의 불안정한 세계 상황이 실제로 우리의 정신을 병들게 할 수 있을까?

우선 정신적 괴로움과 질환은 위기 상황이 아니더라도 원칙적으로 매우 흔하다는 점에 유의해야 한다. 역학Epidemiology(전염병학) 연구에 따르면 독일 성인 네 명 중 한 명 이상이 12개월 이내에 모종의 정신 장애를 겪는 것으로 나타났다.[2] 증상으로는 불안과 우울증이 가장 흔하며 수면 장애, 알코올 및 약물 남용, 신체형 장애(그럴듯한 원인이 없이 나타나는 신체적 증상)가 그 뒤를 잇는다. 그리고 대다수 당사자는 증상에 대한 치료를 받지 않고 있다.[3]

주요 역학 연구에 따르면 위기 상황일 때 명백한 정신 질환의 발현 빈도는 대체로 일정하게 유지되지만 이때 사람들이 느끼는 주관적인 스트레스는 급격히 상승할 수 있다.[4] 이는 모순이 아니다! 말하자면 정신 장애는 반드시 생물학적으로 정의된 뇌 질환이나 중추신경계 질환으로만 정의되는 것은 아니다.

또한 정신 장애는 종종 스트레스가 많은 생활 환경을 반영하며 그렇다고 해서 반드시 질병으로 진단되는 것은 아니다. 정신 장애는 삶의 일부라는 점에서 '정상적'이지만 상당한 심리적 고통을 유발할 수 있다. 또한 많은 정신적 증상은 엄격한 의미에서 '임상적'이지 않다. 즉 당사자들은 입원이나 고용량의 약물이 필요하지 않다. 그러나 상황에 따라 구체적인 지원이 필요하며 어려운 삶의 시기를 겪는 동안 누군가에게 도움을 받는 것이 유익하다. 최근 코로나 팬데믹 기간에 정신적 도움을 받는 사람들이 부쩍 늘어난 데에서 알 수 있듯이 위기 상황에서는 정신적 지원이나 도움의 필요성이 현저히 올라간다.[5]

불확실성에 대한 불안과 공포

인간의 정신은 다양한 요인으로 부담감을 느낄 수 있다. 책상에 앉아 너무 많은 업무를 동시에 처리하거나, 사무실의 근무 분위기가 열악하거나, 가정의 재정 상태가 좋지 못하거나, 가족 중에 심각한 질병을 앓는 사람이 있거나, 대인 관계에 문제가 있거나, 어떤 형태로든 사회적 상실을 경험하는 등 직장이나 개인의 일상에서 겪는 어려운 상황이 가장 일반적인 요인이다. 이런 요인들은 대부분 개인적인 측면과 관련되어 있다.

하지만 인간은 항상 사회적 환경에 편입되어 있기에 사회적 상황도 우리의 심리적 감정과 경험에 영향을 미친다. 앞서 비어드 박사의 상담 사례에서 살펴본 바와 같이 신경쇠약 역시 19세기의 사회적 격변을 겪은 사람들이 경험한 집단적 스트레스의 표현이었을 가능성이 크다. 삶이 점점 복잡해지고 가속화되면서 생존을 위한 경제적 투쟁이 극심해져 스트레스를 유발했고, 그 결과 많은 사람이 피로와 탈진을 경험했다.[6] 현재 많은 사람이 겪고 있는 증상 또한 불안정한 정치, 경제 및 사회적 상황으로 생겨난 것이며 이는 부분적으로 미래에 대한 깊은 불안감과 공포를 유발한다.

2023년 10월 알브이 인포센터R+V Infocenter가 독일의 14세 이상 남녀 약 2,400명을 대상으로 시행한 연례 인터뷰에서 응답자들은 인플레이션, 전쟁, 기후 변화, 이주를 가장 큰 두려움으로 꼽았다.[7] 그리고 2023년 여름 경제일간지 〈한델스블라트〉Handelsblatt는 인공지능과 그와 관련된 직업 세계의 변화를 독일 사람들이 중요하게 생각하는 우려 사항이라고 보도했다.[8] 위에서 언급한 요인들과 달리 이런 요인들은 개인을 넘어선 요인들이다. 이런 요인들은 현실적으로나 이론적으로나 우리가 통제할 수 있는 범위를 벗어나기 때문에 우리는 이에 속수무책이라고 여긴다.

위에서 언급한 모든 스트레스 요인은 우리가 세상과 주변 사람들을 대하는 특성과 행동 방식에 따라 다양하게 우리에게 강력한 영향을 미친다. 이를테면 불확실한 인생에 더 잘 대처하는 사람도 있고 그렇지 못한 사람도 있으며, 부정적 뉴스나 미래에 대해 불안해하는 사람도 있고 자신감 있게 미래를 내다보는 사람도 있다. 스스로 취하는 전략이 얼마나 유리하거나 불리한지에 따라 정신적으로 스트레스를 증가시킬 수도, 완화할 수도 있다.

스트레스를 많이 받는 사람

자신에게 스스로 과도한 요구를 하고 세상 모든 일을 걱정하는 사람을 상상해 보라. 이런 사람은 복잡하고 시간이 많이 소요되며 해결하기 어려운 일에 과도한 부담을 느낄 것이라고 볼 수 있다. 혹은 농담을 전혀 받아들이지 못하는 사람을 생각해 보라. 이런 사람은 가볍게 던진 농담 한마디에도 쉽게 기분이 상하고 정서적 스트레스를 받는다(유머 감각이 없는 사람은 제4장을 명심해서 보길 바란다!).

스트레스를 덜 받는 사람

다양한 변화를 좋아하고 새로운 것을 알아 가기를 즐기며 즉흥적으로 행동하는 동료를 떠올려 보라. 그 사람은 앞으로 직장에서 불확실한 상황이 오더라도 스트레스를 주는 변화에 더 유연하게 대처할 것이다. 아니면 객관적이고 명확하게 생각하고 어떤 스트레스 상황에도 휩쓸리지 않는 지인을 떠올려 보라. 그 사람은 신문에 실린 부정적인 뉴스나 미래에 관한 어떤 부정적 예측에도 큰 의미를 두지 않고 쉽사리 동요하지 않을 것이다.

요약하면 심리적 스트레스의 위험은 대개 외부 영향과 내부 갈등의 조합으로 발생한다. 우리의 내면 체계가 더 강하고 안정적일수록, 우리가 더 유연하게 대응하고 다양한 해결책을 가지고 있을수록 우리는 스트레스가 가득한 세상에서도 끄떡없을 것이다. 감기에 비유하면, 비타민과 미네랄이 풍부한 식단을 섭취하고 옷을 따뜻하게 입는 등 저항력을 잘 키우면 겨울철 감기 바이러스의 영향을 덜 받을 수 있다. 하지만 이런 방어 조치를 소홀히 하면 감기 바이러스에 노출되었을 때 더 쉽게 감기 바이러스에 감염될 수 있다.

기본적으로 우리의 정신도 마찬가지다. 외부 스트레스 요인은 우리 주변에 늘 존재하고 세상은 끊임없이 우리의 얼굴을 향해 기침한다. 그러나 우리가 우리의 정신을 잘 방어하고 스트레스 바이러스를 물리칠 저항력이 크다면 결코 스트레스 바이러스에 감염되지 않을 것이다.

자신의 정신을 보호하기 위해 우리는 모두 머릿속에 강력한 시스템을 가지고 있다. 이 시스템은 마치 좋은 친구처럼 매일매일 벌어지는 심리 방어전에서 우리 곁을 지켜 주며 우리를 정신적으로 강하게 만들고 안정을 유지한다. 이제는 이 시스템이 어떻게 작동하는지에 대해 살펴보자. 자, 옷을 따뜻하게 입도록!

마음을 지키는 정신 면역체계

인생에서 좋은 친구는 우리를 강하게 만들어 준다. 좋은 친구는 우리가 발을 헛디며 넘어질 때 뒤에서 붙잡아 주며, 혼자 힘으로 감당할 수 없을 때 앞에서 위협을 막아 주고 우리를 위해 싸워 준다. 그리고 우리의 곁에서 고통을 함께 나누거나 우리가 어찌할 바 모를 때 조언을 해주기도 한다. 우리 모두에게는 이런 친구가 있다. 바로 우리의 '정신 면역체계'다.

정신 면역체계라는 개념은 우리가 스트레스를 심리적으로 방어하거나 부상 후에 치유하는 과정, 성숙하게 도전에 맞서는 과정을 쉽게 이해할 수 있도록 도와주는 표현이다. 수년 동안 정신과 전문의와 심리학자들은 이런 맥락에서 정신 면역체계라는 모델을 사용해 왔다(때로는 '심리 면역체계'라고 표현하기도 한다). 헝가리의 심리학자 아틸라 올라Attila Oláh는 이를 가리켜 '적응력이 뛰어난 우리 인간의 정신 체계'라고 설명한 바 있다.

이 정신 체계는 우리가 매일 겪는 스트레스와 부담감, 부정적인 감정을 이겨 내기 위해 다양한 전략을 사용하는데[9] 이런 개념의 시작은 인간이 주변 환경의 유해한 영향으로부터 자신을 보호하고 방어하기 위해 다양한 전략을 사용한다는 이론으로 거슬러 올라간다.[10] 팬데믹 시기에 이 개념은 각종 문헌에서 다시 자주 거론되었다. 이는 개인적인 위기 상황에서 우리가 신체적 부담뿐만 아니라 심리적 부담도 느낀다는 인식을 높이기 위함이었다. 코로나 팬데믹 기간에 우리는 폐를 공격하는 바이러스뿐만 아니라 두려움, 좌절, 분노, 슬픔, 절망, 무력감 같은 심리적 바이러스의 공격을 받았다.[11]

정신 면역체계가 우리를 위해 매일 어떤 일을 하는지 살펴보자. 간단히 말하면 정신 면역체계는 다음 세 가지 필수 작업을 수행한다.[12]

- **보호와 방어:** 두려움을 줄이고 부정적인 생각을 진정시키며 우리의 인식이 긍정적인 측면과 새로운 관점, 자신의 강점 및 대안적인 행동 방식으로 향하게 한다.
- **회복과 치유:** 심리적 상처를 치유하고 실연, 실패, 경제적 어려움, 모욕, 심각한 질병, 사랑하는 사람의 상실 등으로 인한 고통을 완화한다.

- **성숙과 성장:** 수년에 걸친 성공적인 극복 경험과 긍정적인 삶의 경험을 바탕으로 힘겨운 상황에서 더 안정적이고 확실하게 대처하게 해주고, 과거의 상황을 통해 이미 알고 있는 부담감을 더 신속하게 해소한다.

이처럼 정신 면역체계가 수행하는 일은 매우 다양하다. 가장 좋은 경우는 정신 면역체계가 마치 좋은 친구처럼 우리의 앞과 뒤, 좌우에서 전방위적인 정신적 보호를 제공하는 것이다. 오늘날과 같이 전반적으로 불확실하고 걱정이 많으며 스트레스 수준이 높은 시대에는 특히 정신 면역체계가 필요하다. 정신 면역체계는 우리를 심리적으로 보호하기 위해 지속적이고 확실하게 싸워 주는데, 로마의 정치가이자 철학자인 마르쿠스 툴리우스 키케로Marcus Tullius Cicero는 "어려울 때 곁에 있는 친구가 진정한 친구다."라는 명언을 남겼다.

회복탄력성이란 단어에 숨은 오류

여러분은 이 제목을 보고 이런 생각이 들 것이다. '이 말 어디서 들어 본 것 같은데? 회복탄력성Resilience은 심리적 방어와 저항력을 말하는 게 아닌가?' 여러분 생각이 옳다. 그리고 겹치는 부분도 있지만 눈에 띄는 차이점도 있다. 하지만 그전에 먼저 알아야 할 것이 있다. 과거에도 심리적 스트레스 상황에서 강인하고 안정된 상태를 유지하거나 다시 회복하는 인간의 놀라운 능력에 대해 다양한 모델이 논의되고 사용되었다는 점이다. 아래의 개념들은 다소 전문적인 용어이고 부분적으로 비교적 복잡한 구조로 되어 있으므로 여기서 잠깐 설명하고 넘어가려고 한다(아래의 내용 때문에 여러분의 멘털이 깨지지 않기를 바란다!).

다양한 모델 중 가장 잘 알려진 것은 다음과 같다.

- 일관성Coherence (이해력과 영향력)[13]
- 풍부한 지략Resourcefulness (독창성)[14]
- 강인함Hardiness (저항력)[15]
- 외상 후 성장Post-Traumatic Growth (스트레스 후 성장)[16]

위의 개념들은 정신 건강을 증진하고 유지하는 측면과 관련되어 있다. 그러나 이 개념들은 정신적 부담감을 극복하는 한 가지 측면만 고려하고 다른 측면은 배제하는 경우가 대부분이다. 예를 들어 '강인함'은 문제에 대한 객관적이고 구조화된 접근 방식에만 관심을 가질 뿐 감정을 고려하지 않는다. 반면에 '풍부한 지략'은 주로 일상생활에서 창의적인 문제 해결 기술을 강조하지만 부정적인 생각에 더 잘 대처하는 기술은 포함되어 있지 않다.

회복탄력성(저항력)의 개념은 훨씬 더 포괄적이며 치료 목적에 더 적합하다.[17] 아마도 여러분은 이 개념에 대해 전문성 강화 교육이나 잡지 기사 등에서 여러 번 접했을 것이다. 최근 몇 년 동안 회복탄력성은 살루토제너시스Salutogenesis (건강의 생성과 유지) 개념으로 급부상했다. 회복탄력성 개념은 재료물리학에서 유래한 것으로 외부 압력이 완화되면 물리적 물체가 원래의 모양으로 돌아가는 것을 의미한다. 고무공을 떠올리면 쉽게 이해될 것이다. 회복탄력성 개념은 과학적으로 잘 정립되어 있으며 코칭Coaching이나 치료 부문에서 유용하게 사용되고 있다.

그런데 문제는 이 개념이 사람들에게 '망가지지 않는다'는 잘못된 인식을 심어 준다는 것이다.[18] 인간은 아무리 굴러도 원래 상태로 돌아오는 고무공과는 다르며 물리학 법칙을 반드시 따르지는 않는다. 우리는 외력에 의해 부서질 수도 있고 형체가 영원히 바뀔 수도 있다. 인생의 모든 것이 우리에게서 튕겨 나가는 것은 아니다. 그리고 그래서도 안 된다. 왜냐하면 우리는 환경과의 상호작용을 통해 내면을 형성하고 지속적으로 변화함으로써 성장하고 성숙하기 때문이다.

여기서 회복탄력성 개념의 또 다른 문제에 봉착한다. 즉 회복탄력성의 목표는 항상 원래의 형태로 돌아가는 것, 다시 말해 이전의 걸 보존한다는 것이다. 말하자면 회복탄력성은 개발이나 개선보다는 주로 이전에 존재했던 것을 유지하는 데 더 중점을 둔다. 따라서 회복탄력성이 있는 물체는 단기적으로는 유연하지만 장기적으로는 정적이라고 할 수 있다(여러분은 계속 변화하는 고무공을 본 적이 있는가?).

바로 여기에 문제의 핵심이 있다. 즉 '탄력적으로' 인생을 마주하는 사람들은 성공적인 삶에서 중요한 변화를 놓치게 된다. 어떤 어려움이 우리에게 영향을 주지 않고 튕겨 나가는 것이 우리를 강하게 만드는 것이 아니라, 어려움을 통해 우리 안에서 일어나는 변화가 우리를 강하게 만들기 때문이다.

정신 면역체계는 기존의 모델들에 대한 대안이라기보다 다양한 사고와 치료법을 (의심하지 않고) 통합하고 서로 연결하며 상호 간에 부족한 몇 가지 중요한 측면을 보완한다. 이를테면 정신 면역체계 개념에서는 방어와 보호 외에도 성숙과 성장을 고려하기 때문에 심리적 방어 현상을 좀 더 공정하게 설명한다. 이런 이유에서 나는 정신 면역체계라는 개념을 추천하고 싶다. 우리의 정신 면역체계는 어려운 시기를 헤쳐나가는 동안(그리고 이 책을 읽으며) 좋은 친구로서 우리와 함께할 것이다.

우리는 이미 무기를 갖고 태어났다

이 시점에서 여러분은 그런 강력한 면역체계를 어디서 얻을 수 있는지 궁금할 것이다. 좋은 소식은 당신이 이미 정신 면역체계를 가지고 있다는 것이다! 우리는 전체 면역체계의 일부만 가지고 태어났으며 나머지 대부분은 평생에 걸쳐 만들고 발전시켜야 한다. 우리가 가지고 태어난 면역체계의 일부와 나머지 대부분을 각각 '선천적' 부분과 '후천적' 부분이라고 부르자.

정신 면역체계는 신체 면역체계와 매우 유사해서 신체 면역체계와 비교해서 설명할 수 있다. 아기들은 산성 피부 표면과 눈물, 위산 등을 가지고 태어나며 이것이 미숙하기는 하지만 초기의 불쾌한 병원균을 막을 수 있는 효과적인 방어 수단이 된다. 조금 지나면 소장과 대장의 세균총과 혈액의 자연 살해 세포와 같은 방어 체계가 추가되어 이물질이나 의심스러운 모든 것을 잡아먹는다. 방어를 위한 기본 장비는 이미 유아기부터 내재되어 있으므로 별도로 습득할 필요가 없다.

마찬가지로 정신 면역체계와 관련해 우리는 우리 자신의 영혼을 치유하는 싸움에 필요한 강력한 무기를 상당히 일찍부터 장착한다. 그리고 세상에 태어난 날부터 이 무기를 사용한다. 바로 귀청이 터질 듯이 소리를 지르는 것이다! 물론 소리를 지른다고 해서 스스로 문제를 해결할 순 없지만 이런 외침은 엄마나 아빠에게 제발 나를 좀 돌봐 달라는 정중한 부탁이라고 볼 수 있다.

소리를 지르는 행위는 매우 효과적이다. 어린 시절을 한번 떠올려 보자. 어릴 때 우리는 생존과 안정에 필요한 모든 것을 소리를 질러서 얻었다. 사람들의 관심, 신체적 온기(잘되면 약간의 우유까지), 새 기저귀나 뽀송뽀송한 침대 등. 돌이켜 보면 의사소통 차원에서 요란한 울음소리는 다소 거친 방법이기는 하지만 거의 항상 성공적이었다. 그래서 우리는 수년 동안 이 방법을 유지했다. 작동이 잘 되는 시스템은 바꾸지 않는 법이다.

진화하는 정신의 면역력

신체 면역체계와 정신 면역체계 모두 학습 능력이 매우 뛰어나다. 우리는 환경과의 반복적인 교류를 통해 이 두 면역체계를 계속 발전시키고, 면역체계들은 수년에 걸쳐 더 강력하고 효율적으로 각 개인에게 맞춰 업그레이드된다. 이를 통해 우리는 '면역 능력'이라고 부르는 것을 발전시켜 나간다.[19] 이 과정에서 각 면역체계는 각각의 고유한 역사를 써 내려간다.

먼저 신체적 방어에 대해 살펴보자. 생후 첫 몇 년 동안 우리는 바이러스와 악성 세포를 방어하는 T-세포T-Cell와 질병을 유발하는 세균에 대항하는 항체를 생산하는 B-세포B-Cell를 발달시킨다. 그리고 우리의 정신 면역체계도 심리적 스트레스를 방어하기 위해 소리 지르는 행위를 넘어서는 효과적인 방어 체계를 개발한다.

'언어 습득'은 그중 첫 번째 이정표라고 할 수 있다. 그 이유는 우리가 언어를 통해 우리의 생각과 감정을 말로 표현함으로써 스트레스를 세분화해 인식하고 드러낼 수 있기 때문이다. 이 시점부터 배가 고프거나 바지가 젖었을 때 큰 소리를 지르는 것은 더 이상 사회적으로 용납되지 않는다(여러분이 직접 시험해 보라!).

또 다른 이정표는 사춘기 초반부터 훌쩍 발달하는 '사고력'이다. 사고력이 발달하면서 우리는 기존의 관점을 바꾸고 감정을 분류하며 욕구를 조절할 수 있게 된다. 사고력은 문제를 해결하고 유용한 아이디어를 찾는 데 도움이 된다. 특히 사고력 덕분에 우리는 특정한 일상적 상황을 이해하고 두려움에 맞서며, 필요한 경우 우울한 생각으로부터 거리를 두거나 유머러스한 관점을 통해 내면의 긴장을 풀 수 있다.

세 번째 이정표는 '인생의 경험'이다. 우리는 살아가면서 도전을 극복하는 데 사용할 수 있는 기술과 재능을 개발한다. 그중 어떤 것은 성공하고 어떤 것은 실패한다. 하지만 새로운 행동을 개시하고 새로운 경험을 할 때마다 우리는 어렵고 불확실한 상황에서도 혼자 힘으로 문제를 해결할 수 있다는 확신을 얻는다. 그리고 불안감이 줄어들고 용기와 자신감이 생겨난다.

가장 좋은 경우는 청소년기가 끝날 때까지 심리적 스트레스에 적절히 반응하는 성숙한 인격이 발달하는 것이다. 심리적 부담은 우리를 계속해서 괴롭힐 수 있지만 그에 대처하는 방법을 안다면 잘 회복할 수 있다. 더불어 극적이거나 운명적인 사건도 우리에게서 튕겨 나가도록 내버려두지 않고 스스로 변화를 꾀함으로써 우리 삶의 이야기에 통합시킬 수 있다.

일반적으로 우리는 수년에 걸쳐 강력한 정신 면역체계를 발달시키며 그 능력은 단계적으로 향상된다. 가장 좋은 경우는 나이가 들수록 불운한 사건을 덜 힘들게 받아들이는 것이다. 듀크 대학교의 크리스틴 오글Christin Ogle과 그녀의 연구팀이 노인 3,575명의 삶을 분석한 결과, 이들은 살아오면서 평균 다섯 번의 위기를 겪었는데 나이가 들수록 위기가 발생할 때 부담을 덜 느끼는 것으로 나타났다.[20]

말하자면 면역체계는 생리적, 심리적 학습 과정이며 살아가면서 이를 건강하게 발달시킬수록 면역 능력이 점점 더 강해진다. 이것이 모든 스트레스와 긴장으로부터 우리를 완벽하게 보호해 주지는 못하지만 스트레스를 받아서 좌절할 가능성은 줄여 준다.

그러나 이런 발달 단계 중 일부는 늦게 나타나거나 전혀 일어나지 않을 수도 있다. 약한 심리 면역체계는 체질에 따른 것일 수도 있지만 반복적이고 심각한 운명의 타격을 받은 결과인 경우가 훨씬 많다. 때로는 심각한 트라우마가 아주 깊은 상처를 남겨서 오랫동안 고통을 겪으며 살아가는 이들도 있다. 이런 사람들은 앞으로도 상대적으로 스트레스를 더 많이 받거나 정신 질환에 더 취약하다. 이 책이 이들을 대상으로 한 것은 아니지만 나는 이들을 포함한 모든 독자에게 용기를 북돋아 주고 싶다. 우리의 정신 면역체계는 평생에 걸쳐 학습하고 발전하는 능력이 있다. 이 책에서는 이를 강화하는 방법에 대해 알아볼 것이다.

'보호'와 '강화'의 이중 전략

오늘날 우리의 정신 면역체계는 다양한 유해 환경과 끊임없이 생겨나는 병원균에 맞서 싸우고 있다. 특히 나쁜 뉴스와 가짜 뉴스는 바이러스성 병원체처럼 우리를 소리 없이 공격한다. 이런 뉴스들은 우리에게 부정적인 감정을 심어 주고 우리의 생각을 감염시킨다. 어떤 두려움은 마치 전염병처럼 퍼져 우리를 병들게 한다.

홍수처럼 쏟아지는 정보와 자극적인 내용은 우리를 흥분시키고 예민하게 만든다. 그러면 우리는 불안하고 긴장된 반응을 보인다. 이런 병원균을 처음 접하거나 강도와 빈도 면에서 새로운 것이기 때문에 강하게 영향을 받는 것이다. 이처럼 정신 면역체계가 오늘날의 많은 사회적 변화에 알레르기 반응을 보이는 이유는 우리가 불확실성과 불안에 대처하는 방법을 제대로 배우지 못했기 때문이다.

따라서 이 책에서는 현재 우리의 정신 면역체계를 위협하는 요인이 무엇이며 일상생활에서 정신 면역체계를 효과적으로 지원하는 방법에 대해 알아보려고 한다. 이 과정에서 우리는 신체 면역체계를 지원하는 이중 전략, 바로 보호와 강화를 사용할 것이다! 우리는 감기를 예방할 때도 바로 이런 방식을 사용한다. 규칙적으로 손을 씻어 잠재적인 병원균으로부터 자신을 '보호'하고, 오렌지를 먹고 따뜻한 차를 마시며 일찍 잠자리에 들면서 우리 몸의 방어력을 '강화'한다.

그리고 정신 면역체계를 보호하기 위해 사용할 수 있는 몇 가지 유용한 방법도 소개할 것이다. 이 방법들을 활용하면 지금과 같이 미쳐 돌아가는 시대에 마음을 진정시키고 스트레스를 유발하는 생각에서 벗어나 마음의 평화를 찾을 수 있을 것이다. 또한 불확실성에 더 잘 대처하는 방법, 두려움을 없애는 방법, 자신감을 키우는 방법, 용기 있게 행동하는 방법, 그 어떤 스트레스와 긴장에도 유머러스하고 쾌활한 관점을 갖는 방법 등 정신 면역체계를 강화할 수 있는 여러 방법에 대해서도 살펴본다.

어떤 항생제나 위생 조치로도 세상의 모든 병균을 없앨 수 없는 것처럼, 이 책의 어떤 내용도 주변의 각종 스트레스를 이길 완벽한 면역력을 제공할 수는 없다. 스트레스와 위기 그리고 불확실한 시대는 우리 삶의 일부이며 우리의 정신 건강은 계속해서 위협받을 수 있다. 하지만 앞서 언급한 질병 요인을 물리치거나 그 영향을 최소화하기 위해 정신 면역체계를 의미 있는 방식으로 지원할 순 있다. 알레르기를 완화하고 바이러스 감염을 피하거나 확산을 방지하며, 해로운 생각을 중단하고 염증이 생긴 마음속 상처를 치유하는 것이다. 이 책을 통해 나는 여러분이 정신 면역체계를 보호하고 강화해 여러분 자신을 더 잘 보호하고 강화하도록 도울 것이다(좋은 친구는 서로를 잘 돕기 마련이다).

거품 목욕보다 얼음물 목욕을

그전에 한 가지, 가벼운 경고를 하려고 한다. 오늘날 많은 심리학 실용서는 힘든 하루를 보낸 후 따뜻한 거품 목욕을 권하는 등 정신을 평안하게 해주는 측면을 강조한다. 말하자면 이런 책들은 정신을 건강하게 만들면 '기분이 좋아진다'라는 전제를 따른다. 또한 '당신은 매우 특별한 존재입니다' 같은 부드러운 말로 마음을 달래거나 다른 향기로운 주문을 들려준다.

물론 이렇게 영혼을 치유하는 방법은 우리 마음을 어루만져 줄 수 있으며, 나 역시 온 마음(과 온 정신)을 다해 이 방법을 적극적으로 추천할 수도 있다. 심리적 비상 상황에서 달콤한 메시지는 긴장을 완화하고 단기적으로 신경을 진정시키는 데 실제로 도움이 된다. 하지만 우리는 그것만으로는 더 강해질 수 없다!

생물학에서 대부분의 발달 과정은 '자극'과 '적응'이라는 물리적 기본 원리에 기반한다. 우리는 우리를 불안하게 하고 균형을 잃게 만드는 자극이 필요하며 이를 통해 비로소 적응 반응이 일어난다. 올바른 자극이 적절한 양으로 주어지면 장기적으로 우리는 더 강해지고 성장, 성숙한다. 이런 성장은 단순히 긴장을 이완시키는 방법만으로는 불가능할 것이다. 이를테면 칼슘이 많이 함유된 맛있는 셰이크를 마시는 것만으로는 뼈를 튼튼하게 할 수 없다. 그보다는 웨이트 벤치에서 적절한 근력 운동을 여러 세트 반복하는 것처럼 근육이 뼈를 잡아당길 때 뼈의 저항력이 더 강해진다.

또한 정신 면역체계는 지나치게 보호하는 것만으로는 발달시킬 수 없다. 보살핌과 보호는 고도로 복잡한 시스템에서 꼭 필요하며 이 책의 본질적인 주제 중 하나이기도 하다. 하지만 정신 면역체계를 훈련하고 강화하는 가장 좋은 방법은 때때로 약간의 도전을 하는 것이다. 이를테면 행동 치료에서는 불안이나 강박증이 있는 사람들을 의도적으로 혼란스럽고 자극적인 상황에 직면하게 한다(물론 전문가의 지도와 감독 아래 이뤄져야 한다). 이를 가리켜 노출Exposition이라고 하는데 이런 노출 요법을 통해 사람들은 긴장을 견디는 법을 배우며 장기적으로 더 강해지고 더 안정된다.

도나우 강변에 있는 우리 집 현관에서는 겨울철에 얼음처럼 차가운 강물에 잠시 몸을 담그는 용감한 사람들을 종종 볼 수 있다. 약간의 극기가 필요하겠지만 심혈관계가 건강한 사람은 차가운 물에 몸을 담그면 면역체계가 단련되어 감염 발생률을 줄일 수 있다.[21] 이런 외부 자극이 면역 강화의 의미에서 적응 반응을 유발하는 것을 의학에서는 호르메시스Hormesis라고 한다. 얼음처럼 차가운 도나우강에 뛰어드는 것은 안전지대를 벗어나는 것이기는 하지만 면역체계가 강화되는 보상을 받을 수 있다(그 과정에서 느끼는 즐거움은 말할 것도 없다).

다시 말해 정신적으로 더 안정되고 싶다면 거품 목욕보다 얼음물 목욕이 더 적합하다. 이것이 바로 이 책에서 추구하는 접근 방식이다. 이 책의 몇 가지 관점은 이처럼 생소하고 어느 정도 도발적이다. 때로는 완전히 새로운 것을 시도하는 훈련이나 말 그대로 차가운(적어도 시원한) 물에 뛰어들기를 권하기도 한다. 만약 기분 좋은 향기로운 메시지로 마음을 어루만지는 거품 목욕을 선호하는 사람이라면 이 책 말고 다른 책을 읽는 것이 좋을 것이다. 그러면 원하는 것을 빠르게 찾을 수 있으며 서점에는 그런 책이 넘쳐난다.

그렇다고 따뜻한 물을 받아 놓은 욕조에서 마개를 뺄 필요는 없다. 그럴 때는 거품 목욕과 얼음물 목욕을 번갈아 하면 된다. 이렇게 하면 두 가지 접근 방식의 장점을 모두 누릴 수 있고 자극과 회복을 동시에 얻을 수 있다(유명한 수치료Hydrotherapy 및 자연요법 전문가인 제바스티안 크나이프Sebastian Kneipp도 아마 이렇게 했을 것이다).

행운은 준비가 기회를 만날 때 생긴다

나의 전작《머리를 자유롭게》Kopf frei! 에서처럼 나는 여러분과 함께 다시 한번 마음과 뇌의 세계로 들어가 다양한 모험에 도전하는 탐험을 떠날 것이다(얼음물 목욕비는 이미 책값에 포함되어 있다). 이 탐험 과정에서 여러분이 발견하는 내용은 여러분에게 성찰의 계기를 제공하고 여러분을 놀라게 할 것이며, 여러분이 자기 자신을 돌아보며 자주 웃게 할 것이다. 또한 조금은 미쳐 버린 것 같은 지금의 세상에서 정신적으로 강하고 안정된 상태를 유지하는 방법에 대한 많은 아이디어와 일상생활에 대한 조언도 얻을 수 있을 것이다.

여러분은 책을 읽다가 흥미로운 내용이 나오면 가장자리 여백에 펜으로 메모하거나 기억하고 싶은 내용이 있는 페이지에 작은 메모지를 붙이는 것을 좋아하는가? 그렇다면 바로 지금 펜과 메모지를 준비하라. 장담하건대 이 책에는 표시해 둘 만한 내용이 많이 나올 것이다. 참고로 나는 흥미로운 구절이 나오면 뇌 그림을 새긴 작은 스탬프를 찍어 표시하거나 뇌 모양의 포스트잇을 붙여 떠오르는 생각을 적어 둔다. 그렇게 하면 어떤 내용도 놓치지 않는다(원한다면 이 뇌 모양의 포스트잇을 보내 주겠다).

각 장은 크게 문제와 해결의 구성으로 이뤄져 있다. 만약 여러분이 누구나 부러워할 정도로 행복하고 조화로운 삶을 살고 있어서 책 내용이 와닿지 않는다고 느낀다면, 그래도 이 책을 한번 읽어 보기를 권한다(어쨌든 이미 산 책이니까). 이 책을 읽는 데 시간을 투자하는 건 건강하고 강력한 정신 면역체계에 대한 투자임을 약속한다. 예방은 어느 삶의 단계에서나 가치가 있다. 정신 면역체계를 미리 살피고 강화해 놓는다면 언젠가 갑자기 강한 정신 면역체계가 필요할 때 마음이 든든할 것이다. 로마의 철학자 세네카Seneca의 말처럼 "행운은 준비가 기회를 만났을 때 생기는 것"임을 기억하라.

제1장

더 유연해지기

: 불확실성을 잘 견디는 법

내일은 또 무슨 일이 터질까?

한번 이런 상상을 해보자. 1993년의 어느 날, 마티라는 청년이 들로리
안(영화 〈백 투 더 퓨처〉 시리즈에서 타임머신으로 등장한 자동차―옮긴이)
을 타고 당신의 집 마당 한가운데에 떨어졌다고 말이다. 청년은 자신이
30년 후의 미래에서 왔으며 2023년은 전 세계가 팬데믹의 여파로 고통
받고 있고, 글로벌 인플레이션은 8퍼센트에 이르며, 영국은 유럽연합에
서 탈퇴했고, 유럽의 가장자리에서는 끔찍한 전쟁이 벌어지고 있으며,
전 세계적으로 기상이변이 급격히 증가했고, 엘리자베스 2세가 차에서
손을 흔드는 모습도 더는 볼 수 없다고 한다.

이런 미래의 이야기를 듣고 여러분은 어떨 것 같은가? 아마도 청년의 말에 귀가 그다지 솔깃하지 않을 것이다. 여러분은 플럭스 카파시터Flux Capacitor(타임머신의 시간 여행을 가능하게 하는 필수적인 장치―옮긴이)에 플루토늄(타임머신의 주 동력원―옮긴이)을 쏟아붓고 들로리안과 마티를 다시 미래로 보내 버릴지도 모른다. 엘리자베스 여왕이여, 부디 장수하소서! (만일 〈백 투 더 퓨처〉 시리즈를 모른다면 이 책을 읽은 후에 꼭 한번 이 영화를 보기 바란다.)

그런데 오늘날 정말로 이런 일들이 일어나고 있다. 불과 몇 년 전만 해도 불가능하다고 생각했던 일들 말이다. 경제 정책의 중심축이 급격하게 변화하고 있으며 어떤 결과도 예측할 수 없게 되었다. 산업의 미래, 디지털 인프라의 확장, 관료주의의 철폐, 숙련된 근로자의 부족, 이민 정책, 안정적인 연금과 양질의 돌봄 서비스 확보, 기후 보호 등 모든 현안에 큰 물음표가 걸려 있다. 놀라운 반전이 연이어 발생하고 새로운 문제가 끊임없이 일간지 1면을 장식하고 있다.

한 가지 확실한 건 어제의 진실은 오늘의 진실이 아니며 내일은 완전한 어둠 속에 놓여 있다는 것이다. 독일에서는 곧 소량의 마리화나 소비가 합법화된다고 하는데 어쩌면 그 덕분에 우리가 이 모든 것을 견뎌낼 수 있을지도 모르겠다. 세상은 이미 미쳐 돌아가고 있는 것 같다.

지금까지 대부분의 생활 영역에서 안정과 통일성, 보안에 익숙해진 독일인들은 현재의 사태에 제대로 준비되어 있지 않다. 독일에서의 삶은 모든 사람에게 희망적이지는 않았어도 대부분은 미래가 어느 정도 확실했다. 그런데 지금은 삶의 전반에 불확실성이 확대되고 있으며 사람들은 또 무슨 일이 닥칠지 불안에 떨고 있다.

불확실성과 불안정

"말은 모든 오해의 근원이야."

앙투안 드 생텍쥐페리Antoine de Saint-Exupery의 유명한 소설《어린 왕자》에서 여우가 어린 왕자에게 한 말이다.[1]

불확실성과 불안정이라는 두 개념은 종종 똑같은 의미로 취급되는 경우가 많기에 나는 이 두 개념을 구분하는 것부터 시작하려고 한다. '불확실성'은 어떤 상황의 결과가 확실하지 않거나 불분명한 상태 또는 상황을 말한다. 따라서 불확실성은 주로 객관적인 상황에 좌우된다. 이를테면 날씨, 주가, 감자 수확량 등을 예로 들 수 있다.

반면에 '불안정'은 우리 안에서 생겨나는 주관적인 감정이다. 이는 우리의 기질뿐만 아니라 경험, 신념, 기대, 일반적인 자신감 등에 따라 달라진다. 이 느낌은 외부 사건과는 완전히 별개의 것일 수 있다. 요약하면 불확실성은 있는 그대로의 상태를 설명하는 개념이며 불안정은 불확실성이 우리에게 미치는 영향을 설명하는 개념이다. 그렇다면 불확실성이 우리를 왜 그토록 긴장하게 만들며 상황에 따라서는 우리를 불안정하게 만드는지 이제부터 살펴보자.

'어쩌면'이 주는 부담

그 단서는 뇌에서 찾아볼 수 있다. 뇌의 앞부분에서 조금 더 깊이 들어가면 선조체Corpus Striatum라 불리는 작은 핵이 있다. 선조체는 운동을 계

획하고 활성화하는 시스템의 일부다. 또한 특정 상황에서 확률을 예측하는 역할도 담당한다.[2]

선조체는 어떤 사안이 명확할 때는 잔잔하게 움직이지만 '어쩌면'의 상황에서는 활동이 증가한다. 특히 어떤 상황이 발생할 확률이 반반, 즉 50퍼센트라면 선조체는 최대로 활성화된다.[3] 이를테면 날씨가 변할 수도 있고 변하지 않을 수도 있다. 돈이 충분할 수도 있고 부족할 수도 있다. 내 파트너가 나를 사랑할 수도 있고 사랑하지 않을 수도 있다. 이 책이 흥미로울 수도 있고 그렇지 않을 수도 있다(여러분의 선조체를 진정시키기 위해 말하는데, 이 책은 분명 흥미진진할 것이다!). 간단히 말해서 '어쩌면'은 신경생리학적으로 뇌에 특별한 자극을 일으킨다.

그런데 이런 자극은 때로는 견디기가 어렵다. 유니버시티 칼리지 런던의 연구팀은 피험자들에게 불쾌한 전기 충격을 가하는 실험을 수행했다. 자신이 전기 충격을 받을 것이라고 미리 예고받은 피험자들은 비교적 침착하게 반응했다. 강한 전기 충격을 가하더라도 그들의 스트레스는 크게 올라가지 않았다. 그러나 전기 충격이 언제 가해질지 모르는 피험자들은 스트레스를 많이 받았다. 상대적으로 약한 전기 충격을 가했을 때도 마찬가지였다. 말하자면 스트레스를 유발하는 것은 전류의 세기가 아니라 어떤 일이 곧 닥칠 수도 있고 그렇지 않을 수도 있다는 불확실성이었다.[4]

이런 이유에서 사람들은 반드시 일어날 나쁜 사건보다 어쩌면 일어날지도 모르는 나쁜 사건을 더 잘 견디지 못한다. 이는 일상의 평범한 상황에서도 목격할 수 있다. 이를테면 플랫폼에서 기차를 기다리는 승객은 기차가 60분 이상 지연된다는 사실을 분명히 알고 있을 때보다 아무 예고 없이 기차가 30분이나 45분 지연될 때 더 화가 난다.[5] 유방암이 의심되는 여성 집단의 경우 종양 생체검사 결과가 아직 불분명할 때 당사자의 불안이 가장 크게 나타났다. 반면 악성 종양 의혹이 확인되더라도 결과를 듣는 순간에는 스트레스가 감소했다.[6]

여러분은 '어쩌면'의 상황을 얼마나 잘 견딜 수 있는가? 혹시 흥미진진한 이야기를 읽을 때 곧장 책의 결말 부분으로 넘어가지는 않는가? 주유 경고등이 깜빡일 때만 주유를 하는가? 주말 휴가를 미리 계획하는가? 물론 이것들은 사소한 예시일 뿐이다. 여기서 한 걸음 더 나아가 보자. 인생의 위험에 대비해 보험에 가입했는가? 혼전 계약서를 작성했는가? 이런 질문에 대한 답은 일률적이지 않을 것이다. 우리는 어떤 상황에서는 불확실성에 잘 대처할 수 있지만 또 어떤 상황에서는 불확실성이 스트레스로 작용하기도 한다.

우리의 반응은 기본적으로 두 가지 측면에 따라 달라진다. 첫 번째 결정적인 요인은 해당 상황이 우리와 '상관이 있는지'의 여부다. 자신에게 영향을 미치지 않는 상황이라면 불확실성은 견디기 쉽다. 예를 들어 주말에 특별한 계획이 없다면 주말 일기 예보가 확실하지 않아도 크게 신경 쓰이지 않으며 선조체는 평온함을 유지한다. 반면에 주말에 정원에서 파티를 계획하고 있다면 상황이 다르다.

두 번째 결정적인 요인은 우리가 불확실성에 얼마나 '관대한가', 즉 불확실성에 얼마나 잘 대처할 수 있는가다. 불확실성을 느끼는 단계에서는 뇌의 또 다른 영역인 대상회Cingulate Gyrus가 활성화된다. 이 영역에서 우리의 예측적 사고의 일부가 일어난다. 즉 과거에 이와 비슷한 상황에서 나는 어떤 경험을 했는가? 이 상황에 대처하기 위한 전략이 있는가?[7]

우리는 불확실한 상황에서 무엇을 해야 하고 무엇이 자신에게 도움이 될 수 있는지 알 때 자신감과 확신을 가질 수 있다. 그러면 불확실한 상황에 대해 강한 반응을 보이지 않게 된다. 예를 들어 예기치 않게 해고를 통보받은 사람이 앞으로 무엇을 해야 할지, 누가 자신을 도와줄지 알고 있다면 스트레스를 덜 받을 가능성이 크다. 반면 불확실한 상황을 처음 맞닥뜨리고 그 혼란에서 벗어날 방법을 모를 때는 불확실성에 훨씬 편협하게 반응한다.

요약하면 해당 상황이 자신과 관련이 있다고 인식하는 경우 그리고 과거의 긍정적인 경험이나 문제 해결을 위한 전략이 부족한 경우 우리는 '어쩌면'의 상황을 견디기 어려워한다.

불확실함을 견디지 못하는 사람들

불내성Intolerance이라는 개념을 여기서 다시 한번 간략하게 짚어 보자. 신체 면역체계와 관련해 여러분은 이 개념을 익히 알고 있을 것이다. 면역학자들은 우리가 환경의 특정 물질과 접촉하는 순간 과도하게 반응하는 상태를 설명할 때 이 개념을 사용한다.

예를 들어 봄철에 공원에 가면 코를 훌쩍이는 사람들을 자주 볼 수 있다. 이들은 주로 꽃가루나 풀에 '알레르기'가 있어서 아주 적은 양의 자극에도 최대치로 반응한다. 알레르기는 이런 과잉 반응의 가장 강력한 형태다. 다소 약한 과잉 반응 형태로는 특정 식품 성분에 대한 '거부 반응'이 있다. 우유 단백질이나 글루텐에 과민하게 반응하는 사람들은 섭취한 지 몇 시간이 지나면 복통이나 피부 문제 등의 증상을 호소한다. 그리고 세 번째 형태인 '불내증'이 있다. 가장 잘 알려진 예로는 유당 불내증을 들 수 있는데 이는 엄밀히 말하면 면역학적 방어 반응이 아니라 해당 물질의 대사에 필요한 효소가 부족해서 나타나는 증상이다.

이 세 가지 형태를 통틀어 '불내성'이라고 지칭할 수 있다(이런 단순화를 불편하게 생각할 수 있는 면역학자들에게 양해를 구한다). 여기서 중요한 것은 과민 반응이 발생하기 위해서는 자극을 유발하는 물질과 이에 과민하게 반응하는 유기체, 이 두 가지가 항상 동시에 작용한다는 사실이다.

불내성 개념은 정신 면역체계에도 적용될 수 있다. 어떤 사람들은 불확실성에 극도로 민감하며 심지어 알레르기 반응을 보이기도 한다. 이런 경우를 '불확실성에 대한 불내성'Intolerance of Uncertainty, 즉 불확실성을 견디지 못하는 극도로 무력한 상태라고 말할 수 있다. 이들은 모든 것이 항상 계획대로 진행되도록 꼼꼼하게 신경 쓴다. 자신이 어떤 상태에 있는지 또는 다음에 무슨 일이 일어날지 정확히 알지 못하면 긴장하며 정신적으로나 육체적으로 불편함을 느낀다. 뇌 자기공명영상 연구에 따르면 이들은 불확실한 상황에 처할 때 신체적 불쾌감을 담당하는 뇌섬엽Insular Lobe에서 전기 활동이 증가하는 것으로 나타났다.[8]

불확실성에 대한 불내성이 심한 사람들은 절대적으로 신뢰할 수 있는 절차가 필요하며 어떤 형태의 방해나 계획 변경에도 쉽게 짜증을 낸다. 이들은 즉흥적으로 행동하거나 단순히 삶이 흘러가는 대로 자신을 맡기는 데 능숙하지 않으며, 자신이 선택한 길이 올바른 길이라는 지속적인 확신이 필요하다. 직장에서는 모든 일을 자신이 직접 처리하지 않으면 통제력을 잃을 것 같은 두려움에 업무를 위임하기가 어렵다. 그리고 결정을 내릴 때는 방대한 양의 정보와 반복적인 상의가 있어야 한다. 이는 불확실성에 대한 불내성이 있는 사람들이 더 큰 선조체를 가지고 있다는 몇 년 전의 연구 결과와 일치한다.[9] 아마도 이런 이유에서 당사자들이 불확실성을 견디기 어려운 것일 수도 있다.

안정 속 위기

불확실성에 대한 불내성은 정신 질환을 앓고 있는 사람들에게서 우선적으로 발생한다고 여겨진다. 실제로 불확실성에 대한 불내성은 다양한 형태의 정신 질환에서 나타나는 요인이다.[10] 고전적으로 불확실성에 대한 불내성은 특히 걱정이 많고 안전을 자주 확인해야 하는 범불안장애 환자, 무질서나 구조의 부재를 견디기 어려운 강박장애 환자, 공공장소나 인간관계를 안전하지 않다고 느끼는 사회공포증 환자, 불분명한 신체 증상을 견디지 못하는 건강염려증 환자, 계획되지 않은 절차나 낯선 상황에 통제력을 잃는 자폐증 환자에게서 관찰된다.[11]

그러나 불확실성에 대한 불내성이 다양한 정신 질환에서 자주 나타난다고 해서 반드시 정신 질환의 특성인 것은 아니다. 사람마다 불확실성에 대처할 때 어려움을 느끼는 정도는 다를 수 있다. 어떤 사람들은 전반적으로 불확실성에 잘 대처하는 반면, 어떤 사람들은 잘 대처하지 못한다. 그 외에도 불확실성의 유형에 따라 크게 달라지기도 한다. 이를테면 어떤 사람들은 몸에 생긴 수상한 점에 대해서는 금방 걱정에 휩싸이면서도 주가 하락에 대해서는 전혀 불안해하지 않는다. 또 어떤 사람들은 인간관계의 불확실성은 견디지 못하지만 휴일에 어디로 갈지 계획하지 않은 채 무작정 여행을 떠나기도 한다.

흥미로운 사실은 점점 더 많은 (건강한) 사람이 불확실성을 견디기 어려워한다는 것이다. 이 주제와 관련해 15년간 52개 연구를 분석한 캐나다의 대규모 연구에 따르면 인구 전체에서 불확실성에 대한 불내성이 최근에 전반적으로 증가한 것으로 나타났다.[12] 주목할 점은 이 연구가 코로나 팬데믹 이전, 우크라이나 전쟁 이전, 인플레이션 이전의 자료라는 것이다. 현재의 수많은 위기를 고려하면 그 후로 수치가 더 상승했을 것으로 추정된다.

금세기 초반 20년 동안 대부분의 독일 사람들이 안정적이고 계획적인 삶을 살아갈 가능성이 향상되었다는 점에서 볼 때 이런 진단이 놀랍게 느껴질 수 있다. 그러나 객관적인 확실성이 증가했다고 해서 주관적으로 체감하는 확실성이 증가했다는 지표로 볼 수는 없다. 유엔개발계획UNDP은 최근 한 특별 보고서를 통해 이른바 '부유한 나라들'의 기술 및 의료 발전으로 인한 삶의 질 향상은 주관적인 확실성과 크게 동떨어져 있다고 밝혔다.[13] 더 이상 확실한 것은 없다는 느낌은 위에서 언급한 위기 이전에도 분명히 증가하고 있었다.

가짜 확실성을 쫓다

사실 인간은 모호한 것을 그다지 좋아하지 않는다. 우리는 항상 확실한 것을 추구해 왔으며 이런 성향은 모든 시대, 모든 문화권에서 종교가 승

승장구하는 데 도움이 되었다. 법과 관습, 의식은 사람들에게 명확성을 제공하고 이해와 예측을 가능하게 했다. 18세기까지 이런 흐름은 변함이 없었다. 계몽주의 시대가 열리면서 비로소 사람들은 경제 논리와 현대 과학의 지식에서 확실성을 찾기 시작했다. 이 시점부터 신은 확실성에 관한 많은 질문에서 거의 쓸모없는 존재가 되었고 이런 추세는 오늘날까지 계속되고 있다.

디지털 시대에 들어선 우리는 다양한 기술을 통해 삶의 세세한 부분까지, 이를테면 일상의 흐름, 여행 계획, 실시간 주식 시세, 기상 데이터, 초 단위로 업데이트되는 소셜 미디어 계정의 팔로워 수 등에서 확실성을 확보할 수 있다. 요즘에는 다양한 장치 덕분에 24시간 내내 자신의 신체 기능도 확인할 수 있다. 피트니스 트래커Fitness Tracker(손목에 착용하는 시계 형태로, 다양한 건강 정보를 제공하는 기기—옮긴이)는 슈퍼마켓에서 장을 보는 동안 우리의 심박수를 측정하고, 모션 센서가 달린 매트리스는 우리가 수면이 부족할 때 이를 경고해 준다.

물론 이 모든 것은 만일을 대비해서다. 우리가 어떻게 될지 아무도 모르니 말이다. 이렇게 하면 우리는 대비가 되어 있다고 느끼며 어디에서든 적시에 조치할 수 있고 때로는 예방을 할 수도 있다. 물론 이는 우리의 희망일 뿐이며, 곧 알게 되겠지만 종종 잘못된 믿음으로 밝혀지기도 한다. 어쨌든 우리는 사회학자 울리히 브뢰클링Ulrich Bröckling이 표현한 것처럼 '예방주의자'Präventionist로 변모했다.[14]

덧붙여 말하면 우리는 대체로 이런 형태의 자기 감시에 자발적으로 동의했다. 우리는 확실성을 제공하는 기술적 서비스를 점점 더 많이 활용하고, 시간이 지남에 따라 여기에 익숙해지고 의존하게 되었다. 동시에 고도로 효율적인 업무 환경과 일정이 가득 찬 여가 시간 속에서는 예측할 수 없는 일들을 감당할 수 없으므로 확실한 안전 조치에 대한 요구가 점점 더 커지고 있다. 예측할 수 없는 것은 적시에 간파할 수 있어야 하며, 통제가 어려운 것은 어떤 대가를 치르더라도 통제할 수 있어야 한다. 그래야만 뜻밖에 벌어지는 불쾌한 일로부터 우리 자신을 보호할 수 있다. 이처럼 확실성에 대한 욕구는 점점 더 커지고 있으며 우리는 불확실성을 점점 더 용납하지 못한다.[15]

그런데 확실하다고 여겨지는 많은 것이 자세히 살펴보면 전혀 확실하지 않다. 우리는 심박수에서 심장 건강에 대한 의미 있는 진단을 도출할 수 없으며, 주가 추이를 통해 자신의 주식 포트폴리오가 미래에 어떤 성과를 가져올지 확실하게 추론할 수도 없다. 스마트폰의 날씨 앱에서 알려 주는 향후 며칠 동안의 날씨도 그다지 신뢰할 수 없다.[16] 당일 날씨의 경우 맞힐 확률은 약 98퍼센트 정도지만 일주일 후의 날씨를 맞힐 확률은 50퍼센트로 떨어진다. 말하자면 동전 던지기 확률과 다를 바 없다. 어쩌면 우리는 불확실성으로 가득한 일상에서 '가짜 확실성'을 통해 마음의 안정을 얻으려고 하는 것일지도 모른다.

이상한 보험 나라의 앨리스

누구나 알고 있듯이 수요가 있는 곳에 공급이 있다. 보험은 확실성을 추구하려는(혹은 확실성에 중독된) 우리의 욕구를 분석해 모든 위험과 우발적 상황으로부터 안전을 보장하는 서비스를 제공한다. 그렇기 때문에 가전제품 매장에서 계란 찜기를 구매할 때 정신을 차리지 않으면 2년 기간의 도난 및 파손 보험을 들라는 전담 판매원의 설득에 넘어갈 수도 있다. 물론 여기서 이 가전제품 매장의 이름은 언급하지 않겠지만(나는 그럴 만큼 바보는 아니니까) 내가 이렇게 비아냥거려도 여전히 이런 보험에 가입하는 소비자들은 있을 것이다.

현재 독일 사람들은 1인당 연간 2,700유로 이상을 보험료로 지출하며 이는 유럽에서 가장 높은 금액이다. 독일 전역에서 총 4억 5,000만 건 이상의 보험이 가입된 것으로 보고되고 있다.[17] 보험의 보장 내용은 때때로 매우 기괴한데, 이를테면 요즘에는 의도치 않게 엘리베이터에 갇히는 사고에 대해서도 보험에 가입할 수 있다. 그러나 독일기술검사협회TUV의 결함 발생 목록에 따르면 실제 이러한 위험이 발생하는 빈도는 한 명당 102년에 한 건뿐이다. 따라서 이런 불운의 사건을 경험하려면 아주 나이가 많아야 한다. 하지만 인간의 뇌는 통계에 능숙하지 않으며 불안한 상황에서는 더욱 통계를 활용하지 못한다.

독일 오스트베스트팔렌 지역에서는 예기치 않게 인터넷 연결이 끊기는 것을 대비해 보험에 가입할 수 있다(보험에 들더라도 여러분의 휴대전화 수신 상태가 좋아지지는 않는다). 또한 분만실에서 기절하거나 결혼식날 단상에 혼자 남겨지는 악몽에 대비하는 보험에 가입할 수도 있다. 이런 위험들은 실제로 일어날 가능성이 매우 낮으며(그렇지 않다면 보험사에서 이런 보험을 여러분에게 제안할 리가 없다) 충분히 견딜 수 있는 수준의 위험이다. 그러나 확실성을 확보하려는 욕구는 그 어떤 의심보다 더 강력하다. 뮌헨의 공연 예술가인 칼 발렌틴Karl Valentin이 "내게는 드물게 일어나는 사건보다 안전이 우선이에요."라고 했듯이 말이다.

위에서 언급한 예들은 다소 터무니없이 들리지만 실제 존재하는 사례다. 이 사례들은 위험을 견디지 못하는 현대인의 무력한 모습, 자신감 있게 자발적인 방식으로 삶을 꾸려 나가지 못하는 우리의 수동적이고 소극적인 모습을 반영한다. 그러나 우리가 이처럼 극단적으로 확실성을 추구한다고 해도 삶이 더 안전해지거나 위험에 더 성숙하게 대처하게 되는 것은 아니다!

과도한 예측의 시대

"확실성이라는 것은 존재하지 않는다. 다만 불확실성의 정도가 다양할 뿐이다." 러시아의 작가 안톤 체호프Anton Chekhov가 한 이 말은 오늘날에도 여전히 유효하다. 현대의 첨단 기술과 고도의 학문적 연구에도 삶과 관련된 것들은 여전히 불확실하다.

사람들이 가장 자주 하는 질문 중 하나를 예로 들어 보겠다. 지금 뱃속의 아이가 딸일까, 아들일까? 심지어 임신하기도 전에 어떻게 하면 확실히 딸 또는 아들을 낳을 수 있는지에 대한 풍문은 아주 오래전부터 무성하게 나돌았다. 이를테면 행위 중에 양말을 신어야 한다거나 행위를 하는 방의 창문을 열어 두어야 한다는 등(물론 두 제안 모두 에로틱한 분위기를 심히 망칠 수 있다!)이다. 물론 말도 안 되는 소리다. 딸 또는 아들을 낳는 방법은 오늘날까지도 확실하지 않다. 자연은 그 자체의 고유한 규칙을 따르며 때로는 단순히 우연에 의해 결정되기도 한다.

인간의 생물학적 특성에 대해 조금 더 자세히 살펴보자. 건강 관리와 관련해 확실성을 추구하는 노력은 모험적인 형태를 띠고 있다. 가령 독일에서는 수백만 명의 사람들이 비타민과 미네랄 결핍을 예방하기 위해 비타민 알약을 먹거나 알칼리성 분말을 차에 타서 마신다. 그런데 놀랍게도 대부분의 사람은 이 분말에 실제로 어떤 성분이 들어 있는지조차 모른다. 그런데도 그 분말이 설명서에 적힌 대로 우리 몸을 '중화한다'고 믿는다. 누가 그토록 세세한 것까지 신경 쓰겠는가? 주관적으로 느끼는 확실함이면 충분하므로 과학적 증거는 무시하는 것이다.

같은 맥락에서 사람들은 치아 변색을 줄여 주고 박테리아를 100퍼센트 확실하게 죽인다는 은 이온이 함유된 엄청나게 비싼 껌을 선뜻 구입한다. 또한 자외선 차단 지수가 터무니없을 정도로 높은 선크림이 일광화상의 위험과 피부 종양 발생 가능성을 완전히 없애 준다고 믿는다. 그러나 선크림의 자외선 차단 지수가 계속 높아지는 이유는 태양이 점점 더 강하게 내리쪼여서가 아니라 피부암에 대한 사람들의 두려움이 커졌기 때문이다.

이런 모든 과도한 조치에 대해 찬성하는 사람이 많은 만큼 반대하는 사람도 많다. 하지만 완벽한 안전함을 바라는 욕구는 합리적 의심을 잊게 할 뿐만 아니라 적절한 복용량이나 이를 증명하려는 얼마 안 되는 연구도 무시하게 만든다.

내 말을 오해하지 않기를 바란다. 물론 '예방적 진단'은 생명을 구할 수 있다! 그렇기에 일정 나이대부터 건강 검진을 받는 것이다. 그리고 그렇게 하는 것이 좋을 수도 있다. 초기 단계의 종양을 조기에 발견하면 적시에 치료할 수 있다. 하지만 '예방적 치료'의 경우에는 상황이 전혀 다르다. 유감스럽게도 지금까지 어떤 분말도 감염이나 질병으로부터 우리를 보호해 주지 못한다. 비타민과 건강보조식품에 대한 열풍은 과대광고의 결과로 생긴 현상이다. 이런 건강보조제의 구매와 소비로 이득을 보는 당사자는 그 제품을 만든 회사다. 오늘날 최대의 확실성을 느끼고자 하는 우리의 욕구가 커질수록 이런 회사들의 이익도 커진다.

의사이자 과학자인 나 역시 23년간의 진료와 연구 끝에 우리가 생명의 생물학적 질문과 관련해 많은 부분을 예측할 수 없다는 불편한 결론에 도달했다. 우리는 어떤 병에 걸릴 것인가? 그 병은 어떻게 진행될 것인가? 우리는 언제 죽게 될까? 이 모든 질문에 대한 답은 여전히 불확실하다. 어떤 부적도, 어떤 앱도, 어떤 알칼리성 분말도 이를 예측하거나 변화시킬 수 없다. 다만 우리는 신선하고 다양한 식단에 주의를 기울이고 충분한 운동을 하며 체내 독소를 줄이고 스트레스에 더 잘 대처하는 방법을 배울 수 있을 뿐이다. 이런 맥락에서 비만, 흡연, 고혈압을 피하는 것은 우리가 확실히 취할 수 있는 효과적인 조치다.

하지만 이 모든 것과는 별개로, 건강하게 오래 살 확률을 높이기 위해 우리가 손에 쥐고 있는 가능성은 여전히 매우 제한적이다. 그리고 아무리 개인적으로 노력하더라도 확실성을 확보하기 위한 '비용'은 점점 더 높아지고 있다.

제로 리스크가 비싼 이유

확실성을 얻기 위한 모든 (과도한) 노력에는 시간이든 노력이든 돈이든 비용이 든다. 그리고 우리가 100퍼센트에 가까운 확실성을 원할수록 비용을 더 많이 지불해야 한다. 예를 들어 인공 첨가물이 전혀 들어가지 않은 식품은 생산 비용이 높기 때문에 가격 또한 더 비싸다. 온라인으로 항공편을 예약할 때 재예약, 취소, 수하물 분실 등 일어날 수 있는 온갖 위험을 보장해 주는 여행사는 항공권 가격을 두 배나 비싸게 받는다. 이율을 보장하는 계약 조항이 포함된 연금 보험은 일반적으로 높은 수수료가 부과되어 수익률을 상당히 감소시킨다. 이처럼 절대적인 확실성을 얻으려면 값비싼 대가를 치러야 한다.

중국의 제로 코로나Zero-Covid 정책 역시 약 3년 동안 모든 감염을 확실하게 피하려다 극도로 높은 비용이 발생한 사례다. 이후 중국의 경제는 오랫동안 정체기에 빠졌고 많은 전문가가 중국을 떠났다. 그리고 중국인들은 (효과가 떨어지는 백신으로) 면역학적으로 바이러스에 적응하지 못했고 그로 인해 코로나바이러스에 대한 내성이 생기지 못했다. 2022년 말에야 비로소 제로 코로나 정책을 폐기했지만 너무 늦게 포기한 탓에 중국의 상황은 극단적으로 악화되었다. 중국 전역에 코로나가 급속히 퍼지면서 병원은 환자들로 초만원을 이뤘고 과부하에 걸린 의료진은 자포자기 상태가 되었다. 2022년 12월, 독일 지역연합통신 RND RedaktionsNetzwerk Deutschland는 중국을 휩쓴 코로나를 '성난 쓰나미'라고 표현했다.[18]

돌이켜 보면 독일에서도 코로나19 대응 조치의 찬반을 결정하는 데 적절한 균형이 거의 논의되지 않았다. 언제나 취약한 사람들을 최대한 보호하는 것이 중요했다. 이는 (폐가 건강한) 인구의 상당 부분이 봉쇄를 비롯한 팬데믹의 결과로 막대한 피해를 입었다는 사실을 무시한 것이었다. 만약 독일이 더 큰 용기를 내서 바이러스 확산에 대한 적절한 위험을 감수했다면 젊은 세대를 보호하고 현재까지도 완전히 회복되지 못한 문화계 전반을 살릴 수 있었을 것이다.

삶의 모든 위험을 0으로 줄이려는 노력은 언뜻 보기에는 마음을 진정시킬 수 있을 것 같지만 다시 살펴보면 삶의 모든 영역에서 이런 노력은 거의 항상 (너무) 높은 대가를 치르곤 한다. 그리고 다시 한번 생각해보면 우리는 최대한의 확실성을 얻기 위해 종종 어리석은 결정을 내린다는 사실을 깨닫는다.

2020년 봄, 첫 번째 코로나 봉쇄 기간에 사람들은 패닉에 빠져 화장지를 사재기했다. 화장지가 대량 생산된 이래로 구하기가 그토록 어려웠던 적은 지금까지 한 번도 없었다. 그 누구도 화장실에서 화장지를 구하지 못해 위생상의 비상사태가 발생하지는 않았다는 말이다. 하지만 마스크 대량생산으로 화장지 공급이 부족해질 수 있다는 가짜 뉴스에 속어 넘어간 사람들은 화장지를 못 구할지도 모른다는 두려움에 빠졌다. 그리고 절대적인 확실성을 얻으려는 사람들은 미친 듯이 화장지를 사고 물물교환을 하기도 했다(여러분도 화장지가 필요한가? 우리 집 지하실에 아직 잔뜩 쌓여 있다).

눈에 띄는 또 다른 예는 러시아의 우크라이나 공격이 시작된 이후 독일에서 터무니없는 금액에 판매되고 있는 생존배낭이다. 이 배낭은 러시아에 점령될지도 모른다는 사람들의 두려움을 이용한 것으로, 배낭 안에 간단한 구급상자, 수동 자가발전 라디오, 바Bar 형태의 비상식량, 손전등, 식수 한 병, 몇 가지 체크리스트(참고로 독일 고객들에게 매우 인기가 있다) 등 갑작스러운 비상사태에 대비한 도구가 들어 있다. 연방 시민보호 및 재난관리청Bundesamt für Bevölkerungsschutz und Katastrophenhilfe에서 생존

배낭 꾸리기 안내문을 대문짝만하게 게재한 이후, 일부 사람에게는 절대 필요하지 않을 것 같고 대부분은 집 안 어느 서랍에 처박혔을 잡동사니를 무지막지하게 비싼 돈을 주고 사게 되었다.

이처럼 스트레스를 많이 받을수록, 불확실성을 잘 견디지 못할수록 합리적인 보호와 과도한 보호를 구분하기는 더 어려워진다.

TIP 확실성의 비용 계산하기   +

여러분은 확실성을 얻기 위한 비용을 얼마나 치르고 있는가? 다음 세 가지 질문을 자기 자신에게 해보자.

- 직장과 개인의 일상에서 나는 실제로 얼마나 많은 확실성이 필요한가? 달리 표현하면 모든 일을 가능한 한 정확히 알고 굳건히 확신하는 것이 내게 얼마나 중요한가?
- 확실성을 얻기 위해 내가 들이는 시간과 노력, 비용은 어느 정도인가?
- 그 확실성은 과연 그만한 가치가 있는가? 확실성을 추구하는 대가로 내 삶에서 즉흥적이고 뜻밖의 놀라운 일들이 사라질 수도 있다는 것을 어떻게 생각하는가?

큰 비용을 치르고 있음을 알았다는 건 중요한 통찰을 얻었다는 것이다. 이는 행동 변화를 위한 첫걸음이다. 지금은 찾은 해답을 일단 그대로 두자. 이에 대해서는 이 장의 후반부에서 다시 다룰 것이다.

안전이라는 이름의 블랙홀

아이러니하게도 확실성을 얻기 위한 안전 조치들은 기껏해야 단기적으로 마음의 안정을 줄 뿐이다. 하지만 장기적으로 볼 때 불확실성을 무조건 회피하는 것은 자신감 있게 대처하는 데 방해가 된다.

한 예로, 어떤 부모가 자녀의 등굣길에 여러 번 전화를 걸어 아이가 별일 없이 학교에 잘 가는지 확인하거나 스마트워치를 통해 아이의 위치를 모니터링한다고 하자. 시간이 지날수록 이 부모는 아이가 학교에서 지내는 동안 생겨나는 정상적인 수준의 불확실성을 더욱 허용할 수 없게 되고, 점점 가짜 확실성에 익숙해진다. 그러다 어느 순간 아이를 모니터링하는 기기에 문제가 생기면 갑자기 불안감을 느낀다. '혹시 아이한테 무슨 일이 생기지는 않았을까?' 이런 불안감을 견디기 어려워 이후부터는 더 효과적으로 자신의 마음을 안심시키려고 더 많은 노력을 기울인다.

안전을 향한 욕구는 확실성을 추구한다고 해서 완전히 충족될 수 없다. 오히려 안전 욕구가 더 커질 뿐이다. 나는 이런 상황을 '블랙홀 효과'라고 부른다. 알다시피 블랙홀은 별들을 먹이처럼 집어삼키며 그 어떤 빛조차 블랙홀을 빠져나갈 수 없다. 그런데 이 별들은 블랙홀을 채우는 것이 아니라 내부의 중력을 증가시킨다. 그 결과 블랙홀은 계속해서 커지고 점점 더 '배가 고프게' 된다.

말하자면 블랙홀 효과는 시간이 지남에 따라 불확실성에 대한 불내성을 증가시킨다. 이는 과학적으로도 증명된 사실이다. 사람들이 확실성을 추구할수록 그에 대한 욕구는 점점 더 강해진다. 그러나 더 많은 정보를 얻는다고 해서 안정감이 증가하는 것이 아니라 결국 아무것도 확실하지 않다는 사실을 깨닫게 된다. 여러 연구에 따르면 건강과 관련해 불확실성을 참지 못하는 사람들은 의료 정보를 더 많이 알수록 불안감이 더 커졌다.[19]

눈앞의 위험을 마주할 용기

시작은 알 수 없고 끝은 어두우며 당신은 그 사이 어딘가에 버려졌다.
세상에 있다는 것은 불분명함 속에 있다는 것이다.

_페터 슬로터다이크 Peter Sloterdijk

보호와 안전에 대한 우리의 욕구는 자연스럽고 당연한 것이다. 이 욕구는 우리 인간의 발달 과정으로 일부 설명할 수 있다. 세상에 태어날 때 우리는 거의 무력한 상태이며 생후 몇 년간 부모에게 전적으로 의존한다. 다른 어떤 종에서도 새끼가 스스로 서기까지 그렇게 오랜 시간이 걸리지 않는다. 발굽이 달린 대부분의 동물은 태어난 직후 몇 분 안에 일어서거나 몇 시간이 지나면 걸을 수 있다. 많은 조류 종이 나는 법을 배우는 데는 몇 주밖에 걸리지 않는다. 토끼는 태어난 지 3개월 후면 짝짓기를 하고 어미 또는 아비가 될 수 있다. 인간의 아이만이 (정상적이고 이상적인 경우) 태어난 후 약 20년 동안 부모로부터 전반적인 보살핌을 받으며 이 과정에서 최대치의 돌봄과 보호, 안전을 누린다.

물론 인간의 이런 긴 발달 및 성숙 기간은 그 나름의 의미가 있다. 그러나 이렇게 오랜 의존 상태는 암묵적인 경험으로 연결된다. 말하자면 안전이라는 것은 주로 외부에서 얻으며 적어도 생후 첫 몇 년 동안은 스스로 만들 필요가 없다는 것이다. 자신의 강점을 인식하고 이를 신뢰하는 성숙 과정은 비교적 늦게 이뤄진다. 왜냐하면 모든 문제 해결 능력은 오랜 시간에 걸쳐 힘겹게 습득되고 여러 요인에 쉽게 방해받을 수 있기 때문이다.

많은 사람이 평생에 걸쳐서도 자신감을 충분히 쌓지 못하며 성인이 되어서도 인터넷 정보나 주변 사람이나 정치적 상황에 크게 의존하고 안정감을 느낀다. 이런 사람들은 외부 세계에 객관적인 확실성이 없으면 내면에서도 안정감을 느낄 수 없다. 그리고 불안감이 정신 면역체계를 지속적으로 자극해서 불안, 우울증, 스트레스 장애에 상대적으로 더 취약해진다.[20]

그러나 내면의 안정감은 24시간 내내 삶을 통제받고 끊임없이 안심시키는 말을 들으며 모든 위험을 피한다고 해서 생겨나는 건 아니다. 그래서 오늘날 많은 심리치료는 배우자나 상사, 앱, 정치, 신에게 의존하기보다 본인 스스로 안정감을 갖도록 돕는 것을 목표로 한다. 때로는 자신감 부족의 원인이 매우 깊이 자리 잡고 있어 발달상의 결함을 완전히 극복할 수 없을 때도 있다. 다행스러운 점은 자신의 일상 문제를 해결하는 긍정적인 경험을 통해 삶의 어느 시점에서든 자신감과 자기 안정감을 향상할 수 있다는 것이다.

회의적이거나 쭈뼛거리는 성향의 사람이 난폭하게 운전하거나 위험한 금전 거래를 하거나 마약을 복용하는 등 '위험을 좋아하는 무대 체질'로 바뀌어야 한다는 게 아니다. 그보다는 일상의 불확실성을 자신 있게 직면할 수 있는 능력 그리고 어느 정도의 안전함을 느끼기 위해 인생에서 그렇게 많은 확실성이 필요하지 않다는 통찰 등 생각보다 더 많은 것이 자신에게 있다는 것을 경험하는 것이 목표다.

집착을 버림으로써 얻는 새로운 자유

개인적 요구와는 별개로, 오늘날에는 확실성을 향한 사회적 요구 또한 세기를 거듭할수록 커지고 있다. 아주 오랜 과거에 이런 욕구는 '희망'으로 시작되어 근대 초기에는 확고한 '신념'으로 발전했으며 지금은 여러 곳에서 당연하게 여겨지는 필수적인 요소로 자리 잡았다. 이런 과장된 생각의 핵심은 다음과 같다. 내 삶은 끊임없는 확신이 있을 때만 아주 잘 돌아가며 그러므로 나의 모든 노력은 최대한의 확실성을 달성하는 데 집중되어야 한다는 것이다. 이 얼마나 큰 오류인가!

오늘날 우리는 확실성을 얻는 데 집중하면서 많은 에너지를 낭비한다. 그보다는 다방면으로 예측할 수 없는 세상에 대비해 불확실성에 더 관대해지고 정신 면역체계를 강화하는 데 에너지를 쏟는 편이 더 나을 것이다.

온종일 확실성을 쫓을 필요가 없어지면 많은 시간과 노력, 비용이 절약된다. 경제학자 헤르베르트 기르시Herbert Giersch는 "비행기를 놓친 적이 없는 사람은 공항 대합실에서 너무 많은 시간을 보낸 사람이다."[21]라고 말한 바 있다. 얼마나 훌륭한 말인가! 이 말은 확실성의 욕구가 초래하는 문제를 아주 잘 설명해 준다! 확실성을 얻으려는 지나친 노력을 버리고 예측할 수도, 영향을 미칠 수도 없는 것에 더 관대해지면 새로운 자유가 생긴다. 그렇게 되면 우리는 행동의 여지를 확보하고 더 안전할 수 있는 것에 주의를 기울일 수 있다.

* * *

이쯤에서 (가짜) 확실성을 뒤쫓는 사냥을 끝내 보자. 이제부터는 우리의 정신 면역체계가 불확실한 것, 미지의 것을 더 잘 견디고 알레르기 반응이 일어나지 않도록 해줄 몇 가지 조치를 소개할 것이다. 이로써 불확실성에 어떤 긍정적인 측면이 있는지, 약간 불확실한 상황에서 뇌가 선사하는 에너지를 어떻게 활용할 수 있는지도 보여 줄 것이다. 곧 알게 되겠지만 몇 가지 작은 위험은 우리의 삶을 다채롭게 만들고 정신을 강하게 해준다. 가장 좋은 건, 끊임없이 확실성을 얻으려는 행위를 멈추면 자신감이 더 커진다는 것이다.

불안의 에너지를 이용하라

지금까지 살펴본 것처럼 우리는 인생의 불확실성을 막을 수 없다. 하지만 불확실성에 어떻게 대처할지는 결정할 수 있다. 즉 불확실성에 좀 더 관대해지고 약간의 불안감을 지혜롭게 활용하는 법을 배울 수 있다. 이 책은 바로 이런 역량을 여러분과 함께 개발하고자 한다.

첫 번째 단계는 불확실성이 전혀 나쁜 게 아니라는 사실을 깨닫는 것이다. 불확실성은 우리를 자극하고 불안에 빠뜨릴 수 있지만 우리가 생각하는 것보다 해를 끼치는 정도가 약하다. 그리고 불확실성 때문에 우리가 느끼는 약간의 불안감은 오히려 많은 것을 움직이는 큰 힘의 원천이 될 수 있다. 불안감을 느낄 때 우리의 뇌는 크고 명백한 두려움을 느낄 때와는 달리 신체를 문제 해결 모드로[22] 전환해 다양한 힘을 동원한다. 즉 주의력이 높아지고 감각이 예민해지며, 혈압이 상승하고 근육이 긴장되고 신진대사가 빨라지는 것이다.

물론 이런 증상들이 항상 기분 좋게 느껴지는 건 아니다. 그러나 이 증상들이 문제가 아니라 해결책의 일부라는 사실을 깨닫는 게 중요하다! 이런 증상들은 눈앞의 문제를 극복하기 위해 우리 몸의 무언가가 활성화되었다는 표현이다. 나는 이를 '불안의 에너지'라고 부른다.

불안의 에너지는 우리의 정신이 더 많은 능력을 발휘하게 해준다. 최근 발표된 예일 대학교 의과대학의 연구에 따르면 불확실한 상황에 놓인 붉은털원숭이의 뇌에서 놀라운 사실이 발견되었다. 연구진은 붉은털원숭이의 특정 행동에 대해 한 번은 보상을 주고 한 번은 보상을 주지 않았다. 그 결과 문제 해결과 학습 과정을 담당하는 붉은털원숭이 뇌의 전두엽 부분은 예측할 수 없는 상황일수록 전기생리학 검사에서 더 활성화되는 것으로 나타났다. 반면 무엇을 얻게 될지 명확한 상황에 놓였을 때는 동일 뇌 영역에 상대적으로 움직임이 없었다.[23]

뇌는 우리가 불확실한 상황에 놓일 때 학습 및 발견 모드로 전환된다. 하지만 최대한의 확실성이 보장된 상황이나(뇌가 작용할 필요가 없으므로) 명백한 두려움에 처한 상황에서는(이런 상황에서는 생존 본능이 우세하므로) 뇌가 활성화되지 않는다. 따라서 약간의 불안감을 유발하는 불확실성은 우리를 편안한 영역에서 밀어낼 정도로만 뇌를 자극할 뿐 우리의 정신과 신체를 지나치게 자극하지 않는다. 이런 힘의 원천에 대해 좀 더 자세히 살펴보자.

주의집중

불확실성은 뇌간Brain Stem(뇌와 척수를 연결하는 부분—옮긴이)에서 망상활성계Reticular Activating System를 작동시킨다. 망상활성계가 작동하면 주의력과 집중력이 올라가 주변 환경을 더 정확하게 인식하고 더 명확하게 행동하게 된다. 그래서 우리는 불확실성을 감지할 땐 오류를 피하려고 하지만 확실한 상황에서는 부주의해진다.

많은 실험에 따르면 헬멧을 쓴 자전거 운전자는 자신에게 아무 일도 일어나지 않으리라고 생각하기 때문에 헬멧을 쓰지 않은 사람보다 도로에서 더 빨리 달리는 경우가 많다. 한 실험에서 연구진이 사람들에게 자전거 헬멧을 쓴 채로 연구실에서 카드놀이를 하게 했는데, 이들은 카드놀이에서 훨씬 더 위험한 결정을 내렸다! 이 연구는 안전에 대한 착각이 인지적 통제력을 제한한다는 사실을 전기생리학적으로 증명했다(이 연구를 들어 자전거 헬멧의 유용성을 문제 삼으려는 것이 아니므로 오해가 없길 바란다).[24]

이와 관련된 가설과 결과는 이미 여러 연구에서 충분히 논의되었다.[25] 우리가 모든 것이 확실하고 안전하다고 확신한다면 사고와 행동의 정확성을 잃을 수 있다. 이런 이유에서 연극배우들은 무대에 오르기 전에 느끼는 무대 공포증을 긍정적으로 받아들이기도 한다. 일상적인 연기로 부주의해질 수 있을 때 무대 위에서 느끼는 약간의 긴장감은 더 정확한 대사와 연기로 이어지기 때문이다.

창의성

의심스럽거나 불분명한 것 또는 문제가 있는 것을 인지할 때 뇌는 풍부한 상상력을 발휘한다. 즉 불확실성은 창의적이고 해결 지향적인 사고를 촉진하는 매우 생산적인 요인이다.[26] 베를린 자유대학교Freien Universität Berlin의 한 연구에서 경제적으로 성공한 남녀를 대상으로 심층 인터뷰를 진행한 결과, 불확실성은 풍부한 창의적 아이디어의 출발점이라는 사실이 밝혀졌다. 다만 사람들이 불확실성을 부정하거나 억누르는 데 에너지를 소비하지 않고 아이디어와 해결책을 찾는 데 에너지를 쓸 때만 그런 결과가 나왔다.[27]

동기부여

우리는 모든 것이 확실하다고 가정할 수 없기 때문에 살면서 우리의 에너지와 사랑, 돈을 무언가에 투자한다. 예를 들어 부부관계의 흐름도 기본적으로 불확실하다. 바로 이런 이유에서 우리는 배우자를 보호하고 좋은 관계를 유지하기 위해 많은 노력을 기울인다. 만약 여러분의 결혼 생활이 정확히 5년 반 후에 파탄 날 것임을 확실하게 알고 있다고 상상해 보자. 그러면 여러분은 얼마나 많은 노력을 기울일까? 건강도 불확실하다. 그래서 우리는 운동과 영양, 수면에 신경을 쓴다. 그러나 만일 정확히 11주 후에 죽는다는 사실을 안다면 아마도 우리는 다이어트를 더는 하지 않을 것이다.

요즘은 일부 스마트워치에 자신의 정확한 사망 시간을 알려 주는 앱이 있다. 여러 가지 건강 데이터를 앱에 입력하면 알고리즘이 죽기 전까지 남아 있는 시간을 계산하고, 지금부터 죽는 시점까지 시간과 분을 초

단위로 카운트다운한다. 이런 앱은 약간 불쾌하기도 하지만(정신과 전문의로서 나는 이 앱을 추천하지 않는다) 무엇보다 그런 추정은 터무니없는 사이비 과학이다. 다행히 이 세상의 어떤 소프트웨어도 우리가 죽는 날을 예측할 순 없다.

하지만 이 앱이 시사하는 이론적 질문에는 관심이 가지 않을 수 없다. 여러분은 만일 자신의 정확한 사망 날짜를 안다면 지금과 똑같이 집과 정원을 가꾸거나 직업적인 전문성 개발에 투자하겠는가? 물론 그러지 않을 것이다. 지금 우리 주변의 많은 것이 의미가 있는 이유는 우리가 언제 어떻게 될지 모르기 때문이다. 미래가 어떻게 될지 모를 때만 우리는 동기를 가지고 행동하고 무언가에 노력을 기울이며 자신감을 키운다. 철학자 나탈리 크납Natalie Knapp은 "불확실성이 없다면 세상 어디에도 희망 같은 것은 존재하지 않을 것이다."라고 말한 바 있다.

흥분

자, 이제는 불확실성의 매력적인 면을 잊지 않도록 하자. 영화나 축구 경기, 소개팅 등은 결과가 불확실하기에 매력적인 경험이 될 수 있다. 반대로 확실성은 모든 즐거움을 망칠 수 있다. 여러분은 이미 결말을 아는 영화, 결과를 아는 축구 경기를 집중해서 보겠는가? 심리학자 레오 바바우타Leo Babauta는 '기쁨의 두려움'Joyfear, 즉 작은 두려움에서 느껴지는 기쁨에 대해 언급한 바 있다.[28] 아직 잘 모르는 상대와의 연애도 불확실성이 불러일으키는 기분 좋은 설렘에서 시작된다. 오스카 와일드는 "이런 불확실성은 끔찍하다. 나는 이 불확실성이 오래 지속되었으면 좋겠다."라고 썼다.

여러분이 인생에서 이뤄 낸 몇 가지 성공과 목표에 대해 생각해 보자. 아마도 불확실한 상황 때문에 처음에는 모든 것이 불안하다는 느낌이 들었을 것이다. 운전면허를 딴 후 처음으로 혼자 고속도로를 운전했을 때, 새 직장에 처음 출근한 날, 버스 정류장에서 매력적인 사람에게 대뜸 말을 걸었던 순간 등. 처음에는 (가슴이 두근거리면서) 긴장감 때문에 불쾌했을 수도 있지만 곧 불안의 에너지가 이런 불쾌감을 긍정적으로 바꿔 놓았을 것이다. 불확실성은 우리 뇌를 활성화하고 문제 해결 모드로 전환시켜 우리가 능동적으로 행동하도록 만든다.

불확실성은 사람들이 흔히 생각하는 것보다 훨씬 좋은 것이다. 불확실성은 우리를 살짝 불안하게 만들지만 실수를 막아 주고 더 나은 사고를 하게 해준다. 아이디어를 샘솟게 하고 동기를 부여하며 특히 우리의 맥박을 뛰게 하는 자극이 된다. 전반적으로 불확실성은 우리를 위협하기보다 우리의 능력과 가능성을 일깨운다. 그러니 어떻게든 불확실성을 피하겠다며 터무니없는 노력을 기울이지 말고 끊임없이 불확실성과 접촉해야 한다.

불확실성에 대처하는 연습을 자주 할수록 앞으로 다가올 불확실성을 더 잘 견딜 수 있다. 그리고 이로써 우리는 정신 면역체계를 강화하고 불확실성에 대한 내성을 개발할 수 있다.

내성을 키워라

여러분이 꽃가루나 풀에 알레르기 반응을 보인다면 알레르기 전문의는 여러분에게 둔감화Desensitization 치료를 제안할 것이다. 복잡한 개념처럼 들리지만 사실 아주 단순하다. 즉 일정한 간격으로 알레르기 유발 물질을 서서히 양을 늘려 가면서 노출시키는 것이다. 그 결과 점진적으로 알레르기 유발 물질에 익숙해지고 시간이 지나면서 알레르기 증상이 완화된다. 우리의 면역체계가 자극 물질에 대한 내성을 발달시킨 것이다. 물론 풀과 꽃가루에 대한 반응이 완전히 사라지는 것은 아니지만 거부 반응이 약해져서 자연 속에서 봄을 만끽할 수 있게 된다.

이제부터는 몇 가지 둔감화 기법을 소개하고자 한다. 둔감화 조치의 의미와 목적은 불확실성에 덜 민감해지거나 과도하게 반응하지 않는 것이다. 이런 훈련을 통해 여러분은 예상치 못한 상황에 적응하는 법, 불확실성에 더 잘 대처하는 법, 계획과 다르게 일이 전개될 때 이를 오롯이 견뎌 내는 법을 배울 것이다. 훈련이 진행됨에 따라 새로운 것, 알려지지 않은 불확실한 것에 대한 알레르기 반응은 점점 약해지고 더 큰 안정감을 느끼며 정서적 균형을 찾을 것이다.[29]

최근에는 이런 노출 요법이 걱정스러운 생각을 자주 하는 환자의 행동 치료에서 필수적인 코스가 되었다. 이들은 확실성을 얻기 위해 과도한 시간과 에너지를 투자하는 경향이 있다. 그 결과 확실성에 점점 더 의존하고 심지어 전혀 확실하지 않은 확신에도 의존한다. 하지만 그렇게 한다고 해서 두려움이 줄어드는 건 아니다. 그러므로 불확실한 상황을 찾아내거나 그런 상황에서 생겨나는 불안감을 견뎌 내는 법을 훈련

하는 것이 좋다.[30]

이런 훈련의 효과는 여러 연구를 통해 입증되었다.[31] 우울증 또한 내성 훈련을 통해 증상이 완화되었고 환자들의 자신감도 증가했다.[32] 불안·공황·강박·우울증 환자, 최근에는 자폐 아동 등의 임상 집단에서도 불확실성을 참는 훈련을 반복적으로 함으로써 큰 효과를 거두었다.[33]

미리 한 가지 경고를 하자면 의식적으로 불확실한 상황을 찾아내려고 하다 보면 단기적으로는(풀이나 꽃가루가 피부에 소량 닿았을 때의 반응처럼) 다소 불안해지거나 화가 날 수 있다. 그러나 이런 자극은 꼭 필요하다. 왜냐하면 불확실성에 대한 내성을 키우는 건 불확실성을 피하는 것이 아니라 지속적이고 반복적으로 접촉하는 것이기 때문이다. 그렇게 하지 않으면 둔감화가 일어나지 않는다. 그럼 이제 미지의 세계에 발을 들여 보도록 하자.

'모르는 것'은 '위험한 것'이 아니다

더 나아질까, 더 나빠질까? 사람들은 매년 묻는다.
솔직히 말하면 삶은 언제나 위협적이다!

_에리히 케스트너Erich Kästner

유럽의 옛 항해 지도를 보면 간혹 미개척 지역에 바다뱀이나 용이 있는 것을 볼 수 있다. 역사 지도 제작자들은 종종 이런 미개척 지역에 '히크 순트 드라코네스'Hic Sunt Dracones('여기에 용이 출몰함')라는 경고 문구를 표기했는데 이는 그 지역에 알려지지 않은 위험이 있음을 나타내기 위해서였다. 15세기 말에는 아메리카 대륙뿐만 아니라 아시아와 남반구의 많은 지역에도 이런 경고가 표기되었다.

그러나 시간이 흐르면서 인간은 세계의 외딴 지역까지 더 깊숙이 침투했고 이 상징적인 괴물은 점점 밀려나다 결국 지도에서 사라졌다.[34] 참고로 비즈니스 세계에서는 어떤 거래에 알려지지 않은 위험이 있음을 알리고 그 거래를 피하는 것이 좋다는 의미로 'TBD'There Be Drag ons라는 약자를 장난스럽게 쓰기도 한다.

오늘날까지도 우리는 미지의 것을 위험하다고 여긴다. 그래서 완전히 낯선 상황에 놓이면 우리는 곧바로 경계 상태를 취한다. 반면에 검증되고 익숙한 환경에서는 편안함을 느끼고 침착해진다. 많은 사람이 저녁에 자신만의 일상적인 행동이나 습관을 반복적으로 행하거나 여름 휴가 때마다 똑같은 호텔을 찾는 것도 바로 이런 이유에서다. 심지어 나의 내담자 중 한 명은 특정 도시에 출장을 갈 때 항상 같은 호텔의 같은 룸을 예약하는데 그래야 마음이 안정된다고 했다.

어떤 사람들은 새로운 것을 시도하는 일에 특히 스트레스를 받는다. 물론 우리는 모두 자신만의 습관을 유지하며 이는 당연히 별문제가 되지 않는다. 하지만 장기적으로 볼 때 똑같은 것을 계속 반복하다 보면 변화하는 세상에 유연하게 대처하지 못하는 것도 사실이다. 헨리 포드의 말을 빌리면 "자신이 이미 할 수 있는 것(또는 이미 알고 있는 것)만 하는 사람은 언제나 그 자리에 머물러 있을 것이다."

그래서 나는 여러분이 일상에서 약간의 불확실성을 감내해야 하는 미지의 낯선 상황을 의식적으로 찾아보라고 제안하고 싶다. 이는 얼음물에 잠깐 몸을 담그는 것과 같다. 새로운 상황에 익숙해지면 내면의 긴장은 비교적 빨리 가라앉을 것이므로 걱정할 필요가 없다. 나는 내담자들에게도 아래에 제시하는 훈련들을 가장 먼저 권한다. 이 훈련들은 의도적으로 단순하게 만들었고 언뜻 보기에는 그다지 까다로워 보이지 않는다. 또한 알레르기 둔감화 치료처럼 처음에는 저용량으로 시작해서 필요하다면 조금씩 용량을 늘릴 수 있다.

불확실한 길을 걸어 보기

한가한 오후에 한 번도 가 본 적 없는 미지의 마을이나 숲속을 거닐어 보라. 내비게이션을 따라가지 말고 목적지를 딱히 정하지도 말며 계획을 세우지도 마라. 사실 여러분은 이미 차 안이나 책상에서 매일 이런 행동을 하고 있다. 어떤 상황인지 모른 채, 어디로 가는지 모른 채 견디는 것이다. 문학적으로 표현하면 정처 없이 초록빛 들판을 거닐어 보라. 미지의 세계로 터벅터벅 걸어 들어가 새로운 경험을 해보라(여러분이 바다뱀을 마주칠 가능성은 거의 없다).

불확실한 경험을 해보기

내용을 전혀 모르는 연극이나 콘서트 공연장을 찾아가서 보라. 미리 정보를 충분히 얻지 못했다는 것, 엉겁결에 결정했다는 것에서 생겨나는 불확실성을 참는 것이다. 그리고 공연을 보러 갈 때 그 공연이 최고의 공연이라는 확신이 없이 가 보자. 여러분에게 정확히 어떤 일이 펼쳐질지 조금도 알 수 없는 한두 시간의 모험을 견뎌 보자. 전에는 몰랐던 낯선 이야기와 자극이 여러분을 사로잡고 감동을 이끌며 새로운 생각의 계기를 마련할 수도 있다.

불확실한 책을 읽어 보기

새 책을 사러 서점에 갔는데 넘쳐나는 책에 압도당하는 느낌이 든다면 매대에 있는 책 중에서 아무 책이나 집어 들고 집으로 가져가라(물론 계산은 해야 한다). 다행히도 매대에 있는 책들은 대체로 가지런히 잘 정리되어 있어서 소설책을 찾는데 실용서를 집어 드는 일은 거의 없을 것이다. 어떤 내용인지 모른 채 이를 참고 책을 읽기 시작하라. 미지의 이야기로부터 영감을 얻고 완전히 새로운 관점을 얻을 수도 있다.

불확실한 음식을 요리해 보기

무슨 요리를 하고 싶은지 전혀 생각이 떠오르지 않아서 유명 레시피를 찾아보고 있다면 다음과 같은 훈련이 도움이 될 것이다. 여러분이 잘하는 익숙한 요리를 선택하지 말고 그 대신 (대개는 친구들이 선물해 준) 새 요리책을 꺼내자. 마음속으로 1~50 사이의 숫자를 하나 선택한 다음 그 숫자에 해당하는 페이지로 넘겨 보라. 그리고 그 페이지에 나와 있는 요리를 해보는 것이다. 미지의 맛을 즐겨 보라!

물론 불확실성을 감내하는 훈련들은 이 외에도 많을 것이다. 미지의 것을 발견하고 불확실한 것을 견디다 보면 영감을 받을 뿐만 아니라 불확실성에 대해 더 관대해질 수 있다. 그리고 이런 결과는 이미 알고 있는 것을 반복하는 것으로는 결코 얻을 수 없다. 일상생활에서 이와 비슷한 작은 모험을 계속하면서 미지의 영역으로 모험을 떠나 보라. 여러분이 어느 정도 열린 마음을 가지고 있다면 일상에서 이런 모험 중 일부를 이미 실천하고 있을 것이다. 하지만 그렇다고 해도 지금 자신의 일상을 다시 한번 살펴보자. 자신이 얼마나 자주 익숙한 일, 똑같은 일을 반복하는 경향이 있는지 알면 깜짝 놀랄 것이다.

위 훈련들로 불분명하고 예측할 수 없는 상황에 끊임없이 직면해 보자. 정신적으로 유연해지는 방법을 쉽고 재미있게 연습하는 방법이다. 용감한 도전과 행동은 궁극적으로 가장 큰 효과가 있다. 현대의 심리 치료에서는 불확실성을 잘 견디지 못하는 사람들에게 이와 유사한 훈련들을 점점 더 많이 적용하고 있다.[35]

안전지대에서 벗어나 새로운 지도를 그려라

여러분이 이 훈련에서 경험하는 내용이 긍정적이지 않더라도 문제는 없다. 그보다 중요한 것은 (여러분이 경험한 것을 나중에 어떻게 평가하든 상관없이) 반드시 하게 될 다음 두 가지 경험이다.

- **발견:** 새로운 경험을 할 때마다 여러분은 인생의 지도를 조금씩 넓히면서 바다뱀을 멀리 밀어낼 것이다. 자신이 알고 있는 것에 대해서는 두려워할 필요가 없다.
- **노출:** 의식적으로 새로운 상황을 찾거나 낯선 것을 시도하다 보면 낯선 상황에서 도망치거나 익숙하고 안전한 일상으로 돌아가는 대신 긴장을 견뎌 낼 수 있다. 약간의 불확실성에 반복적으로 노출되면 시간이 지날수록 더 잘 견디게 된다.

나의 내담자 중 한 여성은 이 내용을 마음에 깊이 새겼다. 2022년 가을, 러시아의 가스 공급 중단으로 독일의 난방비가 급격히 상승한 적이 있었다. 그녀는 11월에 나를 찾아와서 자신과 남편이 적은 연금으로 난방비를 감당할 수 있을지 매우 걱정된다고 말했다. 그녀의 낡은 집은 단열이 제대로 되어 있지 않아서 겨우내 추운 거실에서 지내야 하는 것이 두렵다고 했다. 그녀는 이런 걱정스러운 생각을 떨쳐 버릴 수가 없어서 며칠 밤을 잠도 제대로 못 자고 불안하게 보냈다고 했다.

나는 그녀에게 시간이 지나 모르는 것을 알게 되면 종종 불안감이 줄어들곤 한다고 설명했다. 몇 주 후 그녀는 내게 와서 자신과 남편이 두려워하던 상황을 일주일 동안 '견뎌 냈다'라고 말했다. 그들은 집 안 온도를 전반적으로 2도 낮추고 몇몇 방의 난방을 모두 껐다. 그리고 따뜻한 내복을 입고 소파에 담요를 깔았다. 그 후 기온이 떨어져도 문제가 되지 않는다는 사실을 알게 되자 그들은 그동안의 걱정이 쓸데없는 것이었음을 깨달았다. 무서운 바다뱀은 어디에든 살고 있겠지만 적어도 그녀의 집에서는 살지 않게 되었다.

불확실성을 마주한다는 건 자신의 안전지대를 벗어나는 것을 의미한다. 하지만 그렇게 해야만 확실성이라는 편안한 안전지대에서 미처 발견하지 못했던 새로운 지역을 우리의 인생 지도에서 발견할 수 있다. 그렇게 해야만 많은 것이 우리의 생각보다 덜 나쁘다는 중요한 경험을 할 수 있고, 위험하게 보이는 도전을 어떻게든 극복할 수 있는 능력이 우리에게 있음을 알게 된다. 이 과정에서 우리는 '정말 되는구나!'라는 사실을 깨닫는다.

자신감을 키우는 작은 모험들

존재의 가장 큰 결실과 즐거움을 이루는 비결은 위험하게 사는 것이다!
베수비오 화산 비탈에 그대의 도시를 세워라. 미지의 바다를 향해 그대의 배를 띄워라.

_프리드리히 니체 Friedrich Nietzsche

어렸을 때 스카우트 대원으로 활동했던 시절이 자주 떠오른다. 그때를 생각해 보면 바하우와 왈라키아 사이 어딘가쯤 있었던 야영지는 예기치 못한 상황에 대처하는 데 환상적인 훈련 장소였다. 우리는 겨울에 날씨가 추워지면 텐트에 짚 같은 것을 깔아서 차가운 바닥이 얼지 않도록 했고, 비가 오면 모아 둔 장작에 어떻게든 불을 피웠다. 그리고 숲에서 온갖 종류의 과일과 나뭇잎을 모아 즉석에서 차를 만들었다. 이런 것들은 우리에게 큰 즐거움을 주었을 뿐만 아니라 자신감을 북돋아 주었다. 무슨 일이든 해낼 수 있다는 자신감! 저녁에 무엇을 먹을지, 밤에는 어디서 잘지 그날 아침에는 알지 못해도 계획하고 행동할 가능성은 언제나 열려 있었다.

불확실성은 적도, 방해꾼도 아니었다. 오히려 진정한 모험을 가능하게 하는 가장 큰 원동력이었다. '모험'Adventure 이라는 단어는 '다가가다'라는 뜻의 라틴어 '아드베니레'advenire 에서 유래했다. 살아가면서 의외의 일에 다가가는 것은 즐거운 방식으로 자신감을 키우는 데 도움이 된다.

2012년《내셔널 지오그래픽》National Geographic 에서 올해의 모험가로 선정된 영국 작가 앨러스터 험프리스 Alastair Humphreys 는 '마이크로 어드벤처'Micro Adventure 라는 용어를 창안하고, 불확실하고 어려워 보이는 상황을 의식적으로 찾아내서 작은 모험을 하며 성장하는 과정을 수년간 경험했다.[36] 험프리스는 사춘기 시절에 자전거를 타고 영국을 횡단했으며 청년이 되어서는 손수레를 끌고 세계에서 가장 큰 모래사막인 아라비아의 룹알할리사막을 여행했다.

독일에서 마이크로 어드벤처의 개념을 대중화한 사람은 작가 크리스토 푀르스터Christo Förster다. 그를 처음으로 만난 건 우리 둘 다 강연자로 참석한 어느 행사에서였다. 그 후 그는 나를 자신의 팟캐스트에 초대했고 우리는 삶의 습관에서 벗어나 정신적으로 새로운 자극을 받는 방법에 관해 이야기했다.[37] 크리스토의 좌우명은 '밖으로 나가서 행하라'다. 얼핏 보면 마치 야생의 자연 속에서 극한의 야외 체험을 하라는 말로 들릴 수 있지만 사실은 현관문 밖으로 나서서 발견의 여정을 떠나라는 말이다. 말하자면 확실성에 대한 고전적인 질문(과연 가능할까? 내가 해낼 수 있을까? 무슨 일이 생기면 어떻게 해야 할까?)을 하고 싶은 욕구를 즉시 억누르고 흥미롭고 새로운 것을 향한 충동에 따르라는 것이다.

다음에서는 내가 여러 번 직접 시도해 본 몇 가지 마이크로 어드벤처를 소개하고자 한다. 이것들은 단지 예시일 뿐이다. 여러분은 마음에 드는 것을 얼마든지 고를 수 있고 제시된 내용을 바꿀 수도 있으며 여러분만의 방법을 생각해 낼 수도 있다. 이때 공통으로 작용하는 원칙이 있다. 작은 위험은 강력히 권장된다는 원칙이다!

평생교육센터나 지역 행사 장소에서 제공하는 저녁 강좌 중에서 여러분에게 생소한 강좌를 문의해 보라. 지식을 전달하는 강좌일 수도 있고 공예 기술을 배우는 강좌일 수도 있다. 되도록 여러분의 일상 업무와 관련이 없는 강좌가 좋다. 일상과 동떨어진 경험이 우리를 가장 강력하게 자극하기 때문이다.

또는 인라인스케이트를 타고 출근해 보라. 인라인스케이트가 없다면 빌리거나 사도록 하자. 탈 줄 모른다면 배워라. 전문가처럼 잘 타는 게 중요한 것이 아니라 새로운 경험을 하고 불확실성에 노출되는 것이 중요하다. 여러분의 집에 옥상 테라스가 있다면 별빛 아래에서 잠을 자 보라. 얼음처럼 차갑고 딱딱한 바닥에 아주 얇은 캠핑용 매트를 깔고 혹독한 생존 체험을 해보라는 말이 아니다. 매트리스를 깔고 따뜻한 담요를 덮고 낯선 경험을 즐겨 보는 것이다. 다음과 같은 상황들에 놓일 때 우리는 충분히 강한 자극을 받을 수 있다.

- 상황이 새롭거나 낯선 경우
- 상황이 어떻게 될지 명확하지 않아서 살짝 불안감을 느끼는 경우
- 자기 자신을 조금 극복해야 하는 경우

이때 자신의 세상을 완전히 뒤흔들거나 최대한의 위험을 감수할 필요는 없다. 자동차에서 브레이크를 제거하는 건 마이크로 어드벤처가 아니다. 도르트문트의 베스트팔렌슈타디온Westfalenstadion(독일 분데스리가의 보루시아 도르트문트 팀의 홈구장—옮긴이)에서 FC 바이에른 뮌헨 팀의 스카프를 두르고 서 있는 것도 마찬가지다. 오히려 이 두 가지 경우는 삶에 지쳤다는 신호에 가깝다(만약 이런 경우라면 내게 미리 전화를 주기 바란다).

여러분에게 다른 아이디어가 떠오를 수도 있다. 이때 그 아이디어가 말도 안 된다고 무시하기 전에 뭐라도 시도해 보라. 문제는 우리가 대부분의 일을 생각으로 미리 판단하고 행동 여부를 결정한다는 것이다. 많

은 생각은 순식간에 걱정으로 바뀔 수 있고 최악의 경우 머리를 쥐어짜는 고민이 될 수 있다. 그렇게 되면 보통은 행동을 회피하는 결과로 이어진다.

우리는 무언가를 해야 할 이유보다 하지 말아야 할 이유를 더 쉽게 찾는다. 마이크로 어드벤처는 먼저 행하고 나중에 평가하는 정반대의 접근 방식을 우리에게 제안한다. 그렇게 하면 완전히 다른 판단에 도달할 수 있다. 결과에 상관없이 모든 모험은 새로운 경험이기 때문에 아무것도 잃을 게 없다. '백번 듣는 것보다 한 번 해보는 것이 낫다'라는 속담은 여기에 아주 딱 들어맞는다.

한 번도 해본 적 없는 일을 하라

오늘날 우리는 여가 시간의 대부분을 주로 수동적으로 소비하며 보낸다. 독일 미래연구재단Stiftung für Zukunftsfragen의 2022년 국민 여가 활동 조사에 따르면 지난 30년 동안 사람들의 여가 활동이 미디어 소비 쪽으로 방향을 크게 전환했다. 1992년에는 친구를 만나거나 가족과 함께하는 활동이 가장 인기 있는 여가 활동의 상위 5위 안에 들었지만 오늘날에는 인터넷, 텔레비전, 노트북, 음악 감상, 이메일, 스마트폰 사용이 순서대로 상위 여섯 자리를 차지하고 있다.[38] 이제 더는 삶에서 모험할 여지가 많지 않다. 그런데 이렇게 화면만 바라본다고 해서 불확실성에 대처하는 능력이 더 강화되는 것도 아니다.

나는 수년 동안 상담하러 나를 찾아오는 내담자뿐만 아니라 종종 나 자신에게도 일상의 작은 모험을 위한 공간을 마련하라고 권한다. 그래서 한번은 내담자들이 내놓은 일부 아이디어를 목록으로 만들고 그중 몇 가지를 직접 시도해 봤다.

한 내담자는 매달 첫째 주 일요일마다 남편과 함께 한 번도 해본 적 없는 일을 해보겠다고 말했다. 두 사람이 각각 번갈아 가면서 어떤 제안을 하면 상대방은 이를 따라야 하며 예외적인 경우에만 거부할 수 있다. 이런 경험들은 단순히 즐거운 활동일 때도 있지만, 최근 남편이 제안한 열기구 비행처럼 약간의 용기가 필요한 도전일 때도 있었다. 그녀는 심장이 쿵쾅쿵쾅 뛰었고 극도로 불안했다. 하지만 비행이 끝나고 나중에 돌이켜 보니 열기구 비행은 위험하지 않았고 오히려 멋진 경험이었다. 그녀는 앞으로 이와 비슷한 도전을 계속할 수 있을 것 같다고 했다. 이것이 바로 둔감화 과정이다! 이후 그녀는 도전을 덜 두려워하게 되었다. 게다가 매달 함께 하는 마이크로 어드벤처는 그녀와 남편의 관계에도 활기를 불어넣어 주었다.

이처럼 재미와 다양성만 중요한 게 아니다. 작은 모험은 우리의 피부에 알레르기 유발 물질이 살짝 닿을 때처럼 우리를 자극 상태에 빠뜨린다. 하지만 자극의 양이 늘어날수록 불확실성에 대처하는 내성이 커지고 불안감이 줄어든다. 작은 모험을 시작할 때 안전지대를 벗어나는 것 같아 신체적 긴장이나 불안이 생긴다면 올바른 방향으로 첫걸음을 내디딘 것이다. 이와 관련해 크리스토는 아주 딱 들어맞는 멋진 말을 했다. "처음에 느껴지는 긴장감이나 불편함은 정상적일 뿐만 아니라 모험이 기다리고 있다는 명백한 신호다!"

때때로 우리는 어떤 일에서 지금까지 하던 방식으로 해야 할지, 아니면 다르게 해야 할지 결정하는 순간을 맞닥뜨린다. 그 순간 우리는 어떤 방식을 택할지 신중하게 저울질하지만 결국은 안전하다고 느끼는 익숙한 방식을 결정할 때가 많다. 그러나 이런 결정은 여러분에게 새로운 지평을 열어 주지 못한다.

그래서 나는 정말로 진지하게 한 가지 제안을 하고 싶다. 바로 주사위를 가지고 다니라는 것이다. 여러분에게 여러 가지 선택지가 주어지는 상황, 예를 들면 어떤 호텔을 고를 것인지, 메뉴에 있는 여러 요리 중에서 무엇을 먹을 것인지, 수많은 TV 드라마 중에서 무엇을 볼 것인지 등을 결정하기 어려울 때 주사위를 굴리는 것이다. 주사위는 여러분의 결정을 대신 해줄 것이며 여러분은 그 결과를 받아들이고 불확실성을 수용하면 된다.

방금 언급한 예시들은 그다지 중요한 결정이 아니기 때문에 손실 위험이 아주 작다. 하지만 개인적으로 얻는 것은 매우 크다. 왜냐하면 매번 새로운 영역을 발견하고 미지의 것, 낯선 것에 적응하는 법을 배우기 때문이다. 평범한 일상 상황은 둔감화 훈련에 특히 적합하다. 시간이 지날수록 훈련량이 늘어나면서 인생에서 더 중대한 결정을 내려야 할 때 주사위를 굴릴 수도 있다. 심지어 인생의 동반자를 선택할 때도 주사위를 굴릴지는…, 여러분의 결정에 맡기겠다.

계획 없이 살아 보기

독일인 2,000명을 대상으로 실시한 설문조사에서 18~29세 사이의 젊은이들 중 거의 절반이 '어떤 일이 계획과 다르게 진행되면 궁지에 몰린 것 같고 어디론가 사라지고 싶다'라는 문항에 전적으로 그렇다고 답했다.[39] 이런 응답은 모든 일이 기대한 대로 이뤄지는지에 따라 우리의 행복감이 크게 좌우된다는 사실을 보여 준다.

물론 계획은 우리가 목표에 다가가도록 노력하게 만들기 때문에 매우 큰 가치가 있다. 이를테면 일주일 치 식단 계획과 운동 계획을 상세하게 짜 놓으면 다이어트와 운동을 더 성공적으로 할 수 있다. 또한 학습 계획표를 미리 세우면 시험공부를 더 수월하게 할 수 있다.

그러나 이런 예와는 별개로, 인생의 모든 일을 '계획에 따라' 실행하는 것은 오히려 해로운 영향을 미칠 수 있다. 계획과 구조는 마치 마약처럼 점점 거기에 의존할 수 있기 때문이다. 계획을 변경할 수 없을 때는 어떻게 해서든 그 계획을 지켜야 한다는 내적 강박감이 생겨나며, 계획대로 되지 않으면 열패감을 느끼게 된다. 이는 매우 큰 스트레스가 아닐 수 없다.

또한 살면서 너무 많은 계획을 세우면 갑작스러운 변화를 견디지 못한다. 온종일 계획을 세우고 의무적으로 계획을 지키는 데만 몰두하는 사람은 즉흥적으로 행동하는 법을 잊어버린다. 그런 사람은 일이 예상과 다르게 진행될 때 감정적으로 큰 충격을 받는다. 스위스의 작가 프리드리히 뒤렌마트Friedrich Dürrenmatt는 이런 경험에 대해 다음과 같이 표현했다. "계획대로 움직이는 사람일수록 우연이 더 큰 영향을 미친다." 이런 사람은 갑작스럽게 뜻밖의 상황을 마주하면 다량의 알레르기 유발 물질이 피부에 닿을 때처럼 과도한 반응을 일으킨다.

물론 중요하고 구체적인 목표를 달성하길 바란다면(또는 달성해야 한다면) 계속해서 계획을 세워도 된다. 하지만 삶의 모든 순간을 계획하지는 마라. 매일 어느 정도의 여유를 남겨 두어 자유롭게 시간을 보낼 수 있도록 하라. 즉흥적으로 일몰을 볼 수도 있고, 길모퉁이에서 누군가와 긴 대화를 나눌 수도 있으며, 헌책방에서 책에 빠져들 수도 있다. 이처럼 오후 시간이 원래의 계획과 다르게 흘러가게 하라. 인생의 매 순간을 일정표에 적힌 대로 살기보다는 세상이 여러분에게 즉흥적으로 선사하는 것을 받아들여 보라.

계획을 버리고 자발적으로 경로를 변경함으로써 얻게 되는 새로운 경험과 발견은 불확실성에 대한 내성을 키우는 훌륭한 방법이다. 한 번쯤 아무 계획 없이 하루를 지내보는 것은 어떨까? 만약 확실하고 안전한 몇 가지를 포기해야 해서 여러분의 삶이 마치 무정부 상태처럼 혼란스러워질까 봐 걱정된다면 약간의 혼돈이 있어도 악영향을 주지 않는 요일부터 시작해 보자.

나는 내담자들에게 보통 일요일을 계획 없이 지내보라고 권한다. 일요일에는 아무 계획도 세우지 않고 그냥 흘러가는 대로 받아들이는 것이다. 예를 들면 정해진 시간이 아니라 배가 고플 때 밥을 먹고, 평소처럼 저녁 뉴스가 끝난 직후가 아니라 피곤할 때 잠자리에 든다. 조금 미친 짓 같아 보여도 자신에게 즐거움을 가져다주는 일을 해보자. 계획이 아닌 충동을 따라 보는 것이다.

우리의 삶은 매우 정확하게 작동하는 원자력발전소도 아니고, 보안이 철저한 바이러스 실험실도 아니다. 계획 없이 하루를 살아가는 것 그리고 그 과정에서 즉흥적으로 발견하는 모든 것은, 철저히 조직되고 고도로 효율적인 삶의 방식보다 정신적으로 건강한 대안이 될 수 있다.

살아오면서 얼마나 많은 행운과 우연의 덕을 보았는지 생각해 보자. 슈퍼마켓에서 오래 줄을 서서 기다리다가 재미있는 사람을 알게 된 적은 없는가? 갑자기 쏟아진 소나기를 피하려고 서점 쇼윈도 앞에 서 있다가 무심코 산 책이 아주 재미있는 책이었던 적은 없는가? 정체되는 고속도로에서 우연히 당신의 귀를 사로잡는 팟캐스트를 들은 적은 없는가? 길이 막혀서 여유가 생기지 않았다면 결코 알지 못했을 팟캐스트 말이다.

위 질문 중 하나에 '예'라고 답했는가? 계획대로 사는 것은 목표를 이루는 데 도움이 되지만 계획을 변경하면 삶을 놀랍게 만드는 새로운 발견을 할 수 있다.

삶에 자극을 주는 즉흥성 훈련

1975년 1월 24일 재즈 피아니스트 키스 재럿Keith Jarrett은 쾰른의 오페라하우스에서 1,400명의 청중을 위한 콘서트를 열기로 되어 있었다. 하지만 주문한 그랜드피아노가 제때 도착하지 않았고, 급하게 교체한 피아노는 페달이 제대로 작동하지 않았을 뿐만 아니라 저음과 고음 모두 소리가 약하게 났다. 콘서트를 취소할 수밖에 없는 상황이었다. 그러나 젊은 공연 기획자가 재럿에게 원래대로 공연을 진행해 달라고 부탁했고, 재럿은 피아노 앞에 앉아서 중간 음역을 중심으로 즉흥적으로 연주하기 시작했다.

결과적으로 그는 너무나 훌륭하게 연주를 마쳤다. 불확실성이 그의 뇌를 최상의 상태로 만든 것이다. 청중은 열광에 휩싸였다. 다행히도 그의 연주는 잘 녹음되었고 '쾰른 콘서트'The Köln Concert라는 이름으로 발매된 이 음반은 지금까지도 가장 성공적인 재즈 솔로 앨범 중 하나로 손꼽힌다.[40]

흔히 우리는 예상치 못한 상황을 좋은 방향으로 전환하는 우리의 능력을 과소평가한다. 하지만 우리는 생각보다 더 능숙하게 즉흥적으로 대처할 수 있다. 불확실한 상황에서 새로운 것을 만들어 내는 것은 인간이 지닌 장점이다.

많은 예술가가 키스 재럿처럼 불확실한 상황을 창작을 위한 자양분으로 활용하기도 한다. 내 내담자 중 갤러리스트로 활동하는 한 사람은 그림을 거래하면서 예술가들이 전시회를 통해 더 큰 인지도와 유명세를 얻을 수 있도록 도움을 주는 일을 했다. 그는 내게 성공한 화가와 그렇지 못한 화가가 기술적인 능력 면에서는 크게 차이가 없으며 그보다는 접근 방식에서 차이가 나는 경우가 많다고 이야기했다.

예를 들어 전통적인 화가는 자신의 그림에 대해 어느 정도 고정된 이미지를 갖고 있다. 이들은 이런 기대치를 가지고 작업을 시작하며 작품이 완성되면 그 기대치를 기준으로 성공 여부를 측정한다는 것이다. 반면에 독창적인 화가는 그런 고정된 이미지 없이 그림을 그리기 시작하며 작품이 흘러가는 대로 자신을 맡기는 특징이 있다고 한다. 물론 대략 정해 둔 목표가 있기는 하지만 실제로 어떤 작품이 나올지는 불확실하다는 것이다. 독창적인 화가는 매 단계 자신에게 내재된 즉흥성을 끄집어내며 예상치 못한 영감에 반응한다. 그 결과 관람객을 매료시키는 독특한 그림이 탄생한다.

이런 즉흥적인 그림은 성공적인 삶과 놀라울 정도로 비슷하다. 둘 다 미리 짜인 기본 계획에 따라 전개되지 않는다. 몇 가지 목표를 설정하고 몇몇 전략을 세워서 대략적인 구조를 추구할 순 있다. 그러나 신중하고 세심하게 다뤄야 할 세부 사항들을 채워 나가려면 모험적이고 용기 있는 도전을 해야 한다. 이런 점에서 볼 때 즉흥성은 두 가지 중요한 기능을 수행한다. 즉 즉흥성은 가늠할 수 없는 예측 불가 상황에 대처하는 법을 가르쳐 주는 동시에 우리 삶을 다채롭고 독창적으로 만드는 색채를 입혀 준다.

오늘날과 같이 직장에서의 삶과 여가 활동이 빠른 박자로 움직이는 세상에서는 안타깝게도 즉흥성보다 효율성이 종종 더 중요하게 여겨진다. 우리가 붙잡고 있는 계획은 모험적인 실험을 하기보다는 일상에 대처하는 데 더 적합해 보인다. 어쨌든 우리는 바라던 목표를 놓치고 싶지 않으니까. 화상 회의든, 주말 나들이든, 아이의 생일 파티든, 모든 일이 계획대로 진행되면 기분이 더 좋아진다. 모든 형태의 불확실성은 '완벽'이라는 톱니바퀴를 방해하는 모래알과 같다.

솔직히 생각해 보자. 여러분은 어떤 일상적인 상황에서 즉흥적으로 행동하려고 하는가? 심지어 여가 활동을 할 때도 우리는 앱을 비롯한 여러 기술적 지원을 통해 오랜 시간 고민하지 않고도 항상 최적의 선택을 찾을 수 있다. 낯선 도시에서 식당을 방문하려고 할 때 가장 쉬운 방법은 인터넷에서 해당 도시의 맛집을 검색하는 것이다. 인터넷에서 추천하는 최고의 맛집을 확신하는 것은 편리하기는 하지만 상대적으로 지루하다.

이 상황에서 즉흥성을 살짝 발휘하면 훨씬 더 흥미진진해질 수 있다.

이를테면 호텔에서 버스나 지하철을 타고 특정 방향으로 세 정거장을 가서 내린 후 가장 먼저 보이는 식당을 선택하는 것이다. 그리고 그 식당에 들어가서 대표 메뉴를 주문해 보자. 이 식당의 음식은 맛이 어떨까? 이런 불확실성을 감내할 줄 알아야 한다. 트립어드바이저Tripadvisor, 구글 등에 나오지 않는 맛집을 여러분이 발견할지 누가 알겠는가? (그렇게 발견한 맛집은 혼자만 알고 있는 것이 가장 좋다.)

휴가 또한 불확실성에 대한 내성을 키울 수 있는 즉흥성 훈련을 할 좋은 기회다. 여행할 때는 대체로 더 편안하고 열린 마음을 갖게 되며 완벽하게 행동하지 않아도 된다. 그런데도 요즘 사람들은 휴가마저 효율적인 계획에 따라 밀어붙이면서 어떤 즉흥적인 모험도 원천 봉쇄한다. 이를테면 배가 항구에 정박해 있는 동안 세세하고 빡빡하게 짜여진 당일 크루즈 여행은 즉흥적인 것이 아니라 그 어떤 놀라운 경험도 할 수 없는 매우 압축된 경험 소비일 뿐이다.

물론 이런 여행도 즐길 순 있다. 하지만 버스를 타고 다니면서 정해진 시간에 정차해서 사진 촬영을 하는 그런 여행에서는 독창적인 경험을 맛볼 확률이 낮다. 반면에 혼자서 낯선 도시를 찾아가 계획 없이 돌아다니며 관광명소와 식당의 선택을 우연에 맡긴다면 어디서도 얻지 못한 특별한 감흥을 받고 낯선 사람들과 흥미로운 만남을 가질 기회가 늘어난다. 만약 캠핑을 좋아한다면 주말에 무작정 차를 몰고 떠나서 즉흥적으로 마음에 드는 캠핑장에서 캠핑을 해보자. 미리 캠핑 사이트를 예약하지 않은 상태이므로 즉흥적으로 대처해야 할 온갖 상황을 맞닥뜨릴 것이다.

이렇게 휴가를 마치고 집에 돌아왔을 때도 또 다른 즉흥성 훈련을 시도해 볼 수 있다. 예를 들면 아이가 학교에 있는 동안 별일이 없는지 확인하기 위해 몇 시간에 한 번씩 휴대전화로 아이에게 전화하지 않는 것이다. 사야 할 식재료 목록을 꼼꼼하게 작성하지 않은 상태에서 슈퍼마켓에서 장을 보는 것도 좋은 방법이다. 만약 깜빡 잊고 사지 못한 재료가 있으면 주방에서 즉흥적으로 대안을 떠올려 보자. 여행 가방을 쌀 때도 마찬가지다. 모든 날씨 상황에 대비하지 못하더라도 옷가지 수를 줄여 보자. 만약 날씨에 대비하지 못하는 상황이 발생하면 즉석에서 해결해 보는 것이다. 이런 방식으로 점점 훈련량을 늘리고 불확실성의 강도를 단계적으로 높여 보자.

작은 모험이든, 즉흥적인 계획 변경이든 우리가 즉흥적으로 하는 모든 행동은 우리에게 자극을 준다. 꽃가루의 둔감화와 마찬가지로 이런 상황은 회의감부터 일시적인 불편함에 이르기까지, 경미한 증상을 유발할 수 있다. 두렵고 망설여진다면 처음에는 다른 누군가와 훈련을 함께 해보자. 그러면 불확실성을 여러 사람에게 분산시킬 수 있어서 안도감을 느낄 수 있다. 하지만 혼자든, 누구와 함께든 원래의 계획이나 익숙한 안정감으로 즉시 되돌아가지 않고 긴장감을 견뎌 내는 것이 중요하다. 이런 노력을 계속하다 보면 불확실한 상황을 더 잘 견디게 되는 보상이 주어진다.

걸림돌이 원동력이다

위의 내용을 읽으면서 확실성을 자발적으로 포기하라는 나의 제안에 거부감을 느꼈을 수도 있다. 확실성을 포기하는 것은 어리석거나 위험한 일이 아닐까? 주말여행에 대한 계획을 세우거나 장보기 목록을 작성하거나 휴가지 날씨를 대비해 입을 옷을 여러 벌 챙기는 것은 최소의 예방 조치가 아닐까?

물론 일상에는 이런 최소한의 위험이 존재한다. 그러나 불확실성에 대처하는 정신 면역체계를 강하게 만드는 것, 안간힘을 다해 삶의 구석구석에서 확실성을 쫓다가 블랙홀에 빠지는 상황을 막아 주는 것도 바로 이런 불확실성이다. 그렇다고 내 말을 오해하지는 말기 바란다. 확실성에 대한 욕구를 완전히 포기하고 무분별하게 하루하루를 보내자는 것이 아니다. 그저 가끔 일상의 고삐를 살짝 풀어서 어느 정도의 자유를 되찾자는 것이다.

삶에서 가장 강력한 엔진은 바로 걸림돌이다! 우리의 일상에서 끊임없이 나타나며 우리가 가장 피하고 싶은 걸림돌! 삶의 불확실성이 일으키는 에너지는 이 엔진을 움직이는 연료다. 생각하고 계획하고 바라던 것과 다르게 일이 전개될 때 우리는 더욱 주의를 기울이고 기발한 아이디어를 떠올리게 된다.

인생에서 마주치는 여러 도전을 극복할 수 있다는 경험은 미래에 대한 자신감을 형성한다. 이런 맥락에서 나의 라틴어 선생님은 "경험은 가장 훌륭한 스승이다." Experientia est optima rerum magistra 라는 율리우스 카이사르의 말을 즐겨 인용했다. 이 말을 들었을 당시에 나는 그 의미를 잘 이해하지 못했지만(아마도 번역이 어려워서였던 것 같다) 지금은 마음속에 잘 새기고 있다.

무대는 즉흥성을 훈련하는 적절한 장소다. 배우들은 대본이나 사전 연습 없이 즉흥적으로 무대에서 연기를 하며 공연 중 대사를 잊어버리는 등의 위험에 정신적으로 강해질 수 있다. 일부 연극예술 학교에서는 이를 '즉흥연기'Improvisation라고 부른다. 노던 미시간 대학교의 최근 연구에 따르면 즉흥연기는 대인공포증으로 어려움을 겪는 젊은이들의 불안감을 크게 줄이는 데 도움이 되었다.[41]

주변에 연습할 만한 장소가 없다면 집에서 개인적으로 즉흥연기를 해보자. 인터넷을 검색해 보면 예상치 못한 상황에 처했을 때 친구들과 함께 즉흥적인 연기를 하면서 기발한 방식으로 그 상황을 빠져나갈 수 있는 다양하고 재미있는 방법을 찾아볼 수 있다. 이는 인생 각본과 다른 상황이 벌어질 때를 대비해 예상치 못한 상황에 더욱 자신감 있게 대처할 수 있도록 단련시켜 줄 것이다.

나 자신에게 피드백을 주자

하루 동안 작은 모험을 했거나 계획을 변경했거나 새로운 것을 발견했다면 저녁에 뿌듯하면서도 피곤한 상태로 잠자리에 들기 전에 자신에게 간단한 피드백을 주는 것이 좋다. 나는 오늘 어떤 경험을 했는가? 내 삶의 지도에서 어떤 지역을 발견했는가? 어디서 새로운 영역을 발견했는가? 작은 위험을 감수함으로써 내가 얻은 것은 무엇인가? 앞으로 더 이상 두려워할 필요가 없는 것은 무엇인가?

배우자나 친구와 함께 또는 소모임 안에서 이런 피드백 활동을 하면 특히 효과적이다. 자신이 경험하고 발견한 내용을 사람들과 공유하는 것이다. 나는 문제 상황에 어떻게 대처했는가? 어떤 우연과 정황, 능력이 도움이 되었는가? 다른 사람들이 비슷한 어려움을 어떻게 극복했는지도 들어 보자. 이런 경험들은 불확실한 상황을 극복하기 위해 지속적인 안전 대책이 필요하지 않다는 것을 상기시켜 자신감을 높인다. 그리고 하루를 마무리하는 저녁에 피드백을 주면 그날의 작은 성공이 기억에 깊이 새겨진다. 어제와 오늘에 대한 긍정적인 기억이 쌓이면 내일을 향한 용기를 더 많이 얻을 수 있다.

삶은 도전과 실험으로 비로소 움직인다

항구에 정박한 배는 안전하다. 그러나 배는 정박하기 위해 만들어진 것이 아니다.
_존 아우구스투스 셰드 John Augustus Shedd

지금까지 우리가 개인 차원에서 논의한 내용은 사회 전체에 중요한 질문들을 제기한다. 우리는 오늘날의 문제를 해결할 수 있을 만큼 정신적으로 유연한가? 우리가 세운 계획이 잘 성사되지 않을 때 즉흥적으로 행동할 용기가 있는가? 위험을 감수해야 하는 도전에 직면했을 때 안전에 너무 집착하고 있지는 않은가?

우리는 경제적 노력의 상당 부분을 확실성을 확보하는 데 투자하고 있다. 이를테면 정부 규정과 유럽 표준을 준수하는 데 엄청난 시간과 비용이 소모된다. 이런 맥락에서 수년간 안정적으로 성장해 온 몇 안 되는 분야 중 하나가 바로 관료주의다. 모든 불확실성을 최소화하려고 하다

보면 많은 곳에서 과도한 규제가 이뤄질 수밖에 없다. 건축 엔지니어에게 한번 물어보라. 통계적으로 아주 미미하더라도 발생할 수 있는 모든 위험을 피하기 위해 얼마나 많은 (부분적으로 불합리한) 규정을 준수해야 하는지 말이다. 위험을 회피하는 것이 한 사회의 최고 목표가 된다면 그 사회는 에너지를 분별력 있게 사용할 수 있을까?

수학자이자 작가인 나심 니콜라스 탈레브Nassim Nicholas Taleb는 저서《안티프래질》에서 오늘날 우리는 예측하지 못하는 것에 잘못된 방식으로 접근하고 있다고 말한다.[42] 생각할 수 있는 모든 위험을 줄이려는 필사적인 노력보다는 오히려 불확실성을 일으키는 걸림돌로부터 지혜롭게 이익을 얻으려는 의지에 초점을 맞춰야 한다는 것이다. 탈레브에 따르면 공동체가 보호를 유일한 목표로 삼지 않을 때 점점 불안정하다고 느껴지는 세계가 오히려 성장과 번영에 적합한 조건을 제공한다.

물론 심리학적 관점에서 최대한의 안전을 바라는 욕구는 이해할 수 있다. 하지만 위험을 줄이다 못해 '0'으로 만드는 것은 개인과 사회에 매우 큰 비용을 초래한다. 또한 최근 수십 년 동안의 절대적인 확실성이 가까운 미래에도 여전히 유지될 것인지도 의문이다. 미국의 정치가 벤저민 프랭클린Benjamin Franklin은 "이 세상에서 죽음과 세금을 제외하고 확실한 것은 하나도 없다."라고 말한 바 있다. 그의 발언이 과장된 것일 수도 있지만 우리는 정치적, 경제적 미래가 점점 더 예측하기 어려울 것이라는 사실을 대비해야 한다. 그리고 번영과 발전을 위해 이런 불가피한 위험을 앞으로 더 잘 받아들여야 한다.

사회학자 울리히 벡Ulrich Beck은 인간의 삶을 '실험적인 삶'이라고 정의했다.[43] 그에 따르면 정치와 경제, 사회는 오랫동안 유지된 과거의 방식이 더 이상 통하지 않으면 새로운 방법을 찾아야 한다. 특히 위기와 격변의 시기에는 더욱 그렇다. 신중하게 위험을 미리 계산하고 침착하게 새로운 것을 시도하지 않는다면 사회는 제대로 굴러가지 않을 것이다.

시급히 현대화되어야 할 우리의 교육 시스템에서는 새로운 교육 개념을 시도하는 혁신 학교가 더 많이 필요하다. 물론 이런 혁신 학교가 완벽한 해결책이라고 확신할 수는 없지만 말이다. 공공 기관과 행정의 신속한 디지털화를 위해서는 보안 위험 문제가 수반되더라도 개인정보 보호 규제를 약간 완화할 필요가 있다. 그리고 이민자들의 노동력 확보가 필요한 분야에서는 그들의 전문 자격을 확인하는 절차를 간소화하는 것이 바람직할 수도 있다.

긴급한 문제에 직면했을 때 실험 정신과 즉흥성을 더 많이 발휘하는 것은 맹목적이고 무모한 행동이나 어설픈 시행착오가 아니라 안전과 위험을 현명하게 저울질하는 것이다. 아리스토텔레스가 언급한 '프로네시스'Phronesis도 그런 맥락에서 '실천적 지혜', 즉 상상할 수 있는 최악의 시나리오뿐만 아니라 여러 관련 요소를 고려해 적절하고 신중한 결정을 내리고 행동하는 능력으로 번역될 수 있다.[44]

우리는 의도적으로 잘 계산된 몇 가지 위험을 감수한다. 그래야만 우리 사회가 계속 발전하는 데 도움이 되는 발견을 할 수 있기 때문이다. 중요한 것은, 앞으로 다가올 문제들을 해결하기 위해 안정된 상황을 포기하고 틀에 얽매이지 않는 해결책을 찾을 준비가 되어 있느냐는 것이다.

무용수처럼 유연하게

혹시 나중에 이 장의 몇몇 내용을 다시 떠올리고 싶다면 한 가지 비유가 도움이 될 것이다. 내가 내담자들에게 조언해 줄 때 종종 사용하는 것인데, 이는 다음과 같은 질문으로 시작한다. "춤을 잘 추는 커플의 특징은 무엇이라고 생각하는가? 두 댄서가 아르헨티나 탱고를 출 때 바닥 위에서 어떻게 움직이는지 상상해 보라."

대부분은(일반적으로 독일인들은) 스텝 기술과 곧은 자세라고 대답할 것이다(아르헨티나 사람들은 어떤 대답을 할지 궁금하다). 하지만 실제로는 다른 요인들이 더 중요하다. 즉 자세와 스텝 기술을 빈틈없고 다양한 방식으로 조합시키고 필요한 경우 즉흥적으로 춤추는 능력이 중요하다. 또한 바닥에서 미리 정해진 방향을 엄격하게 따르지 않고 자연스럽게 계속 생겨나는 빈 공간으로 움직이는 것이 중요하다. 훌륭한 무용수는 그때그때 상황에 따라 최선의 방법으로 적응하면서 편안하고 이완된 상태를 유지한다.

불확실성이 커진 세상에서도 마찬가지다. 모든 스텝을 처음부터 정해 놓으면 우리에게 삶의 빈 공간이 주어질 때 어떻게 춤을 추어야 할지 알지 못한다. 스텝이 유연하지 못하면 삶이라는 무대에서 쉽게 스트레스를 받을 수 있다. 반면 그때그때 주어지는 상황에 적응하면 사전에 많은 계획과 안전 대책을 세울 필요가 없어질 뿐만 아니라 예측할 수 없는 상황에 대처하는 힘을 키울 수 있다.

그러므로 여러분의 삶을 마주할 때 '무용수처럼' 유연하게 움직이고 (정신적으로) 여유롭게 대하기를 바란다. 즉흥적이더라도 여러분에게 꼭 맞는 스텝을 밟고 갑자기 생겨나는 삶의 빈 공간을 용감하게 활용하라. 중요한 것은 배운 모든 춤 동작을 잘 해냈는지가 아니라 그 과정에서 얼마나 의미 있고 감동적인 경험을 했느냐는 것이다. 삶이라는 무대에서 추는 춤도 똑같다.

스누피처럼 살아라

잠자리에 들기 전에 유명한 애니메이션 시리즈 〈더 피너츠〉The Peanuts의 한 에피소드를 시청하면서 첫 번째 장을 마무리해 보자. 이 시리즈는 미국의 작가 찰스 슐츠Charles Schulz의 만화를 원작으로 한다. 여기에 등장하는 아이들의 캐릭터는 우리 사회를 훌륭하게 풍자하고 있으며 불안과 두려움을 비롯한 인생의 감정적 어려움에 대처하는 다양한 방식이 반영되어 있다.

각 캐릭터는 일상의 작은 스트레스를 자신만의 독특한 방식으로 해결하려고 노력한다. 먼저 우울한 신경증 환자의 전형인 찰리 브라운이 있다. 찰리는 지나치게 지적이고 우울한 감정에 빠져 있다. 그는 주변에서 일어나는 모든 일에 불안을 느끼고 낙담하는 삶을 살아간다. 두려움은 그의 오랜 동반자다. 반면에 베토벤을 존경하고 피아노 연주에 몰두하는 성실한 슈뢰더는 규율과 지나친 정확성을 통해 내면의 질서를 확립하려고 노력하지만, 자신의 모든 계획을 무너뜨리는 예측 불가능한 세상 속에서 자주 낙담한다.

한편 수동적 공격 성향에 자기애가 강한 심술쟁이 루시 반 펠트는 스트레스 상황에서 어떻게 해야 할지 몰라 다른 아이들을 쉴 새 없이 괴롭힌다. 루시는 다른 사람에게 공격적으로 행동하는 것을 주저하지 않는다(그리고 불쌍한 찰리의 미식축구공을 끊임없이 빼앗아 간다). 그 외에 이 시리즈의 모든 캐릭터는 대체로 확실하고 안전하고 행복하다고 느끼기를 원하지만 불안한 신경증이 그들의 앞길을 가로막고 있다.

이 시리즈의 아이러니는 사람들에게 불확실성에 관대하게 대처하는 선례를 보여 주는 존재가 '개' 스누피라는 점이다! 스누피는 어느 정도 외향적이며 늘 대담하고 새로운 것에 개방적이다. 스누피는 자신의 강점을 인식하고 두려운 생각에 사로잡히거나 세상의 나쁜 점을 불평하는 대신 행동을 취한다. 또한 삶을 '춤추듯' 살아가며 자기 앞에 놓인 빈 공간을 잘 사용하고 아무리 큰 도전도 두려워하지 않는다. 스누피는 《전쟁과 평화》를 (하루에 한 단어씩이지만) 처음부터 끝까지 꾸준히 읽는다. 그리고 일이 계획과 다르게 진행되면 즉흥적으로 대처한다. 스누피는 자기 삶을 모험으로 생각하기 때문에 불확실하고 새로운 것에 자극을 받는다.

이 시리즈는 우리를 안정시키고 강하게 만드는 것은 확실성을 얻으려는 지나친 이성적 노력이 아니라 모험적이고 실험적이며 즉흥적으로 삶에 접근하는 것임을 풍자적인 방식으로 지적한다. 그러므로 적어도 가끔은 찰리나 루시처럼 두려움에 갇혀 있기보다는 스누피처럼 하나씩 도전해 보면 어떨까? 그러면 우리가 생각했던 많은 문제가 별것 아니라는 걸 알게 된다.

세상은 불확실하며 분명 앞으로도 그럴 것이다. 만일의 경우를 대비해 삶의 아주 작은 영역까지 확실성을 확보하고 안전해지려고 애쓰다 보면 불확실성에 대처하는 능력을 키우지 못한다. 그러면 우리는 점점 더 확실성에 의존하게 되고 제로 리스크 상태가 되려고 점점 더 큰 비용을 지불하게 된다. 비유하자면 식욕을 결코 잠재우지 못하는 블랙홀에 먹이를 주는 셈이다.

불확실성은 불안을 유발하기는 하지만 우리가 주의를 기울이고 정확성을 기하며 풍부한 상상력을 발휘하도록 소중한 에너지를 발산한다. 이럴 때 우리의 뇌는 새로운 것을 발견하고 문제를 해결하는 상태로 돌입한다. 자신의 안전지대를 가끔 벗어나는 사람은 이런 에너지를 활용해 불확실성에 더 잘 대처하는 법을 배울 수 있다. 그러면 자신감이 올라가고 예측할 수 없는 삶에 자신 있게 맞설 능력이 생겨난다. 특히 위기 상황에서는 삶을 모험적이고 실험적으로 헤쳐 나가는 능력이 도움이 된다. 인간은 검증된 패턴을 따르지 않고 예측할 수 없는 상황에 대응해야 할 때 최고의 능력을 발휘한다.

이와 관련해 이 장에서는 정신 면역체계를 강화하고 불확실성에 대한 내성을 키우기 위한 훈련법을 소개하고 몇 가지 둔감화 훈련을 추천했다. 미지의 것을 발견하는 법을 익히고 작은 모험을 감행하며 용감하게 즉흥적으로 행동해 보자. 그리고 여러분의 삶을 흥미진진하게 만들어 보자. 원래의 기본 계획에서 벗어나 보려고 노력하라. 익숙한 것, 계획된 것을 위반해도 전혀 문제가 되지 않는다. 알레르기 반응이 나타나지 않도록 복용량을 천천히 늘려야 한다.

자신에게 효과가 있고 불쾌감을 주지 않는 것을 조심스럽게 시도해 보고, 여러분의 신경이 불확실성에 대처하는 데 서서히 익숙해지도록 하자.

이 장에서 언급된 모든 제안은 예시일 뿐이며 모든 조언이 반드시 여러분에게 적합한 것은 아니다! 그러니 창의력을 발휘해 보자. 그리고 생각난 아이디어를 내게 알려 주길 바란다. 결정을 내리기가 어려울 때는 주사위의 도움을 받아 보라.

어떤 아이디어든 일단 다음과 같은 질문을 먼저 해보자. 의도적이거나 계획하지 않고 새로운 것을 받아들일 때 나는 무엇을 배울 수 있을까? 내게 익숙한 기술과 능력을 사용할 수 없는 상황에서는 어떻게 대처해야 할까? 내가 얻은 경험을 내 삶에 어떻게 활용할 수 있을까?

아인슈타인은 "우리가 경험할 수 있는 가장 아름다운 경험은 신비함이다."라고 말한 바 있다. 얼마나 멋진 말인가! 미지의 영역에 들어가면 많은 것을 발견할 수 있다. 위험한 바다뱀과 용도 곧 사라지게 할 수 있다. 일상을 극복하게 해줄 모든 기술이 (불확실한 시대임에도) 우리에게 있다는 사실을 알게 되면 한 걸음 한 걸음 내디딜 때마다 조금씩 더 안정감을 느낀다. 그리고 이는 아마도 우리 인생에서 가장 아름다운 발견일 것이다.

제2장

좋은 것에 집중하기

: 부정적인 것으로부터 나를 보호하는 법

'정크' 정보의 세상

신발 대신 정자가 배달되다!

_〈빌트〉Bild

오늘날 우리는 중요한 뉴스든 중요하지 않은 뉴스든, 좋은 뉴스든 나쁜 뉴스든 많은 소식을 접한다. 손안의 스마트폰에서는 각종 뉴스가 끝없이 쏟아지고 간단한 손동작만으로 전 세계를 우리 의식 속으로 '쓸어 담을 수' 있다. 어쩌다 스마트폰을 잠시 내려놓고 실생활에 집중하려 해도 쉴 새 없이 앱이나 웹사이트의 알림이 울려 대는 통에 결국 스마트폰 화면으로 돌아가곤 한다. 어쨌든 아무것도 놓쳐서는 안 되니까.

미국의 스마트폰 사용자를 대상으로 한 대규모 설문조사에 따르면 사용자의 10퍼센트는 한 시간에 한 번, 20퍼센트는 계속해서 최신 뉴스를 확인하는 것으로 나타났다.[1] 그러나 스마트폰이 없는 사람들도 쏟아지는 뉴스 홍수에서 빠져나가지는 못한다. 수많은 바와 술집에 걸려 있는 대형 모니터에서도 뉴스를 볼 수 있으며 대합실과 카페에 쌓여 있는 신문과 잡지에서도 뉴스를 접할 수 있기 때문이다.

그렇게 우리에게 쏟아지는 정보의 양은 어마어마하다. 컴퓨터공학 교수인 내 친구가 말하기를, 오늘날에는 17세기 농부가 평생 얻은 양보다 더 많은 정보를 신문 한 부에 담을 수 있다고 한다. 이는 의심의 여지 없이 훌륭한 진보다. 우리는 뉴스를 통해 세계의 사건을 알게 되고 중요한 질문에 답을 구하며 즐거운 오락거리와 새로운 아이디어를 얻는다.

그러나 모든 기술 진보가 그렇듯, 한쪽에서 문제를 해결하는 반면 다른 쪽에서는 새로운 문제가 발생한다. 끊임없이 뉴스를 접하다 보면 정서적 거리Emotional Distance가 사라진다. 이 지점에서 언론인들은 이렇게 반박할 것이다. 사람들의 운명과 끔찍한 사건에 대해 더 많이 보도해 세상의 불의를 폭로하는 것이 중요하다고 말이다. 그렇게 하는 것이 실제로 필요할 수도 있지만 그것이 개인에게 정말로 유익할까? 이 장의 첫 부분에 언급한 〈빌트〉(독일의 대표적인 황색 언론―옮긴이)의 괴상한 기사 제목처럼 그다지 중요하지 않고 해롭지 않은 정보는 웃어넘기면서 금방 잊어버릴 수 있다. 하지만 너무 많은 재앙과 위기에 대한 뉴스는 우리 영혼에 이롭지 않다. 미디어 정보 사회에서 부정적인 정보를 끊임없이 접하면 심리적 부담이 커지고 잠행성 세균에 감염되어 어느 순간 큰 병에 걸릴 수 있다.

어떤 정보를 부정적으로 규정하는지는 각자의 관점과 개인적 상황에 따라 달라진다. 주택담보대출 금리 상승은 이미 대출을 상환하고 주택을 소유한 사람에게는 큰 영향을 미치지 않겠지만 집이 없는 젊은 가족의 꿈은 산산이 부서질 수 있다. 이웃에 사는 여성이 유방암으로 사망했을 때 이와 비슷한 질병을 앓고 있는 여성은 타격을 입을 가능성이 크겠지만 이웃집에 사는 젊은 남학생은 별다른 생각을 하지 않을 것이다. 말하자면 '긍정적', '부정적'과 같은 가치판단은 항상 주관적인 맥락에서 발생한다.

이제부터는 고전적인 의미의 나쁜 뉴스Bad News, 즉 우리 대부분을 감정적으로 감염시키는 부정적인 정보(이를테면 우리를 불안과 공포에 빠뜨리는 자연재해와 전쟁에 관한 뉴스, 우리의 재정 상황을 위협하는 경제 흐름에 관한 뉴스, 정치인들에 대한 불신과 실망을 불러일으키는 스캔들과 부패 관련 뉴스 등)에 초점을 맞추고자 한다. 또한 가짜 뉴스Fake News, 즉 의도적이든 아니든 잘못된 정보가 심리적으로 우리에게 어떤 영향을 미치는지도 살펴볼 것이다.

우리 마음을 감염시키는 정보 바이러스

미국의 작가 말콤 글래드웰Malcolm Gladwell은 아이디어나 두려움을 전달하는 정보가 바이러스와 같다고 말한 바 있다.[2] 이런 비유는 어느 정도 타당성이 있다. 왜냐하면 정보와 바이러스 모두 비슷한 논리를 따르고 전염 및 면역 효과가 동일하기 때문이다. 뉴스는 우리 마음을 감염시키는 병원체처럼 작용할 수 있다. 따라서 지금부터는 이 '정보 바이러스'에 대해 이야기하고자 한다.

긍정적인 정보는 우리에게 영감을 줄 수 있고 부정적인 정보는 우리를 해칠 수 있다. 두 경우 모두 바이러스처럼 확산되어 우리의 생각과 느낌에 영향을 미치고 다시 다른 사람들을 감염시킨다. 간혹 전염성이 강한 뉴스는 순식간에 전염병처럼 퍼진다. 가짜 뉴스의 경우 확산이 빠르다는 특성 때문에 '인포데믹'Infodemic이라고도 한다. 원칙적으로 정보 바이러스는 두 가지 유형으로 구분할 수 있다.

- **인지 바이러스:** 특정 생각이나 가정, 기대 등의 인지를 전달하거나 유발하는 정보.
- **감정 바이러스:** 불안, 두려움, 분노, 슬픔과 같은 감정을 감염시키거나 유발하는 정보. 우리의 정신 면역체계는 특히 이 감정 바이러스와 맞서 싸워야 하기에 이 장에서 집중적으로 다룰 것이다.

페리 로단Perry Rhodan의 소설《바마누》Vamanu (1981년)에서 정보 바이러스는 인간의 중추신경계에 해로운 메시지를 직접 전달한다. 처음에는 정보 바이러스가 보균자의 창의력과 지능을 증가시킨다고 여겨져 감염자에게 유리한 것처럼 보인다. 그러나 안타깝게도 시간이 경과하면서 숙주의 뇌를 좀먹고 결국 사람들은 바이러스로 인해 죽게 된다.[3] 우주 모험담을 담고 있는 이 유명한 소설과 달리, 현재 쏟아지는 정보의 홍수는 우리 뇌를 부식시키지는 않겠지만 그렇다고 해서 우리가 창의적이고 지성적으로 바뀔지는 의심스러워 보인다.

우리의 감정은 '전염'된다

시간이 지남에 따라 영혼은 생각의 색채로 물든다.

_마르쿠스 아우렐리우스Marcus Aurelius

우리는 주변 사람들의 생각과 감정을 받아들이는 능력이 있는데, 이를 '감정 전염'Affect Contagion 이라고 한다.[4] 감정 전염은 긍정적일 수도 있고 부정적일 수도 있는데 다음 두 가지 예를 보면 쉽게 이해될 것이다.

- **긍정적 전염:** 배우자의 설득으로 마지못해 파티에 동참하는 상황을 상상해 보라. 예상과 달리 파티 분위기는 활기차고 다른 손님들의 좋은 기분을 이어받아 여러분도 곧 기분이 좋아진다.
- **부정적 전염:** 분주한 동료가 사무실 의자에 앉아 계속 긴장한 채 안절부절못하고 있다고 상상해 보라. 동료의 스트레스가 고스란히 전해져 불안해지기 시작한다.

위 두 가지 예에서와 같이 우리는 감정적으로 전염될 수 있다(마스크를 쓴다고 해도 이와 같은 전염을 막을 수 없다). 중요한 사실은 주변 분위기가 부정적일수록 이런 전염의 힘은 더 커진다는 것이다. 이는 최근 옥스퍼드 대학교의 한 논문에서 입증된 바 있다. 7일 동안 오케스트라 단원들의 콘서트에 동행하여 그들의 기분을 계속 관찰한 결과 긍정적인 기분보다 부정적인 기분이 그룹 내에서 더 빠르고 강하게 퍼진 것이다.[5]

나는 강의에서 학생들에게 전염 효과를 설명할 때 두 개의 소리굽쇠로 간단한 실험을 한다. 첫 번째 소리굽쇠를 세게 치고 (구조적으로 동일한) 두 번째 소리굽쇠에 가까이 가져가면 어느 순간 같은 주파수로 진동하는데, 거리가 가까울수록 더 쉽게 감염된다. 말하자면 진동이 전이되는 과정은 감기와 비슷하다. 이런 '공명'은 인간에게 장점으로 작용한다. 즉 우리가 서로 공감할 수 있게 해주며 중요한 사회적 기능을 수행하게 하는 것이다. 우리가 경기장에서 같은 스포츠 팀을 응원하거나 장례식장에서 고인을 함께 애도할 수 있는 것도 이런 공명 덕분이다.

거울 뉴런Mirror Neuron은 이런 전염 능력을 담당하는 것으로 추정된다. 거울 뉴런은 어떤 행동을 하는 사람을 관찰할 때 그 사람과 똑같은 뇌 활동을 유발하는 뇌의 신경 세포 다발이다.[6] 예를 들어 방 한구석에서 울고 있는 아이를 바라보는 엄마의 뇌에는 아이의 슬픔이 반영된다. 그 결과 엄마는 아이의 감정을 공유하고 감정적으로 아이와 가까워진다.

우리가 신문이나 TV 보도를 통해 비운의 사고를 당한 사람이 느끼는 고통을 함께 느끼는 것도 마찬가지다. 우리는 마치 소리굽쇠가 공명하듯 그들의 비운을 공감한다. 다른 사람의 생각이나 감정에 전염되기 위해 그 내용이 무엇인지 자세히 알 필요는 없다. '가까이 다가가서' 그 사람이 보내는 정보를 우리의 인지 반경 안으로 들어오게 하는 것만으로 충분하다. 이런 형태의 공감은 우리가 시간상의 문제로 정확하고 깊이 있는 공감을 하기 어려운 상황에서도 비교적 빠르고 확실하게 이뤄질 수 있다는 장점이 있다. 그런데 바로 여기에 문제가 있다. 즉 24시간 내내 지극히 감정적인 뉴스와 콘텐츠가 제공되는 세상에서 우리는 끊임없이 감정의 진동에 시달리며 감염 위험에 항상 노출된다.

한편 음악이나 냄새도 우리 감정을 움직일 수 있지만 거울 뉴런은 특히 이미지를 집중적으로 전달한다. 오리건 대학교의 연구진이 실시한 실험에 따르면 사람들에게 아프리카의 기아 지수 도표를 보여 줄 때보다 영양실조에 걸린 아프리카 어린이의 사진을 보여 줄 때 기부 의향이 더 커지는 것으로 나타났다.[7] 우리는 그 어떤 통계보다 고통받는 아이들의 얼굴과 그들의 사연에 더 크게 마음이 움직인다.

이와 같은 이유에서 오늘날 담뱃갑에는 '흡연은 건강을 해친다'라는 문구가 더 이상 표기되지 않는다. 이런 문구로는 아무도 담배를 끊지 않기 때문이다. 그보다는 담배를 손에 쥘 때마다 후두암 경고 그림을 보는 게 흡연 억제 효과가 더 클 것이다.[8] 미디어 소비도 마찬가지다. 감정적인 뉴스가 시각적으로 다가올 때 우리는 특히 더 강렬하게 공감한다. TV 프로그램이나 소셜 네트워크의 이미지 게시물은 삽화가 없는 신문 기사보다 훨씬 더 많은 불안과 스트레스를 유발한다.[9]

TIP   부정적 감정과 거리 두기   +

대부분의 바이러스에 적용되는 원칙이 있다. 바로 필요한 거리를 유지하면 감염을 예방할 수 있다는 것이다. 한 걸음 뒤로 물러서서 숨을 고르고 방금 접한 사람들의 고통이 나의 고통이 아니라는 것을 분명히 인식하라. 조금 무정하게 들릴지 모르지만 그렇지 않다! 이런 깨달음은 여러분의 공감 능력을 떨어뜨리는 것이 아니라 오히려 여러분을 보호하는 중요한 역할을 한다. 공감하는 마음으로 손길이 필요한 사람들을 도우되, 항상 어느 정도의 건강한 거리를 유지함으로써 오롯이 자신만의 시간과 공간을 확보하는 것이 중요하다. 그렇게 하면 감정적으로 지치지 않고 안정된 상태에서 도움이 필요한 사람들에게 계속 손길을 내밀 수 있다.

덧붙여 말하면 부정적인 인지 및 감정 바이러스가 확산하는 데 우리의 책임이 전적으로 없는 것은 아니다. 생물적 바이러스 전염병의 특징 중 하나는 우리가 피해자이자 동시에 가해자라는 점이다. 이는 인지 및 감정 바이러스의 경우에도 마찬가지로 해당되며, 소셜 네트워크의 경로 분석을 통해 아주 잘 입증될 수 있다.

연구에 따르면 20억 개의 댓글과 8,700만 개 이상의 게시물을 분석한 결과 16퍼센트의 사용자가 유해 메시지를 게시했으며, 그중 30퍼센트는 시간이 지남에 따라 지배적인 분위기에 맞춰 글쓰기 행동을 조정하는 것으로 나타났다. 대화가 주로 부정적인 분위기로 흘러가는 경우 그들은 시간이 지나면서 언어적으로도 점점 더 공격적으로 변했다.[10]

과학자 애덤 크라머Adam Kramer가 이끄는 샌프란시스코의 연구진은 약 70만 명의 소셜 네트워크 사용자를 대상으로 한 실험에서 비슷한 반응 양상을 발견했다. 연구진은 피험자들의 휴대전화로 무작위로 긍정적인 상태 메시지만 보내거나 부정적인 상태 메시지만 보냈다. 그 결과 오로지 부정적인 메시지만 읽은 피험자는 화, 분노, 혐오, 흥분, 두려움, 절망 등이 가득 찬 부정적인 내용을 주로 게시했다. 그리고 피험자 대부분은 이 사실을 전혀 인지하지 못했다.[11] 이처럼 우리는 자신도 모르게 감염될 뿐만 아니라 무의식적으로 다른 사람에게 부정적인 병원체를 감염시킨다.

주변 분위기가 좋지 않다고 느껴진다면 자신의 행동을 되돌아볼 필요도 있다.

- 다른 사람에게 큰 소리로 불평하거나 투덜거리거나 잔소리를 함으로써, 즉 나의 두려움이나 분노나 슬픔을 아무 생각 없이 전함으로써 나 자신이 감정 전염에 한몫하고 있지는 않은가?
- 상황을 더 나아지게 할 방법이 있는가? 새로운 관점을 보완하거나 무언가를 바로잡거나 유머러스하게 해결하는 등 부정적인 정보 바이러스의 확산을 막는 데 내가 도움이 될 수 있을까?

재앙, 테러 그리고 트라우마

지구상의 80억 명 인구 중 약 75퍼센트는 테러 공격과 범죄, 자연재해, 전쟁, 개인적인 비극 등 세상의 재앙을 매일 접하고 있다. 독일 연방 통계청Statistisches Bundesamt에 따르면 독일에서는 6퍼센트 미만의 사람들만이 인터넷 접속이 불가능한 오프라인 상태에서 생활하며[12] 나머지 사람들은 이론적으로 24시간 내내 전 세계와 연결되어 있다.

우리가 접하는 대부분의 사건은 눈앞에서 직접 벌어지는 것은 아니지만 그와 관련된 정보는 우리를 감염시킨다. 2013년 보스턴 마라톤 대회에서 발생한 폭탄 테러를 기억하는가? 캘리포니아 어바인 대학교의 앨리슨 홀먼Alison Holman은 보스턴에서 아주 멀리 떨어진 곳에 사는 시청자들도 매시간 테러 영상을 보면서 스트레스 증상이 증가했다는 사실을 확인했다. 약 여섯 시간 연속 시청 후 이들의 스트레스 수치는 테러의 직접적인 영향을 받은 보스턴 시민들의 스트레스 수치보다 높게 나타났다.[13] 또한 TV를 많이 시청할수록 사건 발생 6개월 뒤 그리고 2년 뒤에 외상 후 스트레스 증상이 나타나거나 미래를 불안해 할 가능성이 커졌다.[14] 나쁜 뉴스는 이전에는 완전히 건강했던 사람들의 마음을 슬픔, 분노, 공포로 감염시켰다.

안타깝게도 이런 사례는 비단 어제오늘의 일이 아니다. 지난 수십 년 동안 보도의 양상은 점점 더 부정적으로 변해 왔다. 2007년 초 영국의 사회학 교수인 프랭크 푸레디Frank Furedi는 언론에서 트라우마, 위기, 공포 등 두려움을 유발하는 용어가 증가하고 있다고 지적했다.[15] 암스테르담의 학자 두 사람은 1990년대 이후의 선거 캠페인을 기반으로 독일의 한 유명 일간지 언어를 분석했는데, 그 결과 부정적인 언론 논평이 뚜렷하게 증가했음을 발견했다. 시간이 지나면서 보도 내용은 사실을 다루기보다는 점점 더 감정적인 방향으로 기울었다.[16]

객관적 사실에 기반해야 할 과학 문헌조차 이런 경향을 피하지 못하고 있다. 이는 학계 전체가 반성해야 할 점이다. 위트레흐트 대학교의 연구에 따르면 최근 몇 년 동안 과학 데이터베이스의 초록에서 감정적인 단어의 사용이 증가한 것으로 나타났다.[17]

이런 현상이 발생하는 이유는 냉정한 사실에 입각한 논증보다 감정이 우리의 주의를 더 강하게 사로잡기 때문이다. 감정은 우리가 무언가를 클릭하고 읽고 구독하도록 유도한다. 최근 10만 개 이상의 다양한 기사 제목에 대해 약 570만 번의 클릭을 분석한 한 온라인 연구에 따르면 제목에 부정적인 단어가 하나씩 포함될 때마다 클릭률이 약 2.3퍼센트 증가한 것으로 나타났다.[18] 우리의 관심을 갈구하는 세상에서(특히 클릭 수는 온라인 비즈니스에서 곧 현금을 의미한다) 감정은 사람들을 끌어들이는 자석과도 같다. 그러나 안타깝게도 우리가 읽고 듣는 많은 것은 대부분 사실이 아니다.

모든 것이 가짜인 세상

가짜 뉴스는 바이러스보다 더 빠르고 쉽게 퍼지며 바이러스와 똑같이 위험하다.

_테워드로스 아드하놈 거브러여수스 Tedros Adhanom Ghebreyesus

아름다운 도시 프라하를 여행하는 동안 마리엔 광장을 지나가게 된다면 구 시청에서 멀지 않은 한 아케이드에서 깜빡이는 랜턴을 찾아보라. 적어도 내가 이 책을 쓰기 위해 조사를 시작했을 때만 해도 그 랜턴은 그곳에서 빛나고 있었다. '비디텔노스트'Viditelnost라고 불리는 이 랜턴은 체코의 예술가 야쿠프 네프라시Jakub Nepraš의 아이디어로 만들어졌다. 이 랜턴의 빛은 매 순간 인터넷에 뜨는 가짜 뉴스의 양에 따라 달라진다.[19] 가짜 뉴스가 거의 없을 때는 연한 노란색으로 빛나며 비교적 환하게 비춘다. 반면에 인터넷에 가짜 뉴스가 아주 많이 퍼지면 빛이 희미해지고 짙은 푸른색으로 바뀐다.

여러분은 오늘 거짓말을 했는가? 현관문 밖의 랜턴이 깜빡이고 있는가? 티머시 러빈Timothy Levine이 77명의 실험 참가자와 나눈 1,000번 이상의 대화를 분석한 결과에 따르면 우리는 하루 평균 1.7번 거짓말을 하는 것으로 나타났다.[20] 여러 다른 연구에서는 우리가 하루에 2~3번 거짓말을 한다고 한다(물론 미국의 전 대통령은 이런 통계에 포함되지 않겠지만).[21] 여기서 한 가지 짚고 넘어가야 할 점은 정확한 정보가 부족해서 생겨나는 의도하지 않은 거짓말(오보Misinformation)과 의도적으로 말도 안 되는 말을 퍼뜨리거나 고의로 속이는 거짓말(허위 정보Desinformation)을 구분해야 한다는 것이다.

인터넷에 의도치 않은 잘못된 정보나 의도적인 거짓말이 얼마나 많은지는 아무도 확실하게 말할 수 없다.[22] 그러나 건강 관련 정보는 거짓 내용의 비율이 상대적으로 높다. 팬데믹 이전에 텍사스 대학교에서 수행한 연구에 따르면 유튜브에서만 평균 20~30퍼센트의 잘못된 정보가 발견되었다.[23] 그리고 31개의 연구를 체계적으로 평가하고 특히 감염학적 정보에 초점을 맞춘 2022년 남미의 한 연구에서는 잘못된 정보의 비율이 최대 28.8퍼센트에 이르는 것으로 나타났다.

이런 가짜 뉴스는 혼란을 야기하고 불필요한 감정적 스트레스를 유발하거나 건강과 관련해 잘못된 결정을 내리게 한다.[24] 네프라시가 깜빡이는 랜턴을 통해 표현하고자 했던 것은 진실은 주변을 밝히고 길을 명확하게 볼 수 있게 해주며 반대로 거짓은 주변을 어둡게 하고 방향을 잃게 한다는 것이다.

아무도 속고 싶지 않으면서도 우리는 거짓말이라는 부정적인 정보 바이러스를 너무도 쉽게 그리고 빠른 속도로 퍼뜨린다! 매사추세츠 공과대학교의 컴퓨터학자 소루시 보수기Soroush Vosoughi와 연구팀은 트위터에 12만 5,000개 이상의 가짜 뉴스를 뿌리고 10년 동안 300만 명의 행동 반응을 관찰했다. 그 결과 거짓 정보가 올바른 정보보다 약 70배 더

자주 공유되었으며 반대로 사실 정보는 거짓 정보보다 여섯 배나 느리게 퍼졌다.[25]

팬데믹 기간에도 거짓 정보는 빠르게 확산되었다. 세계보건기구 사무총장 테워드로스 아드하놈 거브러여수스는 2020년에 '인포데믹'이라는 용어를 만들었다. 그는 코로나바이러스와 그 기원에 대한 잘못된 정보, 일부 학자들이 비밀리에 코로나바이러스를 인간에게 퍼뜨렸다는 터무니없는 음모론이 바이러스처럼 퍼지고 있다고 생각했다.

이 모든 것은 새로운 현상이 아니다. 인류가 의사소통하기 시작할 때부터 거짓은 늘 존재해 왔다. 사실은 과장되거나 왜곡되거나 날조되기도 한다. 그러나 오늘날 가짜 뉴스의 새로운 점은 사람들을 조종하기 위해, 선거에서 이기기 위해, 돈을 벌기 위해 전략적이고 체계적으로 사용된다는 것이다. 거짓은 오래전부터 비즈니스 모델이 되었으며 그 규모도 매우 크다.

TIP   신문 거꾸로 읽기   +

미국의 작가 존 나이스비트John Naisbitt는 한 인터뷰에서 신문을 뒤에서 앞으로 읽을 것을 권했다. 첫 지면들은 그저 흥미를 끌기 위한 것이고, 뒤쪽으로 갈수록 사실에 집중한 내용이 계속 증가하기 때문이라는 것이다. 아이러니한 느낌이 들긴 하지만 훌륭한 아이디어다. 여러분도 한번 시도해 보길 바란다(하지만 부고란으로 하루를 잘 시작할 수 있을지는 또 다른 문제이기는 하다).

거짓말의 눈덩이

거짓말은 눈덩이와 같다. 그래서 오래 굴릴수록 더 커진다.

_마틴 루터Martin Luther

유감스럽게도 거짓말을 더 자주 듣거나 읽을수록 거짓말은 점점 더 진실로 인식된다. 우리 뇌는 오랜 시간 충분히 자신을 설득하거나 다른 사람에게 설득당하면 어떤 이야기든 믿을 수 있는 능력이 있기 때문이다. 우리는 아주 오래전에도 그리고 지금도 이런 사정 때문에 종종 피해자가 되어 왔다. 거짓에 의해 두려움에 감염되어 잘못된 결정을 내린 사람들의 이야기는 책 한 권을 가득 채울 수 있을 정도다.

역사적으로 중요한 사례로는 11세기 말 교황 우르바노 2세가 유럽의 기독교인들에게 예루살렘을 함락시키기 위해 제1차 십자군 원정에 동참할 것을 호소하려고 "무슬림이 기독교인에게 잔혹한 고문을 가한다."라는 끔찍한 거짓말을 한 것이다. 마찬가지로 나치 시대와 유대인 대학살 때의 반유대주의 선전도 기억할 가치가 있다. 최근에는 2002년과 2003년 조지 부시George W. Bush 대통령 재임 시 미국 정부가 이라크와의 전쟁을 정당화하기 위해 이라크가 대량살상무기를 보유하고 있다고 거짓말했던 사례가 있다.[26]

이 모든 사례의 공통점은 거짓말이 끊임없이 반복되면서 사람들 사이에서 점점 진실로 인식되고, 어느 순간 많은 사람이 '내가 자주 들었던 내용이 완전히 거짓일 리는 없다'라는 생각으로 선전에 동참하게 되었다는 점이다. 이를 학문적으로 '환상의 진실 효과'Illusory Truth Effect라고 한다. 즉 우리가 여러 번 접한 정보가 설득력이 더 강하게 느껴진다는

것이다. 이 효과는 다양한 내용에 적용되며 어린이와 성인 모두에게서 나타난다.[27]

우리는 인터넷이나 텔레비전, 소셜 미디어에서 거짓 내용이 유포되는 과정에서 자주 반복되는 메시지일수록 우리가 쉽게 믿는다는 사실을 매일 목격한다. 나중에 그런 메시지가 객관적으로 거짓인 것으로 판명되더라도 어느 정도의 시간이 지나면 이미 읽고 들은 메시지에 대한 대중의 믿음은 거의 흔들리지 않는다.[28] 마틴 루터의 비유로 다시 말하면 거짓말의 눈덩이가 커질수록 더 천천히 녹고 때로는 아예 녹지 않는다.

정보 바이러스가 초래하는 비극

나쁜 뉴스와 가짜 뉴스는 우리의 마음을 감염시킬 수 있다. 여기에는 우리가 미디어에서 접하는 나쁜 뉴스, 토론에서 악의적인 거짓말로 판명된 허위 주장을 펼치는 것, 언쟁 중에 상처를 주는 발언 등 많은 것이 해당된다. 우리가 정신적으로 안정적이면 자신을 잘 지키고 방어할 수 있다. 상황에 따라서는 그런 부정적인 정보가 우리에게 잠깐 영향을 미칠 수 있지만 곧 다시 잊힌다. 그러나 우리의 정신 상태가 불안정하면 부정적인 정보가 우리를 감염시킨다. 우리는 부정적인 내용을 고스란히 받아들이고 얼마 지나지 않아 기분이 나빠진다. 그리고 최악의 경우 부정적인 감정과 생각이 우리 안에서 싹트고 퍼져나간다.

마음의 상처가 대표적인 예라고 할 수 있다. 배우자와 격하게 말싸움을 했다고 상상해 보라. 불쾌한 말들이 허공을 날아다니고 심지어 접시까지 부엌을 날아다닌다. 접시는 벽에 부딪히면 끝이지만 모욕적인 말은 가슴을 후벼판다. 처음에는 어리둥절해서 별다른 감정을 느끼지 못하지만 몇 분 지나지 않아 마음의 상처를 받았다는 느낌이 싹트기 시작하고 분노도 적지 않게 느껴진다. 30분 정도 지나 배우자가 사과하면서 몇 마디 말을 건네지만 아무 소용이 없다. 그사이에 분노가 너무 강하게 퍼졌기 때문이다.

또 다른 예는 두려움이다. 내일 의사를 만나서 원인을 알 수 없는 증상에 대해 상담해야 한다고 상상해 보라. 건강에 무슨 큰 문제가 생긴 것은 아닐까 하는 생각이 전날 저녁부터 여러분의 마음을 사로잡는다. 한 시간, 한 시간 지날수록 걱정이 계속 커져 나중에는 밤새 뜬눈으로 보내게 된다.

오늘날 부정적인 미디어 보도가 이처럼 우리를 감염시키고 바이러스처럼 확산될 수 있다는 사실은 많은 연구를 통해 잘 알려져 있다. 나쁜 뉴스와 가짜 뉴스 모두 슬픔과 걱정은 물론 불안감과 두려움까지 유발할 수 있다.[29] 나아가 분노나 증오, 실망감으로 이어질 수도 있다. 결국에는 무력감과 절망감이 느껴지며 어느 순간 (정서적) 탈진까지 경험하게 된다.[30] 뇌뿐만 아니라 심장도 부정적인 정보로 인해 고통을 겪는다. 1억 4,800만 건의 트윗을 분석한 결과 혐오 발언이 많은 지역에서는 심장병으로 사망할 확률이 더 높은 것으로 나타났다.[31]

뉴스가 우리와 관련성이 높을수록 스트레스 증상은 더 강하게 나타난다.[32] 또한 정신적으로 스트레스를 많이 받을수록 부정적 정보 바이러스에 더 쉽게 감염되고 부정적인 감정과 생각이 우리 안에서 싹트기 쉽다.[33] 만일 우리의 정신 면역체계에 결함이 있으면 부정적인 정보 바이러스는 마치 감기 바이러스가 열린 창문을 통해 들어오듯 우리를 쉽게 공격하고 감염시킬 수 있다.

우리 뇌는 나쁜 소식에 취약하다

겨울에 창문을 열고 몇 시간씩 방에 앉아 있으면 결국 감기에 걸린다. 엄밀히 말하면 감기는 추워서 걸리는 게 아니라 아데노바이러스Adenovirus나 리노바이러스Rhinovirus, 즉 전형적인 감기 바이러스가 원인이다. 그러나 추위는 면역력을 떨어뜨려서 병원균이 쉽게 침투하게 만들수 있다. 따라서 창문을 열어 놓는 건 감기에 간접적으로 영향을 미칠수 있다.

면역체계가 이미 약해져 있다면 '면역 빈틈'이 생겨 일반적으로 감염위험이 더 커진다. 면역 빈틈은 추위뿐만 아니라 스트레스나 수면 부족, 비타민과 미네랄이 부족한 식단으로 인해 발생할 수도 있다. 이를 '열린창문 현상'Open-Window-Phenomenon이라고 부른다.[34]

우리의 정신 면역체계가 두려움이나 우울한 기분 때문에 불리한 상태가 되었을 때도 마찬가지다. 이런 상태에서는 (부정적인) 인지 바이러스와 감정 바이러스가 열린 창문을 통해 들어온다. 부부관계의 스트레스, 시험 기간에 느끼는 부담감, 업무에 따른 극심한 긴장감도 부정적인정보 바이러스가 더 쉽게 침투해 부정적인 감정과 생각으로 우리를 감염시킬 수 있는 면역 빈틈을 만든다. 특히 깊은 불안감은 우리 주변에서 일어나는 부정적인 일들에 취약하게 만든다. 코로나 팬데믹 기간에 수행된 중국의 주요 연구에 따르면 슬픔이나 두려움, 절망, 분노는 특히 흔하게 나타나는 감염의 결과다.[35]

물론 미디어 전체를 볼 때 우리에게 긍정적 기분과 희망을 심어 주는 몇 가지 좋은 뉴스도 늘 있다고 이의를 제기할 수도 있다. 그렇다면 긍정적인 것이 부정적인 것을 상쇄할 수는 없을까? 이 질문에 대한 대답은 긍정적이지 않다. 왜냐하면 뇌는 기본적으로 나쁜 것에 우선순위를 두기 때문이다(이 책을 계속 읽기 전에 안전을 위해 창문을 닫아 주길 바란다).

인지 왜곡을 일으키는 부정성 편향

여러분은 불을 생각하면 무엇이 떠오르는가? 가장 먼저 떠오르는 것을 말해 보라. 캔들라이트 디너Candle Light Diner에서 기분 좋게 반짝이는 촛불 심지인가? 아니면 불타오르는 집이나 숲인가?

대부분 사람은 후자를 떠올린다. 우리는 주로 부정적인 것에 주의를 집중하기 때문에 파괴적이고 잔혹한 불의 이미지가 더 가깝게 느껴지는데 이를 '부정성 편향'Negativity Bias이라고 한다.[36] 부정성 편향은 부정적인 사건이나 생각, 감정이 중립적이거나 긍정적인 것보다 우리의 심리적 감각에 더 큰 영향을 미치는 것을 말한다. 이런 인지적 편향은 수년 전에 알려졌고 우리 삶 곳곳에서 나타난다는 것이 입증되었다.[37]

이를테면 우리는 제품을 구매하거나 호텔 후기를 읽을 때 부정적인 고객 후기에 과도하게 치중하고 긍정적인 후기는 일부러 무시하는 경향이 있다. 이런 현상은 모든 문화권에서 똑같이 나타난다. 몇 년 전 6개

대륙 17개국 출신의 사람들 1,000명 이상을 대상으로 진행한 대규모 비교 연구에 따르면 다양한 인종의 사람들이 인지 측면에서 대체로 동일한 반응을 보이는 것으로 나타났다.[38]

인간의 인지는 부정적인 것에 더 많은 주의를 집중하기 때문에(돌출성Salience) 우리는 나쁜 것에 더 쉽게 사로잡힌다. 반면에 인생에서 좋은 것들에 대해서는 비교적 주의를 짧게 기울이고 잘 기억하지 못한다.[39] 이를테면 가까운 사람이 우리를 칭찬하는 말에는 잠깐 기뻐하고 말지만 듣기 싫은 말을 들을 때는 한참 동안 화가 난다. 또한 하루를 마무리할 때 잘한 것보다는 못한 것을 더 많이 떠올린다.[40] 신경심리학자 릭 핸슨Rick Hanson은 이를 다음과 같은 비유로 설명했다. "뇌는 마치 테플론Teflon 같다. 부정적인 것은 잘 달라붙고 긍정적인 것은 잘 떨어진다."[41]

위기를 지배하는 편도체의 힘

이런 인지 왜곡에 크게 관여하는 것은 뇌의 오른쪽과 왼쪽 측두엽 깊숙한 곳에 있는 두 개의 작은 영역인 편도체Corpus Amygdaloideum다. 편도체는 감각 기관을 통해 들어오는 세상의 모든 메시지를 내부적으로 검열하는 장소다. 즉 메시지가 담긴 모든 편지 봉투를 열어 내용물을 아주 빠르게 대략 평가한다. 메시지가 좋은 내용처럼 보이면 뇌의 위쪽으로 전달한다. 하지만 뇌의 상위 영역에서는 대부분 좋은 메시지에 주의를 별로 기울이지 않고 곧장 휴지통으로 버린다. 반면에 메시지 내용이 나쁘고 잠재적으로 위험한 경우는 편도체의 움직임이 활발해진다.[42]

편도체의 임무는 위험이 감지되면 스트레스 프로그램을 가동해 신체를 가능한 한 최상의 상태로 대비시키는 것이다! 위험을 감지한 편도체는 뇌간의 교두에 있는 청색반점Locus Caeruleus에 지원을 요청한다. 그러면 청색반점은 혈압 상승을 자극하고 심장이 더 빨리 뛰게 하며 시각과 청각, 후각과 같은 감각이 예민해지도록 한다. 또한 우리 정신을 깨어 있게 만들고 상위 뇌 중추가 정보를 더 잘 수용하도록 만들며 주의력을 높인다.[43]

어렵고 복잡한 신경생리학적 내용으로 여러분을 지루하게 하고 싶지는 않지만 여기서 한 가지 중요한 연관성을 짚고 넘어가고 싶다. 즉 우리가 부정적인 뉴스에 그토록 크게 주의를 기울이는 이유는 뇌에서 편도체와 청색반점이 연결되기 때문이라는 것이다. 이 과정은 대부분 우리의 의식적인 개입 없이 일어난다. 그리고 스트레스를 많이 받을수록 우리는 (자동으로) 부정적인 것에 주의를 더 집중하게 된다.[44]

TIP   코로 깊은숨 쉬기   ＋

뮌헨 공과대학교의 학자 안젤름 돌Anselm Doll이 수행한 연구에 따르면 피험자가 숨을 깊게 들이쉬고 내쉬면 부정적인 이미지에 감염될 가능성이 줄어드는 것으로 나타났다. 편도체의 뇌 활동은 감소하는 반면 건설적인 사고에 관여하는 전두엽의 뇌 활동은 증가한 것이다.[45] 깊은 호흡이 피험자들을 덜 예민하게 만들었다기보다 자신의 감정을 다루는 능력을 더 강화한 것이다!

여러분의 편도체가 견딜 수 없는 혼란에 빠졌다면 이제 간단하게 면역력을 강화해보자. 약 4초 동안 숨을 들이마시고 6초 동안 내쉬어 보라. 이때 모든 호흡을 코로 하는 것이 중요하다! 호흡할 때 오른쪽 콧구멍과 왼쪽 콧구멍을 번갈아 가며 손가락으로 막으면 효과를 높일 수 있다. 사람들의 경험에 따르면 10~12분 정도 심호흡이면 충분하다. 그러니 몇 분 정도 시간을 내어 폐에 산소를 충분히 공급하고 편도체를 편안한 상태로 만든 후에 다음 내용으로 넘어가 보자.

부정적인 것에 더 강하게 반응하는 부정성 편향은 그렇게 부당한 것만은 아니며 여기에는 그럴 만한 이유가 있다! 이는 사바나에 살았던 우리 조상에게서 찾을 수 있다. 알다시피 인간은 가장 강한 종도, 가장 빠른 종도 아니었다. 아마도 야생 동물을 맞닥뜨렸을 때 인간은 참혹한 패배를 맛보았을 것이다. 이런 상황에서 인간은 생존을 위해 위험을 적시에 민감하게 인지하는 예지력으로 신체적 약점을 보완하는 것이 중요했다. 이런 이유에서 우리는 오늘날까지도 부정적인 것에 순식간에 '뛰어들어' 모든 관심을 거기에 집중하고, 결정을 내릴 때도 부정적인 것의 영향을 더 강하게 받는다.

우리는 부정적인 것에 자동으로 우리의 시선을 돌린다는 사실을 전혀 인지하지 못한다. 캐나다 몬트리올 맥길 대학교의 학자 마크 트러슬러Marc Trussler는 피험자들에게 그들이 책을 읽는 동안 눈의 움직임을 조사할 것이라고 실험 내용을 설명했다. 이를 위해 피험자들은 시선의 방향을 정밀하게 분석하는 안경을 착용했다. 그러나 사실 연구진이 관찰한 내용은 피험자들의 안구 운동 능력이 아니라 그들이 보고 있는 텍스트 내용이었다. 실제로 피험자들은 제공된 잡지에서 부정적인 뉴스를 더 많이 봤으며 긍정적인 뉴스에는 상대적으로 거의 눈길을 돌리지 않거나 아주 짧게만 시선이 머물렀다.

이런 결과가 특히 인상적이었던 이유는 피험자 대부분이 실험 이전에 긍정적인 뉴스가 더 중요하며 언론에서 좋은 뉴스를 더 많이 보도해야 한다고 말한 사람들이었기 때문이다.[46] 이런 모순적인 모습은 일상에서 흔히 찾아볼 수 있다. 이를테면 우리는 부정적인 언론과 악한 세상에 대해 욕하면서도 휴가 때 "그냥 한번 잠깐 훑어보려고" 〈빌트〉를 구입한다.

덧붙여 말하면 우리가 부정적인 것에 주목하고 나쁜 것에 매혹되는 이유가 단순히 우리가 위험을 민감하게 인식하기 때문만은 아니다. 어쩌면 우리가 나쁜 뉴스를 소비함으로써 우리 자신의 삶이 세상 저편에서 벌어지는 삶보다 더 낫다고 확인하는 것일 수도 있다. 그렇게 하면 우리는 낙관적인 기분이 든다.

어떤 설명에 마음이 끌리든 확실한 사실은 부정적인 뉴스가 너무 많으면 스트레스를 받는다는 것이다. 인생의 다른 많은 것과 마찬가지로 이는 용량의 문제다. 대체로 단조롭고 예측 가능한 삶을 살았던 선사시대 조상들이 겪었던 위험과 부정적인 사건들은 특정한 상황에서 발생했을 것이라고 가정해 볼 수 있다. 즉 이런 사건들은 어쩌다 한 번씩 일어나는 단일 사건이며 구체적이고 이해 가능한 생활 환경과 관련되어 있었다. 따라서 대부분은 그때그때 해결책을 찾을 수 있었다.

그러나 전 세계가 네트워크로 연결된 세상을 살아가는 우리는 어쩔 수 없이 매우 복잡하고 도무지 해결책이 보이지 않는 온갖 운명과 최악의 상황을 목격할 수밖에 없다. 게다가 이런 상황에서 부정적인 것에 시선을 강하게 돌리는 것은 우리에게 불리하게 작용한다. 오늘날 24시간 내내 쏟아지는 정보의 홍수 속에서 우리는 너무 자주 부정적인 것에만 초점을 맞추고 이로 말미암아 끊임없이 긴장하고 동요하며 불안감을 느낀다. 부정적인 사건을 더 오래, 더 자주 인지할수록 뇌 속 편도체는 더 활성화되고 우리는 더 불행해진다.[47]

> **TIP   손 씻기로 스트레스 감염 예방하기**   +
>
> 손을 씻으면 병원균 감염을 예방하는 데 도움이 된다는 사실은 누구나 잘 알고 있다. 그런데 손을 씻는 것이 정신적 스트레스를 받은 후에도 효과가 있는 것으로 보인다. 한 실험실에서 92명을 대상으로 스트레스를 받도록 한 후 손을 씻게 하자 스트레스 수치가 떨어졌다. 같은 연구진이 400명 이상의 피험자를 대상으로 시행한 또 다른 실험에서는 피험자들에게 영상을 통해 공포감을 느끼게 한 후에 다른 사람이 손을 씻는 모습을 보여 주자 공포감이 감소한 것으로 나타났다.
> 이 연구는 거울 뉴런의 힘을 보여 주는 훌륭한 예다. 그러니 스트레스를 물로 깨끗이 씻어 내자. 뉴스를 본 후 샤워를 하는 것도 좋다.[48]

우리 뇌 속 낙관주의 필터

하지만 우리가 세상의 부정적인 것에 무작정 휘둘리지 않는 이유는 우리가 보고 듣고 읽고 경험하는 모든 것을 편도체가 빠르게 평가하는 것 이상으로 더 고차원적인 인지적 판단 과정을 거치기 때문이다. 이와 관련해 뇌의 중요한 제어 센터인 전두엽의 하전두회Inferior Frontal Gyrus, IFG를 소개하려고 한다.

하전두회는 '낙관주의 필터'라고 불리기도 하는데(물론 비판론자들도 이 필터가 있다) 이는 하전두회가 단순히 낙관주의만을 담당하는 것이 아니기 때문에 적절한 단어 선택이라고 할 수 없다. 오히려 이 필터는 정보를 분석할 때 중요한 역할을 한다. 이 정보가 나와 관련이 있는가? 이 정보 때문에 내 신념과 기대가 흔들리는가? 만약 그렇다면 여러분은 그 정보를 고려하고 그에 감염될 가능성이 더 크다. 그렇지 않은 경우라면 해당 정보에 관심을 덜 기울일 것이다. 우리와 '상관없는' 정보는 쉽게 폐기할 수 있다.

이 필터는 우리 마음에 거슬리는 너무 많은 정보로 우리가 혼란스러워지지 않도록, 관련성이 없는 메시지가 넘쳐나지 않도록 방지해 주기 때문에 매우 유용하다. 이를테면 우리는 보통 TV 프로그램인 〈정글 캠프〉Dschungelcamp에서 한 후보자가 퇴출당하는 것을 보면서 감정적으로 힘들어하지 않는다. 왜냐하면 그 소식은 우리 대부분에게 별로 중요하지 않기 때문이다. 미디어에서 이 소식을 아무리 떠들썩하게 다루더라도 우리의 정신 건강을 위협하지는 않는다.

하전두회의 기능을 일상에서 구체적으로 찾아보자. 다음과 같은 상황을 상상해 보자. 여러분은 내일 발표할 프레젠테이션을 꼼꼼하게 준비했고 회의에 참석한 사람들이 감탄할 것이라고 확신한다. 그런데 프레젠테이션 직전에 한 동료로부터 청중이 매우 까다롭고 특히 비판적인 질문을 많이 하는 것으로 유명하다는 정보를 듣게 된다. 하전두회의 필터 기능이 온전하다면 여러분은 그런 정보에 흔들리지 않을 것이다. 여러분은 자신의 능력을 알고 있기 때문에 동요하지 않고 프레젠테이션을 진행할 것이다.

여기서 중요한 점은 유감스럽게도 낙관주의 필터가 항상 같은 방식으로 작동하는 건 아니라는 것이다. 특정한 감정적 상황에서는 이 필터가 작동을 멈출 수 있다. 예를 들어 프레젠테이션을 앞두고 심리적 스트레스를 많이 받았거나 지속적인 스트레스 징후를 보이거나 수면 장애를 겪거나 우울한 기분이 느껴졌다면 하전두회가 안정적으로 작동하지 않을 수 있다. 또는 청중이 까다롭다는 동료의 정보가 여러분을 더욱 긴장하게 만들 수도 있다.

또한 이 필터는 우울증이나[49] 불안증이[50] 있는 사람들에게서 기능 이상을 보이기도 한다. 한 연구에서는 심지어 당사자의 뇌에서 이 부위의 부피가 감소한 것으로 나타났다.[51] 유니버시티 칼리지 런던의 한 연구에서 연구진은 자기장을 사용해 피험자들의 하전두회를 일시적으로 완전히 비활성화했다. 그러자 자극을 가하고 불과 1분도 되지 않아서 피험자들은 부정적인 뉴스를 더 잘 받아들이는 것으로 나타났다. 필터 기능이 사라진 것이다.[52]

누군가 묻지도 않고 위의 실험에서처럼 여러분의 머리에 자석 코일을 대는 일을 걱정할 필요는 없겠지만 나쁜 뉴스로 가득한 세상에 대해서는 걱정을 해야 한다! 부정적인 정보는 걱정과 불안감으로 이어진다. 그리고 이런 감정은 시간이 지남에 따라 하전두회 기능을 약화할 수 있다. 나쁜 메시지를 거르는 필터 기능이 약해지면 부정적인 정보에 더 빨리 감염되고, 그 결과 우리는 더 불안해지고 우울해지며 더 큰 두려움을 가질 수 있다. 이런 현상은 서로 영향을 주고받으며 상승곡선을 그리는데 이를 '부정적 사고의 소용돌이'라고 부른다. 이 소용돌이는 일부 사람들에게 특히 강한 영향을 미치는데, 그 이유를 살펴보자.

부정적 사고의 소용돌이에 빠지다

1970년대 헝가리의 커뮤니케이션 학자 조지 거브너George Gerbner는 텔레비전에서 끊임없이 부정적 뉴스를 소비하는 사람들이 어떤 반응을 보이는지 연구했다. 그는 나쁜 뉴스를 소비하는 양과 일상에서 범죄 행위의 피해자가 될 수 있다는 두려움 사이에 직접적인 상관관계가 있음을 발견했다. 부정적인 뉴스를 더 많이 접할수록 사람들은 실제 환경이 더 위험하다고 판단했다. 일부 TV 시청자들은 시간이 지날수록 점점 더 불안함을 느꼈고 나중에는 아예 세상으로부터 물러났다. 거브너는 이런 현상을 '잔혹한 세계 증후군'Mean World Syndrome 이라고 불렀다.[53]

인터넷과 소셜 네트워크에서도 비슷한 현상이 존재한다. 2018년경부터 '둠 스크롤링'Doom Scrolling 이라는 용어가 사용되기 시작했는데, 이는 부정적인 뉴스를 과도하게 소비하는 것을 의미한다. 이렇게 부정적 뉴스를 과도하게 접하면 두려움, 분노, 불신과 함께 세상이 위험한 곳이라는 믿음을 갖게 된다. 코로나 팬데믹 기간에 전 세계적으로 뉴스 소비가 증가하면서 둠 스크롤링이 널리 퍼졌다.[54] 이는 모든 종류의 스트레스 증상이 발현되고 지속되는 데 커다란 영향을 미쳤다.[55] 이 둠 스크롤링 현상에서 부정적 사고의 소용돌이 효과를 확인할 수 있다. 즉 부정적 뉴스를 많이 소비할수록 부정적인 생각과 감정이 더 강해지고 또 다른 (부정적인) 메시지에 더 취약해지는 것이다.[56]

이런 반응은 감기나 독감 바이러스에 감염된 사람들의 행동과 비슷하다. 이들은 몸을 움츠리고 잘 움직이지 않으며 외부 자극에 대해 매우 민감하다. 감염학에서는 이를 '질병 행동'Sickness Behavior 이라고 한다. 질병 행동은 전염병에 걸린 후 빨리 회복하는 데 도움이 된다.[57] 둠 스크롤링의 경우에도 이와 비슷한 현상이 나타난다. 당사자는 자신을 고립시키고 주변 사람들과 점점 더 소통하지 않는다. 그러나 장기적으로 볼 때는 이런 자기 고립 행동이 바람직하지 않다. 사회적 위축Social Withdrawal이 정보 소비를 더욱 증가시키기 때문이다. 그래서 현실 세계와의 접촉이 단절되어도 증상은 그대로 유지되거나 더 심해진다.

둠 스크롤링은 건강에 해로운 미디어 소비의 극단적인 변형이지만 우리 주변에 드물지 않게 나타나고 있다. 오늘날 여섯 명 중 한 명은 뉴스와 기사 제목을 접할 때부터 문제 행동을 보인다.[58]

습관화된 자극과 피로감

그러나 우리의 정신 면역체계는 이런 형태의 감염으로부터 우리를 보호하는 몇 가지 특성을 가지고 있다. 그중 하나는 나쁜 뉴스를 처음 접했을 때 보였던 우리의 반응이 시간이 지남에 따라 약해진다는 것이다. 이미 1903년 초에 사회학자 게오르크 지멜Georg Simmel은 지속적인 자극이 홍수처럼 쏟아짐으로써 탈진 상태가 발생할 수 있으며 이런 탈진 상태는 불안, 결단력 저하, 사건에 대한 정서적 '무감각'과 결부되어 있다고 설명했다.[59]

오늘날 우리는 이런 피로감의 이면에 있는 신경생리학적 과정을 익히 알고 있다. 즉 끊임없이 자극을 받는 신경이 '습관화'된다. 신경이 자극에 익숙해지면서 반응이 줄어드는 것이다. 이는 모든 신경망뿐만 아니라 그와 연결된 생각과 감정에도 해당한다. 너무 많은 고통과 공포가 우리 마음과 뇌에 계속해서 밀려들면 어느 순간 지치게 되고, 해당 주제에 대해 둔해지고 싫증을 느낀다. 자연재해나 위기를 겪은 피해자를 돕고 기부하려는 사람들의 의지가 항상 초기에 가장 높은 것은 바로 이런 이유에서다. 하지만 얼마 지나지 않아 이런 의욕은 감소한다. 이를 '마모효과'라고 한다. 즉 해당 주제에 대한 열정이 서서히 약해지고 짜증이 일기 시작한다.

두려움도 마찬가지다. 불경기, 침체를 비롯해 기타 재앙을 경고하는 알람이 사방에서 울리면 처음에는 매우 민감하게 반응하지만 시간이 지나면서 초반에 느꼈던 민감성을 유지하기가 어느 순간 어려워진다. 아무리 적절하게 울리는 알람이라도 너무 많이 울린다면 뇌는 지치게 되고 어느 순간 그 대상에 주의를 거의 기울이지 않게 된다.

이를 저지하는 방법으로 상승Escalation 기법이 있다. 즉 더욱 극적인 표현으로 자극의 강도를 점진적으로 높이는 것이다. 사람들의 관심을 장기적으로 유지하기 위해 하나씩 자극을 늘려 가면 적어도 가장 강력하고 요란하고 끔찍한 일들은 사람들의 관심을 받는다.

이 때문에 최근 몇 년 동안 많은 출판물에서 부정적인 용어가 많이 증가했다. 2000년부터 2019년까지 2,300만 개의 신문 기사 제목을 대상으로 시행한 뉴질랜드의 한 연구에 따르면 감정이 강하게 담긴 단어와 용어가 증가한 것으로 나타났다. 공포는 150퍼센트, 슬픔은 54퍼센트, 혐오감은 29퍼센트, 분노는 심지어 104퍼센트까지 증가했다. 20년에 가까운 관찰 기간에 유일하게 크게 줄어든 것은 중립적인 기사 제목으로, 정확히 30퍼센트 감소했다.[60]

하지만 자극을 계속 높인다 해도 어느 순간 자극이 습관화될 수 있다. 이는 힘겨운 하루가 끝나면 찾아오는 전형적인 피로감과 같다. 처음에는 몇 가지 지혜를 발휘해 더 오래 맑은 정신을 유지하려고 노력하지만 어느 순간 피로감이 너무 강해져서 눈이 감긴다.

나는 내담자들에게서도 이런 '재난 피로'를 관찰할 수 있었다. 기후 변화, 우크라이나 전쟁, 인플레이션, 연금 고갈, 전문 인력 부족, 난방비, 인종차별에 대한 끊임없는 언론의 공세 속에서 세상에 대한 사람들의 관심은 점점 줄어들었다. "독일인들은 뉴스에 지쳤다." 최근 라이프니츠 미디어 연구소Leibniz Institut für Medienforschung가 로이터 연구소Reuters Institute의 독일 내 뉴스 소비에 대한 설문조사에서 밝힌 내용이다.[61] 이 조사에 따르면 약 9만 3,000명의 응답자 중 57퍼센트만이 시사 문제에 관심이 있다고 답했다.[62]

한편으로 사람들이 뉴스 소비를 줄이면서 자신을 보호하고 있다는 점은 환영할 만한 일이다. 하지만 다른 한편으로 우리가 피상적이고 자극적인 보도에 과포화되고 습관화됨으로써 정말로 중요한 것을 놓칠 수 있다는 점에서는 바람직하지 않다. 습관화 효과는 자신감과 용기를 잃게 하고, 자신감이 약해지면 어떤 일에 관심을 갖고 참여하려는 의욕이 감소한다. 그러므로 행동을 취하기 위해서는 우리 자신이나 우리 모두와 관련된 문제에 민감하게 반응하는 것이 중요하다.

지금까지 논의한 모든 측면을 고려할 때 뉴스와 정보를 건강하게 소비하는 것은 매우 중요하다. 하지만 뉴스나 정보를 완전히 포기하는 것은 사실상 불가능하며 이치에도 맞지 않는다. 우리는 세상에 대한 정보를 얻으면서 살아가야 하기 때문이다. 부정적인 것을 완전히 피하려 하기보다는 나쁜 뉴스와 가짜 뉴스에 주도적으로 대처하는 방법을 배우는 것이 더 의미 있다.

* * *

이 장의 후반부에서는 부정적인 감정 및 인지 바이러스의 위험한 감염으로부터 정신 면역 체계를 보호하는 동시에 바이러스에 맞서 싸우기 위해 자신을 강화할 수 있는 몇 가지 방법을 소개하고자 한다. 여러분은 자신의 뇌를 지키는 엄격한 문지기가 되어 문밖에서 들어오려는 모든 걸 받아들이지 않는 법을 배울 것이다. 또한 주변의 가짜 뉴스에 대항하는 면역력을 얻을 수 있는 최고의 예방법도 소개할 것이다. 그리고 마치 모든 것을 비방하는 듯 느껴지는 세상에서 어떻게 하면 좋은 것에 다시 관심을 돌릴 수 있는지 알려 주고자 한다.

나쁜 조각부터 하나씩 제거하기

이탈리아의 조각가 미켈란젤로는 교황으로부터 어떻게 이 훌륭한 다비드상을 만들 수 있었느냐는 질문을 받고 이렇게 대답했다. "아주 간단했습니다. 대리석 덩어리에서 다비드가 아닌 것은 모두 없앴습니다."

우리는 일상에서 이런 방법을 자주 사용한다. 이를테면 반죽에서 쿠키 모양을 찍어 낼 때, 허리통이 너무 큰 재킷을 줄일 때, 나무 몸통에서 벽난로용 장작을 잘라 낼 때 등. 본질에 집중하고 불필요한 건 제거하는 것이다. 우리의 인지와 관련해서도 이와 비슷한 일을 할 수 있다. 즉 우리의 의식에서 부정적인 것을 완전히 없앨 수는 없지만 삶의 긍정적인 측면을 더 잘 인식하고 활용하기 위해 부정적인 것의 많은 부분을 제거할 수 있다.

이를 위해 좋은 출발점이 될 수 있는 건 뉴스 소비를 적절하게 조절하는 것이다. 2020년 코로나 팬데믹 기간에 스페인에서 진행된 한 연구에서는 피험자들이 나쁜 뉴스를 거의 피하고 대신 집 밖으로 나가 신선한 공기를 쐬는 것만으로도 불안하고 우울한 감정이 줄어든 것으로 나타났다.[63]

하지만 대체 얼마나 많은 부정적 정보를 제거해야 하며 또 제거할 수 있을까? 다른 말로 하자면 어느 정도의 뉴스 소비가 건강한 것일까? 6,233명의 피험자를 대상으로 진행한 독일의 한 연구에 따르면 문제가 발생하기 시작하는 임계치는 하루 7회, 누적 뉴스 소비 시간 약 2시간 30분으로 나타났다. 이 임계치를 넘으면 우울감이나 불안감을 느낄 가능성이 현저히 증가했다.[64]

그러므로 TV나 스마트폰을 통한 일일 뉴스 소비 시간은 최대 60분으로 제한하는 것이 좋다. 만약 TV나 스마트폰보다 양질의 신문을 조용히 읽는 것을 선호하는 사람이라면 120분 또는 그 이상도 괜찮다. 신문을 읽으면서 여러 정황을 더 잘 이해하는 데 도움이 되는 배경 정보를 접하기 때문이다. 아마도 여러분은 제한 시간이 의외로 길다고 느낄 수 있다. 자신의 뉴스 소비 시간이 그보다 짧다고 생각하기 때문이다. 하지만 실제로 해당 연구에 참여한 피험자들의 평균 뉴스 소비 시간은 하루 누적 두 시간이었다. 우리가 매일 받아들이는 정보의 양을 과소평가하는 이유는 무엇보다 하루에 여러 차례에 걸쳐 분산적으로 정보를 소비하기 때문에 총 소비 시간을 거의 의식하지 못하는 데 있다.

이 사실은 또 다른 문제를 지적한다. 즉 우리가 정보를 큰 덩어리로 소비하는 것이 아니라 작은 조각으로 나눠 소비한다는 점이다. 나는 이를 '정보 조각'Informationskonfetti이라고 부른다. 이런 정보 조각은 한편으로는 완전히 피상적이고 때로는 매우 왜곡된 인식을 조장하며, 다른 한편으로는 감정을 항상 자극한다. 그러므로 정보를 하루에 조금씩 나눠서 소비하는 것보다 집중적으로 소비하는 것이 좋다.

하루 중 조용한 시간대를 찾아 정보를 충분히 소비하고 다음 정보를 소비하기까지 어느 정도의 시간적 간격을 유지하도록 하라. 담배를 피우는 동안, 정류장에서 버스를 기다리는 동안, 카페에서 커피를 마시거나 저녁에 소파에 앉아 책을 읽는 동안에는 뉴스를 보지 않는 것이 좋다. 잘게 잘린 정보 조각을 그만 소비하고 정신적으로 여유 공간을 확보하는 것이다.

뉴스를 소비하기에 가장 이상적인 시간대는 한낮이다. 저녁에는 나쁜 뉴스가 우리를 자극해 숙면을 방해할 수 있다. 또한 아침에 부정적인 정보 바이러스를 다량으로 접하면 하루의 나머지 시간을 망칠 수 있다. 〈허핑턴 포스트〉Huffington Post와 한 대학의 공동 연구에 따르면 이른 아침 3분 동안 나쁜 뉴스를 접하는 것만으로도 저녁에 우울해지고 피로감을 느낄 가능성이 컸다.[65] 반면 한낮 시간대에는 아침이나 저녁보다 세상의 재난 소식에 다소 덜 민감하게 반응하는 것으로 나타났다. 여러분이 어느 시간대를 선호하든 상관없이 항상 정해진 시간에 뉴스를 소비하라. 규칙적이고 일관적인 습관은 자기 훈련에 도움이 되며 이는 초콜릿뿐만 아니라 정보를 다룰 때도 적용된다.

다시 한번 강조하지만 중요한 것은 세상에 대한 뉴스를 완전히 거부하는 것이 아니라 나쁜 뉴스가 끊임없이 정신을 범람하지 못하도록 편도체를 진정시키는 것이다. 그러면 대부분은 긍정적인 생각이 저절로 떠오를 것이다. 미켈란젤로의 작업 기법을 활용해 보라. 나쁜 것을 제거하다 보면 좋은 것을 발견할 수 있다.

무균 구역을 설정하라

세상은 나쁘지 않지만 꽉 차 있다.

_베르톨트 브레히트Bertolt Brecht

오늘날은 수십 년 전보다 더 나쁘지도, 더 부정적이지도 않다. 다만 디지털 네트워크를 통해 세상에서 일어나는 나쁜 일에 대해 더 많이 접할 뿐이다. 매일같이 뉴스와 재앙, 비운의 사건이 넘쳐나는 상황에서 우리의 뇌는 잠시도 쉬지 못하고 매일 새로운 감염 위험에 노출된다.

사회학자 하르트무트 로자Hartmut Rosa는 '잃어버린 불가용성Unverfügbarkeit에 대해 이야기한다.[66] 이는 단순히 통신이 불가한 상태를 말하는 게 아니라 '정신적인 접근 불가능성'을 의미한다. 우리가 실제로 세상과 단절되는 경우는 거의 없다. 오늘날 우리는 스마트폰을 통해 거의 모든 시간과 장소에서 모든 것에 연결된 상태를 유지한다. 세상과 끊임없이 교류하고 모든 사소한 것에 반응하기 때문에 우리의 정신은 온전히 쉴 수가 없다.

그러니 여러분 집에 '무균' 공간, 즉 부정적인 정보 바이러스의 감염을 걱정할 필요가 없는 장소를 설정하라. 이를테면 거실 소파나 정원의

해먹이 적합하다. 이 장소에서 편안함을 느끼면서 시간을 보내고 전 세계와 단절하는 것이 중요하다. 이는 정신적으로 전원을 끄고 생각을 놓아주기 위한 중요한 전제 조건이다(제3장에서 생각의 회전목마를 멈추는 방법을 살펴볼 것이다. 여기서는 우선 새로운 정보의 끊임없는 유입을 제한하는 것이 중요하다).

이런 접근 불가능한 영역을 탄탄하게 설치하면 여러분의 뇌는 곧 이곳을 안전감과 연관시키고 머릿속에 저장할 것이다. 이 장소를 찾아올 때마다 여러분은 바로 이곳에 있다는 것만으로 평안함을 느낄 수 있다. 덧붙여 말하면 마음의 상처를 입은 사람들은 이런 피난처를 자주 사용한다. 이곳은 상처를 입은 사람들이 주변으로부터 보호받고 모든 것이 통제 불능 상태가 될 때 평화를 찾을 수 있는 안식처가 된다. 여러분의 집 앞에서 그리고 세상에서 무슨 일이 일어나든 여러분은 언제든지 이 장소로 올 수 있다. 이곳에서는 세상이 멈춰 있고 외부의 어떤 (부정적인) 것도 여러분에게 닿을 수 없을 만큼 안전한 장소다.

이런 접근 불가능한 공간을 여러분의 집에 마련하라. 그곳에 있는 동안 세상이 나를 배제한다거나 나 없이 돌아갈까 봐 걱정하지 않아도 된다. 약속한다. 여러분은 세상과 함께 계속 돌아갈 것이다.

집에서 그런 장소를 찾을 수 없다면 먼저 침실을 이용해 보길 바란다. 상담을 받으러 나를 찾아오는 많은 사람은 아침에 일찍 눈을 떴을 때 잠을 푹 자지 못했다거나 기운을 빼앗는 생각에 시달린다고 호소한다. 그런데 대화를 나누다 보면 그들이 밤늦게까지 토크쇼와 뉴스를 보거나 불을 끄기 직전에 일정이나 이메일, 나쁜 뉴스로 머릿속을 가득 채운다는 사실이 종종 드러난다. 이는 뇌의 스트레스 중추를 다시 가동해 밤 동안 뇌를 쉬지 못하게 만든다.

몇 년 전 약 1,800명의 젊은 성인을 대상으로 시행한 미국의 한 연구에 따르면 잠들기 전 30분 동안 미디어를 소비할 경우 수면을 지연시키거나 방해할 위험이 60퍼센트 이상 증가한다고 한다.[67] 반대로 미디어 소비를 적당히 줄이면 수면의 질을 높일 수 있다. 네덜란드의 한 연구에서는 취침 한 시간 전부터 TV와 소셜 미디어를 자제하면 수면이 눈에 띄게 개선된다는 사실이 입증되었다(연구가 단 일주일 동안 진행되었는데도 많은 피험자가 연구 지침을 따르지 않아 안타깝게도 연구에서 제외되었다!).[68] 이처럼 침실을 무균 지역으로 유지해야 할 이유는 차고 넘친다. 적어도 침대에서는 여러분의 뇌를 세상으로부터 보호하기 바란다!

더 많이 끌어당기고 덜 밀어 넣기

우리가 정보를 소비하는 양상에 따라서도 정보는 우리에게 도움이 될 수도, 해가 될 수도 있다. 예를 들어 텃밭을 가꾸려고 할 때는 유튜브에서 몇 가지 DIY 영상을 찾아보면서 유용한 지침을 얻을 수 있다. 나는 이런 형태의 정보 활용을 '풀Pull 전략'이라고 부르는데, 그 이유는 인터넷에서 텃밭 조성에 필요한 지식을 '끌어오기' 때문이다. 정보를 얻은 다음에는 텃밭으로 가서 필요한 일을 하면 된다.

반면 저녁에 소파에 앉아 몇 시간에 걸쳐 부정적인 뉴스나 감정을 자극하는 뉴스를 보는 소비 행태는 바람직하지 않다. 이런 경우는 '푸시Push 전략'이라고 말할 수 있는데, 대량의 정보가 완전히 무작위적이고 특정되지 않은 형태로 우리 뇌로 '밀려오기' 때문이다. 그렇게 되면 전달된 모든 정보를 가공하고 처리해야 한다. 이는 위에서 살펴본 것처럼 마음을 매우 불안하게 만들고 숙면을 방해한다. 정보가 더 자주 밀려올수록 우리는 더 기꺼이 그 정보들을 소비하려고 한다. 그 내용이 우리 감정을 해치더라도 말이다.[69]

그러므로 '더 많이 끌어당기고 덜 밀어 넣기'라는 간단한 소비 규칙을 따르는 것이 좋다. 인터넷이나 TV 등 미디어를 통해 여러분에게 꼭 필요하고 여러분이 꼭 원하는 정보를 얻도록 하라. 그리고 의식적으로 그런 정보를 보거나 읽은 다음에는 전등 스위치를(그리고 여러분의 정신도) 끄는 것이다. 이때 다음과 같은 전제를 명심하도록 한다. 즉 정보를 얻는 목적이 있어야 한다는 것이다.

해당 정보가 정말로 중요하고 나와 관련이 있는가? 내가 해당 정보를 통해 새로운 것을 추가로 배울 수 있는가? 그 지식이 내게 어떤 이점을 가져다주는가? 만약 그렇지 않다면 그 정보는 제외하라. 이를테면 교통사고나 은행 강도, 스캔들, 유명인의 가십에 대한 보도가 이 범주에 속한다. 이런 뉴스는 우리 대부분에게 전혀 쓸모가 없는데도 우리의 감정을 자극한다. 따라서 이런 뉴스는 미리 분류해 두어야 한다. 이런 뉴스를 괜히 '쓰레기 뉴스'Trash News 라고 부르는 게 아니다.

결론적으로 모든 것을 여과 없이 머릿속에 밀어 넣기보다는 끌어당기기 전략에 따라 우리에게 유용하고 필요한 정보를 현명하게 선택하는 것이 중요하다. 그 외의 나머지 정보는 외부에 머물러 있게 하라.

TIP   입구에서부터 정보 통제하기   +

혹시 토요일 밤 클럽 문 앞에서 무뚝뚝한 표정으로 서 있는 문지기로부터 입장을 거부하는 제스처를 당해 본 적이 있는가? 나도 그런 적이 종종 있었다. 클럽 안으로 들어가려고 하면 경비원은 대개 "죄송합니다. 안이 꽉 찼어요!"라고 했다. 그때의 굴욕감을 지금 어느 정도 극복하고 나니 그런 상황이 이해되기는 한다. 안에 있는 손님들에게 충분한 공간을 내주기 위해서는 입구에서 사람들을 선별하는 과정을 거쳐야 한다. 문지기의 이런 역할은 뉴스를 선별하는 행동으로 전이될 수 있다. TV나 스마트폰, 신문 앞에 딱 버티고 서서 무엇을 자신의 머릿속에 들여보내고 싶은지 생각해 보라. 내부(뇌를 뜻한다)의 혼잡을 막고 나쁜 분위기를 만들지 않으려면 무엇이 밖에 남아 있어야 할까? 이렇게 '입구'에서부터 통제하면 헤어나오지 못할 수많은 정보에 머리가 막히지 않는다.

정보 바이러스의 확산을 막는 '단기 격리'

2022년 11월 중순 우크라이나의 지대공 미사일이 러시아 순항 미사일을 막으려다가 잘못하여 폴란드 영토에 떨어진 사건을 기억하는가? 다음 날 〈빌트〉는 러시아가 폴란드에 미사일을 발사했다고 대서특필했고, 트위터에서는 신경이 과민해진 정치인들이 제3차 세계대전이 임박했다고 예측했다. 공포에 감염된 사람들은 자신의 걱정을 소셜 네트워크에서 수천 번 이상 공유했다.[70] 다행히도 이 사건은 얼마 후 해결되었다. 하지만 잠깐 멈추고 신중하게 행동했더라면 감염 사슬을 더 일찍 효과적으로 차단할 수 있었을 것이다.

이 사례는 우리가 특히 부정적인 뉴스를 종종 충동적으로 그리고 너무나 자발적으로 다른 사람들에게 쉽게 전달함으로써 병원체의 확산에 직접 기여한다는 사실을 보여 준다. 앞에서 살펴본 바와 같이 가짜 뉴스도 마찬가지다. 가짜 뉴스는 특히 빠르게 퍼진다. 솔직히 말해서 오늘날 우리는 어떤 정황을 비판적으로 검토하는 데 시간을 잘 할애하지 않는다. 작가인 사샤 로보Sascha Lobo는 '즉각성'Sofortness에 대해 이야기한 바 있는데, 이는 오늘날 우리가 뉴스에 조급하게 반응하고 그 내용이 진실인지 거짓인지 알 수 없는데도 공유하고 확산시키는 성향을 말한다.[71]

충동성은 부정적인 결과를 초래하는 주요 원인이다. 따라서 충동적인 행동을 하는 우리 자신에게도 책임이 있다. 감정에 휩싸여 순식간에 작성한 댓글은 다른 사람들을 순식간에 감염시킨다. 최근 〈프랑크푸르터 알게마이네 차이퉁〉Frankfurter Allgemeine Zeitung, FAZ은 부정적인 감정이 걷잡을 수 없이 커진다는 이유로 온라인 기사의 댓글 기능을 중단했다.

이런 점에서 볼 때 전염성이 강한 정보 바이러스의 확산을 막기 위해서는 때로는 '단기 격리'가 적절한 수단이 될 수 있다. 14세기 후반부터 유럽의 큰 항구와 무역 도시에서는 전염병 확산을 막기 위해 중국이나 동방에서 온 선원들을 정기적으로 격리 조치했다. 이들은 건강 상태가 어느 정도 확인된 후에야 현지 주민들과 섞일 수 있었다.

우리가 자발적으로 정보와 격리된 상태를 유지하는 것도 이와 비슷한 효과를 낼 수 있다. 일단 정보가 퍼질 때까지 기다려 본다. 즉 여러분이 어디에선가 듣거나 읽은 정보를 곧바로 공유하지 않는 것이다. 특히 거짓 정보이거나 다른 사람들이 감정적으로 감당하지 못할 정보인 것 같다면 더욱 곧바로 전달해서는 안 된다. 몇몇 정보는 얼마 지나지 않아 터무니없는 것으로 밝혀지기도 하므로 공유할 필요가 없어진다. 이처럼 정보와 단기 격리된 상태를 유지하면 언론의 분노와 소동, 엄청난 양의 가짜 뉴스를 피할 수 있다.

거짓 정보 백신을 접종하기

우리를 병들게 하는 거짓 정보에 대항해 정신 면역체계의 면역력을 키우는 또 다른 방법이 있다. 이 기법은 미국의 사회심리학자 윌리엄 맥과이어William McGuire의 접종 이론Inoculation Theory에 기초하고 있다.[72] 접종이라는 용어는 원래 면역학에서 유래했으며 '병원균을 투입하는 것'을 의미한다. 이 조치는 소량으로 투입된 병원체가 면역체계를 자극해 항체를 생성시켜 추후 감염 시 신속하게 대응할 수 있게 하는 일종의 (능동적) 예방 접종이다.

거짓 정보의 접종은 오보와 허위 정보에 대한 유사한 예방 효과가 있다. 이미 1960년대 초에 맥과이어는 사람들을 소량의 가짜 뉴스에 조심스럽게 노출하고 생각의 계기를 제공함으로써 어리석은 거짓 주장에 대한 저항력을 강화할 수 있다는 것을 보여 주었다. 그는 피험자에게 좋은 반론의 형태로 몇 가지 '항체'를 동시에 제공함으로써, 즉 능동적 접종과 수동적 접종을 결합해서 효과를 높였다. 실험 결과 피험자들은 두 가지 관점을 더 신중하게 검토하고 새로운 결론에 도달했으며 거짓말에 거의 감염되지 않았다.

한 예로, 사람들은 영양에 관한 잘못된 믿음을 접하는 동시에 건강한 아침 식사를 위한 몇 가지 유익한 권장 사항을 읽으면 인터넷이나 TV 광고에 나오는 잘못된 정보에 덜 민감하게 반응한다. 터무니없는 정보에 노출되기 전에 이미 그들의 면역체계가 준비되어 있기 때문에 잘못된 정보를 조기에 차단하는 것이다.

최근 몇 년 동안 많은 연구에서 이런 접종의 효과가 입증되었다.[73] 또한 접종을 통해 두려움을 비롯한 기타 위협적인 감정이 현저히 약해진다는 사실도 드러났다.[74] 독일에서 발표된 데이터에 따르면 고전적인 조작 전술에 대해 이미 알고 있거나 사고의 오류를 막고 거짓 전문가를 식별하는 법에 대해 교육받은 사람들은 가짜 뉴스에 현혹될 가능성이 적다는 사실이 밝혀졌다.[75]

다행스러운 점은 정신 면역체계를 강화하면 우리를 자극하고 스트레스를 유발하거나 잘못된 결정을 내리게 하는 전염성 있는 거짓 정보에 대처할 수 있다는 것이다. 우리가 (잘못된) 사실을 더 집중적으로 다루고 찬반 의견을 더 신중하게 검토할수록 매일 수도 없이 보도되는 터무니없는 정보에 대해 더 강한 '면역력'을 갖게 된다.[76]

그러나 사전에 정신적인 대응(말하자면 정보와의 '접촉')을 하지 않으면 이런 접종 조치는 불가능하다. 그렇기에 모든 뉴스와 소문을 무조건 피하려고 해서는 안 된다. 기사 제목만 피상적으로 훑어보지 말고, 텍스트를 더욱 주의 깊게 읽어야 하며, 배경 정보와 포괄적인 그림을 제공하는 뉴스 매체를 선택해야 한다. 또한 해당 주제에 대해 함께 토론하고 관점을 서로 교환하는 것도 도움이 된다. 그리고 자신의 신념이 그릇된 방향으로 빠지지 않도록 항상 외부의 교정을 받아야 한다.

또한 아이와 함께 세상에서 일어나는 일에 대해 자세히 이야기하고 아이의 질문에 답하는 시간을 가짐으로써 가짜 뉴스에 대항할 수 있는 면역력을 키워 주어야 한다. 이를 통해 아이들은 매일 인터넷에서 접하는 조작에 덜 취약해질 수 있다. 학교에서도 교과 진도를 빨리 나가기 위해 서두르기보다는 사회정치적 문제에 대해 더 많이 토론함으로써 아이들이 정신 면역체계를 강화하는 데 도움을 줄 수 있다. 이런 방식으로 교사는 거짓 정보가 아이들의 머릿속에 싹틔운 오해나 불쾌감을 신속하게 제거해서 아이들의 마음을 진정시키고 필요한 경우 잘못된 내용을 바로잡아 아이들의 정보 면역력을 높일 수 있다.

TIP 게임으로 가짜 뉴스 판별하기 +

겟배드뉴스 웹사이트(getbadnews.de)에 들어가면 '배드 뉴스'라는 게임을 할 수 있다. 이 게임은 네덜란드 단체 드로그DROG가 사람들의 미디어 역량을 강화하기 위해 개발했다.[77] 이 게임에서 여러분은 각종 루머와 비방으로 사람들을 공포에 빠뜨리고 최대한 많은 팔로워를 확보하려는 사람의 역할을 맡아 때로는 도덕과 선의의 경계를 넘나들기도 하고, 때로는 청렴한 사람이 되어 어려움을 겪기도 할 것이다. 하지만 이것이 바로 이 게임이 의도하는 바다. 여러분이 게임에서 다른 사람들을 현혹하고 병들게 만드는 나쁜 정보와 메시지를 소량으로 접하면 장기적으로 가짜 뉴스에 대처하는 능력이 강해진다. 196명의 피험자를 대상으로 수행된 실험에 따르면 이 게임을 비롯해 다른 유사한 게임을 여러 번 한 후 참가자들은 제시된 18개의 기사 제목 중 가짜를 더 잘 식별할 수 있었다.[78]

이야기는 좋은 결말이 필요하다

오늘날 많은 사람은 전철 안에서나 담배를 피우는 동안 또는 노점 앞에서 줄을 서서 기다리는 동안 등 잠깐의 여유 시간이 생기면 곧바로 스마트폰으로 주로 단축된 형식의 뉴스를 소비한다. 특히 아주 젊은 층은 간결하게 요약된 형태의 뉴스를 제공하고 댓글을 달 수 있는 소셜 미디어를 통해 주로 뉴스를 소비한다.[79]

이런 압축된 형태의 정보 소비가 위험한 이유는 그것이 축약된 정보이기 때문이다. 짧은 뉴스와 뉴스피드에서도 사건을 다루지만 여기에는 이야기의 일부만 담겨 있다. 따라서 전후 상황이 누락되는 경우가 많아 중요한 연결 고리를 추론하기가 어렵다. 배경 정보도, 사건이 어떻게 끝났는지도 알 수 없다. 그렇게 사건은 공중에 떠 있는 상태가 된다. 그러면 우리는 사건의 이야기를 마무리할 수도 없고 감정도 진정되지 않는다. 그러나 이는 미디어의 잘못이 아니라 우리의 소비 행동이 잘못되었기 때문이다!

우리는 대체로 시간이 날 때마다 정보를 빠르게 얻는 것을 선호하며 긴 기사를 정독하려고 하지 않는다. 하지만 긴 기사를 정독하는 행위는 우리가 어떤 이야기를 어떻게 자신에게 전달할지에 영향을 미칠 수 있다. 우리 스스로 이야기를 완성도 있게 만들면 감정적 부담을 상당 부분 완화할 수 있다.

좀 더 이해를 돕기 위해 어린 시절로 추억의 여행을 떠나 보자. 혹시 어렸을 때 동화와 모험 이야기를 즐겨 읽었는가? 우리는 이야기를 이끌어 가는 확실한 실마리를 따라가면서 이야기에 몰입했다. 그중에는 앞뒤 맥락이 어긋나지 않는 한 충격적이거나 비극적인 이야기도 포함되어 있었다. 내 아이들도 이런 이야기를 좋아했다. 아이들에게 이야기를 읽어 줄 때면 아이들은 항상 중간중간에 세세한 정황을 물어보곤 했다. 특히 아들은 이야기를 온전히 이해하기 위해 내가 즉각 대답해 주기를 원했다. 말하자면 아들에게는 이야기의 앞뒤가 맞고 그럴듯한 결말이 있는 것이 중요했다. 마지막 궁금증이 해소되고 나서야 아들은 편안하게 잠들 수 있었다.

오늘날 사람들은 염소와 할머니가 늑대에게 잡아먹히는 등의 '잔인한' 동화로부터 아이들을 보호하려고 한다. 하지만 아이들을 그런 이야기에서 멀리 떨어뜨려 놓는 것은 전혀 바람직하지 않다. 동화에는 간혹 끔찍한 내용이 포함되어 있거나 불쾌한 감정을 유발할 수도 있다. 그러나 이야기는 부정적인 사건 자체보다는 '일관성 있게'(이해할 수 있게, 의미 있게) 인식되는 것이 중요하다. 따라서 부정적인 사건이 일어나는 이유에 대해 이해할 수 있는 설명과 긍정적인 방향으로 전환될 가능성이 포함된 이야기가 좋다.

오늘날의 뉴스는 일관성에 대한 인간의 원초적인 욕구를 충족시키지 못한다. 이야기를 시작하기만 하고 결말은 공중에 붕 뜬 경우가 대부분이다. 또는 비극적인 원인을 지나치게 강조하고 해결책은 생략한다. 위기에 대한 보도만이 우리 앞에 덩그러니 놓여 있을 뿐이다. 이런 이야기들은 우리의 마음과 뇌를 감염시키기에는 충분히 길지만 정신적으로 소화하기에는 턱없이 짧다. 결말이 없는 부정적인 이야기를 너무 많이 접하면 의욕과 자신감이 떨어질 수 있다. 실수나 헛된 노력에 관한 이야기만 듣는다면 문제를 어떻게 해결할 수 있을까? 아이들이 자신이 잘못하고 있다는 이야기만 계속해서 듣는다면 어떻게 이를 닦는 법이나 자전거 타는 법을 배울 수 있을까?

책임감 있는 보도에 부정적인 내용이 포함되는 것은 당연한 일이다. 결국 이 세상에서 무엇이 잘 돌아가지 않는지 아는 것은 상황을 더 나은 방향으로 바꾸는 원동력이다. 이를 위해서는 이야기를 이해할 수 있는 맥락이 필요하며 가장 이상적인 건 해결 지향적인 요소가 포함된 것이다. 그런 경우는 나쁜 뉴스와 이야기라도 부정적인 감정을 덜 유발한다는 사실이 여러 연구에서 입증되었다.

멜버른의 한 연구진이 총 76만 명 이상의 피험자를 대상으로 시행한 메타 분석에 따르면 13건 중 11건에서 정보 소비량과 부정적인 감정이 일반적으로 관련이 있는 것으로 나타났다. 특히 전통적인 신문보다 짧은 인터넷 기사와 SNS로 접하는 뉴스에서 이런 관련성이 훨씬 더 강하게 나타났다. 이는 전통적인 신문에서 내용을 더 상세하게 논리적으로 설명하고 있어서 독자가 정황을 더 잘 이해하는 데 도움이 되었기 때문일 것이다.[80]

TIP 완결된 이야기를 찾기   +

중요한 것은 정보를 포괄적으로 파악하는 것이다. 물론 여기에는 부정적인 정보도 포함된다. 결말까지 알 수 있는 완전한 이야기를 찾아라. 사건의 전후 맥락을 설명하는 데 시간을 들이는 뉴스 매체를 선택한다. 또한 사건이 어떻게 해결되었는지 스스로 찾아보는 것도 중요하다. 어려움을 극복한 사람들을 다룬 이야기, 비운을 겪은 사람들이 어떻게 용기와 자신감을 회복했는지에 관한 이야기를 찾아서 읽어라. 이런 '좋은 결말'은 매일 존재하지만 안타깝게도 기사 제목이 되는 경우는 드물다. 때로는 좋은 결말이 진짜 재난 혹은 억지로 꾸며진 재난에 가려져 샅샅이 뒤져야 할 때도 있지만 결국에는 찾을 수 있을 것이다.

여러분이 사는 지역의 라디오 방송이나 지역 신문에도 세상에 대해 긍정적이고 건설적으로 보도하고 완결된 이야기를 전달하는 섹션이 분명 있을 것이다. 예를 들면 ARD와 ZDF(독일의 대표적인 두 공영방송─옮긴이)의 아침 뉴스 프로그램인 〈모르겐마가진〉Morgenmagazin에서 얼마 전부터 '짧고 좋은'kurz und gut 이라는 코너를 진행하는데, 이 코너에서는 한 주 동안 있었던 좋은 소식들을 편집해서 소개한다.[81] 바이에른 아인스Bayern 1(독일 공영 라디오 방송국─옮긴이)에서는 청취자들에게 웹 양식을 통해 좋은 사연을 보내 달라고 요청하는데 운이 좋으면 그날 자신이 보낸 사연을 라디오를 통해 들을 수 있다.[82] NDR(북부 독일 공영방송─옮긴이)의 팟캐스트 '전망: 해결책 찾기'Perspektiven: Auf der Suche nach Lösungen 역시 좋은 뉴스에 초점을 맞추고 있다.[83] 내가 개인적으로 꼽는 하이라이트는 주간지 《디 차이트》Die ZEIT의 마지막 페이지다. 이 페이지에서는 '내 삶을 더 풍요롭게 만드는 것'Was mein Leben reicher macht이라는 제목으로 독자들에게 용기와 웃음을 주는 아름답고 감동적인 일상의 순간을 이야기한다. 마지막으로 이 섹션을 읽고 나면 그 어느 때보다 평온한 마음으로 신문을 내려놓을 수 있다.

모든 이야기가 좋은 결말로 끝나는 건 아니지만 많은 것이 생각보다 좋은 방향으로 흘러가는 경우가 많다. 하지만 유감스럽게도 이야기의 긍정적인 결말은 잘 보도되지 않는다. 그러니 여러분 스스로 좋은 결말을 찾아보라. 이를테면 나쁜 소식이나 부정적 사건이 여러분의 마음을 휘젓고 동요시켰다면 몇 주가 지난 후 그 사건이 어떻게 진행되었는지, 그 후 어떤 일이 있었는지 알아보는 것이다. 다른 사람들에게 물어보거나 인터넷에서 검색해 보면 된다. 많은 일이 예상보다 그렇게 나쁜 결말을 맞이하지 않았다는 사실에 여러분은 깜짝 놀랄 것이다. 왜냐하면 보도가 과장되었거나 사람들이 문제에 대한 해결책을 찾았기 때문이다.

모든 부정적인 사건은 사람들을 움직이는 동력이 되며 두려움 외에도 긍정적인 많은 것을 일으킨다. 일반적으로 이런 부분은 미디어에서 누락되는 경우가 많으며 오늘날에는 우리가 (안타깝게도) 스스로 채워넣어야 한다. 하지만 이런 노력은 세상의 이야기를 온전하고 일관성 있게 만들고 이를 통해 우리가 다시 자신감을 가질 수 있기 때문에 충분히 가치가 있다.

또한 나는 여러분이 다른 사람들에게 들려주는 자신의 이야기도 좋은 결말로 마무리하라고 권하고 싶다. 대부분 사람은 나쁜 이야기가 좋은 결말로 끝났으면 좋겠다는 마음을 가지고 있다. 사고나 질병, 격렬한 부부 싸움 등 자신에게 일어난 불쾌한 일을 다른 사람들에게 이야기했다면 그 이야기를 들은 친구나 지인은 아마 여러분을 걱정하고 있을 것이다. 그러므로 상황이 진정되면 모든 것이 잘 해결되었다는 좋은 소식을 그들에게 전하는 것이 좋다. 여러분이 어떤 문제를 어떻게 (부분적으로라도) 해결했는지 이야기하라. 그렇게 하면 친구와 지인들이 긍정적인 결론을 내리는 데 도움이 될 것이다.

의사로서 나 역시 개인적인 위기 때문에 나를 찾아오는 모든 내담자나 환자에게 긍정적인 내용으로 치료나 상담을 마무리하는 습관이 생겼다. 코로나 팬데믹 초기에 재정적인 두려움으로 수면 장애를 겪다가 나를 찾아온 한 무대음악가에게 나는 다음과 같은 이야기를 들려준 적이 있다.

2020년 6월 바르셀로나의 한 오페라 하우스에 음악가 네 명이 푸치니의 현악 4중주 〈국화〉Crisantemi를 연주했다. 그들은 관객이 없는 텅 빈 공연장에서 연주하고 싶지 않아서 2,292개의 관엽 식물(그중에는 국화도 몇 송이 있었다)로 홀을 장식했다. 각 좌석에는 관객 대신 화분이 앉아 있었다. 음악가들은 각 화분에 개인 메모를 적어 팬데믹 기간에 헌신한 의료진에게 감사의 표시로 화분을 기부했다.[84]

얼마나 아름다운 이야기인가! 물론 이 이야기만으로는 그 무대음악가의 두려움을 완전히 없앨 순 없었지만 그가 다시 긍정적인 생각을 할 수 있는 계기가 되었다. 그는 이야기를 듣고 나서 고개를 들어 웃으며 이렇게 말했다.

"어떻게든 잘 되겠지요."

건설적인 이야기가 회색빛 세상을 완전히 분홍색으로 물들일 순 없다. 하지만 모든 나쁜 일에는 대체로 좋은 점이 내재해 있다. 그리고 이런 측면은 이야기를 구성하는 한 부분이며 슬픔과 고통을 다루는 이야기에서도 마찬가지다. 여러분이 읽었던 혹은 지금도 아이들에게 읽어주고 있는 동화를 떠올려 보라. 내용이 부정적으로 전개되더라도 좋은 것이 한편에 자리 잡고 있다면 문제없이 소화할 수 있다. 이를 통해 이야기가 완성되고 우리는 이야기를 더 잘 이해하고 정리할 수 있다. 문학적으로 표현하면, 인생의 모든 이야기가 시詩는 아니지만 그 이야기에 운율을 만들어 입힌다면 많은 것을 더 쉽게 이해할 수 있다.

뉴스는 충격이 아니라 정보를 주는 것

현재 독일에서는 하루도 빠짐없이 각종 언론 매체에서 경기 침체를 경고하고 있으며 마치 경쟁하듯 비관적인 표현을 쏟아 내고 있다. 작가 토마스 브루시히Thomas Brussig는 저서 《나의 묵시록》Meine Apokalypsen에서 '고기 판매대 사고방식'Fleischtheken-Mentalität('조금 더 드려요?')에 대해 말했는데[85] 이런 인식은 과학적으로도 입증되었다. 10여 년 전 도르트문트 대학교의 통계학 교수 발터 크래머Walter Krämer와 그의 학생들은 유럽 일간지의 부정적인 뉴스를 분석했다. 분석 결과 특히 독일이 비관적인 내용이 많은 것으로 나타났다. 〈프랑크푸르터 알게마이네 차이퉁〉은 프랑스의 〈르 피가로〉Le Figaro나 영국의 〈가디언〉Guardian보다 최대 네 배나 더 많은 부정적인 용어를 사용했다.[86]

이처럼 일부 언론의 묘사가 왜곡되는 이유는 오늘날에는 독자와 청취자, 시청자의 관심을 끌고 유지하기 위해 과거보다 훨씬 더 많은 저널리즘적 노력을 기울여야 하기 때문이다. 그러나 고객 유치에만 혈안이 되다 보면 객관적인 보도를 하지 못하게 된다. 결과적으로 중립적 보도가 아닌 다른 목표를 추구하게 되면 대중의 불신이 커지고 시간이 지나면서 사람들의 관심을 잃게 된다.[87]

따라서 언론은 기본적으로 중립적인 정보 전달자 역할을 다시 강화하는 것이 바람직하다. 이를 위한 첫걸음이 될 수 있는 것은 사소하고 평범한 일을 무조건 과장해 실제보다 크게 보도하지 않는 것이다. 뉴스는 충격을 주는 것이 아니라 정보를 제공하는 것이다.

다행인 점은 국제적으로 비교했을 때 독일에 여전히 양심적인 저널리즘이 존재한다는 것이다. 그뿐만 아니라 독일은 선정적인 보도보다는 건설적인 보도를 지향하는 편이다. 해결 지향적인 보도는 정서적 안정감을 줄 뿐만 아니라 미디어 소비자의 신뢰를 높일 수 있다는 점에서도 환영할 만한 일이다. 일부 연구에 따르면 건설적인 보도가 일반적으로 정치적, 사회적 참여를 높일 수 있다고 한다.[88] 최근 뉴스 프로그램 〈타게스샤우〉Tagesschau가 약 15분의 방송 시간 동안 해결책을 제시하는 방식으로 보도하기로 한 이유는 바로 이런 이유 때문일 것이다.[89] 정말 좋은 소식이 아닌가!

현실적인 사고로 마음 건강 유지하기

나는 행복해지기로 마음먹었다. 왜냐하면 그게 건강에 유익하니까.

_볼테르Voltaire

아무도 긍정적인 것에 대해 이야기하지 않는 세상에서 긍정성을 더 잘 인식하고 만들어 내는 법을 우리가 배울 수 있을까? 물론 위대한 프랑스 철학자 볼테르가 했던 이 말에는 다소 아이러니가 담겨 있지만 실제로 19세기 중반부터 북미에서 '긍정적으로 생각하기'Think Positive라는 조금은 기이한 운동이 확산되었다. 이후 100년이 흐르면서 이런 물결은 유럽 전역으로 퍼져 나갔다.

이 운동의 핵심 메시지 중 하나는 자신을 강하게 만드는 주문을 반복함으로써 낙관적으로 생각하는 법을 배울 수 있다는 것이다. 그리고 어떻게 해서든지 부정적인 감정을 억누르도록 한다. 이런 원칙에 따라 부

정적인 것에 대응하다 보면 행복과 성공, 건강이 뒤따른다고 여겼다.[90]

이런 이론이 과학적으로 입증될 수 없는 건 당연하다. 또한 치료 경험과도 일치하지 않는다. 그렇게 간단하면 얼마나 좋겠는가! 자기 긍정의 주문을 외우는 것은 실제로 몇몇 예외적인 경우 단기적으로 기분을 개선할 수 있다. 하지만 일반적인 건강은 물론 우리의 정신 상태에도 계속해서 유익한 효과를 발휘하지는 않는다. 오히려 자존감이 낮은 사람의 경우에는 자기 긍정의 말이 행복감과 기분을 악화시킬 수 있으며, 특히 자신이 인지하고 마음속으로 느끼는 세상과 실제 세상이 불일치하다고 믿는 경우는 더욱 그렇다.[91]

부정적인 감정을 억누르면 정신적으로 지치고 마음은 더 힘들어진다. 감정은 온 힘을 다해 밀어내고 거부한다고 해서 사라지지 않는다. 언젠가는 마음속으로 들어와 불안함이나 신경과민, 과민성대장증후군, 두통, 수면 장애 등을 유발할 수 있다.

'진정한 긍정'Echter Positivität은 이와 다르다. 진정한 긍정이란 나쁜 상황을 받아들이면서도 항상 좋은 것을 포용할 수 있는 기본 태도를 말한다. 부정적인 감정은 거부할 수도, 억누를 수도 없다. 불안감, 두려움, 분노와 같은 감정이 생기는 데는 그 나름의 이유가 있다. 부정적인 감정이 들 때는 세상이 아름다워 보이지 않는다. 하지만 그럼에도 우리는 인생의 아름다운 것들을 계속해서 인식하며 힘겨운 상황 속에 숨겨져 있는 긍정적인 가능성에 주의를 집중한다.

간단히 말하면 나쁜 것은 제자리에 머물지만 좋은 것은 앞을 향해 나아갈 수 있다. 긍정적인 태도는 우리의 정신 면역체계가 매일 쏟아지는 나쁜 영향으로부터 자신을 지킬 수 있도록 확실하게 뒷받침해 준다. 그러면 이제부터는 건강한 방향으로 주의력을 전환하는 것이 우리에게 어떤 도움을 주는지 알아보자.

다르게 보는 연습

너의 주의력이 너의 현실을 결정한다.
_콰이곤 진, 제다이 마스터

어린 아들을 보면 인생에서 필요한 모든 것을 영화 〈스타워즈〉에서 배울 수 있을 것만 같다. 사실 내가 생각하기에도 그런 것 같아서 반박할 수가 없다. 제다이 마스터가 한 이 말은 정확히 딱 맞다! 주의력은 우리의 생각과 감정을 정리하며 우리가 마주할 현실을 만들어 낸다. 우리는 세상에서 일어나는 일에 영향을 미칠 수 없지만 어디에 주의력을 집중해야 하는지 결정할 순 있다. 나는 이미 《머리를 자유롭게!》에서 명료한 사고와 업무 집중에 주의력이 어떻게 도움이 되는지 설명했다. 이 책에서는 조금은 다른 이야기를 하려고 한다. 즉 주의력을 신중하게 조절하면 세상을 더 긍정적인 방식으로 인식하게 되고 기분이 좋아지며 더 많은 행동을 취하도록 동기를 부여받는다.

좋은 것을 인식하는 건 종종 쉽지 않은데, 그 이유는 아주 작은 방해 요소라도 일단 부정적으로 인지하면 다른 모든 것이 눈에 들어오지 않기 때문이다. 이는 여러 실험을 통해 여러 차례 입증된 사실이다.[92] 그러나 나쁜 것과 절망적인 것에만 초점을 맞추는 대신 좋은 것과 가능한 것에 집중하는 법을 배운다면 객관적인 세계를 근본적으로 바꾸지 않고도 우리의 주관적인 현실을 개선할 수 있다. 즉 세상을 다르게 인지함으로써 세상이 더 좋아지는 것이다!

이를 간단한 훈련을 통해 직접 실천할 수 있다. 아래에 몇 가지 훈련을 소개한다. 극한의 위기보다는 평범한 일상이 이런 지각 훈련에 더 적합하기 때문에 의도적으로 간단한 훈련을 선택했다.

- 버스나 쇼핑센터와 같이 많은 사람이 모여 있는 곳에서 여러분 눈에 보이는 여러 얼굴 중 가장 즐거워 보이는 얼굴을 골라 보라. 식당에서 식사한 후에 무엇이 특히 맛있었는지 생각해 보라. 신문을 읽은 후에 기사에서 어떤 점이 좋았는지 떠올려 보라. 말하자면 일상에서 습관적으로 불쾌한 것, 잘 되지 않은 것, 위협적인 것, 나쁜 것에 초점을 맞추는 대신 좋은 것을 골라 보는 것이다. 이렇게 하면 뇌의 인지 활동이 균형을 이룰 수 있다.

- 친구의 말에 상처를 받았다면 지난 몇 주 동안 그 친구와 나누었던 수많은 좋은 대화를 떠올려 보라. 여러분이 그 사람을 왜 좋아하는지, 그 사람의 어떤 점이 좋은지를 생각해 보라. 좋은 점을 떠올린다고 해서 상처받았던 상황이 잊히는 것은 아니지만 긍정적인 생각으로 판단의 균형을 되찾고 아픔을 달래 줄 것이다. 이렇게 인지적으로 균형을 이루면 그 친구에게 잘 다가가 문제를 해결할 수 있을 것이다.

- 다음 날 해결해야 할 업무 때문에 스트레스를 많이 받거나 이미 그런 상태에서 업무 중이라면 저녁에 예정된 즐거운 일을 떠올리고, 그 상황을 가능한 한 구체적이고 정확하게 그려 보라. 저녁에

있을 즐거운 일을 생각하면 오전 시간을 잘 견뎌 낼 수 있는 용기가 생겨난다. 이런 훈련 또한 긍정적인 것에 약간의 힘을 실어 부정적인 것에 가려지지 않도록 하는 인지 훈련이다.

또 다른 인지 훈련이 있다면 그 역시 인내심을 가지고 시도해 보길 바란다. 때로는 가까운 주변 환경에서 자동으로 좋은 것을 보고 느끼기까지는 몇 달이 걸리기도 한다. 자주 훈련을 시도할수록 더 쉽게 느껴지기 때문에 노력을 늦추지 않는 것이 좋다.

행동 치료에서는 이와 비슷한 목적으로 인지 편향 수정Cognitive Bias Modification, CBM 훈련을 진행한다.[93] 이를 통해 사고의 왜곡을 수정하고 관점을 바꾸며 기회와 가능성에 주의를 집중하는 법을 배운다. 이런 훈련은 매우 성공적일 수 있다. 최근의 한 메타 분석은 총 1만 명을 대상으로 인지 편향 수정을 적용한 여러 연구를 평가했다. 그 결과 인지 편향 수정의 효과는 보통 수준이었지만 사람들이 규칙적인 훈련을 통해 주의를 전환하고 긍정적인 것을 더 잘 인식하는 법을 배운다는 점은 분명하게 나타났다.[94] 또 다른 연구에 따르면 인지 편향 수정 훈련을 함으로써 삶의 질이 크게 향상된다는 점이 밝혀졌다.[95]

참고로 나 역시 주의력을 전환하는 방법을 사용한다. 나는 의사로서 내담자의 건강 문제를 완전히 해결할 수 없는 경우(이를테면 고칠 수 없는 신경계 질환이나 정신 질환의 경우) 최소한 내담자를 도울 수 있는 것이 무엇인지에 얼른 주의를 전환한다. 예를 들어 치매가 시작되었다는 사실을 알려야 할 경우 어떤 의료 지원을 받을 수 있는지, 누가 도움을 줄 수 있는지, 어떤 요인을 통해 기억력 감퇴를 늦출 수 있는지 등을 알려

주면 그들은 내게 고마워하고 안도감을 느낀다. 하지만 부정적인 면에만 초점을 맞춰 말하면 긍정적인 가능성을 간과하게 되어 내담자들에게 아무런 도움이 되지 못한다.

'그럼에도 불구하고 가능한 것'으로 주의를 전환하는 것은 종종 어렵지만 가능한 일이다. 이를 위해서는 긍정적인 것을 인지하는 능력을 꾸준히 강화하고 소통하는 것이 중요하다. 삶을 더 쉽게 만드는 선택지는 언제나 존재한다. 철학자 오도 마르크바르트Odo Marquard 는 "세상은 위기보다는 비위기가 더 많다."라고 말했다.[96] 우리는 주의 깊게 바라볼 준비가 되어 있을 때만 좋은 것을 인식할 수 있다.

좋은 뉴스가 좋은 행동을 낳는다

현재의 기후 논쟁에서 우리가 보고 듣는 내용은 대부분 이루지 못한 목표, 임박한 데드라인, 눈앞에 다가온 기후 티핑 포인트Tipping Point (지구온난화로 생태계가 회복 불가능하고 기후 변화를 막을 수 없게 되는 임계점 ― 옮긴이) 등이다. 심리적 관점에서 볼 때 이런 일방적인 위협은 두려움이나 분노, 절망감 등의 감정으로 우리를 감염시킬 수 있는 위험한 감정 바이러스라고 할 수 있다. 멸망을 피할 수 없다는 생각이 들고 혹여라도 젊은이들이 자신을 '마지막 세대'라고 여긴다면 어떻게 해야 할까? 사람들이 자유낙하를 하고 있다는 느낌을 받으면 용기는 낙담으로 바뀔 수 있다.

현재 생태계를 회복시키기 위해 정치적, 경제적으로 펼치고 있는 막대한 노력은 많은 효과를 내고 있다. 어떤 사람들은 이런 노력이 너무 느리고 일관성이 없다고 말하기도 하고, 어떤 사람들은 부수적인 손실을 피하려고 너무 조심스럽게 접근한다고 말하기도 한다. 어느 쪽 입장이든 과학적 관점에서 볼 때 (기후) 두려움에 감염되는 것은 장기적으로 그 누구에게도 동기부여가 되지 않는다는 것은 분명한 사실이다.

동기심리학Motivation Psychology 분야에는 이런 사실과 관련된 연구들이 많은데, 그중 캐나다의 심리학자 스티븐 아노키Steven Arnocky가 아주 최근에 진행한 연구가 있다. 그는 실험에서 성인 140명에게 긍정적 뉴스나 부정적 뉴스를 읽게 했다. 그 결과 '좋은' 뉴스를 읽은 사람들은 대의(이 실험에서는 환경보호)를 위해 노력할 의향이 있다고 했지만 '나쁜' 뉴스를 읽은 사람들은 소극적인 태도를 유지했다.[97] 이런 점에서 볼 때 독일이 완전한 에너지 전환이라는 중요한 목표를 이루기 위해서는 무수한 작은 성공과 작은 중간 목표들을 달성했다는 긍정적인 내용을 사람들에게 언급해야 한다. 그렇게 하지 않으면 장기적으로 사람들의 참여를 이끌어 낼 수 없다.

조금 다른 방식으로 접근해 보자. 네덜란드의 위트레흐트에서는 최근 시의회가 300여 개의 버스 정류장 지붕에 꽃과 식물을 심어 초록 지붕으로 만들었다. 그러자 얼마 지나지 않아 수많은 희귀 곤충들이 모여들었고 그 후부터는 종의 멸종을 막기 위해 작지만 중요한 기여를 하고 있다. 이 녹색 버스 정류장은 도로 교통에서 발생하는 미세먼지를 차단해 시민들의 호흡기 건강에도 도움을 준다.[98]

물론 이런 훌륭한 아이디어가 기후를 완전히 구할 순 없으며 개별적인 조치로서 지니는 생태학적 의미도 미미하다. 하지만 우리가 변화를 만들 수 있고 올바른 방향으로 가고 있다는 신호라는 점에서 심리적 효과는 매우 크다. 자신감은 바로 이렇게 생긴다!

좋은 것과 나쁜 것의 적절한 비율 찾기

타르 한 스푼은 꿀 한 통을 망친다. 하지만 꿀 한 스푼은 타르 한 통을 망치지 않는다.
_러시아 속담

앞서 부정성 편향에 대해 살펴봤듯이 부정적인 것은 긍정적인 것보다 우리의 마음에 훨씬 더 큰 영향을 미친다.[99] 그렇기에 우리는 신발 속의 작은 모래 알갱이 하나에도 매우 괴로워하지만 아주 좋은 큰일은 비교적 빨리 잊어버린다. 이는 우리에게 흥미로운 질문을 던진다. 약한 선善이 어느 정도여야 강력한 악惡을 상쇄할 수 있을까? 행복을 연구하는 심리학자 바버라 프레드릭슨Barbara Fredrickson은 2005년 한 논문에서 긍정적인 것과 부정적인 것이 3 대 1의 비율일 때 사람들이 '활짝 꽃을 피운다'라고 설명했다.[100]

다른 학자들은 이런 (다소 모호한) 추정을 여러 번 반박했기 때문에[101] 조금 신중할 필요는 있다. 그러나 구체적인 수치와 관계없이 대부분 인생에서 좋은 일이 나쁜 일보다 더 많은 것은 사실이다. 앞에서 언급한 러시아 속담처럼 타르 한 통이 맛있어지려면 비교할 수 없을 정도로 엄청나게 많은 꿀이 있어야 할 것이다.

그렇다고 두서너 가지의 좋은 것으로 모든 나쁜 경험을 상쇄하기 위해 필사적으로 노력하면서 자신을 미치게 만드는 것은 바람직하지 않다. 감정을 건강하게 관리하는 것은 수학의 문제가 아니다. 교회에서 행해지는 결혼 서약을 떠올려 보자. 목사는 "좋은 날 사흘이나 나쁜 날 하루나"라고 말하지 않고 "좋은 날이나 나쁜 날이나"라고 말한다. 이는 성공적인 결혼 생활을 하기에 충분히 긍정적인 말이다.

중요한 것은 우리가 나쁜 것을 상대적으로 더 정확하게 인식하고 그것이 우리에게 미치는 영향이 더 강력하다는 사실을 끊임없이 상기하는 것이다. 그러므로 우리는 좋은 일에 특히 주의를 기울이는 법을 배워야 한다. 내 아들은 아마 이 지점에서 제다이 기사가 "포스가 함께하길."May the Force be with you.이라고 말했을 것 같다고 한다.

부정적인 감정을 억누르거나 부정하는 것은 말도 안 되는 일이다. 불쾌하고 싫은 것이 자신을 괴롭힌다면 밖으로 내보내야 한다. '감정'Emotion이라는 단어는 라틴어에서 유래되었으며 '밖으로 나오려는 감정의 움직임' 정도로 번역할 수 있다. 즉 감정이라는 단어에는 이미 그 목적이 담겨 있다. 따라서 슬픔이나 두려움이 생긴다면 받아들이고 표현해야한다. 중요한 것은 이런 부정적 감정을 아름다운 것, 좋은 것과 마주하게 하는 것이다! 이렇게 하면 일방적으로 왜곡된 인지를 덜 하게 되고 현실에 훨씬 더 적합한 공정한 균형을 이룰 수 있다.

하루를 마무리할 때 노트의 왼쪽 페이지에 '무엇이 나를 슬프게 했거나 화나게 했거나 걱정하게 했는지'를 적어 보자. 말하자면 부정적인 일을 철저하게 인식하고 끄집어내어 적는 것이다. 그리고 오른쪽 페이지에는 그날 잘된 일을 같은 방식으로 적는다. 오늘 어떤 점이 좋았는가? 무엇이 내 마음에 들었는가? 어떤 좋은 결과가 있었는가? 좋은 경험은 잊어버리면 아무 소용이 없다. 이런 간단한 성찰은 하루의 기억을 되살리는 데 도움이 될 것이다.

다음과 같은 내용도 오른쪽 페이지에 적어 보자. 프로젝트 완수든, 부탁이든, 이베이 경매 성공이든 이런 좋은 경험에 내가 직접 기여한 부분은 무엇이었는가? 아무리 작은 성공이라도 기억할 가치가 있다. 마지막으로 다음의 질문에 답해 보자. 내일은 무엇을 기대할 수 있는가? 내일은 어떤 좋은 일이 일어날까? 아주 사소한 일이라도 말이다. 설렘은 '기대감에 따른 행복'을 담당하는 도파민을 뇌에서 분비시키기 때문에 가장 큰 기쁨으로 알려져 있다.

여러 실험에 따르면 하루에 10~20분만 이런 성찰을 해도 불안감과 두려움이 줄어들거나[102] 우울 증상이 완화된다.[103] 뿐만 아니라 생각과 감정을 글로 적으면 전반적인 자신감이 커진다.[104] 몇 년 전 《사이언스》Science에 발표된 한 주요 논문에서는 이런 하루의 감정 균형을 이루는 신경 메커니즘을 입증할 수 있었다. 즉 우리가 생각과 감정을 말로 표현하면서 마주하면 편도체 활동이 약해지고 스트레스 관리와 건설적인 사고를 담당하는 뇌 부위의 활동이 증가하는 것으로 나타났다.[105]

이런 점에서 볼 때 우리가 저녁에 그날의 즐거운 경험을 기억하거나 다음 날 일어날 일을 기대하는 것은 공중누각이 아니다. 이를 통해 현실을 미화하는 것이 아니라 오히려 나쁜 일만 주로 보도하는 세상에서 이미 존재하는 좋은 것들을 더 잘 인식하게 된다. 여러분 중 회계사가 있다면 이렇게 말하면 이해하기 쉬울 것이다. 기억 계산을 할 때 긍정적인 항목과 부정적인 항목 사이에 공정하고 깔끔하게 균형을 유지하는 것이라고 말이다. 그리고 로맨틱한 사람에게는 이렇게 말할 수 있다. 회색빛 일상에 묻혀 세상에 다채로운 색채를 남기는 것을 잊어서는 안 되며 우리 기억의 빛 속에서 알록달록 반짝일 수 있도록 해야 한다고 말이다.

위에서 설명한 연습을 하는 동안 좋은 생각이 여러분의 머릿속에서 몇 초 동안이라도 더 오래 맴돌게 하고 이를 가능한 한 생생하게 그려 보자. 이렇게 하면 좋은 생각이 더 선명해지면서 뇌가 그 생각에 더 큰 의미를 부여하며 장기적으로 더 잘 저장된다. 잠자리에 들기 직전에 이 작업을 수행하면 잠자는 동안에도 좋은 이미지와 기억이 뇌로 전달될 수 있다. 나머지는 뇌가 알아서 할 것이다. 뇌는 피상적인 생각을 좋은 일에 대한 기억으로 바꾼다.

하루를 나쁜 일로 마무리하면 역행 간섭Retroactive Interference이라는 현상이 발생할 수 있다.[106] 이 개념은 학습심리학에서 유래한 것으로 마지막으로 인지한 것이 이전에 인지한 것에 영향을 미치는 '중첩 효과'를 설명한다. 말하자면 저녁에 느낀 부정적인 감정이 그날에 있었던 모든 좋은 일에 소급되어 영향을 미칠 수 있다는 것이다.

오늘날 우리가 알고 있듯이 역행 간섭은 심지어 긍정적인 생각이 기억에서 더 빨리 지워지는 결과를 초래할 수도 있다. 그러므로 하루를 저녁 뉴스를 보며 마무리하고 싶은지 신중하게 고민해 보라. 그보다는 풍자 소설이나 여행 책자, 사진 앨범을 보는 것이 더 나은 선택일 수 있다. 긍정적인 생각으로 하루를 마무리하면 중첩 효과로 인해 남아 있는 시간 동안 더 긍정적인 마음으로 잠들 수 있기 때문이다.

이런 의미에서 나는 이 장을 좋은 이야기로 마무리하고 싶다. 체로키 인디언과 늑대 두 마리에 대한 짧은 이야기다. 여러분이 이 우화를 알고 있다고 해도 여기서 다시 한번 (긍정적으로) 상기해 볼 가치가 있다. 이 이야기에는 이 장의 핵심 메시지가 아주 적절하게 요약되어 있다. 한 할아버지 체로키 인디언이 손자와 함께 모닥불 주위에 앉아 있다. 잠시 침묵이 흐른 후 할아버지가 말한다.

"나는 가끔 어떤 느낌이 드는지 아니? 마음속에서 마치 두 마리의 늑대가 싸우는 것 같아. 한 놈은 복수심에 불타고 공격적이며 잔인해. 반면 다른 놈은 사랑스럽고 온화하며 동정심이 많단다."

그러자 손자가 이렇게 묻는다.

"둘 중 어느 늑대가 이겨요?"

할아버지는 손자를 바라보며 이렇게 대답한다.

"내가 먹이를 주는 늑대란다!"

가장 위험한 병원체는 폐가 아니라 우리의 생각과 감정을 감염시킨다. 정보는 바이러스와 같다. 즉 인지 바이러스의 형태로 우리 생각을 감염시키거나 감정 바이러스의 형태로 우리 마음을 감염시킨다. 특히 뉴스와 헤드라인은 전염성이 매우 강하다. 24시간 내내 정보를 소비하는 세상에서 심각한 정신적 감염으로부터 우리 자신을 보호하기 위해서는 좋은 뉴스 관리가 필수적이다.

나쁜 뉴스에 감염되지 말자! 우리가 뇌와 마음에 품고 있는 내용을 개선하고 싶다면 나쁜 뉴스와 가짜 뉴스를 차단해야 한다. 나쁜 뉴스와 가짜 뉴스는 우리에게 큰 슬픔이나 두려움, 증오를 전달하고 우리 마음속에 뿌리내리고 싹 틔우기 때문이다.

정보에 건강하게 접근하기 위해 정보 소비를 완전히 중단하거나 세상에 대해 눈을 감을 필요는 없다. 하지만 오늘날 미디어 채널을 통해 노출되는 나쁜 소식을 과다 복용하는 일은 피해야 한다. 감정 바이러스는 우리를 불안하게 할 뿐만 아니라 심할 경우 정신 질환을 일으킬 수도 있다. 특히 우리가 이미 심리적으로 취약한 상태에 있고 창문이 활짝 열려 있는 상태라면 더욱 위험하다.

좋은 소식은 우리가 미디어와 정보, 뉴스를 다루는 과정에서 우리의 정신 면역체계를 보호하고 강화할 수 있다는 것이다. 즉 우리에게 꼭 필요한 정보만 이용하면 된다. 세균이 없는 구역과 시간을 유지하면서 거리를 두고, 공유할 가치가 있는 정보와 격리해야 할 정보를 책임감 있게 결정해야 한다. 또한 배경 정보와 맥락을 통해 잘못된 정보와 거짓말에 대한 면역력을 키우며 인생의 좋은 일들에 주의를 집중하고 이를 뚜렷하게 인지하라. 그리고 하루를 마무리할 때 부정적인 것과 긍정적인 것을 대조해 공정한 균형을 이루게 하자.

이런 맥락에서 미디어 역량을 스스로 키우는 것이 중요하다. 내가 주목할 가치가 있는 것과 그렇지 않은 것은 무엇일까? 미친 듯이 푹 빠지지 않는 선에서 정보를 얻으려면 어느 정도의 소비가 적절할까? 궁극적으로 모든 사람은 자신에게 맞는 적절한 용량을 찾아야 한다. 정보 소비량은 대체로 안정된 시기에 더 많으며 위기 상황이나 개인적으로 스트레스를 받을 때는 더 적을 수 있다.

매일 얼마나 많은 뉴스와 정보를 소비하든 기본적인 원칙은 우리가 세상의 (나쁜) 데이터를 끊임없이 공급받을 수 있는 컴퓨터가 아니라는 것이다. 우리는 감수성이 예민하고 상처받기 쉬운 존재이며 우리의 영혼은 세상의 영향을 쉽게 받는다. 그리고 마치 소리굽쇠처럼 세상의 자극에 진동할 수밖에 없다. 따라서 홍수처럼 밀려드는 정보와 뉴스를 끊임없이 소비할 가능성에 대해 경계를 늦추지 말아야 한다.

마음이 부정적인 것에 감염되면 긍정적인 삶을 살기 어렵다. 그러니 거리를 두고 면역력을 키우도록 하라. 타르에 꿀을 계속해서 붓고 올바른 늑대에게 먹이를 주면서 인생에서 좋은 것들에 항상 주의를 기울여라.

제3장

생각 스위치를 끄기

: 고민을 멈추고 휴식을 취하는 법

생각을 끄는 스위치는 어디에 있는가?

인간의 정신을 단 하나의 수식어로 설명하고자 한다면 아마도 '항상 활동적'이라는 표현이 가장 적합할 것이다. 우리가 살아 있는 한 우리의 뇌는 끊임없이 생각을 만들어 낸다. 엄밀히 말하면 생각을 전혀 하지 않는 것은 어려운 일이다.

우리가 매일 하는 생각의 횟수는 예나 지금이나 수많은 비과학적 논쟁의 대상이다. 종종 5만~7만 개라는 이야기가 있지만 이 수치에 대한 경험적 증거는 찾을 수 없다. 신경생리학 연구에 따르면 생각을 의식적인 사고 과정으로 이해했을 때 오늘날 우리는 1분에 약 6~7개의 생각을 하는 것으로 추정된다. 이는 평균 수면 시간인 일곱 시간을 빼면 하루 평균 깨어 있는 시간 동안 약 6,000~7,000개의 생각을 한다는 것이다.[1]

이 수치가 한 사람의 개별적인 현실에 대한 대략적인 근사치일지라도 엄청난 양이라는 건 분명하다! 만약 다음에 누군가가 여러분에게 '생각이 없다'라고 비난하면 위의 수치를 근거로 반박하라. 하루 중 적어도 6,000번의 순간에는 그런 비난이 사실이 아니다.

또한 우리는 너무 많은 생각을 하기도 한다. 하나의 생각이 다음 생각으로 이어질 때는 일종의 '생각 벌레'Thought Worm가 생겨난다. 퀸스 대학교의 한 연구에서는 뇌의 신경 상태 변화를 측정해 생각이 언제 시작되고 언제 끝나는지에 대한 단서를 찾았다. 이를 통해 연구진은 여러 가지 생각이 마치 벌레의 각 마디처럼 서로 연결되어 있다는 사실을 발견했다.[2] 이처럼 끝이 없어 보이는 연속적인 생각은 곧 머리 전체를 가득 채우고 벌레처럼 기어다니며 우리의 내면을 뒤흔든다.

나를 찾아오는 많은 내담자가 하루가 끝나면 정신적으로 '꽉 막힌' 상태를 경험한다. 생각이 계속 맴돌고 생각을 밀어내거나 없애는 것이 더는 불가능하다. 소파에 앉아 TV를 봐도 생각을 떨쳐 버릴 수가 없다. 침대에 누워서도 머릿속으로 생각하느라 잠도 제대로 자지 못한다. 이런 현상은 우리의 정신이 과잉생산적Hyperproductive 임을 보여 주는 것이다. 말하자면 우리는 온종일 끊임없이 계획하고, 전후 상황을 알아보고, 감지하고, 성찰하고, 비교하고, 평가하고, 확인하고, 결정하고, 의심하고, 두려워한다. 우리가 무언가를 생각하거나 느끼지 않는 자유로운 시간은 거의 없다. 그 결과 생각을 끄기가 점점 더 어려워진다. 독일 직장인 세 명 중 한 명은 여가 시간에도 업무 생각을 한다고 한다.[3]

그렇기에 머리를 비우기 위해 많은 사람이 특별한 장소로 여행하는 등 색다른 방법을 시도하곤 한다. 바이에른주의 몇몇 수도원에서는 묵언 수행을 진행하고 있는데 아마도 곧 빈 자리를 찾기가 어려워질 것이다. 이와 관련된 안내서나 자기계발서도 꾸준히 증가하고 있다. 물론 이런 수요가 분명히 존재하는 데는 그럴 만한 이유가 있다. 생각을 끄는 능력은 스트레스에 대처하는 데 매우 효과적인 방법이기 때문이다. 만하임 대학교의 심리학자 자비네 존넨탁Sabine Sonnentag은 생각을 확실히 끌 수 있는 사람들이 일반적으로 자기 삶과 일에 더 만족한다는 것을 여러 연구를 통해 보여 주었다.[4] 그렇다면 생각을 끄는 스위치는 어디에 있을까?

뇌가 만들어 내는 상상의 세계

우리 인간은 상상의 세계를 만들어 내고 모든 감각을 동원해 그 세계 속으로 빠져들 수 있는 비범한 능력이 있다. 우리가 아는 한, 지구상의 그 누구도 인간을 따라가지 못한다. 우리는 휴가를 꿈꾸거나 흥미진진한 영화에 몰입하거나 머릿속으로 아파트를 완전히 새롭게 꾸밀 수 있다. 또한 우리는 배우자의 외도를 상상하며 질투심에 사로잡히거나, 누군가에게 위협받는 상황을 상상하며 겁에 질릴 수도 있다. 때로는 아주 흥미진진한 범죄 소설을 읽으며 마치 이야기의 한가운데 있는 것처럼 완전히 빠져들 수도 있다. 이렇듯 우리의 상상은 너무 생생해서 마치 현실처럼 느껴지기도 한다.

영화배우 브루스 윌리스 주연의 공상과학 영화 〈써로게이트〉Surrogates 는 마음속 현실을 창조하는 이런 능력을 잘 보여 준다. 2054년을 배경으로 하는 이 영화에서 사람들은 다양한 기술 덕분에 상상의 세계를 현실처럼 살아가게 되고 누구도 그 세계를 떠나고 싶어 하지 않는다. 사람들이 실제 일상을 살지 않기에 휴머노이드 로봇이 그들의 대리인(써로게이트) 역할을 하며 현실 세계의 삶을 돌본다. 로봇은 주인의 일을 대신 하고 택시를 타고 장을 보지만, 로봇의 주인인 인간은 황폐해진 아파트의 침실에 고립된 채 자신의 대리인을 정신적으로 통제하는 것 외에는 아무것도 하지 않는다. 사람들은 마음속에서만 자신의 세상을 살고 현실과의 물리적 연결을 완전히 포기한다.[5]

여기서 나머지 줄거리를 다 공개하면 스포일러가 될 것이므로 이 정도만 밝혀 둔다. 이 영화가 디스토피아를 그리는 이야기라서 다행이라는 생각이 들 정도로만 말이다. 영화는 우리가 상상의 세계를 떠날 수 없거나 떠나려고 하지 않으면 어떤 일이 일어날 수 있는지 인상적으로 보여 준다.

이제 디스토피아에서 일상으로 다시 돌아가자. 원칙적으로 상상의 세계에 몰입하는 게 도움이 되는 이유는 그것이 우리가 꿈꾸고 계획할 수 있는 유일한 방법이고, 주변 사람을 더 잘 이해하고 그들의 이야기에 공감하게 해주기 때문이다. 그러나 상상의 세계에서 벗어나기가 어려워지면 문제가 된다. 실제 현실이 그렇게 나쁘지 않은데도 불쾌한 생각에 매달릴 수 있다.

다음 이야기를 살펴보자. 스님 두 명이 길을 걷다가 강가에 이르렀다. 한 젊은 여자가 강을 건너지 못해 강가에서 발을 동동 구르고 있었다.

한 스님이 다가가 그녀를 등에 업고 강을 건너겠다고 말했다. 그녀는 스님의 제안에 동의했고 그들은 그렇게 강 반대편으로 건너갔다. 반대편에 도착하자 그녀는 스님에게 감사의 인사를 전하고 그들은 각자의 길을 갔다. 몇 걸음을 걸었을 때 다른 스님이 물었다.

"자네, 어떻게 그럴 수 있는가? 우리는 승려인데 여자를 등에 업고 걷다니."

그러자 여자에게 도움을 준 스님이 대답했다.

"이런, 자네는 아직도 그 여자를 업고 있는 건가? 나는 강을 건넜을 때 이미 그 여자를 내려놓았다네."

인간의 해부학적 구조를 고려하면 우리가 매우 뛰어난 정신적 능력으로 상상의 세계를 만들어 낼 수 있다는 것은 놀라운 일이 아니다. 우리의 뇌는 최소한의 현실을 인지해서 최대한의 생각과 판단을 할 수 있도록 설계되어 있다.

뇌에 있는 수백만 개의 신경 섬유에 대해 간단히 살펴보자. 중추신경계는 투사 섬유Projection Fibers를 사용해 환경과 상호 작용한다. 투사 섬유는 넓은 데이터 고속도로라고 생각하면 된다. 즉 뇌는 구심성 경로Afferent Pathway를 통해 환경과 우리 몸으로부터 신호를 받으며, 원심성 경로Efferent Pathway를 통해 신체 기관과 근육에 신호를 다시 보내 그에 따라 반응하거나 행동하게 한다. 그리고 연합 섬유Association Fibers가 있다. 연합 섬유는 교통망의 여러 작은 도로에 해당하며 뇌에서 정보를 교환하고 내부적으로 처리하는 데 사용된다. 연합 섬유에서는 정보를 주고받으면서 정보를 특정 관점에 따라 평가하고 기억과 연결하며 경험과 비교하고 감정을 추가한다.[6]

이처럼 뇌는 해부학적으로 정보를 오랫동안 충분히 처리하도록 최적으로 설계되어 있다. 흥미로운 점은 위 두 가지 섬유의 비율이 매우 불균형하다는 점이다. 말하자면 하나의 고속도로에 최소 10개의 작은 도로가 있는 것이다! 결과적으로 환경과의 외부 소통보다는 내부의 자극 처리가 훨씬 더 많다는 의미다. 큰 고속도로에서 정보의 흐름이 줄어든 후라도 작은 도로에서는 정보가 계속 전달되고 처리된다.

이처럼 뇌는 환경보다 자기 자신에게 더 관심이 많다. 뇌 섬유의 해부학적 구조는 우리가 생각하는 상상의 세계가 어떻게 그토록 쉽게 독립적으로 발전할 수 있는지, 현실 세계의 상황이 이미 바뀌었음에도 왜 우리가 여전히 상상 속의 세계에 빠져 있을 수 있는지를 명확하게 설명해준다. 마치 이야기 속 스님처럼, 우리는 현실에서 오래전에 버렸어야 할 것을 일상에서 마음속에 '품고' 살아간다.

생각은 현실이 아니다

우리는 종종 상상 속 세계가 너무 생생하게 느껴져서 현실과 혼동하기도 하는데, 이렇게 상상 속의 현실과 우리가 하나로 합쳐지는 것을 '퓨전'Fusion이라고 한다. 퓨전이 되면 우리가 생각하거나 상상한 것 또는 기대했던 것이 강력한 내면의 진실이 되어 그로부터 거리를 두는 것이 불가능해진다. 이는 실제 생활에서 특이한 행동으로 이어질 수 있다.

오스트리아의 커뮤니케이션 학자 파울 바츨라비크Paul Watzlawick의 저서 《불행 안내서》Anleitung zum Unglücklichsein 에 나오는 유명한 '망치 이야기'

를 알고 있는가?[7] A 씨가 그림을 걸기 위해 이웃에게 망치를 빌리려고 한다. 그런데 곧 의구심이 들기 시작한다. '이웃이 망치를 빌려주지 않으면 어떡하지? 혹시 그가 나를 좋아하지 않는 건 아닐까? 어제 그는 나를 이상하게 쳐다보고 인사도 하지 않았어. 그는 무슨 생각을 하는 걸까? 그런 사람은 인생에 도움이 안 될 거야. 분명 그는 그 빌어먹을 망치를 빌려주지 않을 거야. 아, 됐어!' A 씨는 이웃집에 달려가 이웃이 문을 열자마자 이렇게 소리친다. "그 빌어먹을 망치, 너나 가져. 이 나쁜 놈아!"

A 씨는 자신이 상상한 세계와 완전히 하나가 된 것이다. 이웃이 자신에게 호의적이지 않고 무례하게 반응하리라는 예측은 확신으로 발전해 A 씨와 하나가 되었다. 물론 그 생각이 실제로 옳을 수도 있지만 여기서 중요한 것은 생각의 옳고 그름이 아니다. 퓨전은 머릿속 상상과 실제 상황 사이의 경계를 모호하게 만드는 것이다. 생각은 사실상 전혀 존재하지 않는 현실을 믿게 만든다. 물론 처음에는 생각의 시작점이 실제 현실이었을 수도 있지만 여기에 허구적인 생각이 하나씩 덧붙여지면서 생각이 꼬리에 꼬리를 물고 이어진다. 그리고 결국 현실 세계와 관련 없는 환상의 세계로 빠져든다.

퓨전의 문제는 우리가 대안적 현실을 보는 시각을 잃어버리게 만든다는 것이다. 모든 것이 완전히 달라질 수 있음에도 우리는 그것을 보지 못한다. 모든 것이 미리 정해진 것처럼 보이기 때문에 우리는 자유롭게 행동할 수 없으며 상상의 세계가 지시하는 대로 행동한다.

퓨전은 특히 불신이나 질투, 자신에 대한 의구심과 같은 부정적인 생각과 합쳐질 때 스트레스가 된다. 그리고 이런 부정적인 감정들은 마음속에서 돌이킬 수 없는 진실로 탈바꿈해 우리의 행동에 영향을 미친다.

배우자가 바람을 피울 수 있다고 상상하는 사람은 마치 배우자가 실제로 바람을 피운 것처럼 그를 대한다. 면접을 잘 못 볼 것이라고 예상하는 사람은 자신을 과소평가해서 면접 중에 소극적으로 행동한다. 노년기에 자신이 외로우리라 생각하는 사람은 아마도 지금 우울한 기분에 빠져 있을 것이다.

이처럼 부정적인 생각에 빠져 그에 따라 행동하면 새로운 현실이 생겨날 수 있다. 이를 '자기충족적 예언'Self-fulfilling Prophecy이라고도 한다. 앞의 이야기를 예로 들면 이웃이 못된 사람이라고 확신하고 그런 확신에 따라 이웃에게 못되게 행동하는 사람은 곧 그 이웃이 실제로 못된 사람이라는 경험을 하게 될 것이다.

마음의 되새김질

상상의 세계에서 벗어날 길을 찾지 못하고 생각 벌레가 끊임없이 머릿속을 기어다니는 것을 '오버씽킹'Overthinking(과도한 생각)이라고 한다. 노골적으로 말해서 미안하지만 과도한 생각을 하면 마치 소처럼 행동하게 될 수도 있다.

초원에서 풀을 뜯는 소를 본 적이 있는가? 아마 소는 풀을 아주 오랫동안 먹고 있었을 것이다. 잘 알다시피 소는 반추 동물로 여러 번에 걸쳐 풀을 소화한다. 줄기를 잘게 썹어서 삼킨 다음 이미 삼킨 풀을 게워 내어 다시 썹어 먹는 것이다. 생물학자들은 이런 습성을 '반추'Rumination라고 부른다. 심리학에서도 사람들의 지나친 생각을 설명하기 위해 이 용어를 사용한다. 말하자면 부정적인 생각을 오랫동안 질겅질겅 씹다가 잠깐 삼킨다(의식 밖으로 밀어낸다). 그리고 잠시 후 삼켰던 생각을 다시 게워 내어 마음의 되새김질을 계속 이어 간다.

마음의 되새김질이 스트레스인 가장 큰 이유는 대부분의 경우 생각이 행동을 위한 준비 과정이기 때문이다. 다시 말해 우리는 어떤 행동을 하기 위해(또는 하지 않기 위해) 생각한다. 이를테면 어떤 요리를 할 때 우리는 필요한 재료를 먼저 생각한 다음 슈퍼마켓에 가서 구매한다. 시험을 볼 때는 공부한 내용을 먼저 생각한 다음 답안지에 적는다. 체스를 둘 때도 다음 수를 생각한 다음에 말을 움직인다.

그런데 생각이 너무 많으면 이런 과정이 진행되지 않는다. 즉 그 생각이 결실을 맺지 못한다. 생각은 계속 머릿속을 맴돌기만 할 뿐 해결 지향적이지도 않으며 추상적이고 이론적인 수준에 머문다. 그러면 우리는 터무니없는 자잘한 부분에서 막혀 실제로 행동하지 못하게 된다. 이런 생각은 마치 사지를 마비시키는 독약처럼 작용하기 때문에 일종의 '인지 보톡스'라고 할 수 있다(유감스럽게도 인지 보톡스는 여러분을 더 젊어 보이게 만들지 않는다).

이때 뇌에서 일어나는 일을 간단히 살펴보자. 생각이 지나치게 많은 사람은 디폴트 모드 네트워크Default Mode Network, DMN가 과도하게 활성화된다.[8] 이 네트워크는 자신과 관련된 사고, 즉 과거에 대한 기억, 미래에 대한 계획, 자기 인식을 담당한다. 생각이 우리의 머릿속을 강하게 맴돌면 디폴트 모드 네트워크가 고도로 활성화되고 동시에 행동이나 생각을 조절하고 통제하는 전두엽의 활동은 줄어든다.[9] 우리는 전두엽 덕분에 비탈길에서 걸음을 멈추고, 말을 끝낼 때 목소리를 낮추며, 과자 한

봉지를 뜯어서 다 먹지 않고 (대부분) 어느 시점에서 멈춘다. 하지만 과도한 생각을 할 때는 전두엽의 활동이 줄어들면서 특정 생각의 흐름을 멈추기가 더 어려워진다.

다시 초원으로 돌아가 보자. 어느덧 소는 성공적으로 소화를 마치고 만족스러운 표정으로 여러분을 바라본다. 하지만 인간의 반추는 끝이 없다. 모순된 생각이 상황을 절망적으로 만들기 때문에 문제가 소화되지 않은 채 남아 있고 아무런 진전이 없다. 이런 맥락에서 아리스토텔레스는 회의적 사고Aporetic Thinking에 대해 이야기했다. 미국의 심리학자 필 맥그로Phil McGraw는 "과도한 생각은 그네와 같다. 움직이기는 하지만 그 자리에서 벗어나지 못한다."라고 아주 적절하게 표현했다.

감정을 극복하면 생각도 멈춘다

오늘날 우리가 상상 속 세계에 그토록 쉽게 빠져드는 이유가 무엇인지 생각해 보자. 대부분 우리는 해결되지 않은 업무나 개인적인 문제에 관한 생각 또는 둘 중 어느 쪽을 택해야 할지 판단이 잘 서지 않는 상황 등을 가장 먼저 탓할 것이다. 이 모든 것이 생각 벌레를 만들어 우리 머릿속을 기어다니게 하고 생각을 멈추지 못하게 한다.

그러나 우리가 정신적으로 더 강력하게 몰두하는 문제는 사람들 간의 관계에 대한 질문들이다. 이를테면 지하철에서 '내 옆에 앉은 사람이 왜 나를 쳐다보는 거지? 내 뺨에 면도 거품이 묻어 있나?' 슈퍼마켓에서 '저 손님이 왜 나를 보고 웃지? 나에게 관심이 있는 건가?' 이런 종류의 질문은 내가 상대방에게 어떻게 보이는지, 사람들이 나를 어떻게 생각하거나 느끼는지, 주변 사람들에게 내가 어떻게 행동해야 가장 좋은지에 초점을 맞춘다. 결정적인 사실은 대인 관계에서 무언가가 우리의 사회적 역할이나 지위를 위태롭게 하는 순간 감정이 발동하고 사고가 시작된다는 것이다.

퀸즐랜드 대학교의 사회심리학자 윌리엄 폰 히펠William von Hippel은 저서 《인류 진화의 무기, 친화력》에서 이런 능력이 인간의 뇌 발달을 촉발했을 것이라고 설명한다.[10] 그렇지만 가장 어려운 사고의 형태는 다른 사람의 마음에 공감하고 복잡한 감정을 느끼며 이를 어떻게든 극복하는 것이다. 그러려면 당혹감이나 수치심, 후회에 잘 대처하기 위해 뇌는 복잡한 수학 방정식을 풀 때보다 훨씬 더 많은 일을 해야 한다.

우리가 과도한 생각을 하는 심리역학적 목적은 자신의 감정을 더 잘 이해하고 정리하는 것이지만, 무엇보다 필요한 경우 감정을 억제하거나 누그러뜨리는 데 있다고 볼 수 있다. 우리가 고민하고 생각하는 것들은 우리를 감정적으로 쉽게 압도하지 않기 때문이다. 따라서 심리 치료에서는 당사자의 근본적인 감정을 더 자세히 들여다본다. 당사자가 자신의 근본적인 감정을 극복하면 대부분 생각도 멈춘다. 하지만 이는 말처럼 쉬운 일이 아니다. 감정을 통제하기란 어렵기 때문이다. 그러나 지나친 생각을 하게 만드는 근원인 감정을 가라앉히는 것이 가장 효과적인 방법이다.

물론 모든 감정이 같은 정도로 생각을 촉발하는 것은 아니다. 결정적인 요인은 감정의 유형과 지속 시간이다. 루벤 대학교에서 실시한 연구에서 연구진은 27가지 급성 감정 상태의 지속 시간을 추적했다. 그 결과 혐오감이 가장 짧게 지속되었으며 평균 30분이 지나면 대부분 회복되었다. 연민은 약 한 시간, 놀라움은 약 두 시간 정도 지속되었다. 자긍심은 세 시간, 편안함은 네 시간, 감사함은 다섯 시간 지속되었다. 분노는 평균 여섯 시간 동안 지속되었고, 배우자에 대한 질투심은 15시간 이상 지속되었다. 갑작스러운 실망감은 24시간이 지나서야 가라앉았다. 증오심은 평균 60시간 동안 마음을 무겁게 했다. 가장 우위를 차지한 감정은 슬픔이었다. 응답자들은 평균적으로 120시간 이상 이 불쾌한 감정에 시달렸다고 답했다. (어쩌면 일상에서 질투심보다 혐오감을 느끼는 편이 나을 수도 있겠다. 시간을 많이 절약할 수 있으니 말이다.)[11]

요약하면 우리가 과도한 생각을 하게 만드는 것은 기술적인 문제가 아니라 공동체적인 문제, 즉 우리 주변의 사람들, 우리의 사회적 지위, 우리가 집단 내에서 수행하는 역할이다. 이와 관련된 근본적이고 무의식적인 감정이 지나치게 많이 생각하도록 만든다. 단순하고 긍정적인 감정일수록 그 영향력은 약하다. 반면에 복잡하고 부정적인 감정일수록 고민에 빠지게 되고 생각에 사로잡힐 수 있다.

미디어 세상과 끊임없는 자기 심사

우리의 소망, 걱정, 희망, 두려움은 대개 우리 자신을 중심으로 돌아간다. 개인주의 사회에서는 생각이 비판적인 자기 관찰에 집중되는 것이 일반적이다. 즉 부부관계, 직업, 건강, 개인의 자유는 물론 섭취하는 음식에도 초점이 맞춰진다. 모든 것이 최적의 상태가 되어야 하며 아침에

먹는 뮤즐리Muesli(통곡물을 압착해 만든 시리얼 종류 중 하나—옮긴이)도 광고에서 말하는 것처럼 우리의 개인적인 요구에 맞춰져야 한다.

간단히 말해서 오늘날 우리가 하는 모든 일에서 우리는 항상 자신을 주시해야 한다. 이는 자기애로 굳어질 뿐만 아니라 지금 자신의 삶이 좋은지에 대한 의문으로 이어지기 때문에 불안감을 조장할 수도 있다. 나는 지금 이대로도 괜찮은가? 내가 아는 것만으로 충분한가? 내가 하는 일만으로 충분할까? 끊임없이 남과 비교하게 만드는 투명한 미디어 세상에서는 아무도 확신할 수 없다. 더 밝게 빛나는 태양을 가진 누군가가 항상 내 뒤에 있는 것처럼 느껴진다.

성공적인 삶이 무엇인지에 대한 메시지들은 매우 모순적이며 때로는 정반대 입장을 취하고 있어 일반적인 자기 불안감이 생겨난다. 한쪽에서는 '인생에서 가장 많은 것, 최고의 것, 가장 큰 것을 끌어내라'라고 끊임없이 말하는 반면 다른 한쪽에서는 '내면의 평온함'을 곳곳에서 강조한다.

얼마 전 서점에서 《모든 목표 달성하기: 모든 계획을 9단계로 실현하는 방법》이라는 제목의 책을 봤다. 바로 그 옆에는 《내려놓는 기술: 8단계에 걸쳐 평화를 찾는 방법》이라는 책이 놓여 있었다. 대체 무엇이 옳은 걸까? (내려놓기로 가는 길이 적어도 한 단계 더 짧아 보이기는 한다.) 어쨌든 자아실현과 내려놓기를 동등하게 전파하는 사회는 사람들을 차분하게 만드는 게 아니라 혼란에 빠뜨린다. 그 결과 정신은 과잉 활동의 쳇바퀴를 돌며 거의 쉬지를 못한다. 자신과 관련된 지나친 생각으로 우리는 지치고 우울해진다.[12] 자신에게 너무 집중하는 사람은 결국에는 미치기 마련이다.

생각 중독

머릿속에 기억된 괴로움을 지우려고 하는가? 달콤한 망각의 해독제로
마음을 짓누르는 저 위험한 짐을 씻어 내리려고 하는가?

_윌리엄 셰익스피어, 《맥베스》, 5막 3장

생각에 중독되면 뇌는 어떻게 될까? 지나치게 깊이 생각하면 뇌에서 특정 전달물질이 과도하게 분비되어 마치 중독과 비슷한 현상을 일으킬 수 있다. 파리 뇌 연구소Paris Brain Institute의 과학자 안토니우스 빌러Antonius Wiehler가 이끄는 연구팀은 우리가 생각에 집중적으로 몰두할 때 뇌의 앞쪽 영역에서 글루타메이트Glutamate의 농도가 과도하게 증가하는 현상을 피험자들에게서 발견했다. 이런 현상은 복잡하고 까다로운 과제를 해결할 때만 나타났으며 정신적으로 단순하고 쉽게 처리할 수 있는 일에서는 나타나지 않았다.[14]

글루타메이트는 흥분성 신경전달물질로 정상적인 농도에서는 해롭지 않으며 실제로 사고 기능에 필수적인 물질이다. 그러나 글루타메이트의 농도가 과도해지면 어느 지점부터 신경 세포의 신진대사를 방해할 수 있다. 그 결과 사고의 질이 떨어지고 몸이 피곤해지며 잘 집중하지 못하고 실수를 저지르게 된다. 다행히도 우리는 뇌의 신진대사를 다시 정상으로 돌려놓을 수 있다. 즉 생각을 잠시 쉬면 글루타메이트의 분비가 금방 다시 줄어든다.

그러나 과도한 생각이 지속되면 훨씬 더 심각한 영향을 미친다. 글루타메이트의 분비가 증가할 뿐만 아니라 스트레스 처리에 관여하는 해마의 특정 세포에서 GABA라는 신경전달물질이 감소한다.[15] 이는 뇌의 다양한 세포 기능을 억제하는 신경전달물질 감마아미노뷰티르산Gamma-Aminobutyric Acid의 약자다. GABA를 해독제라고 말하는 것은 조금 과할 수 있지만 이것은 여러 측면에서 '균형을 잡아 주는' 물질이라고 볼 수 있다. 즉 글루타메이트가 활성화되면 GABA가 이를 다시 억제해 균형을 이루게 한다.[16] 그래서 깊은 생각에 잠기면 글루타메이트가 증가하고 GABA가 감소하면서 뇌에 좋지 않은 영향을 미친다. 뇌가 큰 부담을 떠안고 때에 따라서는 과부하를 일으키기도 하는 것이다.

이런 '생각 중독'은 다음과 같은 결과를 가져온다.

- 생각이 점점 부정적으로 바뀐다. 그것도 모든 시간 차원에서! 과거의 좋지 않은 일을 더 강렬하게 기억하고 현재의 세상을 더 부정적으로 인식하며 미래를 더 비관적으로 바라본다.[17]
- 인지 능력이 저하된다. 사고가 점점 더 부정확해지고 편집증 성향

이 점점 심해진다.[18] 때때로 세상이나 주변 사람들에 대해 완전히 터무니없는 가정을 하기도 하며, 모든 것이 자신에게 불리하게 돌아간다고 느끼고 친구와 적을 잘 구별하지 못한다.

- 우리의 생각과 감정은 자율신경계와 밀접한 관계에 있기 때문에 두통, 수면 장애, 식욕 저하, 소화불량과 같은 신체적 괴로움이 자주 발생한다.

생각에 중독된 상태에서는 정신 면역체계가 나쁜 기분과 두려움을 잘 막아 내지 못한다. 이 두 가지가 결합되면 심각한 정신적 스트레스로 이어지며 심한 경우 질병까지 유발할 수 있다. 생각이 많은 사람을 장기간에 걸쳐 관찰한 연구에 따르면 갑자기 우울증에 걸리거나[19] 불안장애를 겪을 위험이 증가하는 것으로 나타났다.[20]

우리의 사고 능력은 문제를 해결하기도 하지만 없던 문제를 만들 수도 있다! 우리에게 매우 소중하고 도움이 되는 생각이라도 너무 많이 하거나 자신에게만 너무 집중하면 그 효과가 반감된다. 15세기 스위스의 의사이자 자연철학자인 파라켈수스Paracelsus는 이와 관련해 "용량이 독을 만든다."라는 매우 적절한 말을 남겼다.

살충제나 중금속, 아편에 중독되면 의료적으로 해독제가 종종 사용된다. 뱀에 물렸거나 아이가 실수로 벨라돈나Belladonna 같은 독초를 먹었을 때도 해독제를 써서 생명을 구할 수 있다. 해독제는 독성 물질을 화학적으로 변화시키거나 독성 물질의 작용을 완화하거나 체외로 배출시켜 독성 효과를 감소시킨다. 해독제는 우리의 면역체계가 유해 물질을 방어하도록 도와준다. 바로 이것을 우리의 생각에도 적용할 수 있다. 즉 생각과 거리를 두거나 해독제로 다스려 생각의 독성을 낮추거나 그 결과를 완화하는 것이다.

* * *

이 장의 후반에서는 디톡스Detox 치료에 대해 설명하려고 한다. 하지만 (흔히 광고하는 '디지털 디톡스'처럼) 휴대전화가 아니라 우리의 생각에 초점을 맞출 것이다. 나는 끊임없는 생각을 멈추고 건강한 방식으로 자신에게 몰입할 수 있는 법을 여러분에게 제시하고자 한다. 그런 다음 여러분을 자연으로 데리고 나가 과도한 생각을 막아 주는 해독제인 자연이 왜 과소평가되었는지 설명할 것이다. 또한 우리는 짧은 영적 여행을 떠날 것이다. 여러분 중 용기 있는 사람에겐 이 여정이 자신과 정신적 거리를 둘 기회가 될 것이다. 여러분 모두가 이런 모험적인 연습에 동참하기를 바란다. 또 이것이 벽에 붙은 작은 파리와 어떤 관련이 있는지는 맨 마지막에 알게 될 것이다. 그러니 너무 오래 생각하지 말고 책을 계속 읽기를 바란다. 그러고 나면 생각을 멈출 수 있을 것이다!

해결할 수 없다면 생각을 멈춰라

자기 자신에 대해 생각할 시간이 너무 많으면 길을 잃는다.
_게오르크 크리스토프 리히텐베르크Georg Christoph Lichtenberg

생각은 구체적인 문제를 해결하는 데 유용할 수 있지만 일상의 어려움을 해결하는 데 항상 적합한 도구는 아니다. 그 이유는 아무리 노력해도 모든 문제를 생각만으로 해결할 수 있는 건 아니기 때문이다. 자신에 대해 끊임없이 생각하는 것 또한 장기적으로는 매우 큰 스트레스를 줄 수 있고 특정 시점 이후에는 기분이 나빠지는 것이 다반사다.[21] 생각이 꼬리에 꼬리를 무는 순간 건강한 성찰이 지닌 장점은 단점으로 바뀌고 생각의 긍정적인 모든 측면이 사라진다.[22] 새로운 생각 벌레가 생겨날 때마다 스트레스가 커지고 자기 의심이 증가한다. 그 결과 통찰력이 생기는 게 아니라 고통과 부담감이 생겨나고 문제에 더 깊이 파고든다.

이는 다음과 같은 이야기를 떠올리게 한다. 한 남자가 우거진 숲속 구덩이에 빠졌다. 어떻게 하면 다시 빠져나올 수 있을까 고민하던 중 구덩이 바닥에 놓여 있는 삽이 눈에 들어왔다. 그는 삽으로 땅을 파서 흙을 구덩이 밖으로 던지기 시작했다. 땅을 파다 보니 구덩이는 점점 더 깊어졌다. 한 행인이 지나가면서 그에게 거기서 무엇하냐고 물었다. 남자는 구덩이에 빠졌는데 다시 나오려고 하고 있다고 말했다. 행인은 그럼 왜 삽으로 구덩이를 더 깊이 파느냐고 물었다. 남자는 이렇게 대답했다.

"제가 이것 말고 뭘 할 수 있겠어요? 여기 구덩이 안에서는 다른 방법이 없잖아요."

우리의 생각은 이 이야기에 나오는 삽과 같다. 생각은 어떤 특정한 상황에서는 가치 있는 일을 할 수도 있지만 우리가 빠져 있는 구덩이를 더 크게 만들 수도 있다. 생각이라는 삽은 아주 깊고 해결할 수 없는 문제에는 도움이 되지 않는다. 그럴 때는 다른 방법을 시도하는 것이 더 낫다.

마음을 해독하는 가장 확실한 방법은 다른 일에 몰두해 해당 문제에서 철저하게 '주의를 돌리는 것'이다. 여기서 주의를 돌린다는 건 전화벨 소리나 스마트폰의 메시지 알림 등으로 중요한 작업이 일시적으로 멈추는 것을 의미하지 않는다. 이런 형태의 주의 전환은 대부분 집중력을 떨어뜨리기 때문에 별로 유익하지 않다. 이와 관련해 나는 《머리를 자유롭게!》에서 광범위하게 다루었다. 여기서 의미하는 주의 전환은 우리가 생각으로 해결할 수 없는 문제로부터 자기 주도적이고 일관되게 주의를 돌리는 것을 말한다. 이런 주의 전환의 목적은 부정적인 생각과 감정으로부터 마음을 쉬게 하는 것이다.

TIP   자기 생각을 의심하기   +

'생각의 구덩이'에 빠졌다면 삽을 잠시 내려놓고 다음과 같은 질문을 던져 보자.

- 생각하는 것으로 문제가 해결될 수 있는가? 이 질문이 매우 중요한 이유는 때로는 생각하는 것보다 행동하는 것이 더 낫기 때문이다.
- 생각하는 것이 지금 내게 도움이 되는가? 때로는 생각을 너무 일찍 시작하거나 뒤늦게 하기도 해서 이런 질문을 던지는 것도 바람직하다.
- 지금 내 생각이 건설적이고 해결 지향적인가? 가장 중요한 질문이다. 만약 대답이 '아니오'라면 더 이상의 생각은 무의미한 반추로 이어질 것이다.

위 세 가지 질문을 한 후 종합적으로 판단해 보라. 그렇게 열심히 생각함으로써 얻는 것은 무엇이며 나는 어떤 대가를 치러야 하는가? 얻는 것보다 치러야 할 대가가 크다면 생각을 멈추고 주의를 다른 곳으로 돌리는 것이 좋다.

이런 조치는 우리가 아주 어렸을 때도 매우 효과적이었다. 이를테면 숨이 넘어갈 듯 우는 아기를 안고 있을 때 재미있는 새 장난감으로 주의를 돌리면 신기하게도 아기가 진정한다. 아기는 갑자기 눈을 크게 뜨고 넋을 잃고 장난감을 바라보면서 울음을 멈춘다.[23] 나이가 들어서도 주의 전환은 어렸을 때처럼 쉽게 되지 않더라도 흥분된 감정을 진정시키

고 부정적인 생각을 멈추는 데 매우 효과적인 전략이다.

자기 의심, 미래에 대한 걱정, 불안감, 분노 등 자신을 정신적으로 과도하게 압박하고 사로잡는 것으로부터 의식적으로 주의를 돌리는 것은 두 가지 기능을 수행한다. 하나는 우리를 감정적으로 안정시킨다. 그리고 불안과 분노는 시간이 지남에 따라 가라앉는다. 주의를 전환하면 과도한 생각을 하게 만드는 감정적 기반에서 벗어날 수 있다. 다른 하나는 과도하게 활동하는 마음을 쉬게 한다. 생각할 필요가 없어지면 마음의 긴장이 풀리고 편안해진다. 어느 정도 시간이 지나면 머리가 다시 맑아지면서 해결책을 찾기가 더 쉬워진다.

흔히 주의 전환이 나쁘다고 생각하는 사람이 많은데 이는 전혀 옳지 않은 생각이다. 그런 사람들은 주의 전환이 상황을 해결하지 않고 회피하려는 시도라고 생각한다. 이는 말도 안 되는 소리다! 문제를 일단 의식적으로 외면하고 일시적으로 잊는 건 매우 유익하다. 생각을 멈추면 모래 속에 머리를 파묻는 타조가 되는 게 아니라 부적합한 도구인 삽을 내려놓게 된다. 그렇게 되면 우리의 손(과 머리)이 다시 자유로워진다.

여러분이 일상에서 어떤 문제에 관한 생각에 사로잡혔을 때 어떻게 성공적으로 주의를 전환하는지 곰곰이 생각해 보라. 분명 여러분 모두 경험을 통해 적절한 방법을 알고 있겠지만 다음과 같은 조치들이 새로운 영감을 줄 수도 있다. 이를테면 나를 찾아오는 고령의 내담자들은 놀랍게도 스도쿠Sudoku나 낱말 맞히기 같은 퍼즐에 대해 자주 이야기한다. 이 퍼즐들이 주의 전환에 매우 적합한 이유는 명확하게 정의되고 감정적으로 중립적인 과제가 사고를 유도해 다른 생각을 할 수 없도록 집중시키기 때문이다. 요리 또한 좋은 주의 전환 방법이다. 우리는 요리를 할 때도 원하는 결과를 이끌어 내는 작업에 생각을 집중하게 된다(물론 요리 재능에 따라 다르겠지만). 요리할 때는 아무 결말을 내지 못하는 잡념과는 근본적으로 다른 사고 과정이 생겨난다.

젊은 내담자 중에 암벽등반을 할 때 주의를 더 잘 전환할 수 있다는 사람도 있었다. 실내 암벽등반을 하든, 야외에서 암벽을 타든 그립Grip 기술과 긴장된 몸에 집중하다 보면 연애나 석사 논문 문제에 대해 생각할 수 없는 건 당연하다. 놀랄 수도 있겠지만 PC나 콘솔 게임을 하는 것도 아주 좋은 방법이다. 가장 좋은 경우는 스토리가 아주 흥미진진하거나 과제가 매우 까다로운 게임을 하면서 가상의 평행 세계에 몰입해 현실 세계의 구체적인 문제를 잠시 잊는 것이다.

여러 가지 가능성을 시도해 보고 의식적으로 주의를 전환하는 많은 방법을 알아보라. 여러분의 창의력에 제한을 두지 마라. 효과가 있다면 무엇이든 허용된다. 생각이 아무 결론도 없이 맴돌기만 할 때는 그냥 그 생각에서 벗어나 휴식을 취하라. 운이 좋으면 주의를 전환함으로써 문제 해결의 실마리를 얻을 수도 있다!

주변에서 기회와 영감을 발견하라

영국의 심리학자 리처드 와이즈먼Richard Wiseman은 한 실험에서 피험자들에게 신문을 나눠 주고 정해진 시간 안에 신문 안에 있는 모든 사진을 세어 보게 했다. 대다수의 피험자는 사진의 수를 세는 과제를 완료하는 데 약 2분이 걸렸다. 그리고 일부 피험자는 사진의 수를 다시 검산하는 바람에 시간이 조금 더 걸렸다.

재미있는 사실은 신문 두 번째 페이지에 실린 '그만 세어 보세요. 이 신문에는 사진 43장이 있습니다'라는 제목을 본 피험자가 거의 없었다는 것이다. 문제에 지나치게 집중한 탓에 대부분의 피험자가 주변을 잘 보지 못했고, 결국 문제를 해결하는 가장 쉬운 방법도 놓치고 말았다. 열린 지각을 가진 피험자들만이 이 문장을 알아봤다.[24]

물론 절실히 해결하고 싶은 문제에 집중하는 것이 맞긴 하다. 그러나 어떤 문제들은 아무리 머리를 쥐어짜면서 열심히 생각해도 풀리지 않는다. 그런데도 계속 생각하려고 하다 보면 우리의 인지는 점점 더 치우치고 생각은 꼬리에 꼬리를 물게 된다. 그 결과 우리 주변에 있는 많은 기회와 가능성을 못 보고 지나친다. 때로는 문제에 대한 해결책이 바로 눈앞에 있음에도 불구하고 간과하기도 한다.

이런 맥락에서 주의 전환은 우리의 시선을 확장해 시야를 넓혀 준다. 해결할 수 없는 문제를 내려놓고 시선을 좌우로 돌리는 순간, 숨겨져 있던 유용한 정보가 갑자기 눈에 띌 수도 있다. 특히 장기적인 문제를 다룰 때는 잠시 생각을 멈추고 옆을 바라보며 영감을 얻어 보자. 문제의 해결책이 이미 여러분의 눈앞에 있을 수도 있다. 위를 바라보면 더 좋다. 그 이유에 대해서는 이제부터 설명할 것이다.

그리스 신화에는 '좋은 기회'를 뜻하는 카이로스Kairos 신이 등장한다. 고대 그리스인은 카이로스가 항상 사람들의 머리 위를 홀연히 날아다닌다고 믿었다. 아마도 카이로스가 너무 빨리 날아다니는 탓에 소수의 예술가만 그를 화폭에 담을 수 있었겠지만 다행히도 이탈리아 토리노의 고대 박물관에는 기원전 4세기의 유명한 그리스 조각가 리시포스Lysippos가 묘사한 카이로스 대리석 부조가 있다. 카이로스는 어깨와 발뒤꿈치에 날개가 있고 앞머리가 무성하며 뒷머리는 대머리인 청년의 모습을 하고 있다.

그의 이상한 생김새에는 다음과 같은 의미가 담겨 있다. 즉 카이로스가 날아올 때 사람들이 위를 올려다보며 그의 앞머리를 자기 쪽으로 잡아당기면 소원이 이뤄지거나 특별한 기회가 생긴다는 것이다('기회를 잡아라'라는 말은 여기서 유래된 것이다). 그런데 걱정과 잡념에 빠져 고개를 숙이고 있는 사람들은 카이로스를 보지 못할 가능성이 크다. 카이로스가 지나간 후에는 이미 너무 늦다. 대머리인 뒤통수는 잡을 수 없기 때문이다. 그래서 어쩔 수 없이 다음 기회를 기다려야 한다.

카이로스의 이야기는 시선이 향하는 방향이 인생에서 얼마나 중요한지를 강조한다. 너무 많이 생각하고 고민하는 사람들은 대체로 자신의 문제만 보다 어느 순간 다른 것을 거의 인지하지 못하게 된다. 그렇게 되면 앞서 언급한 신문 실험에서 보았듯이 명백한 해결책이나 도움을 못 보고 지나칠 수 있다. 여러 다른 연구에서도 잡념이 많을수록 호기심이 줄어드는 것으로 나타났다.[25] 호기심이 줄어들면 결국 주변 환경에서 영감과 자극을 덜 받게 된다.[26]

머리를 숙이고 아래를 바라보면 좋은 기회를 많이 놓치는 것은 당연하다. 카이로스는 제한된 시야를 넘어 하늘 위를 날아다니기 때문에 생각이 많은 사람에게는 감지되지 않는다. 그러니 해결책이 생각나지 않을 때는 문제에서 눈을 돌려 세상을 향해 마음을 열어 보라. 때때로 옆과 위를 바라보면 카이로스를 발견할 수도 있다. 카이로스가 항상 하늘을 날아다닌다는 사실을 믿어 보라. 카이로스를 발견하면 그의 앞머리를 잡고 아래로 끌어당기기만 하면 된다.

몰입할 수 있는 취미를 만들어라

정신과 환자의 입원 치료를 담당하던 보조 의사 시절에 나는 여러 차례 놀라운 사실을 발견했다. 진료나 심리 상담을 위해 옆 과에서 작업 치료를 받은 환자들을 데리러 갔을 때 그들의 인상은 거의 늘 편안해 보였다. 그들은 오전에 병원을 방문했을 때는 긴장하고 괴로운 생각에 시달리는 것 같았지만 다른 환자들과 함께 또는 혼자서 수공예 작업이나 그림을 그리면서 오전 시간을 보내고 나면 내면의 평화를 찾은 듯했다. 걱정이 가라앉은 그들은 내게 미소를 지으며 인사했다(정신과 의사로서 환자들의 그런 미소를 자주 보기는 어렵다). 대체 그들에게 무슨 일이 있었던 것일까?

그들은 손으로 하는 작업에 푹 빠져 있었다. 그리고 작업을 하면서 감정과 생각이 진정되고 기분이 밝아졌다. 즉 그들은 '몰입'Flow이라고 부르는 상태를 경험한 것이다. 아마도 여러분은 이 몰입이라는 개념을 잘 알고 있을 것이다. 흔히 무언가에 정신적으로 완전히 몰두할 때 몰입한다고 말한다. 몰입은 특히 손으로 하는 공예 작업이나 신체 활동의 수준이 적당할 때 잘 이뤄진다. 즉 작업이 너무 쉽지도, 너무 어렵지도 않아야 한다.

손으로 만지작거리는 활동을 하는 동안 우리는 작업에 완전히 빠져든다. 그리고 주변의 모든 것이 마치 사라지는 것 같은 기분을 느낀다.

하이킹이나 정원 일, 오토바이 수리, 심지어는 비디오게임을 하면서도 이런 몰입 상태를 경험할 수 있다.[27] 몰입 상태에 빠지면 감정이 진정될 뿐만 아니라 머릿속의 생각들도 잦아들며 내면의 욕구도 잠잠해진다. 또한 배고픔과 피곤함을 잊는 경우도 많다. 그 결과 마음이 아주 편안해진다. 이제까지 우리의 감정과 생각을 자극하고 중요하게 여겼던 모든 것이 갑자기 무의미해지고 편안한 상태가 된다.

심리학자 미하이 칙센트미하이Mihaly Csikszentmihalyi는 1970년대에 처음으로 이 몰입 개념에 대해 설명했다.[28] 이후 수많은 책에서 몰입 현상을 다루었으며 오늘날까지도 몰입은 긍정심리학의 연구 주제이자 치료법으로 사용되고 있다. 그러나 지난 20년 동안 몰입에 대해 지나치게 많은 내용이 다뤄진 탓에 일부에서는 원래의 몰입 개념이 변질되기도 했다. 예를 들면 종종 정신적 능력이나 성과를 높이기 위한 기법으로 잘못 광고되는 경우다. 하지만 몰입의 주된 목적은 작업을 최적화하거나 효율성을 높이는 것이 아니다. 무엇보다 몰입은 한 가지 일에 정신적으로 몰두할 수 있게 해주며 몰입 상태에서는 주의를 이리저리 분산시키거나 힘들게 문제에 파고들어 고민하지 않아도 된다. 몰입에 빠진 사람은 정확히 한 가지 일에만 푹 빠진다. 일시적으로 다른 생각이 잠시 밀려올 수 있지만 곧 사라지고 다시 집중한다.

몰입에서 중요한 것은 수동적인 소비가 아니라 능동적인 행동이다. 우리는 유튜브 동영상을 보거나 뉴스 피드를 읽을 때는 몰입 상태에 빠지지 않지만, 테이블을 사포질하거나 울타리에 페인트를 칠할 때는 몰입하게 된다. 즉 우리의 생각은 운동과 같은 움직임을 통해 통제할 수 있다. 그래서 TV를 그냥 보고 있을 때보다 하이킹을 하거나 음악을 연주하거나 공예 작업을 할 때 생각을 멈추기가 훨씬 쉽다. 몰두하는 활동은 생각을 멈추는 매우 효과적인 해독제다.

가장 좋은 경우는 몰입에 빠져 이른바 '무아지경' 상태가 되는 것이다. 자기 자신을 망각한다는 것은 현관문 열쇠를 잃어버리거나 결혼기념일을 잊어버리는 것 같은 좁은 의미의 망각이 아니다. 그보다는 자신에 대한 모든 생각을 더는 중요하게 여기지 않는다는 의미다. 여기에는 내가 어떻게 보이는지, 내가 얼마나 고상하게 나를 표현할지, 내가 얼마나 적절하게 행동할지 등 나 자신에 대한 요구 사항도 포함된다. 사회적 제약도, 사회적 역할에 대한 기대도 그냥 내려놓는 것이다. '해야 하는 것' 또는 '반드시 해야 하는 것'도 없다. 자아를 잊고 그저 '존재'하고 '행동'하면 아주 편안해질 수 있다!

몰입 중에 이런 무아지경 상태에 빠지면 신경 세포에 어떤 변화가 생기는지 살펴보자. 무아지경 상태에서 중요한 것은 뇌에서 활성화되지 않는 부분, 즉 디폴트 모드 네트워크다. 앞서 설명한 것처럼 디폴트 모드 네트워크는 생각이 많을 때 과잉 활성화된다. 그런데 우리가 무언가에 깊이 몰입하면 디폴트 모드 네트워크의 활동이 강하게 줄어든다.[29] 그 결과 과도하게 흥분된 생각이 진정된다.

또한 편도체의 활동도 감소한다. 편도체는 부정적인 정보를 처리하고 스트레스를 유발하는 역할을 주로 담당한다고 앞에서 설명한 바 있다. 우리가 몰입 상태에 빠졌을 때 생각이 잦아들고 감정적으로도 편안해지는 이유는 편도체의 활동이 감소했기 때문이다.[30]

자, 이제 캔버스에 그림을 그리거나 선반에 못을 박는 등의 활동을 시작해 보자. 그런데 그런 활동으로 몰입에 이르려면 다음과 같은 몇 가지 전제 조건을 충족하는 활동이어야 한다.

- 해당 활동이 반드시 즐거움을 선사해야 하며 자발적이고 자율적으로 활동해야 한다. 그러므로 세금신고서를 작성하거나 아이들의 숙제를 도와주는 등의 활동은 금물이다. 여러분이 정말 하고 싶은 수작업을 하는 것이 좋다.
- 활동 수준은 감당할 수 있을 만큼 어느 정도 까다로워야 한다. 너무 쉽지도, 너무 어렵지도 않은 중간 난이도가 이상적이다. 이를테면 첫 바이올린 수업에서는 몰입하기가 어렵다(아마 고통스러운 청취자도 마찬가지일 것이다). 반면에 몇 년 동안 악기를 연주한 사람은 음악을 할 때 깊게 몰입할 수 있다.
- 가능하면 해당 활동을 중단하지 않는 것이 좋다. 예를 들어 공예 작업을 하는 내내 전화 통화를 하거나 스마트폰을 보면 몰입하기 어렵다. 몰입은 주의를 완전히 집중하는 것을 의미한다!

안타까운 점은 불안하고 우울한 생각이 퍼지거나 정신적으로 여유가 없을 때 몰입 활동을 가장 먼저 포기한다는 사실이다. 그러나 정확히 그런 순간에 몰입 활동을 하는 것이 중요하다. 바로 그때가 몰입의 효과가 가장 크기 때문이다! 그러므로 몰입 활동을 습관으로 만들어 두는 것이 좋다. 그렇게 하면 스트레스를 많이 받는 상황에서도 자연스럽게 몰입 상태를 유지할 수 있고 해당 활동을 정기적으로 수행해 고정적인 여가 활동이 되면 문제가 발생할 때도 포기하지 않고 계속할 수 있다.

사냥이 취미였던 한 내담자가 주말마다 '순찰'을 나간다고 말했던 것이 기억난다. 그는 아내와 별거 중일 때 큰 수술을 받았을 뿐만 아니라 아내와 함께 살던 집에서 나와 다른 집으로 이사를 해야 했다. 그는 처음 몇 주 동안은 울고만 싶었다고 말했다. 하지만 그럼에도 취미는 포기하지 않았다. 그는 숲에서 야생 동물을 돌보고 보호하는 시간을 보내면서 정신적으로 치유되고 마음이 편안해졌다. 숲에서 보내는 몇 시간 동안은 자신을 포함한 모든 것을 잊었고 스트레스도 가라앉았다. 그는 자신이 가장 좋아하는 활동을 하면서 모든 것에서 벗어나 마음을 가라앉힐 수 있었다. 그래서 수년 동안 해오던 익숙한 활동을 힘든 시기에도 유지할 수 있었고 바로 그것이 큰 도움이 되었다.

이제 여러분도 육체적으로 움직이고 정신적으로 평온해질 수 있는 취미를 찾을 때다. 그런 취미가 곧바로 생각나지 않는다면 뭔가 새로운 것을 시도하면서 푹 빠질 수 있는 활동을 찾아보라. 충분히 시간을 갖고 깊이 몰입해 보라. 하루 중 잠시 편안한 시간을 보내는 동안에는 그 어떤 문제도 생각하지 마라. 가장 좋은 것은 자신을 잊는 것이다.

목적 없이 하는 일의 막강함

몰입 활동은 완전히 목적이 없는 활동이어도 괜찮다. 때론 아무 의도 없이 그린 그림이 주말까지 끝내야 하는 방 페인트칠보다 더 도움이 될 수 있다. 고대 그리스 철학자들은 이미 이 사실을 알고 있었다. 아리스토텔레스는 포이에시스Poiesis와 프락시스Praxis를 구분했다.[31] 그는 포이에시스가 특정 결과(일반적으로 새로 만들어지는 제작물이나 완수해야 할 프로젝트)를 목표로 하는 인간의 행동이라고 설명했다. 따라서 포이에시스는 무언가를 위해 사용되며 명확한 목적을 달성한다. 식기 세척기를 청소하는 것은 포이에시스의 좋은 예다(아리스토텔레스가 저서에서 식기 세척기를 언급하진 않았지만).

반면에 프락시스는 자기 목적에서 비롯된 행위를 말한다. 즉 결과적으로 큰 의미가 없더라도, 돈을 벌거나 기타 이득을 얻기 위한 것이 아니더라도 행해지는 일을 말한다. 프락시스는 창작 그 자체의 즐거움 외에는 어떤 유용성의 명령도 따르지 않는다. 이를테면 레고Lego 블록을 조립하는 행위가 적절한 예가 될 수 있다. 우리는 조립하는 과정에서 즐거움을 느끼지, 조립을 다 끝낸 후 그 결과물을 가지고 뭔가를 하기 위해 조립을 하지 않는다. 조립품은 완성되면 대부분 무의미해진다. 20세기 초에 저명한 심리학자 빌리암 슈테른William Stern도 이런 맥락에서 자기목적적autotelischen 행위에 대해 이야기했다.[32] 이는 아리스토텔레스의 프락시스 원칙과 매우 밀접한 관련이 있다.

오늘날 우리의 일상적인 행동은 주로 포이에시스적 측면이 강하다. 즉 우리가 하는 일은 유용하고 목적에 부합해야 한다. 여가 시간에도 우리는 일반적으로 어떤 일을 준비하거나 완수하는 데 도움이 되는 목표를 추구한다. 그리고 직업적으로나 개인적으로 목적을 달성하기 위해 행위하는 경향이 있다. 하지만 목적이 없는 일이라도 할 만한 가치는 있다. 목적이 없는 일은 끊임없이 목표를 염두에 두고 시간에 쫓기는 것보다 우리를 정신적으로 훨씬 더 편안하게 해준다.

그러므로 우리의 생각을 멈추게 하는 것이 반드시 유용한 일일 필요는 없다. 또한 돈을 버는 일이나 경쟁, 성공과 관련이 없어야 한다. 그렇지 않으면 우리가 하는 대부분의 생각은 최고의 성과와 완벽함을 달성하는 데 집중될 것이다. 그보다는 직접적인 체험을 통해 기분 좋은 상태를 만드는 것 외에는 다른 의도가 없는 일을 과감하게 해보는 것이다.

물론 목표를 추구할 수는 있지만 반드시 목적을 달성할 필요는 없다. 목적과 목표는 동일하지 않다. 가령 '숫자 따라 색칠하기'를 할 때 목표를 따르기는 하지만 그 결과는 상대적으로 별 의미가 없다. 우리는 완성된 그림으로 무언가를 하려고 하는 것이 아니며 언젠가는 그림을 휴지통에 버릴 것이다. 하지만 그림을 그리는 순간에 그 그림은 의미가 있다.

또 다른 예로 심리치료 모임에 참여한 한 참가자는 잡념에 빠질 것 같을 때 탱그램Tangram 퍼즐을 한다고 이야기한 적이 있다. 탱그램은 기하학적 도형(삼각형, 사각형, 마름모꼴)을 배열해 여러 가지 모양을 만드는 퍼즐이다. 그녀는 조각들을 가지고 여러 가지 시도를 하면서 완전히 그 안에 빠져들었고 몇 분 동안이나마 주변의 모든 것을 잊을 수 있었다. 비록 최종 결과물 자체는 전혀 의미가 없더라도 말이다.

자기목적을 따르는 활동은 결정적인 무언가에 관한 것이 아니므로 많은 생각이 필요하지 않다. 바로 그렇기 때문에 특별한 방식으로 우리의 마음을 편안하게 해줄 수 있다. 프락시스는 효율적이고 목적을 따르는 우리 일상의 포이에시스를 대신해 휴식이 되어 주는 대안이다. 우리는 자기목적적 활동을 함으로써 시간에 쫓기고 스트레스가 많은 삶 속에서 잠시 긴장을 풀 수 있다. 뇌는 휴식을 취하고 우리는 생각의 스위치를 끄는 것이다.

자연이 주는 디톡스 효과

> 감탄과 경외로 나의 마음을 가득 채우는 두 가지가 있다. 하나는 내 위에 있는
> 별이 빛나는 하늘이고, 다른 하나는 내 안에 있는 도덕 법칙이다.
>
> _이마누엘 칸트 Immanuel Kant

자연은 마음을 쉬게 하기에 특히 효과적인 장소다. 아름다운 노르웨이에는 프리루프츠리브Friluftsliv(야외에서 즐기는 생활 방식)라는 개념이 있다. 이는 많은 시간을 야외에서 활동하며 보내는 삶의 방식으로 노르웨이에서는 문화적 전통의 일부로 당연하게 받아들여진다. 확실한 마음의 안식을 얻기 위한 이런 야외 활동은 독일의 대도시에서도 점차 트렌드로 자리 잡고 있다. 도심 속 건물이나 집 안이 아닌 사방이 탁 트인 야외에서 보내는 시간은 실제로 특별한 방식으로 우리 마음을 해독해 준다. 여기에는 몇 가지 이유가 있다.

가장 먼저 우리 몸이 활발해진다. 우리는 자연에 나가면 사무실이나 슈퍼마켓, 어린이집을 오가는 평범한 일상 속에서보다 훨씬 더 많이 움직인다. 스탠퍼드 대학교에서 약 3개월 동안 111개국의 72만 명을 대상으로 일일 걸음 수를 분석한 연구에 따르면 1인당 하루 평균 걸음 수는 4,900보로 나타났다.[33] 이는 많은 걸음 수는 아니며 주말에 산에 오르면 거뜬히 초과할 수 있는 숫자다.

자연 속에서 많이 움직이면 잡념이 사라지는 치유 효과가 있다. 여러 연구에 따르면 자연에서 더 많이 움직이면 전전두엽 네트워크가 강화된다. 이 네트워크의 기능에 문제가 생기면 지나친 사고를 하게 된다.[34] 하지만 이뿐만이 아니다. 최근 베를린의 한 연구에 따르면 피험자

가 공원에서 한 시간 동안 산책한 후 편도체 활동도 감소한 것으로 나타났다.[35] 이 두 가지 결과는 신체 활동을 한 후에 왜 잡념이 덜 생기고 더 건설적인 생각을 하게 되는지, 동시에 왜 정서적 스트레스를 덜 받는지에 대한 이유를 설명해 준다.

스포츠를 별로 좋아하지 않는 사람들에게 희소식을 전하면 자연에서 움직일 때 생겨나는 해독 효과는 아주 가끔 야외에서 움직여도 나타난다는 것이다.[36] 그러므로 스포츠에 열정적인 사람이 아니더라도 야외 활동이 우리의 정신 건강에 미치는 진정 효과를 경험할 수 있다. 대신 중요한 사실은 자주 할수록 좋다는 것이다. 소수의 피험자를 대상으로 한 최근 연구에 따르면 규칙적으로 활동하는 사람은 전두엽 뒤쪽의 뇌 부피가 더 큰 것으로 나타났다.[37] 이 영역은 우리의 생각과 감정을 조절하는 역할을 담당한다. 이런 점에서 많이 움직이는 사람은 더 강력한 인지 조절 중추를 가지고 있다고 볼 수 있다.

또한 자연의 색도 해독 효과가 있다. 녹색은 우리에게 안정감을 준다. 초록이 있는 곳에는 식물이 자라고 동물이 살고 물이 흐른다. 이런 것들은 예로부터 인간의 생존을 보장해 왔다. 녹지를 보는 것은 오늘날까지 인간의 오래된 안전 욕구를 충족시키고 스트레스와 긴장을 줄여 주며[38] 잡념도 떨치게 해준다. 전반적으로 불확실한 시대에 많은 사람이 초록 빛 자연 속에서 휴식을 찾는 것은 우연이 아닐 것이다. 자연만큼 우리의 생각을 강력하게 진정시키는 것은 없다.

심지어 동물이 내는 소리도 우리의 정신을 안정시키는 것처럼 보인다. 베를린의 막스플랑크 인간개발연구소Max-Planck-Institut für Bildungsforschung에서 최근 발표한 논문에 따르면 295명의 피험자를 대상으로 한 연구에서 새소리는 우울한 감정이나 불안하고 편집증적인 생각을 감소시키는 것으로 나타났다. 효과가 나타나기까지는 6분이면 충분했다. 하지만 거리의 소음은 이런 효과가 전혀 없었다.[39]

실내에서 운동하는 것도 운동 후 기분이 좋아지거나 스스로 무언가를 해냈다는 마음에 심리적인 효과를 얻을 수 있다. 하지만 피트니스 스튜디오가 자연을 완전히 대체할 순 없다. 야외에서의 움직임은 우리의 불안감[40]과 두려움[41]을 줄여 준다. '자연에 있으면 찡그릴 일이 없다'Ut på tur, aldri sur 라는 노르웨이 속담이 괜히 나온 말이 아니다.

이 속담에 담긴 메시지는 산중 호수만큼이나 명확하다. 밖으로 나가라! 자연으로 떠나는 여행은 일상을 벗어나는 가장 좋은 방법이다. 하지만 이 책을 옆으로 밀어 두고 밖으로 나가기 전에 왜 자연이 가장 훌륭한 방법인지 알려 주고자 한다. 그 사실을 들으면 아마 여러분은 말 그대로 깜짝 놀랄 것이다.

앞서 인용한 말에서 볼 수 있듯이 칸트는 자연에 감탄하는 문장을 남겼지만, 그가 쓴 책들을 보면 결국 그에게 더 큰 감명을 준 것은 별이 빛나는 하늘보다 도덕 법칙이라는 것을 알 수 있다. 그런데도 칸트는 자연의 모습과 자연이 인간에게 미치는 영향에 대해 많은 생각을 했다. 그는 자연의 숭고함이 우리의 걱정을 내려놓게 만든다고 자주 이야기했다. 이것은 무엇을 의미할까?

아마도 그 이유는 우리가 자연에서 종종 경험했을 어떤 특정한 느낌 때문일 것이다. 자연 속에서 우리 눈에 보이는 것들은 우리를 매료시키고 경탄하게 만든다. 즉 우리는 자연에서 일종의 경외감을 느낀다. 계단식 주택 단지 앞에 세련되게 가꿔진 정원이 아니라 청록색의 푸른만灣에서, 숨이 막힐 듯한 종유석 동굴에서, 계곡이 내려다보이는 산봉우리에서 우리는 경외감을 느낀다. 우리는 자연이 선사하는 다채로운 색채와 섬세한 다양성에서 아름다움을 느끼고 여기에 미학적으로 심오한 무언가가 담겨 있다고 생각한다.

이런 경험만으로도 우리의 머릿속은 많은 것이 정리되는 느낌이다. 우리는 이런 아름다움에 흠뻑 빠져들어 자기 자신뿐만 아니라 복잡한 생각을 일으키는 모든 것으로부터 거리를 둔다.[42] 그 결과 스트레스와 긴장은 줄어들고 행복감이 증가한다.[43]

우리가 자연 속에서 잡념을 잊는 또 다른 이유는 자연의 웅장함과 숭고함 앞에서 자기 자신과 개인적인 문제들이 갑자기 매우 작게 느껴지기 때문이다. 자연 속에 있으면 사소한 다툼이나 재정적 어려움 혹은 수술 후 느껴지는 통증 등을 완전히 잊을 수는 없어도 고통이 상당히 덜한 것처럼 느껴진다. 이런 문제들은 거대한 자연 속에서 거의 의미가 없기 때문이다. 무한한 자연 속에서 자신이 보잘것없는 존재라는 느낌은 우리에게 매우 큰 안도감을 준다. 자연은 우리의 자아를 증발시키고 자기중심적인 사고를 가라앉힌다.

프랑스의 작가이자 노벨문학상 수상자 로맹 롤랑Romain Rolland은 '대양의 느낌'Oceanic Feeling에 대해 이야기한 바 있는데 이는 특정 장소에서 우리를 엄습하는 무한의 느낌을 뜻한다. 갑자기 하늘과 땅 사이에 우리 자신보다 더 큰 무언가가 있다는 걸 깨닫는 것이다. 롤랑은 1927년에 지크문트 프로이트Sigmund Freud에게 보낸 편지에서 이 용어를 처음 언급했다.[44] 그는 대양의 느낌이 인간의 뿌리 깊은 종교적, 영적 욕구의 표현이라고 생각했다. 프로이트는 롤랑이 말한 대양의 느낌을 감탄하며 받아들였지만 그 기원을 종교적인 측면에서 바라보는 롤랑과는 다른 견해를 보였다(프로이트는 '아버지상'Father Figure에 대한 무의식적 갈망에 그 기원이 있다고 생각했다).

그 기원이 어디에 있든 상관없이 대양의 느낌은 웅장하고 숭고한 무언가를 바라보며 흠뻑 빠져들게 하고 우리 자신의 문제를 상대적으로 바라보게 한다. 이런 점에서 볼 때 자연에 머무는 것은 단순한 기분 전환 그 이상의 의미가 있다. 자연 속에서 머무는 치유의 시간 동안에는 해로운 생각이 옆으로 밀려나는 데 그치는 것이 아니라 변화하고 중화되며 해소된다. 아마도 여러분은 (산에서) 하이킹을 마치고 돌아온 후에 편안함을 느낄 뿐만 아니라 변화된 자기 모습을 발견한 경험을 이미 해 봤을 것이다.

덧붙여 말하면 대양의 감정은 자연에서만 느껴지는 것이 아니다. 숭고하고 웅장한 건축물도 이와 비슷한 느낌을 불러일으킨다. 이를테면 마법에 빠지듯 우리를 사로잡는 거대한 성당이나 피라미드 같은 완벽한 건축물을 방문했을 때를 생각해 보라. 매년 약 600만 명의 사람들이 바티칸의 시스티나 성당을 찾는다. 그들은 성당 천장을 바라보며 경외감을 느끼고 인간이 이뤄 낸 건축 및 그림 예술에 감탄한다. 심지어 일부 방문객들은 이 성당에서 신과 더 가까워졌다고 느끼기도 한다.

이런 장소에는 현실을 벗어난 듯한 신비롭고 초월적인 무언가가 있다(엄밀히 말하면 대양의 느낌이라기보다는 대성당의 느낌이라고 해야 할 것이다). 그리고 그 효과는 자연과 같다. 즉 어떤 거대한 것 속에서 우리는 우리 자신이 작고 하찮게 느껴지면서도 동시에 그 일부가 되고 보호받는다는 느낌을 받는다.

다음과 같은 실험을 해보자. 고민이 있거나 생각이 막힐 때 건축학적으로 인상적인 건물을 찾아가 그곳에서 시간을 보내며 마음을 비워 보는 것이다. 여러분 주변에 피라미드가 없다면 큰 교회나 중세의 성도 좋고, 넓은 박물관도 괜찮다.

아니면 대자연 속으로 여행을 떠나 보자. 높은 산을 오르거나 커다란 폭포 옆에 앉거나 으스스한 협곡을 걷거나 울창하고 매혹적인 숲을 하이킹해 보자. 북극권 너머 북쪽 지역을 여행할 기회가 있다면 오로라의 장엄한 색채의 향연을 감상해 보라. 어디를 가든 자연이 주는 효과는 비슷하다. 가장 좋은 경우는 대자연의 웅장함 속에 빠져들어 모든 것이 해소되는 것이다.

하지만 무조건 멀리 떠날 필요는 없다. '작은 자연'도 얼마든지 그와 같은 놀라움을 선사한다. 꽃밭에 엎드려 눈앞에서 펼쳐지는 매혹적인 자연의 장관을 감상해 보라. 자연에 대한 경탄은 걱정스러운 생각들을 빨아들이고, 그토록 크게 느껴지던 문제들이 갑자기 아주 작게 느껴질 것이다(프로이트의 추측처럼 대양의 느낌을 경험하는 동안 아버지가 그리울 수도 있다. 그럴 경우는 그냥 아버지를 데리고 가면 된다).

영적인 여행 떠나기

초월적인 감정에 관해 이야기하고 있는 김에 말하면 나의 내담자 중 어떤 이들은 자신을 위한 영성의 세계를 발견해 잃어버린 안정감, 보호받는다는 느낌, 내면의 평화를 재발견하기도 한다. 이들은 레이키Reiki 요법(손으로 치유 에너지를 환자에게 전달하는 요법—옮긴이)이나 에너지 명상을 수행하고 상징적인 의식을 행하거나 주문을 외우는 등의 행동으로 정신적 과잉 활동을 진정시키기도 한다. 이런 방법들이 최근 큰 인기를 누리고 있는 이유는 무엇일까?

과학적으로 '계몽된' 우리 시대에 이처럼 영성에 대한 욕구가 최근 몇 년 동안 더욱 커졌다는 사실은 역설적이다.[45] 이는 겉보기에는 모순처럼 보이지만 영적 경험과 실천의 다음과 같은 특징 때문이라고 설명할 수 있다.

- **우리 자신의 문제는 덜 중요하다:** 자연에서 느끼는 것처럼 우리는 영적 세계에서 자기 자신 및 자신의 욕구, 목표, 일시적인 성공을 향한 끊임없는 노력보다 더 큰 무언가에 우리가 속해 있다는 느낌을 받는다. 이런 느낌은 우리를 안심시키고 진정시킨다.

- **복잡하고 힘든 생각을 할 필요가 없다:** 하늘과 땅 사이에는 우리가 설명할 수 없고 설명할 필요조차 없는 무언가가 있다! 그것은 우리의 이해 너머에 존재한다. 아무리 노력해도 이해할 수 없으므로 억지로 이해하려고 애쓸 필요가 없다. 우리는 그저 자신을 놓아주기만 하면 된다.

- **나의 감정이 나를 인도한다:** 영적인 세계에서는 객관적인 사실에 기반한 과학이나 논리적이고 합리적인 정치도 해답을 제시하지 못하며 오직 개인적인 경험만이 답을 준다. 방향을 제시하는 것은 이성이 아니라 감정과 직관이다. 내면에서 우러나오는 진실이 중요하다. 이는 또한 내 감정이 옳고 내 인상이 정확하다는 신호이기 때문에 마음이 편안해진다.

- **누구나 환영받는다:** 영적인 세계에서 우리는 항상 소속감을 느끼며 소속감을 얻으려고 일부러 노력할 필요가 없다. 소속감과 무조건적인 사랑은 오늘날 많은 사람의 일상에서 쉽게 충족되지 않는 욕구다.

이런 측면들을 고려하면 영성이 왜 그토록 인기가 있는지 이해할 수 있다. 독일인과 미국인을 대상으로 한 설문조사에 따르면 응답자의 약 20퍼센트가 현재 정기적으로 영성과 관련된 기법을 실천하고 있는 것으로 나타났다.[46]

이쯤에서 과학자인 내가 왜 이 장의 상당 부분을 영성에 할애하는지 궁금할 것이다. 대답은 아주 간단하다. 내가 영성을 진지하게 받아들이고 있고 영성을 향한 많은 사람의 욕구를 인정하기 때문이다. 경험이 부족했던 수련의 시절, 누군가 영적 체험에 관해 이야기하면 나는 종종 속으로 웃고 넘겼었다. 그러나 지금은 그러지 않는다. 복잡하고 이해할 수 없게 된 세상에서 영성이 많은 사람에게 어떤 역할을 하는지 이해하고 받아들이기 때문이다.

영적 세계는 우리를 보호받는 상태로 돌아갈 수 있게 해주며 우리의 영혼이 안전하다는 약속과 연결되어 있다. 이런 이유에서 영적 기법과 실천은 심리적으로 안정감을 주는 효과가 있다.[47] 그러니 여러분의 영적 욕구를 평온하게 채워 보라. 세상으로부터 지나친 자극을 받고 있거나 불필요한 소음으로 귀가 막히거나 정보에 혼란을 느끼거나 정치적, 사회적 변화에 두려움을 느낀다면 영적 세계로의 여행이 평화를 가져다줄 수 있다.

요가와 명상은 확실하게 잘 알려진 방법으로, 세상을 설명하려는 어떤 주장이나 신비주의적 요소도 담고 있지 않다. 이런 기법들이 잡념과 걱정을 줄이는 데 다방면으로 도움이 된다는 사실은 과학적으로 입증되었다. 동시에 그 효과 또한 단순한 이완 방법보다 뛰어나다.[48] 치료사로서 나는 자아를 초월하는 기법이나 에너지 요법이 신중한 안내 하에 책임감 있게 수행되는 한 반대할 이유가 없다. 내면의 긴장을 풀거나 걱정을 멈추거나 단순히 마음을 전환하는 데 도움이 되는 다양한 방법을 여러분이 알아 가길 바란다.

그렇지만 몇 가지 주의해야 할 점이 있다. 일부 영적 지도자들이 전하는 달콤하고 듣기 좋은 메시지들에 속거나 취약해지지 않게 조심하라. 미래를 누구보다 잘 알아맞힌다는 점쟁이나 점술가, 자칭 치료사라고 하면서 해당 스트레스나 질환에 아무런 효과도 없는 치료법을 제시하는 사람들, 심지어 건강에 해로운 제품과 서비스를 비싸게 파는 사람들을 (아무리 그 반대라고 주장하더라도) 경계하라. 아무리 용한 점쟁이도 의사를 대신할 순 없으며 미네랄이 풍부한 돌을 베개 안에 넣는다고 암을 치료할 수는 없다!

또한 중대한 삶의 문제가 발생했을 때 우리의 마음을 위로하는 '의식 성장'Higher-Self 온라인 세미나로는 심층 심리치료와 같은 결과를 얻을 수 없다는 점도 기억하라. 오늘날 유행하는 영성 프로그램 중 상당수는 운영자에게 경제적 수익을 안겨주는 웰니스Wellness 산업의 상품들이다. 영성은 이미 오래전 잠재 고객의 욕구를 이용해 이익을 취하는 냉혹한 시장이 되었으며 사람들의 심리적 행복보다 돈에 더 관심이 많다는 사실을 유념해야 한다.

코로나 팬데믹 기간에 내가 의사로서 경험한 또 한 가지 중요한 점은 경박하게 주장하는 영적 설명이나 이론에 자신의 정치적, 사회적 세계관이 좌우되어선 안 된다는 것이다. 불확실성의 시대에는 당연히 누구나 답을 찾으려고 한다. 그러나 계속해서 '진실'을 찾다 보면 자칫 터무니없고 위험한 이론에 휩쓸릴 수 있다. 처음에는 매우 그럴듯하게 들려서 도저히 의심할 수 없기 때문이다. 안타까운 사실은 수많은 은밀한 영적 교리가 그 어떤 과학보다 우월한 깨달음의 지식을 가지고 있다고 오만하게 주장한다는 것이다.

사람들은 힘들게 얻은 이성으로 문제를 해결하기보다 간단하고 이해하기 쉬운 설명으로 문제를 해결하려고 한다. 팬데믹 기간에 세상사에 불안해하고 두려워하고 분노한 많은 사람이 점점 더 뒤로 물러나는 모습을 보였다. 그들은 회의감을 품고 불신을 키워 갔으며 때론 터무니없는 음모론을 펼치기도 했다. 그리고 어느 순간 더는 이성적인 견해를 받아들이지 않았다. 팬데믹이 끝난 후 이런 흐름은 다소 가라앉았지만 여전히 비이성적인 세계에 빠져 세상에 대한 엉뚱한 설명에 갇혀 있는 광신적인 영적 운동의 추종자들은 있다.

그러니 조심하길 바란다! 영성은 상상으로 이뤄진 또 다른 세계라는 사실을 명심해야 한다. 그 세계는 현실이 아니다! 영적 경험은 반복해서 즐기고 경험할 수 있는 치유의 여정이라고 생각하는 것이 바람직하다. 또한 언제든지 영적 세계를 다시 떠날 수 있어야 하며 그 안에서 이성을 완전히 잃고 함몰되어선 안 된다. 삶이 아무리 복잡하고 혼란스럽고 고달프더라도 우리의 문제는 현세에서 극복해야 한다.

생각할 장소와 시간을 정하기   +

생각을 진정시키기 위해 행동 치료에서 널리 사용되는 기법을 소개한다.

- 집중해서 생각할 수 있는 고정된 장소(이를테면 안락의자)를 정한다. 걱정 거리가 있거나 머릿속이 꽉 막힐 때마다 그 장소에 자리를 잡고 자유롭게 생각을 풀어 본다. 그 외에 다른 아늑한 장소에서는 잡념에 빠지지 않도록 한다.
- 걱정스러운 생각을 해도 되는 시간(이를테면 오후 15분간)을 정한다. 그리고 나머지 시간 동안에는 잡념에 빠지지 않는 것이다. 생각할 장소와 시간을 정해 놓으면 그 시간과 장소에서만 부정적인 생각이 허용되기 때문에 다른 시간대와 장소에서는 잡념을 떨쳐 버리기가 더 쉬워진다. 에이브러햄 링컨은 "매일 30분씩 걱정할 시간을 비워 놓고 그 시간에 낮잠을 자라."라고 현명한 말을 한 바 있다.

지금까지 주의를 전환하는 취미 활동이나 몰입 활동, 영적 기법, 자연 속에서 시간을 보내기 등 '외적' 상황을 통해 일정한 거리를 유지하면서 생각을 떨치는 방법을 살펴봤다. 이제는 한 걸음 더 앞으로 나아가, 스스로 만들어 낸 '내적' 상황을 통해 불편한 생각과 거리를 둘 수 있는 몇 가지 방법을 알아보자. 물론 이 방법들은 생각을 해독하기 더 어려운 방법이기는 하지만 외부 조건과 무관하다는 장점이 있다. 산에 있든 지하철에 있든 상관없이 언제나 이 기법을 사용할 수 있다. 이 기법들은 자신의 생각과 거리를 두고 부정적인 생각을 정신적으로 방어하는 힘을 키우는 데 확실하게 사용할 수 있다.

생각과 자신을 분리하라

개라는 개념은 짖지 않는다.

_**바뤼흐 스피노자**Baruch Spinoza

이 책의 서두에서 이야기했듯이 우리는 때때로 상상의 세계에 빠져 그 세계와 하나가 된다. 우리의 생각과 우리 자신이 합쳐지면 더는 현실을 분간하지 못하게 된다. 하지만 생각은 현실이 아니다!

1929년 벨기에의 초현실주의 화가 르네 마그리트René Magritte 는 〈이미지의 배반〉La trahison des images 이라는 그림을 공개했다. 그림 속의 파이프 아래에는 다음과 같은 글이 적혀 있다. '이것은 파이프가 아니다.'Ceci n'est pas une pipe. 마그리트는 묘사된 대상은 대상 자체와 동일하지 않다는 것을 표현하고자 했다.[49] 우리의 생각도 마찬가지다. 우리가 세상에 대해 가지는 생각과 세상 자체는 다른 것이다. 생각은 우리 마음이 현실에 대해 우리에게 들려주는 '이야기'다. 이 이야기들이 사실일 수도 있지만 사실이 아닌 경우도 아주 많다.

따라서 괴로운 생각에 빠져 하나가 되지 않고 효과적으로 내적 거리를 둘 수 있다. 이를 '디퓨전'Defusion 이라고 하는데, 이는 생각과 자기 자신을 명확하게 분리하는 것이다. '생각은 거기에 있고 나는 여기에 있다.' 말하자면 디퓨전은 생각을 부정하는 것이 아니라 생각은 단지 정신적 산물일 뿐 그 이상도, 그 이하도 아님을 인식하는 것이다. 생각은 의미가 있을 수도 있지만 반드시 그럴 필요도 없다. 생각이 떠오르는 것은 당연하지만 그렇다고 떠오른 생각을 반드시 고려할 필요는 없다. 생각은 내게 지시를 내리고 싶어 하지만 내가 그 지시를 따를 필요는 없다.

생각과 현실이 분리되면 강력한 거리가 생겨난다. '그저 생각일 뿐'이라는 사실을 깨달으면 강제적이고 파괴적인 생각의 특성이 사라진다. 예를 들어 이웃이 망치를 빌려주지 않을 것 같다는 생각에 이웃에게 소리를 지를 필요는 없다. 우리는 생각을 가지고 있지만 우리의 생각이 우리는 아니다. 바로 이 사실을 명확히 유념해야 한다. 앞에서 인용한 위대한 철학자 스피노자는 "개라는 개념은 짖지 않는다."라는 말로 이 사실을 인정했다. 우리는 여기에 다음과 같이 덧붙일 수도 있다. "개라는 개념은 물지도 않는다!"

TIP 생각을 액자에 가둬라

며칠 전부터 여러분의 마음을 괴롭히고 잠 못 이루게 하는 불편한 생각이 벽에 걸려 있는 그림이라고 상상해 보라. 이 그림은 여러분의 생각을 보여 준다. 말하자면 머릿속 생각을 꺼내서 액자로 만들어 걸어 둔 것이다. 모든 그림이 그렇듯이 그림에는 액자 틀이 있다. 액자 속의 생각도 틀을 벗어나지 않는다. 이제 그림 앞에 서서 생각을 바라보고 있는 자신을 상상해 보라. 이때부터 이미 디퓨전이 시작된다. 자신의 생각과 자신이 분리되었다는 상상을 하면 디퓨전으로 이어진다. 이제 한 걸음 더 나아가 보자. 말 그대로 한 걸음, 한 걸음 천천히 뒤로 이동해 그림이 계속 작아지는 상상을 해보는 것이다. 생각(=그림)은 제자리에 머물러 있으며 여러분을 따라오지 않는다. 생각은 액자 틀 밖에서는 아무런 의미도 없고 어떤 영향력도 갖지 못한다. 그림에서 한 걸음씩 멀어질 때마다 생각과 자기 자신과의 거리를 넓혀 갈 수 있다.

문제의 중심에서 '줌아웃'하라

(부정적인) 생각에서 벗어나면 마음만 편안해지는 것이 아니다. 생각과 거리를 둘수록 더 나은 시야를 확보하고 좁은 시야에서는 보지 못했던 새로운 관점을 얻을 수 있다.

태어나서 처음으로 축구 경기를 본다고 상상해 보라. 카메라 초점이 오로지 심판에게만 맞춰져서 심판만 보일 뿐 선수도, 골대도, 축구장도 보이지 않는다고 하자. 그러면 무엇이 보일까? 무릎까지 올라오는 검은 양말을 신고 호루라기를 불며 허리춤에 헤어 무스 통처럼 생긴 스프레이를 차고 축구장을 가로질러 달리는 사람이 보일 것이다. 그는 끊임없이 이리저리 방향을 바꾸며 광장을 가로질러 뛰기도 하고 뒤로 돌진하기도 한다. 이상한 복장을 하고 이리저리 오가는 이 사람은 때때로 셔츠 주머니에 손을 넣어 형형색색의 카드를 공중을 향해 내밀기도 하고, 때로는 잔디밭에 무스를 엄청나게 뿌려 댄다.

만일 이 좁은 시야에서 본 내용이 여러분이 축구에 대해 아는 전부라면 아마도 그 사람이 어떤 행동 장애가 있다고 판단할 수도 있다. 그렇지 않은가? 하지만 여러분의 판단은 맥락이 빠져 있기 때문에 완전히 틀렸다. 줌인Zoom-in 화면에서는 축구장을 뛰어다니는 심판이 이상해 보일 수도 있지만 카메라를 줌아웃Zoom-out 했다면 심판이 하는 행동과 역할을 이해할 수 있었을 것이다(무스처럼 생긴 것이 무엇인지도 말이다).

마찬가지로 문제를 바라보는 우리의 시야도 대부분 너무 좁다. 우리는 상황을 너무 확대해 아주 작은 부분에만 집중한다. 시야가 좁으면 전체 상황을 왜곡해서 잘못 인식하게 된다. 특히 문제를 자기중심적으로 바라볼 경우 더 큰 맥락을 간과하는 경우가 많다. 하지만 문제와 거리를 두면 시야가 넓어지고 문제를 보다 전체적으로 볼 수 있다. 그 결과 대부분 문제가 우리에 관한 것도, 우리에게 불리한 것도 아니라는 걸 깨닫는다. 몇 가지 예를 들어 보자.

1. 여러분은 연인의 행동에 화가 났다. 격렬한 말다툼 후 여러분은 눈물을 흘렸다.
   - **좁은 시야에서 볼 경우:** '어떻게 내게 이런 상처를 줄 수 있지?'
   - **넓은 시야에서 볼 경우:** '저 사람이 그렇게 행동한 데는 다 이유가 있을 거야. 나 때문이 아닐 거야. 나한테 그냥 불똥이 튄 것뿐이야.'

2. 직장에서 힘든 조직 개편으로 기운이 쭉 빠진다.
   - **좁은 시야에서 볼 경우:** '왜 또 나지?'
   - **넓은 시야에서 볼 경우:** '회사의 사정이 있을 거야. 아마도 내가 이 회사를 계속 다니는 데 도움이 될 거야.'

3. 여러분이 이해할 수 없는 법안이 정치적으로 통과되어 분노가 솟아오른다.
   - **좁은 시야에서 볼 경우:** '어떻게 나라가 이럴 수 있지?'
   - **넓은 시야에서 볼 경우:** '정치가 항상 내 바람대로 될 순 없어. 무엇보다 중요한 요소를 고려하는 것이 맞아. 내 뜻과는 다르지만 그래도 나는 이 결정을 지지해.'

더 넓은 시야에서 바라보면 슬픔과 분노, 흥분이 완전히 가라앉기도 한다. 오하이오 주립대학교의 과학자 도미니크 미슈코프스키Dominik Mischkowski가 주도한 연구에서 피험자 94명은 과제를 수행하는 동안 몇몇 준비된 참여자들로부터 극심한 도발을 받거나 짜증을 유발하는 상황을 겪었다. 연구진은 피험자들에게 분노에서 주의를 전환하거나 적대감에 대해 깊이 생각해 보라고 요청했다.

다음 수행 과제에서 피험자들은 이전 과제에서 자신을 도발하고 짜증 나게 했던 참여자를 통제하고 원하는 대로 괴롭힐 기회를 얻었다. 그러자 자신이 느꼈던 굴욕감을 곱씹어 생각했던 피험자들은 더 강한 복수심을 보였다. 그들은 자신을 도발했던 참여자를 소음과 음악으로 더 자주 괴롭혔다. 반대로 참여자와 감정적으로 거리를 두었던 피험자들은 자신을 도발했던 참여자에게 훨씬 관대하게 반응하고 그들을 괴롭히는 행동을 하지 않았다.[50]

물론 시야를 넓힌다고 해서 모든 문제가 해결되는 것은 아니지만 많은 경우 문제를 상대의 입장에서 볼 수 있다! 그러므로 생각의 폭이 매우 좁고 자기중심적인 문제에 봉착해 있다면 더 넓은 시야로 바라봐야 한다. 앞에서 언급한 축구 경기 이야기를 떠올리며 여러분의 인지 카메라에 광각 렌즈를 끼워 보라. 그러면 축구 경기를 더 잘 조망할 수 있을 것이다. 줌아웃을 하는 것이다! 조금만 시야를 넓히면 호루라기를 든 사람뿐만 아니라 세상의 모든 것을 쉽게 이해할 수 있다. 그리고 사물을 다르게 바라보는 방법에 대한 아이디어를 얻을 것이다. 더 넓은 시야는 더 나은 통찰력을 제공한다.

조금 더 시야를 넓혀 잠시 우주로 떠나 보자. 1960년대 이후 우주여행을 떠난 최초의 우주비행사들은 지구로 귀환한 후 우주선 창문을 통해 바라본 지구가 얼마나 매혹적이고 감동적이었는지 반복해서 이야기했다. 그들은 우리가 살고 있는 지구에 대한 깊은 유대감과 책임감을 느꼈다고 말했다. 지구가 얼마나 특별한 존재인지 깨달았고 지구를 잘 보존해야 한다는 생각이 들면서 개인적인 걱정과 불편한 문제들을 대부분 잊게 되었다고 했다. 그들은 아름다우면서도 동시에 취약해 보이는 지구의 모습을 바라보면서 지구에 대한 현실감을 느꼈고 자신의 우선순위를 다시 생각하게 되었다.

작가 프랭크 화이트Frank White는 1987년에 이 심오한 경험을 조망 효과Overview Effect라는 개념으로 설명했다.[51] 2014년 우주에서 166일을 보낸 독일의 우주비행사 알렉산더 게르스트Alexander Gerst 역시 우주여행을 마치고 돌아왔을 때 이와 비슷한 느낌을 받았다고 보고했다. 조망 효과는 이후 수많은 심리 연구 프로젝트의 주제가 되었다.[52]

여러분의 차고에 우주 왕복선이 없다면 일상에서 이런 경험을 하는 것은 기술적으로 상당히 어려울 것이다. 하지만 실제로 우주여행을 할 수 없다면 그것을 생각하는 것만으로도 충분히 의미가 있다. 지금 내게 지나치게 커 보이는 문제도 멀리서 보면 그 크기가 줄어드는 것을 경험한다. 우주여행을 가지 않더라도 우리는 삶에서 그런 관점을 취해 시야를 확대하고 지평을 넓힐 수 있다.

이를테면 먼 나라로 여행을 가서 인공적인 호텔 단지를 벗어나 현지인들의 삶을 살펴볼 수 있다. 그들이 어떻게 생활하고, 무엇을 먹고, 생계를 위해 무슨 일을 하는지 자세히 관찰해 보라. 여러분이 현지 언어를 구사할 수 있거나 통역이 가능한 가이드가 옆에 있다면 현지인들의 즐거움과 두려움은 무엇인지, 그들이 미래를 어떻게 내다보는지에 대해 함께 이야기를 나눠 보라. 물론 외지인으로서 다른 문화권 사람들과 항상 깊이 있는 대화를 나눌 수는 있는 건 아니지만 단초가 되는 몇 가지 아이디어만으로도 충분할 때가 많다.

내 개인적인 경험에 따르면 과장되고 자기중심적인 관점에서 벗어나는 최고의 방법은 다른 사람의 입장이 되어 보려고 노력하는 것이다. 그렇게 하면 나의 문제를 재조명하게 된다. 다른 사람들과 가깝게 접촉하다 보면 일부 사람들이 짊어져야 하는 짐이 얼마나 무거운지 깨닫게 된다. 그러면 무거웠던 내 마음이 가벼워지고 절박했던 일들이 덜 급해지는 것을 느낀다. 또한 내가 누리는 편안함에 더 감사하고 운명에 대해 더 겸손해진다. 넓은 시야에서 전체적인 맥락을 보면 사소한 일에 덜 집착하게 되고 많은 문제가 마음속에서 점점 사라져 간다. 다른 사람을 관찰하고 알아 가는 것은 우주에서 바라보는 관점은 아니지만 우리의 좁은 시야 너머를 바라보는 유익한 방법이다.

자기 거리 두기: 해독의 최고 원칙

디퓨전과 줌아웃 외에도 내적 거리를 두는 또 다른 효과적인 방법이 있다. 이 방법은 곧바로 터득하기는 어려우며 약간의 연습과 지도가 필요하다. 하지만 모든 해독 방법 중에서 가장 훌륭한 방법이기 때문에 이 장의 마지막에 소개하고자 한다(만약 이 방법이 여러분의 정신 면역체계를 지나치게 자극한다면 우선 다른 방법을 채택하는 것이 좋다).

자기 자신과 거리를 두는 것은 가장 큰 거리감이다. 좁은 의미에서 볼 때 자기와의 거리두기는 몇몇 고통스러운 생각, 지나친 기대와 요구에서 한 발짝 물러서는 것일 뿐만 아니라 일시적으로 한 사람으로서 자신을 완전히 외면하는 것을 의미한다.[53] 말하자면 정신적으로 자신에게서 완전히 벗어나 멀리서 자신을 바라보는 것이다. 그러면 갑자기 우리는 당사자에서 관찰자로 바뀐다.

자기와의 거리두기 방법은 처음에는 추상적으로 보이지만 컴퓨터 게임과 비교해서 생각하면 좀 더 쉽게 이해할 수 있다. 1인칭 슈팅 게임First Person Shooter을 한다고 잠깐 상상해 보자. 정신없는 총격전은 잠시 잊고 캐릭터의 시점만 살펴보자. 1인칭 슈팅 게임은 1인칭 시점에서 자신이 맡은 캐릭터를 경험하고 조종하는 것이 특징이다. 즉 주인공의 눈을 통해 세상을 보는 것이다. 이런 시점은 몰입도가 매우 높아서 게임이 시작되자마자 곧 자신이 조종하는 캐릭터와 자신이 한 몸이 된 것처럼 느껴진다. 공격이나 폭발, 죽음의 위협 등 게임 중 감정적으로 스트레스를 받는 순간에는 그에 상응하는 강한 반응을 보인다.

반면 롤플레잉 게임Role-Playing Game에서는 상황이 다르다. 롤플레잉 게임에서는 플레이어가 게임 캐릭터의 전신을 볼 수 있으며 캐릭터의 뒤에서 어깨 너머로 바라보는 3인칭 시점을 취한다. 이런 시각에서는 플레이어가 자신이 조종하는 캐릭터와 하나가 되기 어렵다. 그 이유는 플레이어가 관찰자로서 캐릭터를 바라봄으로써 거리가 생겨나기 때문이다. 이처럼 외부에서 캐릭터를 관찰하는 방식은 플레이어가 직접적으로 위험에 처하지 않은 것처럼 느끼게 해준다.

자신의 생각으로부터 거리를 둔다는 것은 1인칭 시점에서 3인칭 시점으로 전환하는 것을 의미한다. 관찰자가 되어 자기 자신을 바라보게 되면 1인칭 관점에는 없었던 효과적인 거리가 생겨난다. 이런 관점의 변화는 두 가지 역할을 한다.

- **진정 효과:** 더는 자기 속에 파묻혀 있지 않고 외부에서 자신을 바라보기 때문에 부정적인 생각과 감정이 힘을 잃는다. 실연의 상처, 직장에서 겪은 스트레스나 문제 등을 내가 직접 느끼는 것이 아니라 관찰하는 것이다. 여러 연구에 따르면 관찰자 입장의 사람들은 1인칭 시점의 사람들보다 스트레스 상황과 불쾌한 생각에 정서적, 신체적으로 덜 반응하는 것으로 나타났다.[54]
- **창의성:** 거리를 두면 새로운 아이디어를 위한 공간이 생겨난다. 어려운 문제에 대한 해결책을 찾아야 하는 사람들은 해당 문제를 그 상황에 갇혀 있는 자기 자신을 위해서가 아니라 다른 사람을 위해 해결한다고 상상할 때 훨씬 더 창의적인 아이디어를 떠올린다.[55] 어깨 너머로 바라보는 관점은 부담감을 덜어 주고 해결 지향적인 사고를 할 수 있도록 머리를 비우게 해준다.

자기 거리두기는 잡념을 떨치게 해주고 스트레스를 줄일 뿐만 아니라 영감의 원천이 되기도 한다. 그러므로 생각이 계속 맴돌 때 자기 자신과 거리를 둬 보라. 자신에게서 벗어나 어깨 너머로 바라본다고 상상하고 중립적인 시각에서 무엇이 보이는지 그려 보자. 이런 다른 관점을 통해 새로운 결론에 도달할 수 있다.

구체적인 예를 들어 보자. 여러분이 (직장에서) 어떤 프로젝트를 진행하기로 작정하고 세부적인 내용까지 꼼꼼하게 작업했다고 상상해 보라. 하지만 일이 계획한 대로 잘 풀리지 않고 프로젝트는 대실패로 끝났다. 화가 난 여러분은 실수한 부분을 찾고 다른 사람이나 자신을 탓하며 열패감에 빠질 것이다. 만일 이런 상황에서 나 자신의 뒤로 물러나 어깨 너머로 상황을 중립적으로 바라볼 수 있다면 이는 매우 건강한 자기 거리두기라고 할 수 있다.

그 사람의 어깨 너머에서 무엇이 보이는가? 여러분 눈앞에 있는 사람이 당면한 문제를 어떻게 설명할 수 있는가? 쓸데없는 잡념이 지금의 이 관점에서 과연 적절하다고 생각하는가? 그 사람에게는 어떤 대안이 있는가? 그 사람에게 어떤 조언을 해주고 싶은가? 여러분은 그 사람을 게임을 할 때처럼 더 잘 조종할 수 있는가?

벽에 붙은 파리의 관점으로 바라보기

마지막으로, 자기 거리두기 개념을 조금 더 발전시켜 보자. 거실 천장에 며칠 동안 조용히 앉아 있는 파리 한 마리가 얼마나 흥미진진한 이야기를 할 수 있는지 생각해 본 적이 있는가? 이 파리는 사람들이 무언가에 행복해하고 웃고 다투고 걱정하고 분노하는 모습을 지켜보고 있다. 말하자면 완벽한 관찰자 시점에서 우리를 바라본다. 이를 '벽에 붙은 파리 효과'Fly-on-the-Wall Effect라고 하며, 가장 좋은 시각에서 중립적인 관점으로 바라볼 수 있기 때문에 치료 연구에서 널리 사용된다.[56]

많은 연구에 따르면 어떤 문제에 대해 끊임없이 생각하는 사람들이 벽에 붙은 파리의 관점에서 자신의 상황을 바라볼 때 감정적으로 덜 고통스러워하는 것으로 나타났다. 또한 그들의 감정적 반응도 약해졌다. 심장 박동이 느려지고 근육이 이완되었으며 신체적으로 덜 불안해했다.[57] 그 외에도 피험자들이 파리의 관점에서 문제를 바라봤을 때 부정적인 감정의 지속 시간이 짧아졌다.[58]

나아가 떠나가지 않는 생각과 부정적인 감정이 지속될 때 발생하는 신경 세포 작용도 약해진다. 신경학에서는 이를 테스트하기 위해 사건 관련 전위Event-Related Potential, ERP를 검사한다. 사건 관련 전위는 특정 사건이 일어날 때(이를테면 어떤 생각을 하거나 감정을 느낄 때, 통증 자극을 느끼거나 창의적인 생각을 할 때) 발생하는 전기생리학적 뇌파의 패턴을 의미한다.

미시간 주립대학교의 연구진은 이런 기법을 사용해 매우 흥미로운 결론에 도달했다. 연구진은 피험자들에게 전쟁이나 죽음과 관련된 끔찍한 이미지를 보여 준 후 그들이 본 내용을 혼잣말로 묘사하고 판단해 보라고 했다. 이때 한 집단은 1인칭 관점에서, 다른 집단은 관찰자의 관점, 즉 벽에 붙은 파리의 관점에서 실험 과제를 수행했다. 그 결과 관찰자가 된 두 번째 집단에서 감정 조절을 위한 사건 관련 전위가 현저히 낮게 나타났다. 더욱 흥미로운 점은 그 과정에서 인지적 통제를 위한 사건 관련 전위가 증가하지 않았다는 것이다. 즉 피험자가 제3자의 관점에서 상황을 설명하는 동안 정신적 에너지를 소모하지 않고서도 감정을 조절할 수 있었다는 것이다.[59]

이런 형태의 자기 거리두기는 일반적인 태도라고 볼 순 없다! 자기 자신과 계속해서 거리를 두는 것은 현실적이지도 않고 바람직하지도 않다. 그보다는 우리가 정신적, 감정적으로 자기 안에 갇혀 있고 모든 생각과 감정이 자기 주변을 맴돌 때 자기 거리두기를 일종의 요령으로 사용하는 것이 좋다. 부담감을 느꼈던 과거의 기억이나 현재의 구체적인 문제 또는 미래에 대한 심각한 걱정 등 어떤 생각이 우리를 덮치려고 할 때마다 자기 거리두기 기법을 사용할 수 있다.

자, 이제 파리가 되어 벽으로 날아가 높은 곳에서 새로운 관점으로 사물을 바라보자. 그러면 자기 거리두기야말로 가장 강력하고 효과적인 형태의 정신적 거리두기임을 알게 될 것이다. 우리가 자신과 거리를 둘 때 분노와 걱정이 '날아가 버린다'라고 표현하는 것은 아마도 이런 이유에서일지 모른다.

하루를 마무리하는 생각 디톡스 루틴

이 장도, 오늘 하루도 이제 끝을 향해 가고 있다. 이 시점에서 여러분에게 매일 저녁 내가 하는 간단한 운동을 추천하고 싶다. 스트레스가 많은 (직장에서의) 하루를 보낸 후 머릿속이 여러 가지 사건과 경험으로 가득 차고 정리되지 않은 많은 생각과 감정으로 복잡하다면, 잠자리에 들기 전에 노트를 꺼내 그 생각과 감정들을 적어 보라. 여러분이 글로 적는 것은 동시에 밖으로 내보내는 것이기도 하다. 이렇게 하면 기분 좋은 거리를 유지할 수 있다.

우리는 말할 때보다 글을 쓸 때 더 효과적으로 거리를 둘 수 있는데 그 이유는 글을 쓸 때는 충동적으로 생각을 쏟아 내는 것이 아니라 적절한 단어와 언어적 비유를 찾아 생각을 정리하기 때문이다. 생각과 경험, 느낌을 적는 동안 어떤 부분이 과장되었으며 유익한 새로운 관점이 무엇인지 알게 된다. 이처럼 글쓰기는 매우 효과적으로 우리의 정신세계를 해독한다. 운이 좋으면 글로 적는 동안 현재 자신을 괴롭히는 문제에 대한 해결책을 찾을 수도 있다.

원한다면 글로 적을 때도 중립적인 관찰자나 벽에 붙은 파리의 시선으로 자신을 바라볼 수 있다. 워털루 대학교의 연구에서 입증된 사실이기도 하지만 이렇게 하면 효과가 더 커진다. 연구진은 피험자들에게 주관적으로 중요한 경험을 적으라고 했고, 이때 한 집단은 1인칭 관점에서, 다른 집단은 3인칭 관점에서 자신을 관찰하도록 요청받았다. 실험결과 자신의 생각과 감정에서 벗어나 중립적인 관점에서 경험을 묘사한 사람들은 두 달이 지난 후 해당 사건에 대해 감정적으로 더 큰 거리를 두는 것으로 나타났다. 반면에 1인칭 시점으로 글을 쓴 사람들은 훨씬 더 오랫동안 그리고 더 강하게 감정적으로 영향을 받았다.[60]

글로 내면을 들여다보는 것을 흔히 저널링Journaling이라고 한다.[61] 저널링은 하루 동안 나와 내 주변에 어떤 일이 일어났는지, 그로 인해 마음속에서 무슨 일이 일어나고 있는지 기록하는 것이다. 그저 기록하는 일기를 쓰는 것이 아니라 자신의 감정과 생각에 접근하고 이를 표현하고 동시에 극복하는 것이다. 이렇게 하면 하루를 더 잘 마무리하고 평온함을 찾을 수 있다.

요한 볼프강 폰 괴테Johann Wolfgang von Goethe는 35년 동안 여행하면서, 다른 사람들과 대화하면서 경험하고 느낀 것을 정확하게 기록했다.[62] 그의 일기에는 감정의 분출뿐만 아니라 고백이나 문제 해결, 새로운 아이디어도 담겨 있었다. 또한 그의 글쓰기는 자신의 사상을 정리하는 데 큰 도움을 주었다. 괴테는 자신이 죽기 엿새 전까지 기록을 남겼다. 그가 더 오랫동안 글을 썼더라면 얼마나 좋았을까!

하루를 마치고 잠자리에 들기 전에 간단한 간식을 먹는 것도 좋다. 그렇게 하면 밤에 잡념이 생기는 것을 막고 수면의 질을 개선해 다음 날 아침 더 개운하고 편안한 마음으로 하루를 시작할 수 있다. 감정에 휩싸인 생각과 잡념은 보통 밤에 많이 생긴다. 그 이유는 기분을 조절하는 신경전달물질인 세로토닌Serotonin이 대략 새벽 2~4시 사이에 감소하기 때문이다. 살짝 잠이 들었다가 이 시간에 깨는 사람들은 생각과 감정이 홍수처럼 넘쳐 나는 경험을 하는 경우가 많다. 그리고 그렇게 되면 대부분 침대에서 뒤척이며 한숨도 자지 못한다.

줄어든 세로토닌을 채우기 위해 직접 세로토닌을 공급할 수는 없지만 뇌에서 세로토닌으로 전환하는 아미노산인 트립토판Tryptophan을 잠자리에 들기 약 1~2시간 전에 섭취하는 방법이 있다. 대부분의 연구에서는 표준화된 트립토판 보충제를 언급하지만[63] 트립토판이 함유된 음식도 깊은 수면을 유도해 밤 동안 잡념을 줄이는 데 도움이 된다. 이는 특히 나이 든 사람들에게 큰 도움을 준다.[64] 효과는 중간 정도이지만 그럼에도 유익한 방법이다.

트립토판이 함유된 식품으로는 땅콩과 호두(호두는 건강한 뇌와 같은 모양이다), 다크코코아 제품, 호박씨, 참치, 콩, 에담Edam 치즈(네덜란드의 대표적인 치즈—옮긴이), 돼지 간 등이 있다. 너무 늦은 밤에는 돼지 간보다 호두를 먹는 것이 좋으며 보통 한 줌이면 충분하다. 그러면 숙면을 취할 수 있을 것이다!

생각을 멈춘다고 해서 잃는 것은 없다

모든 것에는 끝이 있지만 우리의 생각은 때때로 끝이 없다. 오늘날 많은 이들이 수없이 떠오르는 생각을 떨쳐 버리지 못하고 내면의 평온함을 찾지 못해 고통받고 있다. 우리의 머릿속은 끊임없이 생각하는 성향이 있다. 작은 연결도로로 이뤄진 촘촘한 교통망을 따라 매일 6,000개 이상의 생각이 우리 머릿속을 통과하며 그중 일부는 기다란 생각 벌레가 되어 우리의 마음을 뒤흔든다. 생각은 머릿속에서 거대한 세계를 만들어 내고 우리는 그 세계에 사로잡혀 생각과 하나가 된다.

불안감, 수치심, 자기 의심, 화, 분노와 같은 무의식적인 감정은 우리가 생각을 계속하게 만든다. 특히 부정적인 감정은 비교적 오랫동안 지속되며 회전목마처럼 계속 생각을 돌아가게 만든다. 최악의 경우 생각이 꼬리에 꼬리를 물고 이어져 머릿속을 맴돌다 결국은 해결책을 찾지 못한다. 끊임없이 생각만 할 뿐 행동은 거의 하지 못하는 것이다. 이처럼 너무 많은 생각은 우리의 정신 면역체계를 마비시켜 큰 부담을 주는 보톡스가 된다.

구체적으로 깊은 생각을 하는 것이 일상생활에서 중요하고 도움이 되기는 하지만 그렇다고 해서 반드시 어려운 문제에 대한 최선책이거나 유일한 전략은 아니다. 때때로 우리는 자신이 빠져 있는 구덩이를 점점 더 깊게 판다. 그렇기에 의식적으로 계속 주의를 전환하는 것이 효과적인 방법이 될 수 있다. 이를 위해서는 깊게 빠져들어 주의를 완전히 집중시키는 손으로 하는 활동이 적합하다. 가장 이상적인 경우 우리는 몰입 상태에서 자기를 잊는 경험을 하게 되며 더불어 마음도 진정이 된다. 목적이 없는 활동 또한 쉽게 몰입 상태에 빠지는 방법이다. 즉 프락시스로 포이에시스를 넘어서기도 한다!

궁극적으로 우리 마음은 자연 속에서 해독된다. 자연은 과활성화된 디폴트 모드 네트워크를 가라앉혀 잡념을 확실하게 떨치게 해준다. 자연 속에서 우리는 자기도 모르게 몸을 움직이고, 자연의 아름다운 색상과 질감에 경탄하기 때문이다. 자연은 놀라움을 불러일으키고 대양의 느낌을 안겨 준다. 이 경외감 속에서 많은 문제가 갑자기 아주 작게 느껴진다.

우리는 생각과 거리를 둠으로써 우리를 괴롭히는 생각에서 벗어날 수 있다. 디퓨전은 자신이 하는 생각과 자기 자신을 별개로 보고 분리하는 방법이다. 거리를 확보하는 또 다른 방법은 줌아웃해서 더 먼 거리에서 문제를 바라보는 것이다. 이렇게 하면 상황을 다른 맥락에서 바라볼 수 있고 더 잘 이해할 수 있다. 더 큰 시야에서 보면 과장된 생각이 뚜렷하게 보이며 더불어 대안도 눈에 띈다.

특히 교착상태에 빠진 상황에서 나 자신과 거리를 둘 때 가장 큰 거리를 확보할 수 있다. 자신과 거리를 확보한다는 것은 외부에서 자신을 관찰하듯이 정신적으로 자신으로부터 한 발짝 물러서는 것을 의미한다. 자신의 주관성을 상대화하는 것은 자신을 포기하는 것이 아니라 내적 평온함을 얻는 최고의 방법이다. 이런 맥락에서 자기 거리두기는 자기중심적 사고를 해독하는 가장 효과적인 방법이다.

이와 비슷하게 어깨 너머로 또는 벽에 붙은 파리의 관점에서 바라보면 전체의 큰 그림을 더 잘 이해할 수 있다. 그 결과 자신의 감정이 덜 부담스럽고 우리 자신을 맴도는 생각이 덜 괴롭게 느껴진다. 앞으로 벽에 파리가 붙어 있는 것을 보게 된다면 파리를 잡아 죽이지 말고 이 장에 적힌 내용을 떠올리길 바란다.

이 모든 것은 단순히 스트레스를 해소하는 것 이상의 의미가 있다. 앞에서 살펴본 바와 같이 우리는 힘들게 생각하는 것을 의식적으로 멈출 때 더 창의적인 아이디어를 떠올릴 수 있다. 이처럼 해당 문제에서 거리를 두면 해결책에 훨씬 더 가까워지는 경우가 많다. 그러니 지금 여러분을 괴롭히는 문제에서 의식적으로 시선을 돌려 하늘을 바라보라! 행운은 눈을 들어 하늘을 올려다봐야 얻을 수 있다. 카이로스는 새로운 기회를 가져다준다. 만약 앞머리를 휘날리며 하늘을 가로질러 날아다니는 청년을 보게 된다면 그의 앞머리를 움켜쥐어 보라!

물론 집중적인 사고 없이는 그 어떤 문제도 해결할 수 없다. 하지만 오늘날 우리는 대체로 너무 많은 생각을 하고 자기중심적으로 생각이 맴돈다! 이제 이런 잡념을 멈추는 것부터 시작해 보자. 돼지 간 한 조각과 호두 몇 개를 우물거리며 복잡한 세상 속에서도 가끔은 생각을 멈추고 정신적으로 건강한 방식으로 문제를 잊을 수 있다는 사실을 명심하라. 그 과정에서 잃는 것은 아무것도 없다. 오히려 우리는 매우 소중한 것, 즉 마음과 정신의 평온함을 얻을 것이다.

제4장

유쾌함을 유지하기

: 내면의 상처를 치유하는 법

웃지 않는 사람들

오늘 여러분은 언제 어디서 마지막으로 웃었는가? 계좌 명세서를 보거나 거울을 봤을 때인가? 아니면 이 책을 읽으면서인가? 늦어도 이 장부터는 여러분이 웃기 시작했으면 좋겠다. 웃음은 우리가 할 수 있는 가장 인간적인 행동이다. 인류는 항상 웃음을 이웃과 나눠 왔으며 모든 시대와 문화, 지역을 막론하고 이를 실천하고 있다. 하노버 대학교의 학자들은 적어도 1,600만 년 전, 즉 인간이 유인원 혈통에서 분리되기 전부터 웃음이 진화적으로 시작되었다고 본다.[1]

최근 수십 년 동안 우리의 이런 웃음 능력이 다소 위축된 것일까? 이와 관련해 독일의 부족한 데이터 대신 영국의 데이터를 찾아보자. 오션 빌리지Ocean Village에서 실시한 설문조사에 따르면 지난 50년 동안 영국인들이 하루 평균 웃는 시간이 18분에서 6분으로 떨어졌다고 한다(하루 평균 성관계 시간이 7.5분이라는 사실에 비하면 매우 슬픈 수치다).[2] 언젠가는 정말로 웃음이 사라질지도 모르겠다. 참고로 이 설문조사는 영국이 유럽연합에서 탈퇴하기 전에 실시되었으며 그 후 통계가 바뀌었는지는 확실하지 않다.

인간은 태어날 때부터 억누를 수 없는 쾌활한 본성을 가지고 있다. 우리는 세상에 나올 때 큰 울음소리를 내며 첫 웃음은 생후 8주부터 시작된다(때로는 그전에도 잠자는 신생아의 입술에서 천사의 미소를 발견할 수 있다). 그리고 생후 1년 동안 웃음은 꾸준히 증가해 시간당 대략 20회까지 증가하는데[3] 유아는 (낮에 깨어 있는 시간에 따라 다르겠지만) 하루에 200번 정도 웃는다고 한다! 생후 1년이 지나면 평균 웃음 빈도는 다시 약간 감소한다.

그러면 우리 자신을 한번 살펴보자. 여러분은 평범한 하루에 몇 번이나 웃는다고 생각하는가? 물론 이 질문에 대답하기는 쉽지 않다. 배를 움켜잡고 웃는 순간에 누가 웃음 횟수를 셀 수 있겠는가? 이 대답은 과학자들에게 맡겨야 할 것이다. 하지만 웃음을 세는 방법이 어렵기 때문에 구체적인 증거는 매우 희박하다. 캐나다의 웨스턴 온타리오 대학교에서 다양한 연령대의 성인 80명을 대상으로 사흘 동안 관찰한 결과 사람들은 하루 평균 18회의 웃음 빈도를 보였다.[4] 현재 독일 사람들은 하루 평균 20회 정도 웃는 것으로 추정된다(라인란트 지역은 이런 전국 통계를 높이는 데 기여하고 있다).

사실 설문조사에서 대다수의 사람은 자신의 웃음을 과소평가하는 것으로 나타났다. 우리는 재미있다고 생각할 때만이 아니라 친근감이나 호감을 표시할 때도 웃음을 사용한다. 또한 특별한 이유 없이 바보같이 행동하거나 누군가를 유혹할 때, 당황할 때도 웃는다. 웃음은 일상적인 상호작용에서 사용할 수 있는 진정한 만능 무기다. 다행히도 우리는 설문조사에 나타난 횟수보다 더 자주 웃는다. 하지만 궁극적으로 중요한 사실은 매일 얼마나 자주 웃느냐가 아니라 얼마나 유쾌하게 삶을 살아가느냐다. 아마 이 대목에서부터 여러분은 얼굴에서 미소를 거두고 진지해지기 시작할 것이다.

가장 재미없는 나라 1위, 독일

2000년에 괴팅겐의 정신과 의사 울리히 슈트렉Ulrich Streeck은 '충격적인' 현상을 지적하는 논문을 발표했다. 그는 대다수의 사람이 평소 끊임없이 걱정을 하는 경향과는 달리, 다소 '현실에 맞지 않는 쾌활함'을 보이는 일부 사람들을 관찰했다. 이들은 어려운 상황에 처해 있는데도 심리적 경험이 균일하게 나타나는 특징을 보였다. 심지어 '쾌활함'과 같은 아주 이상한 모습이 관찰되기도 했다.[5] 이에 슈트렉은 범쾌활성 장애 Generalisierte Heiterkeitsstörung라는 이름의 새로운 정신 질환을 시급히 도입해야 한다고 제안했다.

당시 많은 심리학자와 치료사, 언론인이 이 논문을 읽고 그의 생각에 열정적으로 동조했다. 적어도 슈트렉이 이 기사를 풍자적인 의미에서 썼다는 사실을 밝히기 전까지는 말이다. 실제로 그는 웃음이 점점 더 줄어드는 사회에서 어려운 생활 환경에도 불구하고 밝게 살아가는 소수의 사람이 오히려 정신적으로 이상해 보이는 현상을 풍자한 것이었다. 최고의 풍자가 아닌가!

그런데 독일 사람들은 다른 나라 사람들보다 정말로 덜 쾌활할까? 독일인에 대한 이런 고정관념을 피하고 싶지만 일반적으로 독일 사람들은 재미가 없는 사람으로 여겨진다. 몇 년 전 소셜 네트워크 바두Badoo는 사용자 3만 명에게 15개국 사람들의 유머 감각을 평가해 달라고 요청했다. 결과를 공개하기 전에 손수건을 준비하길 바란다. 꼴찌는 역시나 독일 사람들이 차지했고 독일은 공식적으로 가장 재미없는 국가로 뽑혔다.[6] 독일 사람들이 이런 우울한 순위를 차지한다는 사실은 이젠 익숙하지만(유로비전 송 콘테스트Eurovision Song Contest만 보더라도 알 수 있다) 잘 생각해 보면 독일인에 대해 사람들이 그렇게 생각하는 게 맞는 것 같기도 하다.

사실 독일인들은 어느 정도의 우울감을 비교적 자주 경험한다. 코로나 팬데믹 이전에 25개국의 약 25만 명을 대상으로 한 유럽연합 전역에 걸친 설문조사에 따르면 우울증의 평균 유병률은 6.6퍼센트였지만 독일에서는 9.2퍼센트로 나타났다. 이는 룩셈부르크 다음으로 유럽에서 가장 높은 수치였다.[7] 경증 우울 장애의 유병률은 훨씬 더 높았다.

하지만 이런 과학적 수치를 너무 과대평가하는 것은 바람직하지 않다. 자기 평가가 실제 상황을 제대로 반영하는 경우는 드물기 때문이다. 결론적으로 독일 사람들이 덜 쾌활하다는 증거는 다소 불완전하다. 지금이야말로 희망의 미소를 지을 좋은 타이밍이다.

끊임없는 집단 분노

앞의 설문조사 결과와 상관없이 최근 몇 년 동안 많은 이들이 유쾌함을 잃은 것 같다는 생각이 든다. 특히 독일 사람들은 스트레스를 훨씬 더 많이 받고 더 빨리 흥분하는 것 같다. 정신의학에서는 이를 두고 흔히 '모로스적인 기분에 빠져 있다'Sie sind in einer morosen Stimmung라고 하는데 이는 '기분이 언짢다', '짜증을 잘 내다' 등으로 해석할 수 있다(참고로 모로스Moros는 그리스 신화에 등장하는 파멸의 신이다).

독일인들은 사소한 일에도 금방 흥분하고 예민하게 받아들이며 불끈 화를 낸다. 소셜 네트워크에서는 많은 사용자가 단순한 게시물에도 악의적이고 혐오스러운 댓글을 다는 현상이 자주 목격된다. 대학 강의실에서도 교수들이 자칫 양성평등을 고려하지 못한 발언을 해서 상처받은 학생들이 격분해 바리케이드를 치고 시위하곤 한다. 온라인 서점의 구매 페이지에서도 독자들이 작성한 뻔뻔하고 터무니없는 리뷰를 종종 볼 수 있다.

또한 숙련된 일손이 부족해 평소보다 음식을 더 오래 기다려야 하는 식당에서 손님이 참지 못하고 직원에게 무례하게 행동하는 모습도 심심찮게 볼 수 있다. 심지어 교사가 학부모를 위해 개설한 왓츠앱WhatsApp 단체방에서는 파티 때 자신의 아이에게 유당을 제거한 머핀을 주지 않았다는 이유로 일부 부모가 불평을 쏟아 내기도 한다.

이처럼 사람들이 분노하는 사례를 열거하자면 끝도 없다. 아마도 여러분은 오늘날 사람들이 감정적으로 쉽게 분노하거나 심지어 공격적인 전투 모드에 돌입하는 유사한 사례를 많이 봐 왔을 것이다. 이젠 사람들에게서 예전의 경쾌한 차분함이나 친절한 미소를 찾아보기는 어려워졌다.

끊임없이 분개하는 사람들은 자신이 종종 느낀 개인적인 부당함을 알리고 싶어 한다. 하지만 그러는 과정에서 그들 자신이 부당하게 행동하기도 하고, 때로는 남을 헐뜯고 비방하기도 한다. 2020년 코로나 시위에서 분노한 시민들이 개인의 자유를 박탈당했다는 이유로 기본법이 적힌 팻말을 마구 흔들며 격렬하게 항의했던 때를 기억하는가? 지금 돌이켜보면 상상할 수 없는 일이지만 일부 사람들은 실제로 교수대에 매달려 있는 정치인의 사진을 들고 행진하기도 했었다! 품위와 예의가 전혀 없는 이런 공격적인 과잉 반응은 지금까지도 우리의 말문을 막히게 하고 화를 돋운다. 오늘날 감정의 도화선이 이토록 짧아지고 감정적으로 강력하게 폭발하는 이유는 무엇일까?

내면의 염증을 일으키는 정보 자극

그 이유는 아마도 전반적인 과도한 자극 때문일 것이다. 어쩌면 오늘날 너무나 많은 것이 매일 우리 머릿속을 가득 채우고 마음을 짓누르고 있는지도 모른다. 프로이트는 1919/1920년에 발표한 논문에서 인간의 심리를 일종의 작은 수포Bläschen로 묘사했다.[8] 이 수포의 막은 위험한 외부 세계로부터 민감한 내면을 보호하며 강한 자극을 받으면 찢어질 수 있다. 그렇게 되면 외부 세계의 것들이 예민한 내면으로 쏟아져 들어오고 그때부터는 무방비 상태에 놓인다. 그 결과 내적 '염증'이 생겨 감당하기 어려운 부담스러운 감정이 흐르는 동시에 영혼을 온전하게 지키기 위한 다양한 심리적 방어 반사 작용이 뒤따른다.

이런 프로이트의 모델은 일반적인 과민 상태와 쉽게 상처받는 현상을 설명해 준다. 그러면 오늘날 우리는 과도하게 자극받은 수포일까? 세상은 매일 우리에게 엄청나게 많은 것을 쏟아붓는다. 지난 세기까지만 해도 우리에게 쏟아진 정보의 양은 한 명당 약 75기가바이트였다. 지금 우리는 이 양의 절반을 단 하루 만에 흡수한다![9] 디지털 기술로 전 세계가 우리의 감각 반경 안으로 밀려 들어오면서 외부에서 우리의 수포막을 압박한다. 그러니 금세 막이 찢어져 우리의 내면에 염증을 일으키는 것은 어찌 보면 당연한 일이다.

심리적 상처를 치유하는 효과적인 방법

염증은 일단 나쁜 것이 아니라 면역체계가 제대로 작동하고 있다는 신호다. 이를테면 손가락이나 발가락에 더러운 나무 조각이 박히면 염증이 생겨나 해당 부위의 세균을 죽이고 박힌 나무 조각을 가능한 한 빨리 배출되게 한다. 급성 염증은 피부가 고통스럽게 부어오르고 보기 싫은 붉은색으로 변하기 때문에 불쾌감을 줄 수 있다. 그러나 이는 면역학적 관점에서 볼 때 이로운 것이다. 반면 염증 반응이 과하게 나타나거나 만성화되는 경우는 정반대의 효과가 생겨날 수 있다. 이 경우는 염증이 유기체를 약화하고 염증 자체가 병으로 변질될 수 있다. 따라서 염증은 적절하게 작용해야 효과를 볼 수 있다.

이는 심리에도 적용할 수 있다. 실제로 우리에게 어떤 문제가 발생하면 내적 염증이 생겨나고, 이를 없애려고 에너지를 집중하기 때문에 염증은 일반적으로 도움이 된다. 반면에 사소한 일에도 크게 흥분하고 격앙하면 정신 면역체계가 약해지는데, 그 이유는 최소한의 자극과 최대한의 싸움을 벌이면 자원이 소모되어 시간이 흐를수록 에너지가 줄어들고 지치기 때문이다.

＊ ＊ ＊

이 장의 후반부에서는 효과적으로 염증을 억제하는 몇 가지 방법을 소개하고자 한다. 바로 웃음과 코믹함, 유머! 이것들은 우리 마음에 난 상처에 바르는 항염증 연고와 같은 효과를 지닌다. 또한 흥분하고 자극받은 우리 마음을 식혀 주기 때문에 매우 유익하며 우리가 마음의 상처를 입어서 막이 찢어졌을 때 심리적으로 빠르게 치유해 준다.

여기서부터는 먼저 웃음에 대해 설명하고 웃음이 언제 우리에게 도움이 되는지(또는 되지 않는지) 이야기하려고 한다. 그런 다음 코미디와 풍자, 자조적인 유머에 대해 살펴볼 것이다. 어떤 형태의 유머가 우리의 심리적 상처를 잘 치유할 수 있을까? 마지막으로는 유쾌한 유머 기술을 소개하고 유머 감각을 키우는 전략을 제시하고자 한다. 이 전략들은 여러분이 더 밝고 편안하게 삶을 살아갈 수 있도록 도와줄 것이다. 또한 어떤 농담은 듣기에 불편할 수도 있겠지만 결국에는 모두가 함께 웃을 수 있을 것이다. 자, 이제 유머에 빠질 준비가 되었는가?

웃으면 건강해진다

먼저 여러분을 잠깐 영화관으로 데려가 웃음의 힘을 상기시키는 영화를 보여 주고자 한다. 바로 로빈 윌리엄스 주연의 1998년 영화 〈패치 아담스〉Patch Adams다. 이 영화는 젊은 시절 자살을 시도해 정신병원에 입원한 이후, 의사가 되어 어려운 상황에 놓인 사람들을 돕고 웃게 만들겠다고 마음먹은 의사 헌터 도허티 아담스Hunter Doherty Adams의 이야기를 다루고 있다. 그는 퇴원 후 의학 공부를 시작해 1970년대 초에 박사 학위를 취득했고 그때부터 병원에 있는 사람들의 기분이 좋아지도록 도움을 주었다.

감동적인 이 이야기는 실화에 바탕을 둔 것으로 실제 주인공 아담스는 몇 년 후 게준트하이트 연구소Gesundheit! Institute를 설립해 저소득층 사람들에게 의료적, 심리적 도움을 제공했다. 그는 지금도 뜻을 같이하는 사람들과 함께 전 세계를 다니며 고아와 병든 사람들을 유쾌하게 돕고 있다.[10]

아담스는 웃음과 건강의 연관성에 대해 알려진 바가 거의 없던 시기에 웃음의 효과를 연구하기 시작했다. 물론 이 주제에 대해 학문적으로 연구가 되고 있기는 했지만 아직 초기 단계에 머물러 있었다. 최초의 유머 연구소는 1964년이 되어서야 미국에서 설립되었다. 오늘날 유머와 웃음 연구는 훨씬 더 발전한 상태다.

최근 예나 대학교의 두 학자는 웃음에 관한 학문적 연구 결과를 다음과 같이 요약했다. 웃음은 분명히 건강을 증진하는 효과가 있다. 웃음은 혈압을 낮추고 신진대사를 활성화하며 통증을 줄여 주고(이에 대해서는 뒤에서 다시 다룰 것이다) 불안함, 스트레스, 우울감, 두려움과 같은 온갖 심리적 스트레스를 완화한다. 또한 다양한 질병의 임상 경과를 개선하고 치유 가능성을 높인다.[11]

또한 웃으면 건강이 좋아질 뿐만 아니라 수명도 연장될 수 있다. 미국의 학자 어니스트 아벨Ernest Abel과 마이클 크루거Michael Kruger는 2010년에 야구 선수 230명의 1952년 친필 사인 카드를 분석한 결과 카드에서 웃음을 짓고 있던 선수들이 더 오래 살았다는 사실을 확인했다. 2010년까지 사망한 선수들 중 카드에서 엄숙한 표정을 짓고 있던 선수들은 73세를 넘기지 못했으며 웃음을 지었던 선수들은 2년 더 오래 살았다. 그리고 특히 활짝 웃었던 선수들은 거의 80세까지 살았다.[12]

이런 상관관계만으로 원인과 결과에 대한 결론을 내릴 수는 없기 때문에 이 연구 결과에 너무 도취되어서는 안 된다. 하지만 다른 연구에서도 규칙적인 웃음이 통계적으로 조기 사망률을 줄여 줄 수 있다는 결과를 보여 준다.[13] 결론적으로 자주 웃는 것은 어려운 상황에서도 밝고 유쾌하게 삶을 살아갈 수 있는 능력을 보여 주는 것이므로 생존 및 수명과 어느 정도 연관성이 있는 것은 사실이다. 이에 대해서는 나중에 자세히 살펴보려고 한다.

나는 웃음 짓는 야구 선수들에 관한 연구를 읽은 후, 고등학교 졸업 앨범을 다시 훑어봤다. 놀랍게도 앨범 속 내 표정을 보니 시간이 얼마 남지 않은 것 같다. 그러니 얼른 서둘러서 글을 쓰는 것이 좋겠다.

TIP 웃으면 살이 빠진다? +

웃음이 아무리 큰 효과가 있다 하더라도 조금은 제한을 둘 필요가 있다. 뚱한 표정을 지을 때보다 웃을 때 칼로리를 더 많이 소모하기 때문에 살이 빠진다는 글을 간혹 본 적이 있을 것이다. 이는 생리적으로 맞는 말이지만 그 차이는 그렇게 크지 않다. 즐겁게 웃을 때는 약 15퍼센트의 칼로리를 더 태울 수 있다.[14] 10분 동안 지속해서 웃을 때 소모되는 칼로리는 약 5~10킬로칼로리에 불과하다. 말하자면 코미디 프로그램을 보면서 90분 동안 계속 웃을 때 소모되는 열량은 기껏해야 작은(정말 작은) 피자 한 조각과 맞먹는 수준이다. 저녁에 나초와 팝콘을 먹으면서 영화 한 편을 본다고 해서 정말로 살이 빠질지는 잘 모르겠다. 차라리 조깅을 하는 것이 나을 것이다. 달리면서 웃는다면 더 좋겠지만.

웃음은 또한 질병과 종양에 대한 저항력을 높인다. 이런 연관성을 최초로 발견한 학자 중 한 명은 웃음 연구의 아버지로 꼽히는 윌리엄 프라이william Fry다. 그는 피험자들에게 유명한 슬랩스틱 코미디 시리즈인 〈로렐과 하디〉Laurel and Hardy의 한 에피소드를 시청하게 한 후 혈액 샘플을 채취해 면역 세포의 활동을 분석했다. 그 결과 피험자들이 영상을 재미있게 볼수록 체내에서 순환하는 이물질과 종양 세포를 파괴하는 자연 살해 세포Natural Killer Cell의 수와 활동이 모두 증가했다.[15]

다른 연구진의 후속 연구에 따르면 무엇보다도 박테리아를 막아 주는 역할을 하는 항체의 농도도 혈액과 타액에서 증가한다는 사실이 밝혀졌다.[16] 이런 연구 결과는 현재 소아암 병동에서 아픈 아이들을 웃기기 위해 어릿광대가 자주 등장하는 이유 중 하나다.[17] 물론 이는 아이들을 슬픔에서 벗어나게 해주고 기쁨을 주기 위한 목적이지만 면역체계를 강화하는 것은 암과의 싸움에서 추가적인 도움이 된다.

그 외에도 웃음은 사람들을 고통에 덜 민감하게 만든다. 옥스퍼드 대학교에서 실시한 한 연구에서는 피험자들에게 차가운 얼음물이 담긴 양동이에 손을 최대한 오래 담그도록 했다. 그런 다음 한 집단에게는 〈미스터 빈〉Mr. Bean이나 〈프렌즈〉Friends 같은 시트콤을, 다른 집단에게는 무미건조한 다큐멘터리를 시청하게 했다. 시트콤을 시청한 집단은 다큐멘터리를 시청한 집단보다 찬물에 훨씬 더 오래 손을 담그고 있었다. 말하자면 TV 시청 자체가 아니라 프로그램의 재미있는 내용이 통증을 더 잘 견딜 수 있게 해준 것이다.[18]

웃을 때는 엔도르핀Endorphine이나 엔도카나비노이드Endocannabinoid가 방출되는 것으로 추정되는데, 이 물질들은 신체 통증에 둔감해지는 데 중요한 역할을 하고 도취 상태에 빠지게 한다.[19] 이런 효과는 수술 전에 통증에 대한 두려움을 최대한 줄이기 위해 병원이나 치과에서 오래전부터 사용되고 있다.[20]

가짜 웃음 vs. 진짜 웃음

그러나 진정으로 웃어야만 지금까지 언급한 모든 이점을 누릴 수 있다. 1988년에 수행된 유명한 실험에 따르면 입꼬리를 올리는 것만으로도 긍정적인 효과가 있는 것으로 나타났지만 실제로는 충분하지 않다. 만하임 대학교의 한 연구에서 연구진은 피험자들에게 연필을 입에 물고 웃는 모습을 흉내 내도록 했다. 그런 다음 그들에게 만화를 보게 하자 그들이 이전에 무표정이나 슬픈 표정을 지었을 때보다 만화를 더 재미있어 한다는 사실을 발견했다.[21] 오늘날까지도 이 연구는 인위적인 웃음도 사람들의 기분을 긍정적으로 이끌 수 있다는 증거로 매우 무비판적으로 사용되고 있다.

신체의 움직임과 감정 사이에 생리학적 연관성이 있다는 사실은 완전히 틀린 것은 아니다. 미국의 심리학자 윌리엄 제임스William James와 덴마크의 생리학자 카를 랑게Carl Lange의 오래된 이론을 바탕으로[22] 오늘날 감정 연구에서는 감정이 신체 반응을 따르거나 그로 인해 강화된다고 가정한다. 이를테면 울음은 슬픔의 감정을 뒷받침하며 두근거리는 마음은 우리의 연애 감정을 강화한다.

하지만 신체가 우리 감정에 미치는 영향은 그다지 크지 않다. 위에서 언급한 연구 결과를 가지고 연필을 입에 물고 웃는 시늉을 한다고 해서 기분이 좋아진다고 추론하는 것은 말도 안 된다. 그런데도 이런 내용이 널리 전파되고 있는 모양이다. 최근 한 세미나에서 나는 어떤 강사가 참가자들에게 다음과 같이 조언하는 것을 목격했다.

"기분이 안 좋을 때는 화장실에 가서 펜을 입에 물고 5분 동안 웃으면서 심호흡을 하세요. 그러면 곧바로 기분이 나아질 거예요."

그렇게 간단했다면 독일 사람들이 쾌활함이 부족하다는 이야기가 나오지 않았을 것이다(펜은 더 많이 팔렸겠지만 말이다). 물론 입에 펜을 물든, 화장실에서 안면 근육 운동을 하든 잘못된 것은 아니다. 어쩌면 한두 가지 막힌 생각을 해결하는 데 도움이 될 수도 있다. 그러나 인위적인 웃음은 그에 상응하는 유쾌한 생각이 마음속에서 생겨나지 않는다면 기분을 개선하기 어렵다. 즉 감정을 싣지 않은 신체 움직임만으로는 부정적인 감정을 쉽게 떨칠 수 없다. 게다가 숨을 깊이 쉬는 것도 불가능하다(참고로 화장실은 심호흡하기에 그리 좋은 장소는 아닌 것 같다).

TIP 펜을 입에 물어 보기 ＋

내 말을 믿지 못하겠다면 직접 시도해 보길 바란다. 할 일이 너무 많아 기분이 축 처지거나 누군가에게 화가 나서 분노가 치밀어 오른다면 입에 연필을 끼우고 15분 후에 자신의 마음을 솔직하게 느껴 보라. 기분이 좀 나아졌는가? 어쩌면 동료들이 여러분의 모습을 보고 우습다고 생각할 수도 있지만, 그러한 반응만으로도 의미 있는 일이라 볼 수 있다.

실제 웃음과 인위적인 웃음은 완전히 다른 신경 패턴을 보인다. 이런 사실은 자기공명영상MRI 스캐너로 뇌를 들여다보면 확인할 수 있다. 어처구니없는 상황에 놓여 진짜로 웃을 때는 우리의 감정을 조절하고 통제하는 시스템, 그중에서도 특히 편도체, 시상하부의 특정 부분, 보상중추, 뇌간의 뒷부분이 활성화된다. 반면에 즐거운 마음이 빠진 인위적인 웃음은 운동을 조절하고 통제하는 시스템, 즉 전운동피질Premotor Cortex, 덮개Operculum, 피라미드로Pyramidal Tract, 뇌간의 앞부분을 활성화한다.

이런 뇌의 경로를 서로 다른 두 개의 강이라고 상상해 보라. 한쪽 강은 더 뒤로 흐르고(감정), 다른 쪽 강은 더 앞으로 흐른다(운동). 두 강은 중뇌Midbrain라는 다리 아래에서 만난다. 중뇌에는 안면 근육과 호흡 등 몇 가지 자율 기능을 조절하는 중추가 있다. 여기서부터 두 강은 같은 길을 따라간다.[23]

다시 말하면 운동 반응으로서의 웃음은 대체로 뇌의 감정 중추를 '우회'한다는 것을 알 수 있다. 일상에서 웃음과 기쁨이 항상 동시에 일어나는 것이 아니기 때문에 이런 결과는 놀라운 게 아니다. 엄밀히 말하면 다섯 번의 웃음 중 단 한 번만 재미있는 일 때문에 웃는다.[24] 대신 우리는 즐거움과는 상관없는 많은 상황에서 입꼬리를 올린다. 예를 들면 당황하거나 누군가를 유혹할 때 웃는다. 내 딸은 무언가를 원할 때 인위적인 미소를 짓는다. 이런 웃음은 재미와 전혀 상관없다!

요약하면 결정적인 역할을 하는 것은 웃음이 아니라 각 상황에서 비롯되는 재미와 그로 인해 유발되는 감정이다. 우리 뇌는 즐거움으로 이어지는 생각이 필요하다. 표정과 몸짓이 우리의 감정 상태에 어느 정도 영향을 미칠 수는 있지만 즐거워지려고 이를 악물고 억지로 웃는 것만으로는 충분하지 않다. 하지만 여러분이 정말로 웃긴 상황에서 배꼽을 잡고 웃는다면 잘하고 있는 것이다.

참고로 표정을 보면 그 사람이 정말 즐거운지 아닌지를 알 수 있다. 웃을 이유가 없는 상황에서 인위적으로 웃을 때 입꼬리는 올라가지만 눈 주위의 눈둘레근 Orbicularis Oculi Muscle은 이완된 상태를 유지한다.[25] 이는 다른 사람의 눈에도 보인다. 관찰자의 뇌에서는 전두엽의 중앙 앞쪽에 있는 영역이 활성화되면서 이런 생각이 든다. '저 사람은 왜 저렇게 이상하게 웃고 있지? 지금 무슨 생각을 하는 걸까?' 가짜 웃음은 다른 사람들에게 기쁨을 불러일으키는 게 아니라 생각을 하게 만든다.[26] 그러므로 가짜 웃음은 처음부터 짓지 않는 것이 좋다. 부득이하게 인위적인 웃음으로 다른 사람을 속여야 한다면 최소한 손으로 얼굴을 가려서 눈둘레근이 보이지 않게 하라. 적어도 이런 여러분의 모습을 보는 것만으로도 사람들은 재미있어 할 것이다.

도파민과 카타르시스

모든 것에는 긍정과 부정, 코믹함의 세 가지 면이 있다.

_카를 발렌틴 Karl Valentin

즐거움과 쾌활함은 (심각한) 상황을 일반적인 사고에서 벗어나 비틀어서 바라보는 코믹한 사고에서 비롯된다. 아리스토텔레스는 《시학》에서 코미디가 부조화 또는 우스꽝스러운 실수로 촉발된다고 설명했다.[27] 이런 요소들은 대체로 예기치 못하는 순간에 발생한다. 코믹함이 예기치 않은 순간에 발생할수록 행복감과 기대감, 기쁨과 관련된 신경전달물질(특히 도파민)이 더 많이 분비된다.[28] 이런 이유에서 우리는 재미와 익살이 계속 이어지는 코미디보다 진지한 영화에서 갑작스럽게 등장하는 재미있는 장면을 보고 더 크게 웃는다. 뜻밖의 놀라움은 뇌에 가장 큰 자극을 준다.

그렇기 때문에 코믹함은 아무도 우스꽝스러운 것을 기대하지 않는 상황에서 가장 큰 힘을 발휘한다. 몇 년 전 내 딸은 초등학교 선생님으로부터 아버지의 직업이 무엇이냐는 질문을 받았을 때 확신에 찬 목소리로 이렇게 대답했다.

"우리 아빠는 신경과 의사이자 사이코패스예요."

그날 오후 딸은 선생님이 참지 못하고 웃음을 터뜨렸다고 고백했다. 물론 아이는 선생님이 왜 웃었는지 이유를 몰랐다(다행히 나는 아동 복지 기관에 통지가 가기 전에 오해를 풀 수 있었다).

또한 코미디는 두려움의 대상을 우스운 것으로 바꿀 수 있기 때문에 두려움과 불안함을 줄이는 힘도 가지고 있다. 영화 〈해리 포터〉에 등장하는 보가트(변신하는 괴물)는 상대가 가장 두려워하는 대상으로 변신할 수 있는 캐릭터다. 호그와트 마법학교에서는 보가트를 퇴치하기 위해 어둠의 마법 방어술 수업에서 리디큘러스 주문을 가르친다. 해리와 친구들은 이 주문을 사용해 보가트를 우스꽝스러운 존재로 만들어 버리는데, 물론 이 주문으로 보가트를 완전히 없앨 수는 없지만 얼마 동안은 쫓아낼 수 있다.[29]

부담감을 주는 일이 우스꽝스러운 일로 반전되는 과정에서 우리의 모든 정신적 자원이 집중적으로 동원된다. 철학자 아르투르 쇼펜하우어Arthur Schopenhauer는 '오성의 과부하'Überforderung des Verstandes에 대해 이야기한 바 있다.[30] 즉 이성이나 사고 능력이 감당할 수 없을 정도로 과부하 상태에 빠지면 걱정이나 고민이 순간적으로 중단된다. 이와 관련해 두 소방관에 대한 인상적인 실화 하나를 살펴보자.

2019년 어느 가을날, 미국 유타주에서 한 젊은 엄마가 자신이 탄 밴으로 차량 여러 대를 들이받는 자동차 사고가 발생했다. 당시 현장에 출동한 구조대원들은 뒷좌석에 앉아 있던 딸이 극도로 겁에 질려 있었다고 진술했다. 아이는 발작적으로 흥분하며 비명을 질렀고 엄마도 그런 아이를 진정시킬 수 없었다. 그때 소방관 두 사람이 아이가 작은 보라색 매니큐어 병을 손에 들고 있는 것을 발견했다. 그들은 곧바로 아이에게 자신들의 손가락에 매니큐어를 칠해 달라고 말했고 얼마쯤 지나서 아이는 소방관의 말대로 했다. 이 코믹한 반전 덕분에 공포스러운 분위기가 진정되었다. 사고 현장에 있던 사람들은 웃으면서 사진을 찍었고 아이는 다시 환하게 웃을 수 있었다.[31]

두 소방관은 상상력을 발휘하여 멋진 아이디어를 떠올렸고 이 간단하고도 재미있는 대처로 아이의 심리적 상처를 어루만질 수 있었다(이후 보라색 매니큐어를 손톱을 칠하고 다니는 것이 그 소방관들의 의기를 나타내게 되었다).

고대 그리스 사람들은 비극을 보면서 격렬하게 감정을 표현하며 공포와 감동을 체험했다. 이런 방식으로 사람들은 공격성이나 두려움과 같은 부정적인 감정에서 영혼을 '정화'할 수 있었다. 이를 가리켜 '카타르시스'Katharsis라고 한다. 그러나 극 중 사이사이에는 항상 코믹함이 있었다. 말하자면 익살과 재미가 계속해서 등장했다. 심지어 오늘날 강인하고 냉혹한 전사로 잘 알려진 스파르타인들도 때로는 유머를 즐기곤했다. 그리스의 작가 플루타르코스Plutarch는 기원전 4세기에 스파르타의 왕 리쿠르고스Lycurgus가 "고된 삶을 달래기" 위해 "유머를 적절하게" 사용했다고 전한다. 심지어 그는 '웃음의 신'이라는 작은 조각상을 집에 세워 두기도 했다.[32]

특히 유머는 심각한 삶의 상황에 짓눌려 있을 때 해방감을 주기 때문에 매우 큰 가치가 있다. 부정적인 감정은 우리를 지치게 한다. 걱정이나 슬픔, 끊임없는 논쟁이 가득했던 하루를 마친 후 저녁이 되면 우리는 완전히 '녹초'가 된다. 이런 감정적 피로의 원인은 우리가 대체로 부정적인 감정을 억누르려고 하기 때문이다. 적어도 다른 사람들 앞에서는 말이다. 우리는 몹시 화가 날 때 주머니 속에서 주먹을 쥐고 슬플 때 눈물을 참으며 무서운 일에 대해 말하기를 꺼린다.

이처럼 감정을 억제하는 기제를 심리학에서는 '억압'Repression이라고 부른다. 억압은 부정적인 감정을 강화할 수 있기에 유익하지 않다.[33] 그리고 감정을 억압하려면 자제력이 필요하며 막대한 에너지가 소모된다. 하지만 재미있는 상황에서는 그렇게 할 수가 없다. 어처구니없는 상황이나 재미있는 농담에 웃음이 빵 터지면 우리는 통제력을 잃는다. 마음속에서 이런 웃음이 터져 나오면 그동안의 압박감이 사라지고 갑자기 모든 것이 느슨해진다. 때로는 해방감과 함께 모든 관습을 깨고 모든 경계를 뛰어넘는 힘이 찾아온다. 영국의 문학이론가 테리 이글턴Terry Eagleton은 이런 해방감에 대해 "약간의 무정부 상태"라고 표현했다.[34]

이런 무정부 상태는 머릿속에서도 나타난다. 일본의 한 연구에서는 소그룹의 피험자들을 텔레비전 앞에 앉혀 놓고 코미디나 공포물 또는 무난한 프로그램을 시청하게 하면서 참가자들의 뇌 혈류를 검사했다. 그 결과 연구진은 매우 흥미로운 사실을 발견했다. 즉 피험자들이 재미있는 영상을 보며 웃음을 터뜨릴 때 전두엽의 특정 부위가 비활성화된다는 것이었다.

일부 수준 낮은 TV 코미디 프로그램이 뇌의 기능을 떨어뜨리는 것은 놀라운 일은 아니지만 이 연구 결과를 그렇게 이해해서는 안 된다. 사고와 행동을 통제하는 전두엽이 비활성화되었다는 것은 피험자들이 '긴장을 풀었다'라는 의미다. 흥미로운 사실은 부정적인 내용이 담긴 영상을 본 피험자에게는 이런 현상이 나타나지 않았다는 것이다. 아마도 그 이유는 부정적인 영상을 볼 때 상대적으로 더 높은 수준의 인지적 통제가 필요했기 때문일 것이다.[35]

통제력을 잃으면 오히려 큰 해방감을 느낄 수 있다. 직장에서 스트레스를 받거나 매일 적대적인 상황에 놓일 때 옆에 있는 누군가와 함께 웃으면 긴장이 풀리는 것은 바로 이런 이유에서다. 여러 관찰 연구에 따르면 직장인들은 일하는 중간중간 통제력을 잃을 정도로 함께 웃음으로써 힘든 근무 환경을 더 잘 견뎌 냈을 뿐만 아니라 더 생산적으로 업무에 임했다.[36]

그 외에도 감정 분출은 폭력적이고 공격적인 상황에서 긴장감을 누그러뜨리는 효과를 가져올 수 있다. 문화학자 라이너 슈톨만Rainer Stollmann은 한 잡지 인터뷰에서 제2차 세계대전 중 다음과 같은 사건을 목격한 러시아 작가의 감동적인 이야기를 들려주었다.

적수 관계인 두 정찰 부대가 숲속 길모퉁이에서 갑자기 마주치게 되었다. 곧바로 두 정찰대 병사들은 각자 맞은편에 있는 참호로 뛰어들었다. 이때 한 젊은 병사가 실수로 방향을 혼동하여 엉뚱한 참호로, 즉 적군들 한가운데로 뛰어들었다. 그러자 양쪽의 병사들이 모두 웃음을 터뜨렸다. 예상치 못한 이런 코미디는 양측 모두의 부정적인 긴장을 풀어 주고 격앙된 마음을 식혀 주었다. 이 사건 이후 두 부대는 서로에게 총을 겨누지 않고 반대 방향으로 평화롭게 이동했다.[37]

프로이트는 우스꽝스러운 상황에서 짓는 웃음을 '건강한 에너지 방출'이라고 설명했다.[38] 우리가 억누르고 있는 부정적인 감정은 억눌린 에너지처럼 작용한다. 이럴 때 코미디는 에너지가 빠져나갈 수 있는 배출구와 같은 역할을 해서 화나고 짜증 나고 적대적인 분위기에서 공격성을 낮춰 준다. 긴장감이 높거나 만성적인 긴장 상태가 되면 혈청에서 코르티솔 Cortisol 호르몬이 상승하는데 코미디는 코르티솔을 감소시켜 스트레스를 가라앉힌다.[39]

2017년 7월 함부르크에서 열린 주요 20개국(G20) 정상회의를 기억하는가? 당시 시위대와 경찰 사이에 커다란 충돌이 벌어졌다. 분노한 폭도들이 거리를 돌아다니며 창문을 부수고 우체통과 쓰레기통에 불을 질렀으며 수백 명의 경찰이 질서를 유지하기 위해 노력했다. 그러다 갑자기 평온한 모습의 한 남성이 군중 사이를 뚫고 나타나 팻말을 들고 폭력과 파괴로 물든 거리를 고요히 거닐었다. 경찰이든, 시위대든, 지나가던 행인이든 상관없이 그가 든 팻말을 본 모든 사람은 곧바로 웃음을 터뜨릴 수밖에 없었다. 팻말에는 큰 글씨로 '저는 지역 주민이며 에데카 Edeka(독일 최대 슈퍼마켓 체인 중 하나―옮긴이)에 잠깐 가고 싶을 뿐입니다. 감사합니다!'라고 쓰여 있었다. 정말로 대단한 캠페인이 아닌가! 적대적인 상황을 이보다 더 비폭력적이고 재미있는 방법으로 진정시킬 수는 없을 것이다.

코미디는 재미있는 오락 그 이상의 의미를 지닌다. 코미디는 감정적 압박감을 해소하고 과도하게 자극된 마음을 진정시키기 때문에 심리적으로 유익하며 우리 내면의 염증을 치유한다.

위기 상황의 예술, 풍자

유머는 폭발하는 분노를 막아 주는 버튼이다.
_요아힘 링겔나츠 Joachim Ringelnatz

그렇다면 어떤 코미디가 특히 적절할까? 우스꽝스러운 상황, 난센스, 몸 개그, 패러디, 아이러니, 풍자, 냉소, 고전적인 농담 등 우리를 즐겁고 재미있게 해주는 것은 아주 많다. 이런 다양한 형태의 코믹함이 모두 같은 효과를 내는 것은 아니며 서로 다른 방식으로 우리의 기분에 영향을 줄 수 있다.[40]

코미디의 여러 형태 중에서 풍자는 특별한 예술 형식이다. 우리는 일상에서 사람과 사건을 과장해서 표현하기 위해 풍자를 사용한다. 풍자의 목적은 특정 대상을 웃음거리로 만드는 것이다. 진정한 풍자는 누군가를 의도적으로 모함하거나 해치지 않으며 정치와 경제, 사회의 폐해를 고전적인 방식으로 지적한다. 일반적으로 풍자는 위쪽을 향하며 '저 위에 있는 사람들'을 향한 '아래로부터의 비판'이다.[41]

중요한 풍자 문학 전부를 열거하기에는 이 책의 분량으로 부족할 것이다. 하지만 몇 가지 중요한 대표적인 풍자 문학 작품을 소개하고자 한다. 《여우 라이네케》Reynke de vos(1498),《틸 오일렌슈피겔》Till Eulenspiegel(1510),《쉴트뷔르거》Die Schildbürger(1598),《돈키호테》(1615),《뮌히하우젠 남작》Baron Münchhausen(1786),《슈라라펜란트》Im Schlaraffenland(1900),《양철북》(1959) 등이 그것이다.

특히 성공적인 고전 영화로는 찰리 채플린이 나치즘을 겨냥해 자유와 인간성에 대한 인상적인 마지막 연설로 관객에게 깊은 인상을 남긴 〈위대한 독재자〉The Great Dictator(1940)가 있다. 그 외에도 〈닥터 스트레인지러브〉(1964), 〈라이프 오브 브라이언〉(1979), 〈트루먼 쇼〉(1998), 〈아메리칸 뷰티〉(1999), 〈돈 룩 업〉(2021) 등이 있다.

한편 풍자 시사주간지 《짐플리시시무스》Simplicissimus는 제1차 세계대전 이전 빌헬름 시대Wilhelminismus(독일의 역사에서 1890년부터 1918년까지를 가리킨다―옮긴이)의 정치적 도덕성과 편협함을 조롱해 국가 검열을 여러 차례 받은 바 있다. 현대적인 형태의 풍자 잡지로는 1979년부터 독일에서 창간되고 있는 《티타닉》Titanic을 들 수 있다. 이 잡지는 종종 신랄한 기사 내용으로 인해 소송을 당하고 그 결과 여러 차례 파산 위기에 처하기도 했다.

여기서 이토록 많은 예를 나열한 이유는 인류의 모든 시대에는 위기 상황에서 사람들을 웃게 하기 위해 풍자적인 글이나 묘사를 사용한 작가나 공연 예술가, 풍자만화가, 곡예사, 조커Joker, 영화제작자를 비롯해 모든 유형의 예술가가 항상 있었다는 점을 이야기하고 싶었다. 풍자는 다음과 같은 다양한 방식으로 우리의 심리적 부담감을 덜어 준다.

- **풍자는 건강한 형태의 도피다.** 풍자는 스트레스가 많은 상황에서 잠깐 벗어나게 해주며 자신의 문제나 개인적인 고통으로부터 어느 정도 거리를 두게 해준다.

- **풍자는 두려움을 줄여 준다.** 풍자는 우리가 걱정하는 일들을 독특한 방식으로 비틀어 표현함으로써 두려움을 줄여 주고 마음을 진정시킨다.

- **풍자는 힘을 실어 준다.** 풍자는 상황을 익살스러운 방식으로 이겨 내게 해서 상황을 받아들이는 데 도움이 된다.

- **풍자는 사람들을 하나로 묶어 준다.** 사람들은 무언가 혹은 누군가에 대해 함께 험담할 때 같은 배를 타고 있다는 느낌을 갖는다. 그러나 금발 머리 여성을 조롱하는 저급한 농담은 결속력을 형성하는 경우가 드물며, 부패한 정치인에 대한 미묘한 조롱은 결속력을 형성한다.

특히 유대인 정신의학과 의사 빅터 프랭클Viktor Frankl의 증언은 매우 인상적이다. 그는 1946년 저서《죽음의 수용소에서》에서 강제수용소에서 해방된 유대인들이 간수나 나치 대원, 정치 또는 자신의 상황에 대해 (풍자적인) 농담을 매우 자주 했다고 말했다. 심리적으로 자신을 보존하기 위한 이런 효과적인 무기를 그는 '수용소 유머'라고 불렀다.[42] 이 사례가 매우 인상적인 이유는 수용소라는 곳에서 벌어지는 비인간적인 폭력과 고문, 궁핍함을 고려하면 웃음이 가능한 상황을 상상하기조차 어렵기 때문이다. 그러나 인간이 위기에 처했을 때 사용되어 그 위력을 온전히 발휘하는 것이 바로 풍자의 특징이다.

오늘날 러시아가 전쟁을 일으켜 고통받는 억압적인 상황에서도 많은 우크라이나 사람이 웃음을 잃지 않고 있다. 운 좋게 두 자녀와 함께 피난을 떠날 수 있었던 키이우 인근 출신의 한 젊은 여성은 두통과 불면증으로 내게 상담을 받으러 왔다. 그녀는 서툰 영어로 2022년 봄에 러시아가 우크라이나 수도 키이우를 수없이 공격하던 전쟁 초반에 많은 낯선 사람들과 함께 지하철 통로나 역에 며칠 동안 앉아 있었다고 말했다. 공포와 두려움 속에서도 그들은 서로 이야기를 나누고 함께 노래를 불렀으며 지금 일어나는 모든 일과 모든 사람에 대해 풍자적으로 이야기했다고 한다. 이런 풍자적인 이야기가 잠시나마 공포를 극복하는 데 도움이 되었다는 것이다.

우크라이나 코미디언 안톤 티모셴코Anton Tymoshenko는 맹렬한 유머로 전쟁 피해자들을 즐겁게 해주고 온라인에서도 공연을 선보였으며 그 후 국제적으로도 유명해졌다. 영국의 한 라디오 방송국에 따르면 그는 자신이 번 수익금을 우크라이나 군대에 직접 기부한다고 한다.[43]

위기 상황에서 풍자가 어떤 의미를 지니는지 이해하기 위해 앞에서 언급한 풍자의 네 가지 효과에 대해 다시 한번 살펴보자. 속박과 억압으로 얼룩진 사회에서 심리적으로 살아남기 위해서는 현실도피적 태도, 두려움을 줄이는 것, 힘을 돋우는 것, 결속력을 다지는 것이 필수적이다. 만일 심리적 공포를 통치의 근간으로 삼는 독재자나 권위주의적 정권에서 풍자를 금지한다면 상황은 더욱 심각해진다. 풍자를 금지하는 이런 접근 방식은 독재 정권에서 전형적으로 나타난다. 언론의 자유를 일반적으로 제한하는 행태 외에도 예술가들의 자유로운 창작과 표현을 검열하거나 그들의 직업 활동을 금지하는 조치들도 언제나 존재해 왔다.

급진적인 근본주의자들은 풍자에 훨씬 더 적대적이다. 이와 관련된 가장 끔찍한 사건 중 하나는 2015년 1월 파리의 시사주간지《샤를리 에브도》Charlie Hebdo 편집국 습격 사건이다. 이슬람 테러리스트들이 벌인 이 테러로 11명이 목숨을 잃었다.[44]

이 유명한 주간지의 편집자들은 이전에 무함마드의 풍자만화를 게재했는데 이 만화가 테러리스트들의 눈에는 이슬람을 모독하는 행위로 비쳤다. 하지만 이 풍자만화에는 훨씬 더 많은 것이 담겨 있었다. 즉 웃음으로 두려움을 누그러뜨리고 공포와 불안에 기반한 폭력 통치의 힘을 떨어뜨리고 있었던 것이다.

수많은 전제군주와 독재자가 코미디와 풍자를 제거하려고 애쓰는 이유가 바로 여기에 있다. 귓속말로 전해지는 유명한 농담이 하나 있다. 윈스턴 처칠이 이오시프 스탈린에게 "나는 사람들이 나에 대해 하는 농담을 수집합니다."라고 말하자 스탈린은 "나는 나에 대해 농담하는 사람들을 수집합니다."라고 대답했다고 한다.

그런데 우리의 조상들도 웃음에 대해 진정으로 열린 마음을 가지지는 못했다. 그리스의 철학자 플라톤은 희극을 가장 단호하게 반대했던 사람 중 한 명이었다. 그는 갑작스럽게 큰 소리로 웃는 웃음을 위험하다고 여겼는데 그 이유는 기분이 너무 좋은 사람은 실수나 죄악을 저지르기 쉽기 때문이라는 것이다. 초기 기독교의 전반적인 분위기도 웃음이나 재미와는 거리가 멀었다. 서기 첫 1,000년 동안 로마 가톨릭교회는 엄격한 규칙을 고수했으며 일상생활에서 어떤 즐거움도 허용하지 않았다.

예수가 웃었다는 기록이 성경에 없기 때문에 희극은 신의 작품이 아니라 악마와 관련된 것으로 여겨졌다. 또한 공포심을 조장해 이단과 신성 모독을 단속하는 중세의 이단 심문관들도 사람들이 신앙 속에서 희극적인 어떤 것을 발견할 경우 자신들이 진지하게 받아들여지지 않을까 봐 두려워했다.

움베르토 에코Umberto Eco의 소설 《장미의 이름》(숀 코너리 주연의 동명 영화로도 잘 알려져 있다)은 이런 측면을 다루고 있다. 14세기 초 리구리아 지역의 한 외딴 베네딕트회 수도원에서 끔찍한 연쇄 살인 사건이 일어난다. 한 프란체스코 수도사와 그의 수련 수사가 사건을 조사했는데, 나중에 그들은 이 살인 사건이 교회가 어떤 대가를 치르더라도 출판을 막으려는 은밀한 책과 관련이 있다는 사실을 알게 된다. 그 책은 바로 아리스토텔레스가 희극에 대해 논한 《시학》 중 잃어버린 두 번째 책이었다. 교회는 신앙심이 깊은 기독교인들이 절대로 이 책을 보지 못하도록 했다. 그 이유는 사람들이 웃음을 통해 마음의 자유를 얻으면 그들을 통제하지 못하리라고 생각했기 때문이다.

다행스러운 점은 풍자를 금지하려는 온갖 노력에도 불구하고 풍자가 인간의 삶에서 근절될 수는 없다는 것이다. 풍자는 두꺼운 수도원 벽 안에서도 살아남고 수용소의 문을 뛰어넘으며 깊은 지하철 통로를 뚫고 들어간다. 풍자는 사람들이 고통받는 곳에서 언제나 그들 곁에 있으면서 치유의 힘을 발휘한다. 그렇기 때문에 희극배우는 풍자와 해학을 펼칠 수 있어야 하며 만화가도 자신이 그리고 싶은 것을 그릴 수 있어야 한다. 그들은 우리에게 좋은 본보기가 되며 악과 불의와의 싸움에서 중요한 것을 항상 상기시킨다. 어떤 사회적 위기에서도, 공포와 두려움으로 뒤덮인 어떤 시대에서도 우리는 웃음을 금지당해서는 안 된다. 풍자는 공포를 두려워하지 않는다. 오히려 그 반대다. 공포가 풍자를 두려워한다!

타인을 비웃는 것은 불안에서 비롯된다

정신과 의사와 환자의 차이점은 무엇인가?
정신과 의사가 열쇠를 가지고 있다는 점이다!
_구내식당에서 신경학자들이 정신과 의사에 대해 나누는 평범한 농담

설문조사에 따르면 독일인의 약 3분의 2는 평균 이상으로 자주 자신을 비웃는다고 생각한다. 이는 자신이 평균 이상으로 자동차 운전을 잘한다는 잘못된 가정과 비슷한 착각이라고 볼 수 있다. 사실 우리는 자신을 비웃기보다는 보통 주변 사람들을 비웃는다(내 말을 믿지 못하겠다면 우리 병원의 구내식당을 방문해 보길 바란다).

언뜻 보기에는 불쾌감을 줄 수도 있겠지만 다른 사람을 비웃고 놀리는 행위는 우리 자신의 스트레스를 줄이는 데 도움이 될 수 있다. 예를 들어 우리는 다른 사람에게 당혹스러운 일이 일어난 모습을 보면서 우월감을 느낀다. 영국의 철학자 토머스 홉스Thomas Hobbes는 이런 행복의 순간을 '갑작스러운 영광'Sudden Glory이라고 부르면서 다음과 같이 썼다. "웃음은 다른 사람의 약점과 비교해 우리 자신 안에 있는 어떤 숭고함을 갑자기 인식하는 데서 발생한다."[45]

바나나 껍질을 밟아서 미끄러지는 사람이나 닫힌 유리문에 부딪히는 사람이 우스꽝스러운 이유는 기본적으로 자기에게는 그런 멍청한 일이 절대 일어날 수 없다고 속으로 가정하기 때문이다. 유튜브에 게재되는 모든 사건 및 사고 영상은 이런 감정을 바탕으로 한다.

지금까지는 그랬겠지만 이제 우리는 다음과 같은 사실을 깨달아야한다. 다른 사람을 비웃는 것이 종종 우리 자신의 불안감에서 비롯된다는 것을 말이다. 눈에 보이는 타인의 멍청한 행동을 보면서 자신에게 힘을 실어 주는 것은 단기적으로는 좋을지 모르지만 중장기적으로는 우리 마음을 안정시키지 못한다. 결국 우리는 계속해서 다른 사람의 실수에 매달리게 된다.

우리가 자신을 비웃을 수 있는 경우는 상황이 완전히 다르다. 때때로 자신을 웃음의 대상으로 삼으면 자존감을 높이는 데 도움이 될 수도 있다.[46] 그렇다면 왜 그리고 어떤 상황에서 웃어야 할까? 전혀 웃기지 않은 상황에서 억지로 웃음을 가장하는 경우는 자조적인 유머가 오히려 부정적인 영향을 미친다.

예를 들어 뚱뚱한 사람이 자신의 몸매를 마음 깊은 곳에서 부끄러워하는데도 자기 몸매로 농담을 하는 경우 이런 유머는 금세 자신을 해치는 행동으로 변질된다. 실제로 자존감이 낮은 사람들은 안타깝게도 자신을 비하하는 농담을 자주 한다.[47] 이런 행동에는 자신에 대한 명백한 회의감이나 불안감, 심지어 분노와 증오가 숨겨져 있는 경우가 많다. 어떻게든 자신의 심리적 고통에서 벗어나려는 시도지만 결국 자기 비하로 이어진다.

그러므로 자신이 고통받고 있는 자신의 약점을 농담거리로 삼지 않는 것이 좋다. 자조적인 농담을 할 때는 자신이 확실히 감당할 수 있는 부분만 농담 대상으로 삼아야 한다. 자조적인 유머는 우리 자신의 불완전함을 받아들일 준비가 되어 있을 때만 염증을 막고 상처를 치유하는 효과가 있다. 그래야만 자신의 부족함과 실수, 사고에 대해 마음속으로 부끄러워하지 않고 미소를 지을 수 있다. 말하자면 건강한 자조는 소란스럽고 악의적인 자기 조롱이 아니라 자신을 용서하는 자비로운 마음과 호의적인 태도라고 할 수 있다.

자신의 불완전함을 받아들이고 자조적인 태도를 취하는 것은 심리적 관점에서 볼 때 난도가 높은 기술이다. 오늘날 우리를 둘러싼 세상은 우리가 모든 곳에서 최선을 다하고 항상 최고의 자아를 개발할 준비가 되어 있기를 요구한다. 이와 관련해 볼테르는 "최선은 선의 적이다."라고 말했다.

이는 원칙적으로 오늘날 일상의 모든 것에 적용된다. 모든 것이 최고의 수준과 지속적인 개선에 맞춰져 있으며 평균치는 이미 오래전에 사라졌다. 한번 생각해 보자. 여러분은 '완전히 최신은 아니다'라고 광고하는 휴대전화를 구매하겠는가? 또 여러분은 홈페이지에 '완벽과는 거리가 멀다'라고 적힌 호텔을 예약하겠는가? 우리 자신을 비롯해 우리를 둘러싼 모든 것은 항상 완벽하고 최적이어야 한다.

삶을 향한 이런 과도한 요구는 우리가 자신을 바라보는 인식에 조용하고 은밀하게 영향을 미친다. 그 결과 마음속이 경직되고 모든 것이 완벽할 때만 기분이 좋아진다. 그렇게 되면 자조적인 유머가 끼어들 여지가 거의 생기지 않는다. 그러므로 완벽함의 수준을 조금 완화하는 것이 좋다. 목표를 달성하지 못했다고 해서 완전히 실패한 것은 아니며 계획이 제대로 실행되지 않는다고 해서 준비가 부족한 것은 아니다. 또한 사고가 발생했다고 해서 우리가 무능한 것은 아니며 잘못한 일이 있어도 저녁에는 용서의 미소를 짓고 평온함을 찾을 수 있다.

우리의 약점은 부끄러워해야 할 죄가 아니다. 그리고 언젠가 하늘의 심판을 받지 않을까 두려워해야 하는 것도 아니다. 이런 암묵적인 오해가 우리 자신에 대해 불만을 품게 한다. 그 무엇도, 그 누구도 완벽하지 않다! 언뜻 생각하면 이 사실이 실망스럽게 느껴질 수 있지만(특히 완벽주의자라면) 다시 생각해 보면 우리는 이 사실에 안도감을 느낀다.

자신에게 조금 덜 엄격해지자. 인생의 모든 일을 너무 심각하게 받아들이지 말고, 기대에 어긋나거나 완벽한 기준에 부합하지 않더라도 자신에게 일어나는 별의별 이야기들을 사랑하는 법을 배우는 것은 좋은 출발점이다. 돌이켜 보면 모든 사고와 좌절 속에는 인생을 더욱 풍요롭게 만드는 이야기가 숨어 있다.

독일의 작가 프리드리히 헤벨Friedrich Hebbel은 "인간의 근본적인 불완전함은 그 자체로 희극적이다."라고 말한 바 있다. 우리가 이 메시지를 마음에 새긴다면 자조는 놀라운 방식으로 우리에게 기분 좋은 평온함을 가져다줄 것이다. 동시에 자조는 우리의 정신 면역체계가 염증을 억제하고 상처를 치유하도록 해주는 강력한 도구가 되기도 한다.

흔히 사람들은 '나사가 풀렸을 때' 심리적 또는 정신과적 도움이 필요하다고 말한다. 그러나 때로는 그 반대인 경우도 있다. 나사가 너무 꽉 조여 있어서 고통이 발생하기도 한다. 불완전함을 받아들이는 것은 마음의 나사를 조금 느슨하게 풀어 주는 도구다. 그리고 더 많은 유희와 쾌활함을 담을 수 있는 여지를 넓혀 준다.

건강한 자조적 태도를 가지려면 교만함에서 벗어나야 한다. 하지만 쉽지 않은 일이다. 왜냐하면 우리는 사람들이 우리가 약하고 완벽하지 않다고 생각할까 봐 두려워하기 때문이다. 그러나 우리가 먼저 자조적인 태도를 보이면 그들의 조롱이나 무시를 막을 수 있다. 그러니 익살스러운 분위기가 이미 조성되어 있다면 자신에 대한 농담을 가장 먼저 하자. 이는 유머 전문가와 군사 전문가들도 동의하는 점이다. 다시 말해 기습적인 순간을 먼저 가져오는 사람이 이긴다!

자신을 낮추는 자가 승리한다!

농담은 모든 부부의 결혼식을 주관하는 변장한 사제와 같다.

_장 파울Jean Paul

자조에 대해 좀 더 이야기하고자 한다. 만일 여러분이 현재 배우자가 될 사람을 찾고 있다면 여기서 이야기하는 내용이 여러분의 인생을 바꿀 수도 있다! 왜냐하면 자조 능력은 주변 사람들에게 좋은 인상을 주기 때문이다. 유머 감각이 있는 사람들이 실제로 결혼을 더 잘하는지에 대한 과학적 증거는 없지만 적어도 유머는 배우자를 찾는 데 큰 영향을 미친다. 거의 모든 구혼 광고에서 유머는 미래의 배우자에게 기대하는 세 가지 자질 중 첫 번째 자질이다.

쾌활한 기질과 밝은 웃음을 지닌 사람이 주변의 관심을 더 쉽게 끈다는 것은 사실이다. 그리고 자신에 대한 농담을 잘하는 사람들은 타인의 마음을 단번에 사로잡는다. 자조는 적어도 인위적이지 않고 진심이라면 매력적인 요인이다. 예를 들면 여성은 소셜 미디어 채널의 프로필 사진에 재치 있는 인용구를 넣은 남성을 더 매력적으로 여기는 것으로 나타났다(반면 남성은 자신의 농담에 웃어 주는 여성을 평균적으로 더 선호한다).[48] 그 외에도 여러 연구에 따르면 자기애가 강하지 않고 자조적인 태도를 보이는 남성은 여성으로부터 지적이고 창의적이며 겸손하다고 평가받는 경우가 많다.[49]

반대로 유머 감각이 부족하면 상대방에게 매력적이지 않은 사람으로 보일 수 있다. 에식스 대학교의 연구진이 실시한 조사에 따르면 직업적으로 오로지 숫자만 다루는 사람, 가장 좋아하는 취미로 잠이나 TV 시청을 꼽은 사람, 어떤 주제에 대해서도 자신의 견해가 없는 사람이 가장 지루한 사람으로 평가되었다.[50] 특히 유머 감각이 없는 사람이 매력이 없는 것으로 나왔다! 그 외에도 반려동물로 고양이를 키우는 남성도 낮은 점수를 받았다.

이 설문조사는 우리가 틴더Tinder(글로벌 소셜 데이팅 앱—옮긴이) 프로필을 어떻게 작성해야 하는지에 대한 요령을 알려 준다. 만약 여러분이 지금까지 자신을 엑셀 스프레드시트를 작성하는 것이 취미인 사람, 고양이와 함께 TV 드라마를 보는 것을 가장 좋아하는 사람, 정치나 문화 또는 음식에 관해 자신의 의견이 없는 사람이라고 프로필에 써 두었다면 당장 프로필을 수정해야 한다!

유머, 유희적인 삶의 기술

새가 생각한다. '만약 저 고양이가 나를 잡아먹는다고 해도,
나는 시간을 낭비하지 않고 계속 지저귀고 싶다…' 이 새는 유머 감각이 있는 것 같다!

_빌헬름 부슈Wilhelm Busch, 《유머 감각이 있는 새》Der Humorvogel

지금까지 이야기한 모든 내용을 여러분이 알고 있는 한 사람에게 투영해 보라. 여러분 주변에 잘 웃는 사람이 누구인지, 스트레스가 많은 상황에서도 익살스러운 것을 찾아내려고 하는 사람이 누구인지, 주변 사람들 모두가 제정신이 아니어도 호감이 느껴지는 쾌활함을 발산하는 사람이 누구인지 생각해 보라. 여러분 주변에 그런 사람이 있는가? 아니면 여러분 자신이 그런 사람인가?

일상이 힘들거나 불확실한 시기에도 유쾌하고 침착하게 삶을 헤쳐 나가는 인간의 재능을 유머라고 한다.[51] 유머는 스트레스를 받을 때 심리적인 균형을 맞추기 위해 삶에서 재미있고 우스꽝스러운 것을 찾거나 만들거나 유지하려는 의지와 능력으로 정의할 수 있다. 원래 유머라는 단어는 '습기'를 의미하는 라틴어에서 유래했다. 그리스 페르가몬 출신의 의사 갈레노스Galenos의 이론을 바탕으로 초기 중세 사람들은 인간이 스트레스를 받으면 네 가지 체액(점액, 혈액, 황담즙, 흑담즙)이 뒤죽박죽되었다가 유머를 통해 균형을 되찾을 수 있다고 생각했다. 즉 네 가지 체액이 잘 균형을 이루고 있는 사람은 '좋은 유머'a good humour 감각을 갖고 있다는 것이다.

이런 4체액설이 지금은 과학적으로 반박되고 있지만 유머가 우리 내면의 균형을 잡아 준다는 의미에서는 여전히 유효하다. 특히 매일 압박

감에 시달리고 어려운 상황에서 살아가야 하는 사람들에게 유머는 스트레스와 마음속의 염증을 확실히 줄여 줄 수 있다.[52] 유머는 긴장을 풀어 주고 과민 반응과 공격성을 감소시킨다.[53]

잡지나 자기계발서에서 유머에 관한 글을 읽다 보면 '유머를 적용하라', '유머를 활용하라'와 같은 문구를 종종 발견한다. 그 글들은 유머가 정신적으로 뭔가 꽉 막혔을 때(또는 나사가 너무 꽉 조여졌을 때) 다양한 기술이 담긴 상자에서 꺼낼 수 있는 일종의 도구라고 말한다. 하지만 유머는 도구도, 기술적인 수단도 아니다. 그보다 유머는 어떻게 우리가 세상을 인지하고 해석하며 상황과 사람에 반응하는지를 보여 주는 사고방식이다. 유머 감각이 있는 사람은 인생의 가장 비극적인 순간에도 긍정적인 측면을 발견하고 정신적 탈출구를 찾아낸다. 유머는 (유희적인) 삶의 기술이다.

아이들이 (스마트폰을 아직 사용하기 전에) 서로 어떻게 노는지 관찰해 보라. 아이들이 노는 모습은 무질서하고 혼란스러운 즉흥 연주에 가깝다. 끊임없이 흥미롭고 재미있는 것을 찾아서 시도하기도 하고 변형해 보기도 하며, 얼마 지나지 않아 또다시 새로운 걸 발견한다. 그래서 아이들이 놀 때는 예상치 못한 일이 항상 일어난다. 그중 많은 부분이 상상의 세계에서 일어난다. 놀이에서는 세상의 법칙이 거꾸로 뒤집히고 불가능해 보이는 것의 경계가 계속해서 허물어진다. 말하자면 아이들은 끊임없이 '상상 속에서' 놀이한다.

유머는 놀이와 공통점이 아주 많다. 왜냐하면 유머에도 놀이처럼 무질서한 요소가 있으며 규칙이나 법의 제약을 받지 않기 때문이다. 그렇기에 유머는 무언가를 발견하는 데 매우 적합하다. 거칠고 무모한 시도는 언제나 새로운 관점과 가능성을 만들어 낸다. 우리는 모든 농담과 재미있는 이야기를 통해 대안과 새로운 아이디어를 머릿속에 떠올린다.[54]

유머 감각이 있는 사람은 어떤 일에 대해 모든 다각적인 측면에서 바라본다. 끊임없이 새로운 관점을 탐색하고 받아들이면 사고 패턴이 굳어지거나 편협해지지 않는다. 놀이와 마찬가지로 유머에도 같은 규칙이 적용된다. 즉 어떤 상황이든 탈출구가 있으며 항상 새로운 가능성이 생겨난다는 것이다.

유머 감각을 갖기 위해 특별히 재치가 넘칠 필요는 없다. 그보다 훨씬 중요한 것은 아이들처럼 놀이하는 방식으로 삶에 접근하는 것이다. 이는 조용한 방식으로도 할 수 있으며 좋은 유머를 위해 일부러 큰 소리로 웃을 필요도 없다. 매우 뛰어난 유머 감각이 있으면서도 농담할 때 큰 웃음을 터뜨리지 않는 사람들이 많다. 반대로 자주 가는 식당에서 귀가 먹먹할 정도로 큰 소리를 내면서도 평소에 몹시 긴장된 삶을 사는 사람들도 있다. 유머는 인생의 모든 상황을 너무 심각하게 받아들이지 않는 기술, 모든 사건을 바꿀 수 없는 운명의 징조로 평가하지 않는 기술이다. 유머는 유희적이고 실험적인 자세로 삶을 대하게 해준다.

새로운 관점과 많은 가능성을 발견하면 스트레스가 많은 상황에서도 다음 판에는 더 좋은 패를 갖게 되리라는 희망을 품을 수 있다. 모든 놀이에서 그렇듯 말이다. 유머는 어떤 농담에 대해 큰 소리로 웃는 것이라기보다 세상과 자신의 삶에 대해 그리고 자신을 향해 미소 짓는 것이다. 웃음과 미소가 언어적으로는 차이가 미미할지 몰라도 심리적으로는 엄청난 차이다.

삶을 비극에서 구하라

삶이 있는 곳에 모순이 있다.

_쇠렌 키르케고르 Søren Kierkegaard

정치를 들여다보든, 냉장고 안이나 자신의 머릿속을 들여다보든 우리가 알게 되는 것은 인생이 모순으로 가득하다는 것이다. 그중 일부는 견디기가 매우 어렵다. 하지만 유머는 심리적 고통에서 벗어날 탈출구를 만들어 주기 때문에 복잡하지 않게 모순을 해결할 수 있다. 모순을 인지적으로 해결할 수 없다면 적어도 웃음으로 해결할 수 있다. 웃음은 긴장을 완화하고 마음이 다시 평정심을 되찾게 해준다.

2017년 1월 도널드 트럼프가 미국 대통령에 당선된 후 미국과 멕시코 사이의 국경에 더 높은 새 장벽을 건설하겠다고 발표했을 때 인근 대학의 건축학 교수 두 명이 훌륭한 조치를 생각해 냈다. 그들은 국경 도시 엘파소에서 멀지 않은 곳에 세워진 기존 철제 울타리를 가운데 두고 시소 여러 개를 설치했다. 즉 시소의 한쪽은 미국에, 다른 한쪽은 멕시코에 설치한 것이다. 진한 분홍색으로 칠한 시소는 회색빛 울타리와 잘 어울리게 대조를 이뤘다.[55] 이 조치는 높은 장벽과 분리로 심리적으로 부담을 느끼는 상황에서 기지와 재치가 넘치는 탈출구를 제시했다.

이처럼 유머는 새로운 관점을 만들어 낸다. 이를 통해 우리는 기존의 모순을 해결할 뿐만 아니라 의식적으로 새로운 모순을 만들어 낼 수도 있다. 특히 누가 보기에도 상황이 끔찍하고 견딜 수 없을 때 유머는 매우 유용하다. 유머에 담긴 대안적 시각은 절망적으로 느껴지는 상황에서 자신을 방어하는 역할을 한다. 빅터 프랭클이 말한 수용소 유머를 떠올려 보라. 고통과 운명에 맞서 싸우는 방어전에서 유머는 우리의 정신 면역체계를 지켜 주는 강력한 무기가 된다. 그렇게 유머는 우리를 심리 적 고통에서 벗어나게 해주고 나아가 생명을 구하기도 한다.

1997년 영화 〈인생은 아름다워〉에서 로베르토 베니니Roberto Benigni 감 독은 직접 서점 주인인 귀도 역을 맡았다. 귀도는 제2차 세계대전 중 어 린 아들 조슈아와 함께 나치 강제수용소로 보내진다. 그는 끔찍한 현실 에서 아들을 구하기 위해 이야기를 지어낸다. 아들에게 그들이 엄격한 규칙이 있는 게임을 하는 중이고 게임에서 이기면 탱크를 얻을 것이라고 한 것이다. 군인에게 사살당하는 비극적인 결말을 맞기 전까지 그는 항 상 유머를 통해 아들에게 웃음을 주려고 노력한다. 그래서 공포 속에서 도 아들이 웃고 심리적으로 견딜 수 있게 해준다. 귀도가 죽은 후 어느 날 조슈아는 미군의 도움으로 풀려나 탱크를 타게 되고 바로 이 탱크가 아버지가 자신에게 약속한 상이라고 믿는다.[56]

기쁨과 공감의 눈물을 동시에 자아내는 이 훌륭한 영화는 비극이 삶 을 파괴하는 곳에서 유머가 다시 삶을 구할 수 있다는 상반된 시각을 강 력하게 보여 주는 작품이다.

유머는 스트레스를 줄여 준다

유머는 삶이라는 강에서 구명조끼 역할을 한다.

_빌헬름 라베Wilhelm Raabe

유머는 삶의 만족도를 높이고 부정적인 감정을 막아 준다.[57] 그 외에도 유머는 스트레스에 예방 효과가 있다. 여러 연구에 따르면 스트레스 상황에서 유머 감각을 발휘하거나 유지하는 법을 익히면 정서적 피로(이를테면 번아웃 증후군)의 발생 빈도가 줄어드는 것으로 나타났다.[58]

아주 힘든 직업을 가진 사람들이 기본적으로 유머러스하고 긍정적인 인생관을 가지고 있다면 피로의 영향을 덜 받는다. 그 이유는 유머가 현재의 스트레스에 대처하는 데 도움이 되기 때문이고[59] 불안감과 걱정스러운 생각을 줄여주기 때문이다.[60] 그러나 유머는 우리가 생각을 재평가하게 될 때, 즉 유머를 통해 다른 관점으로 바라볼 수 있을 때만 심리적 스트레스를 줄이거나 예방할 수 있다.[61]

이 지점에서 나는 내 세미나의 참가자 중 한 사람이자 한 중견 기업의 대표가 2020년 코로나 팬데믹 기간에 임원과 직원들을 위해 시행한 아주 훌륭한 아이디어를 하나 소개하고자 한다(이 아이디어를 발전시킨 계기가 된 것은 '애프터 워크 코미디'After Work Comedy에 관한 기사였다). 그는 직원들에게 월요일부터 목요일까지 어떤 일이 화나고 짜증 났는지, 무엇 때문에 고민했는지, 행복하고 긍정적인 일은 무엇이었는지 적어서 한 공연 예술가에게 매일 익명으로 이메일을 보내게 했다.

목요일이 되면 이 예술가는 기쁨과 슬픔의 각종 사연으로 가득한 이메일을 모두 확인한 후 그 내용을 종합해 20분 분량의 코미디 에피소드를 제작했다. 그리고 매주 금요일 점심시간에 온라인으로 공개해서 재택근무를 하는 직원을 포함해 모두가 이 에피소드를 시청할 수 있도록 했다. 에피소드는 코미디 형식으로 만들어졌지만 저급하고 틀에 박힌 슬랩스틱 코미디가 아니라 직원들의 다양한 생각과 감정을 고려한 내용을 담고 있었다.

직원들은 매일 이메일을 보냄으로써 억눌린 감정을 지적이고 매력적인 방식으로 분출할 수 있었고, 주말이 되면 자신의 이야기가 담긴 에피소드를 보며 지난 며칠 동안의 스트레스와 긴장에서 어느 정도 거리를 둘 수 있었다. 동시에 고착된 생각과 걱정이 잠잠해지고 상황을 '재치 있게 바라보는' 대안적 시각 덕분에 자신감을 얻게 되었다. 이것이야말로 즐거운 주말을 시작하기에 가장 완벽한 조건이 아닐까? 이로써 이회사의 대표는 혁신적인 리더십과 더불어 팬데믹 기간의 스트레스 상황을 바라보는 유머러스한 시각을 보여 주었다.

TIP   우울함을 날려 주는 식물 이야기   +

만약 여러분이 스트레스를 받거나 기분이 우울한 사람을 행복하게 해주고 싶다면 카를 하인리히 바게를Karl Heinrich Waggert의 시집 《쾌활한 식물표본집》Heitere Herbarium을 선물해 보라. 이 시집에는 식물에 관한 재치 있는 시들이 가득 담겨있다.[62] 그리고 오늘날 거의 찾아보기 힘든 섬세하면서도 가벼운 영혼이 깃들어있다. 식물의 이야기에 별 관심이 없다고 해도 일단 한번 읽어 볼 것을 추천한다. 그중 용담Gentian의 이야기를 소개하겠다. 용담은 아름다워지기 위해 크게 자랄필요가 없다는 사실을 깨닫고 관점을 바꾼다. "많은 것이 그대보다 우뚝 솟아 있어서 낙담하고 있는가? 그대의 우아한 모습을 들여다보라. 그리고 기억하라. 그대의 아름다움은 줄기 때문이 아니라는 걸."

유머의 다양한 측면을 다시 한번 떠올려 보면 유머는 결국 뛰어난 두뇌 성능이라는 사실이 분명해진다. 일상에서 유머러스한 것을 발견하고 모순을 인식하며 관점을 바꿀 수 있으려면 뇌의 여러 영역이 훌륭하게 상호작용해야 한다. 말하자면 뇌에 별도로 유머 중추가 존재하는 것이 아니라 여러 다양한 네트워크가 함께 작용해서 유머를 만들어 내는 것이다(다른 복잡한 정신 과정도 마찬가지다).

웃음 및 기쁨과 관련된 뇌의 해부학적 구조에 대해선 앞에서 이미 언급한 바 있지만 유머는 무엇보다 중측두이랑Middle Temporal Gyrus과 관련이 있다. 이 영역은 뜻밖의 반전에 대한 언어적 이해, 미묘한 아이러니의 인식, 농담의 해석 등을 담당한다. 유머는 주로 언어를 통해 전달되기 때문에 이 영역이 관여한다는 것은 중요한 의미를 지닌다. 유머 감각이 있는 사람들의 언어 능력은 일반적으로 상당히 발달되어 있다. 또한 유머러스한 몸짓이나 행동은 항상 주변 사람들과의 상호작용 과정에서 발생하기 때문에 사회적 역량도 중요한 역할을 한다.[63]

뇌 속에서 유머는 창의성을 담당하는 중추와도 밀접한 관련이 있다.[64] 여기서 뇌의 우반구는 상대적으로 더 큰 역할을 한다. 우반구는 유머를 인식하고 해석하는 데 필요한 인지적 내용을 이해하고 분류하는 역할을 담당한다. 우측 뇌 손상을 입은 사람들이 때때로 농담을 잘 이해하지 못하거나 유머 감각이 떨어지는 이유는 바로 이 때문이라고 할 수 있다.[65] 그러므로 혹시라도 자전거에서 넘어진다면 우뇌를 잘 보호하라(그렇지 않으면 나중에 웃지 못할 수도 있다).

요약하면 유머는 뇌의 진정한 공동 작업이라고 할 수 있다. 유머 감각이 뛰어난 사람에게서 앞에서 말한 뇌 중추를 비롯해 몇 가지 다른 뇌 중추들이 신경생리학적으로 더 좋은 협력 작용을 한다는 사실이 입증되었다.[66] 이는 유머러스한 사람들의 지능이 특정 부분에서 상대적으로 더 뛰어난 능력을 보이는 이유이기도 하다.[67]

유머 감각을 개발하는 몇 가지 팁

희극성은 행동의 결과이며 유머는 일종의 태도다.

_로베르트 게른하르트Robert Gernhardt

지금까지 유머의 좋은 효과에 대해 많은 이야기를 했으니 여러분은 유머 능력을 키우고 싶을 것이다. 하지만 이는 쉬운 일이 아니다. 과연 유머 감각을 학습할 수 있을까? 물론 인생을 얼마나 가볍고 밝게 살아가는지는 성격에 크게 좌우된다.[68] 사람들은 저마다 다른 기질을 가지고 있으며 기질을 근본적으로 바꿀 수는 없다. 하지만 걱정할 필요는 없다. 신이 우리에게 유머 감각을 아주 조금만 주었다 해도 뒤늦게라도 유머 감각을 개발할 수 있으니 말이다.

오늘날에는 유머 감각 훈련에 관한 많은 내용을 접할 수 있다. 사실 나는 '유머를 훈련한다'는 이 말을 좋아하지 않는다. 유머는 땀을 뻘뻘 흘리며 운동한다고 해서 마음대로 늘리는 근육이 아니기 때문이다. 하지만 이 세상에서 희극적인 요소를 인식하는 능력을 개선하는 것은 가능하다. 또한 우리는 새로운 관점을 받아들이고 일상적인 상황에 좀 더 유쾌하게 접근하는 법을 익힐 수 있다. 여러 연구와 치료 경험에 따르면 이를 통해 우리의 쾌활함과 삶의 만족도가 높아질 수 있다고 한다.[69]

다음은 웃음과 희극성, 유머와 관련해 지금까지 논의한 모든 것을 고려하고 마음에 새길 수 있는 몇 가지 방법이다.

간단하게 자기 성찰하기

가장 먼저 유머와 관련해 자신의 성향을 추적해 보자.

- 여러분은 무엇에 가장 잘 웃는가? 섬세하면서도 기지 넘치는 농담인가? 아니면 때때로 상처를 주기도 하는 신랄한 블랙 유머인가?
- 여러분은 어떤 조건에서 웃고 유쾌하게 행동하는가? 여러분이 좋아하는 특정 사람들과 함께 있을 때인가? 아니면 소파에서 혼자 시트콤을 볼 때인가?
- 여러분은 어느 시점에 가장 쾌활한가? 일할 때인가, 아니면 직장을 벗어났을 때인가? 퇴근 후에만? 아니면 오랫동안 스트레스를 받지 않았을 때만?

필요하다면 과거의 기억을 떠올려 보라. 과거에는 어땠는가? 항상 나를 기쁘게 하거나 웃게 만들거나 재미있게 해준 것은 무엇이었는가? 어떤 상황에서 유머가 내면의 염증을 멈추게 하고 심리적 상처를 치유하는 데 도움이 되었는가? 이 질문들에 대한 답은 앞으로 나아갈 방향을 제시한다. 이런 순간과 상황을 다시 떠올려 기억을 더듬어 보는 것은 중요하다.

관찰력 키우기

이 세상은 불만스러운 것도 많지만 재미있는 순간들도 많다. 다만 우리가 정신적으로 더 중요한 것에 집중하느라 그런 순간을 대부분 인식하지 못할 뿐이다. 이 세상의 희극적 요소는 우리가 의식적으로 찾아야만 인식할 수 있다. 프로이트는 "농담은 만들어지며 희극성은 발견된다."[70]라고 말한 바 있다. 그러니 희극성을 찾을 때까지 계속 관찰하라!

신선하면서도 대담한 문체로 모순을 폭로하는 칼럼을 신문에서 찾아보고, 비범하고 유머러스한 방식으로 특별한 인생을 살아온 사람들의 이야기가 담긴 문학작품을 읽어 보라. 일상생활에서 실수하거나 곤란한 상황에 놓인 사람들이 어떤 자조적인 행동으로 대처하는지 관찰해보라. 정신을 집중해서 도시를 산책하다가 의도치 않게 재미있는 사진을 찍을 기회가 있는지 눈여겨보라. 이 세상에는 발견할 수 있는 재미있는 것들이 아주 많다. 그러나 그런 재미있는 것들은 주변의 사물을 주의 깊게 인식하려는 의지가 있어야만 경험할 수 있다.

관찰한 내용을 저장하기

여러분이 발견한 재미있는 내용을 적을 수 있도록 작은 수첩을 가지고 다닐 것을 권한다. 재치 있는 문장을 우연히 발견하거나 책에서 아이러니한 인용구를 접하면 그 내용을 적어 보자. 이런 내용이 수첩에 쌓이다 보면 개인적으로 소중한 유머 보물 상자를 만들 수 있다. 이 보물 상자를 수시로 훑어보면 기분이 밝아질 뿐만 아니라 곤란한 상황이 되었을 때 다양한 아이디어와 관점을 활용할 수 있을 것이다.

그리고 이렇게 관찰 내용을 메모하는 동안 그 관찰이 매우 중요하다는 신호를 뇌에 보낼 수 있다. 그렇게 되면 시간이 지나면서 자동으로 여러분 주변의 희극적인 요인들을 더 열린 마음으로 잘 받아들일 것이다. 현재에 유머를 더 자주 발견할수록 미래에도 유머를 더 쉽게 알아차릴 수 있다.

쾌활한 사람들과 친해지기

사람들과 함께 있을 때 훨씬 더 유쾌해진다는 것은 공공연한 사실이다. 우리는 혼자보다 여럿이 있을 때 약 30배 더 자주 웃는다.[71] 함께 웃는 웃음은 전염성이 강하지만 우리의 정신 면역체계를 강화한다(이는 유머의 전형적인 모순이다). 같은 것에 대해 함께 웃는다는 것은 가치와 견해를 공유한다는 의미다. 이를 통해 연대감과 친밀감, 신뢰가 형성된다.

그러니 지하창고에 가서 혼자 웃지 말고 사람들과 함께 웃어라. 아니면 자연스럽게 유쾌해질 수 있는 장소로 가 보라. 사람들과 함께 웃고 기뻐하는 것은 새로운 사람들을 만나는 좋은 방법이다. 유머 감각이 뛰어난 사람들과 시간을 보내는 것도 좋다. 이는 자신에게 유익하기도 하지만 유머를 배울 수 있는 적절한 학습 환경이기도 하다. 특히 쾌활한 친구와 동료, 이웃을 관찰하고 무엇이 그들을 유쾌하게 만드는지 살펴보라. 그들이 4체액의 균형을 맞추기 위해 평소에 무엇을 하는지도 물어보라(이때 질문이 상대를 자극하거나 곤란하게 할 수 있으니 주의해야 한다).

뜻밖의 놀라운 순간을 허용하기

프랑스 왕 루이 9세는 13세기 중반부터 웃을 수 있는 시간을 정기적으로 정해 두었다. 즉 정해진 시간에만 재미가 허용되었다. 그것도 매일

이 아니었다. 그는 금요일에는 성에서 웃으면 안 된다고 정했다.[72] 물론 이런 결정은 실제로 효과가 없었다. 왜냐하면 희극성은 계획할 수도 없고 특정 시간에 강요할 수도 없기 때문이다. 희극성은 자발적으로 발생할 때 가장 훌륭하다. 이를테면 기차에서 옆자리에 앉은 사람과의 우연한 대화, 슈퍼마켓에서 낯선 사람과 나누는 가벼운 말 한마디, 정원 울타리 너머 이웃과 나누는 계획에 없던 수다가 그렇다.

일상의 여러 상황은 희극적인 경험이나 만남을 위한 비옥한 산실이다. 오늘날 우리는 주변을 충분히 관찰하기보다 자신에게만 몰두하기 때문에 그런 순간이 눈앞에서 일어나고 있음에도 불구하고 알아차리지 못하는 경우가 많다. 또는 희극적인 상황을 의도적으로 피하기도 한다. 지금은 그런 상황이 시기적으로 적절하지 않고 다른 일이 더 중요하다고 생각하기 때문이다. 그러나 희극적인 상황을 마주하면 미소를 지으며 그 상황을 즐기는 것이 바람직하다. 어떤 일이 펼쳐질지 스스로 놀라게 두는 것이다. 그러면 희극성은 가장 큰 효과를 발휘한다.

새로운 것을 감행해 보기

예상치 못한 일이 벌어지는 상황에는 많은 유쾌함과 즐거움이 숨어 있다. 지금 당장 여러분에게 재미있는 무언가가 떠오르지 않는다면 평소와 다른 것을 해보라. 그러면 희극성이 대부분 저절로 나타난다. 앞에서 자세히 설명했듯이 유머에서 중요한 것은 웃음이라기보다 관점의 변화다. 자기만의 안전지대에 머무는 사람들은 대개 새로운 관점을 개발하기가 더 어렵다. 과감하게 앞으로 나아가는 사람만이 이를 얻을 수 있다. 이를테면 앞에서 이야기한 소방관들처럼 손톱을 보라색으로 칠해 보거나 언어유희와 과장된 행동, 순발력을 훈련할 수 있는 즉흥 연극도 좋은 방법이다. 또한 그림을 그리거나 무언극을 하거나 낯선 상황에서 즉흥적으로 행동해야 하는 보드게임도 매우 효과적일 수 있다. 이처럼 유희적으로 여러 가지 모험을 하다 보면 유쾌함이 생겨난다.

자신을 끌어들이기

거울을 보고 가벼운 미소를 지어 보자. 이 말은 자기 자신을 조롱하라는 의미가 아니라 자신을 너무 진지하게 생각하지 말라는 의미다. 이는 큰 차이다. 우리가 우리 자신에게 더 친근하고 호의적으로 대하면 우리 삶에서 많은 신경증적 문제가 완화될 것이다. 솔직히 말하면 우리가 서로에게 들려주는 가장 훌륭한 일화는 대부분 우리에게 일어났던 사고나 실수에 관한 이야기다. 그러니 미래에 들려줄 이야기를 충분히 확보하려면 지금부터 미리미리 이야깃거리를 준비해 두는 것이 좋다.

유머에 자유를 허하다

모든 것이 허용되는 세 가지 정신 상태가 있다.
수면과 정신병 그리고 유머가 그것이다.

정신의학과에서 흔히 하는 말

유감스럽게도 오늘날 독일에서 유머는 지나친 관찰 대상이 되었으며 과도한 분노 문화의 일부가 되었다. 2023년 8월 서부독일방송WDR은 '차별적 발언'을 했다는 이유로 하랄트 슈미트Harald Schmidt(독일의 배우이자 방송인, 희극인—옮긴이)와 오토 왈케스Otto Waalkes(독일의 희극인이자 배우, 음악가, 작가, 만화가—옮긴이)의 과거 프로그램에 경고 문구를 표기하기로 했다.[73] 많은 사람이 처음에 (좋지 않은) 농담처럼 생각했던 내용을 실제로 심각한 문제라고 판단한 것이다. 하지만 오티판텐Ottifanten(오토 왈케스가 직접 디자인한 코끼리 만화 캐릭터—옮긴이)이 정말 인종차별적인 위협으로 여겨지는가? 여러분은 정치적으로 부적절하고 무질서한 농담이 인간을 경멸하는 오락이라고 생각하는가?

이와 관련해 개인적으로 어떻게 생각하든 분명한 사실은 오늘날 무언가 또는 누군가를 조롱하는 것이 놀라울 정도로 빠르게 질책의 대상이 될 수 있다는 것이다. 종교 광신도들이 신앙에 대한 풍자에 격분해 격렬한 항의와 위협으로 대응하는 건 이미 오래전부터 있었던 암울한 현상이었다. 하지만 요즘은 이와 비슷한 열정을 가진 다양한 집단이나 개인들도 나쁜 농담에 분노하고 자신의 명예가 크게 침해당했다고 느끼는데, 이는 비교적 최근의 일이다. 차별이나 침해를 감지하고 큰 소리를 내며 분노하는 사람들을 곳곳에서 목격할 수 있다.

이제는 생각하는 내용, 말하는 내용에 대한 도덕적 판단이 유머와 코미디에도 영향을 미치게 되었다. 유머로 표현해도 되는 내용이 무엇인지에 대해 언어와 이미지, 내용 측면에서 점점 더 엄격한 사회적 판단을 받게 되었다. 그리고 여러 언론사는 반감을 살 수도 있다는 두려움에 많은 것을 포기하고 있다. 2019년부터 〈뉴욕타임스〉는 오해를 불러일으키고 엉뚱한 사람에게 타격을 줄 수도 있다는 우려 때문에 더는 정치 만평을 게재하지 않고 있다.[74] 켄타Kentar 에이전시의 최근 보도에 따르면 몇 년 전부터 광고에서도 불쾌감에 대한 우려 때문에 유머러스한 내

용이 줄어들었다.[75]

오스트레일리아 애들레이드에 있는 플린더스 대학교의 최근 연구에 따르면 서부독일방송에서 쓰는 것과 같은 트리거 워닝Trigger Warning (어떤 소재나 주제에 대해 심리적 외상을 가진 사람들을 배려해서 미리 경고를 삽입하는 것─옮긴이)은 효과가 없다는 사실이 밝혀졌다. 트리거 워닝은 시청자의 기분이나 감정도, 태도나 입장도 바꾸지 못한다.[76] 안타까운 사실은 트리거 워닝이 아무 효과가 없는데도 많은 문화 종사자에게 불안감을 일으키고 있다. 그들은 자신에게 이렇게 묻는다. 오늘날 나는 예술가로서 과연 얼마나 자유로운가?

물론 희극성에도 어두운 면이 있다. 희극성은 누군가를 소외시키고 상처를 주고 차별을 할 수 있으며 우리는 이런 불건전한 희극성으로부터 사회의 취약 계층을 보호해야 한다. 그러나 여기에는 다음과 같은 두 가지 중요한 사안이 있다.

- **누가 조롱을 하는가?** 만약 의사인 내가 암 환자를 조롱한다면 이는 절대적으로 잘못된 것이다. 그러나 암 환자가 스스로 자조적인 행동을 보이는 경우는 그렇지 않다.
- **배후에 숨은 의도는 무엇인가?** 내가 어떤 농담으로 누군가의 명예를 고의로 훼손하고 상처를 입힌다면 이는 가학적인 행위이며 비난받아 마땅하다. 반면에 아주 터무니없는 상황을 조롱의 대상으로 삼기 위해 일부러 문제점을 건드리는 것이라면 코미디와 풍자는 유익하며 반드시 필요할 수도 있다.

모든 시스템은 약간의 무정부 상태를 견딜 수 있다. 유머에도 이런 자유를 부여할 필요가 있다. 사회적으로 사전 제작되고 매끄럽게 다듬어지고 표준화된 유머는 환원주의적 성격을 띠게 되어 그 힘을 잃으며, 결국에는 유머의 의미를 잃게 된다. 유머를 제한하거나 유머에 어떤 규칙을 부과하거나 특정 농담과 만평을 전면적으로 금지한다고 해서 모순된 세상을 더욱 주도적으로 대처할 수 있는 것도 아니며 우리 마음을 더 안정시키거나 강하게 해주지도 않는다. 우리는 과도한 자극을 받아 언제 터질지 모르는 수포로 남을 뿐이다.

그렇기에 나는 앞으로 누군가가 경계를 넘나들며 코믹함을 자아낼 때 우리가 덜 격하게 반응했으면 한다. 고정관념을 끌어들이거나 진부한 내용을 웃음거리로 만드는 유머가 자동으로 차별을 조장하는 것은 아니다. 다른 사람을 돕는 상황에서 서로에 대해 재치 있게 농담하며 웃는 것 또한 반사회적인 행위가 아니다. 내가 일하는 병원에 한번 와 보면 우리가 일하면서 얼마나 자주 웃는지 놀랄 것이다. 올바른 유머의 표준에서 벗어난 내용을 찾아 끊임없이 잣대를 들이대면서 이를 차별적이거나 급진적이거나 반민주적인 것으로 분류해서는 안 된다. 오히려 이런 일탈을 있는 그대로 보는 것이 바람직하다. 현실을 유머러스하게 비트는 것은 심리적 고통을 극복하는 데 도움이 된다.

자신의 흥분된 감정보다 더 큰 것이 있음을 인정하는 사람, 자신을 희화화하는 농담에 대해 즉시 최대한의 안전 공간을 확보하려고 하지 않는 사람이 강한 사람이다. 자신이 농담의 대상이 되었을 때 그저 함께 웃는 사람이 강한 사람이다. 자신의 개인적인 감정을 넘어서서 생각하는 사람, 특히 어려운 시기에 코미디와 풍자가 중요한 심리사회적 기능을 한다는 사실을 인식하는 사람이 강한 사람이다.

물론 우리 사회에서 약자와 보호받아야 할 사람들에 대해 높은 감수성을 지녀야 하는 것은 당연히 우리가 지켜야 하는 가치다. 하지만 그것이 지나친 과민함으로 이어져서는 안 된다. 지나치게 민감한 반응은 사회를 강하게 만드는 것이 아니라 약하고 작게 만든다.

우리는 사회의 많은 것을 정당하게 없앨 수 있다. 하지만 유머는, 특히 신랄하고 풍자적인 유머는 결코 없애서는 안 된다. 정치와 문화, 사회적 삶이 아이러니가 없는 영역이 되어서는 안 된다. 다채롭고 자유로운 유머가 오가는 문화는 개방적이고 관용적인 사회를 위한 기본 전제 조건이자 광신주의와 독단주의를 막는 효과적인 해독제다.

정신과 의사로서 나는 세상에 웃을 일이 적어질수록 더 많이 웃어야 한다고 확신한다! 특히 심각한 상황에서는 균형을 잡기 위해 유머가 필요하다. 위기와 비운의 상황에서 웃는다는 것이 처음에는 적절한 타이밍처럼 보이지 않겠지만 바로 이런 때야말로 유머를 사용할 바람직한 순간이다. 유머는 삶을 극복하기 위해 우리가 가지고 있는 여러 가지 가능성을 떠올리게 한다. 함께하면 고통을 희화화할 수 있고 마음이 다시 가벼워질 수 있다. 위기의 시기일수록 도덕적 규범이라는 허리띠를 너무 꽉 조여서는 안 된다. 그렇게 하다가는 어느 순간 숨을 제대로 쉴 수 없을 것이다.

세상에서 가장 유명한 미소

여러분은 사람들이 실제로 현실로 이어지지 않은 과거의 걱정과 두려움을 이야기할 때 매우 쾌활해 보인다는 사실을 눈치챈 적이 있는가? 이는 전형적인 인간의 특징이다. 어제 우리를 흥분시켰던 일이 오늘은 그저 어깨를 으쓱하고 마는 일이 되는 경우가 많다. 운전면허 시험이든, 대학 입학시험이든, 이사든 말이다. 우리는 과거의 일을 돌이켜 보며 다른 사람들에게 즐겁게 이야기한다. 모든 일이 결국 흥분할 가치가 전혀 없었다는 것을 깨닫는 순간 우리의 뇌는 즐거워지고 결국은 미소 짓는다. 앵글로색슨족의 속담 중에 '유머는 비극에 시간을 더한 것이다!'라는 말이 있다. 대부분의 나쁜 일도 어느 정도의 시간적 거리를 두면 유쾌하게 해소할 수 있다는 것은 인간의 훌륭한 특성이다.

유쾌하게 침착하다는 것은 우리가 잠재적으로 처한 상황의 심각성을 인식하지 못한다는 의미가 아니다. 하지만 결국에는 어차피 웃을 것임을 안다면 긴장이 풀리고 에너지를 아낄 수 있다. 그러니 지금부터 그렇게 할 수 있지 않을까? 마지막으로 이 장에서 여러분에게 전하고 싶었던 내용을 훌륭하게 요약하는 이야기를 하나 들려주려고 한다. 이 이야기는 진정한 유머에 관한 이야기이자 세상에서 가장 유명한 미소 이야기이기도 하다.

1963년 디자이너 하비 볼Harvey Ball은 한 보험회사로부터 직원들의 사기를 북돋기 위해 스마일 로고를 디자인해 달라는 의뢰를 받았다. 그는 책상에 앉아 인생 최고의 아이디어를 순식간에 종이에 그려 넣었다. 점과 곡선, 선을 사용해 웃는 얼굴을 완성한 것이다. 오늘날 우리가 알고 있는 이 유명한 스마일리smiley는 얼마 지나지 않아 세계적인 인기를 누리게 되었고, 1960년대 말까지 5,000만 개가 넘는 로고가 판매되었다.

그런데 볼은 자신이 창작한 작품에 대해 고작 45달러를 받았다. 안타깝게도 그는 자신이 만든 스마일리에 대한 상표권을 등록하지 않았고 다른 사람들이 이 웃는 얼굴로 부를 거머쥐었다. 하지만 그는 이에 분노하거나 좌절하지 않고 몇 년 후 월드 스마일 재단World Smile Corporation을 설립했다. 재단의 수익금은 지금까지 전 세계의 다양한 구호 사업에 사용되고 있다. 또한 그는 1990년대 말에 '세계 미소의 날'을 만들어 다른 사람에게 기쁨을 주는 일이 얼마나 중요한지 일깨우기도 했다(참고로 세계 미소의 날은 10월의 첫 번째 금요일이다. 만약 여러분이 가을에 미소를 지을 이유가 필요하다면 이 날짜를 활용하길 바란다).

볼은 한 인터뷰에서 당시 상업적으로 좀 더 현명하게 대처했다면 훨씬 더 부자가 될 수 있었을 텐데 화가 나지 않았냐는 질문에 이렇게 대답했다. "어차피 저는 스테이크를 한 번에 하나밖에 못 먹어요."[77] 그는 우리에게 세상에서 가장 유명한 미소를 선사했을 뿐만 아니라 인생을 유머러스하게 살아가는 게 어떤 의미인지 알려 주었다.

앞에서 살펴본 바와 같이 웃음은 몸과 마음에 좋은 영향을 미친다. 하지만 그냥 웃기만 하지 말고 웃어야 하는 이유를 함께 찾아보자. 여러분의 일상에서 하루 평균 18회 또는 6분 이상 웃음을 발견하면 가장 좋다. 웃음을 수동적으로 소비하는 데 그치지 말고 적극적으로 만들어 보라. 웃음과 유머가 지닌 정신적 효과는 다양하다. 이를테면 염증이 생기고 과도한 자극을 받은 상처에 연고를 바른 것처럼 공격성과 분노를 줄여 준다. 또한 불안과 두려움도 감소시킨다. 해리 포터에게 물어보라. '웃음이 나도록' 만들면 우리 삶에서 보가트를 쫓아낼 수 있다.

여러분의 유머 감각과 웃는 즐거움이 유머라는 삶의 기술로 절정에 이른다면 가장 좋다. 유머는 우리의 회복력을 높여 줄 뿐만 아니라 부정적인 일들을 튕겨 낼 수 있게 해준다. 정확하게 말하면 유머는 우리의 정신 면역체계를 강화한다. 삶이 가하는 모든 상처를 치유할 순 없지만 역경 속에서도 대안적인 관점을 발견하고 내면의 균형을 찾게 해주기 때문에 상처의 치유 과정을 개선하는 것이다.

무엇보다 자신과 자신의 불완전함을 희화화하면 안도감이 느껴지고 기분이 좋아진다. 우리 자신의 무능력은 우리가 나중에 유쾌하게 이야기할 수 있는 수많은 이야기의 소재가 된다. 이런 즐거운 경험들은 우리 삶을 더욱 풍요롭게 만들어 준다. 물론 때로 통제력을 잃을 수도 있다. 그러나 모든 시스템은 물론 정신적 시스템 역시 어느 정도의 무정부 상태를 견딜 수 있다. 현재의 많은 위기에 유머의 위기까지 더하지 않았으면 한다. 웃음은 (아마도 그 어떤 은행보다) 사회 시스템에 중요하다.

모든 유형의 유머를 금지하는 것은 사회를 강하게 만드는 게 아니라 약하게 만든다! 작가 오토 율리우스 비어바움 Otto Julius Bierbaum 은 "유머는 그럼에도 불구하고 웃는 것이다."라고 말한 바 있다. 나는 위기의 시기에 대해 그의 이 유명한 문장을 다음과 같이 바꾸고 싶다. "유머는 그렇기 때문에 웃는 것이다."

유머 감각을 갖기 위해 특별히 재치가 있을 필요는 없다. 다양한 개그를 외우거나 코미디에 재능이 있을 필요도 없다. 우리의 목표는 호텔 클럽의 스탠딩 코미디언이 되는 것이 아니라 당장은 힘들더라도 조금 덜 긴장된 마음으로 삶을 살아가는 것이다. 나중에 돌아보면서 느끼게 될 유쾌한 마음으로 미래를 바라보는 것이 바람직하다. 결국 마지막에 남는 것은 미소다.

제임스 크뤼스 James Krüss 의 1962년 소설 《팀 탈러, 팔아 버린 웃음》에서 고아 소년 팀 탈러는 자신의 환한 웃음을 마악 Lefeut (독일어로 악마를 뜻하는 'Teufel'을 거꾸로 쓴 단어—옮긴이) 남작에게 팔아넘긴다. 그 대가로 소년은 바라던 모든 소원을 이루고 부자가 된다. 그러나 그는 행복하지 않다. 웃음과 쾌활함, 기쁨이 없으면 인생은 아무런 가치가 없기 때문이다.[78]

그러므로 우울한 상황에서도 인생을 즐겨라. 희극적으로 삶을 살고 항상 너무 진지하게 생각하지 않도록 하라. 끊임없는 분노 상태에서는 매일 불평만 늘어놓을 뿐이다. 인간이 스트레스와 불안, 불행, 공포를 치료하기 위해 얻은 가장 효과적인 약, 유머를 스스로에게 처방하라!

제5장

자신감을 갖기

: 두려움을 극복하고 미래를 가꾸는 법

변화와 두려움

얼마 전 나는《사이언스》에 실린 놀라운 논문을 우연히 읽게 되었다. 논문 제목은 '고질라가 커지고 있다!'였다. 학자들은 연구를 통해 이 유명한 케라토사우루스Ceratosaurus가 36편의 영화를 찍는 동안 크기가 커졌다는 사실을 발견했다. 1954년 영화에서 파괴적인 힘을 가진 이 뿔도마뱀이 처음으로 일본의 대도시를 짓밟았을 때만 해도 그 크기는 약 50미터에 불과했다. 그런데 2019년 영화에서는 거의 120미터에 육박했다. 이런 크기의 변화는 진화적으로 예상되는 것보다 30배나 빠른 속도였다(약간의 핵폐기물이 이에 영향을 주었을 수도 있다). 논문 저자들은 이 괴물을 인간의 두려움이 투영된 것으로 간주한다. 즉 고질라가 커지는 이유는 우리의 두려움이 커지기 때문이라는 것이다.[1]

이들의 결론은 틀리지 않았다. 최근 영국 학생들을 대상으로 20년에 걸쳐 실시한 연구에서 나타났듯이 실제로 수년 전부터 부유한 국가에서 두려움과 그에 따른 정신적 스트레스가 증가하고 있다.[2] 이들의 불안한 생각은 정치, 경제, 사회 및 환경적 측면과 관련되어 있다. 부유한 국가의 사람들은 가난한 국가의 사람들보다 미래에 대한 두려움이 훨씬 더 큰데[3] 그 이유는 부유한 사람들이 상대적으로 잃을 것이 많기 때문일 것이다. 이는 유럽, 아프리카, 아랍의 53개국을 대상으로 발렌다르에 있는 WHU-오토 바이스하임 경영전문학교WHU-Otto Beisheim School of Management에서 실시한 국제 비교 연구에서도 입증된 바 있다.[4]

특히 격변의 시기에는 두려움이 매우 크다. 고질라는 미래가 불확실하다고 느껴질 때 커진다. 이탈리아의 작가이자 철학자인 안토니오 그람시Antonio Gramsci는 "낡은 세계는 죽어 가고 있는데 새로운 세계는 아직 태어나지 않고 있다. 지금은 괴물의 시대다."라고 말한 바 있다.

그렇다면 독일인들은 이런 위험에 더 취약할까? '독일의 불안'German Angst이라는 대중적인 용어는 미래에 대한 걱정, 주저하는 행동, 안전에 대한 강한 욕구가 혼합된 독일인의 성향을 뜻하는 말이다.[5] 이런 평가는 어느 정도 일리가 있다고 본다. 솔직히 말해서 독일인들은 실제로 모든 것에 두려움을 가지고 있다. 고압 전력선, 수맥, 말고기, mRNA 백신, 휴대전화 방사선, 유전자 변형 작물, 유전자 재조합 의약품(그리고 '유전자'라고 표시된 모든 것) 등. 아직 독일 도시에서 고질라가 목격된 적은 없지만 만약 고질라가 독일을 덮친다면 아마도 일본의 고질라보다 훨씬 더 클 것이다. 괴테는 "모든 것을 심각하고 진지하게 받아들이는 것이 독일인의 특성이다."라고 말한 바 있다.

독일인들의 명예를 회복하기 위해 말하면 독일의 불안에 대해서는 과학적으로 입증된 바가 전혀 없다. 하지만 현재 독일인들의 불안감이 매우 높은 것은 사실이다. 21세기 초부터 특히 경제적 쇠퇴와 그에 따른 지위 상실에 대한 우려가 꾸준히 증가하고 있다.[6] 최근에는 특히 젊은 세대 사이에서 전쟁과 인플레이션, 사회적 불평등,[7] 지구온난화의 결과에 대한 두려움이 커지고 있다.[8] 많은 두려움이 당연한 것이고 충분히 이해할 수 있지만 일부 경우는 지나친 우려처럼 보인다. 위협적인 일을 심각하게 받아들이고 덜 위험한 일에 대해서는 스트레스를 받지 않는 것은 인생을 잘 살아가는 기술 중 하나다. 그런데 우리가 이런 구분을 잘할 수 있을까?

역사학자 프랑크 비에스Frank Biess 는 이를 가리켜 '독일의 건강염려증'Deutsche Hypochondrie이라고 표현한 바 있다. 독일인들은 기본적으로 최악의 상황을 예상한다. 하지만 어느 순간 대부분의 일이 우려했던 것보다 잘 해결된다는 사실을 깨닫는다.[9] 그러니 우리는 희망을 품어야 한다. 바로 이것이 이 장에서 보여 주고자 하는 내용이다.

디스토피아를 믿는 사람들

다음과 같은 질문으로 시작해 보자. 여러분은 매일 얼마나 자주 미래에 대해 생각하는가? 연구에 따르면 우리는 3분마다 한 번씩 미래를 생각한다.[10] 적어도 우리는 일상생활에서 과거보다 미래에 대해 훨씬 더 많은 생각을 한다.[11] 미국의 심리학자 마틴 셀리그먼Martin Seligman 은 호모 사피엔스Homo Sapiens를 호모 프로스펙투스Homo Prospectus, 즉 전망하는 인간이라고 칭한 바 있다.[12]

그러나 우리가 하는 대부분의 전망적인 사고는 먼 미래보다는 매우 가까운 미래에 대한 것이다. 전망적인 사고는 무엇보다 다음 날의 약속이나 주말 나들이, 내년에 집을 수리할 계획을 세우는 데 도움이 된다. 이런 점에서 볼 때 미래에 관한 생각은 '현재의 연장'이며 구체적인 일상생활에 맞춰져 있는 경우가 많다. 만약 여러분이 지금 이 내용을 읽는 동안 급하게 선물을 사야 한다거나 누군가에게 전화해야 한다는 사실이 떠오른다면 여러분의 뇌는 잘 기능하고 있으며 미래에 대한 생각을 건강하게 잘하고 있는 것이라고 할 수 있다.

이런 맥락에서 볼 때 미래에 관한 생각은 그 자체로 특별한 것은 아니다. 우리는 먼 미래는 아닐지라도 끊임없이 미래를 바라보고 생각한다. 하지만 지금은 미래를 바라보는 방식이 급격하게 변하고 있다. 갑자기 미래가 지평선을 훌쩍 뛰어넘어 확장되고 있으며 아주 먼 시간까지도 갑자기 중요해졌다. 이는 우리에게 익숙하지 않은 새로운 현상이다. 과거 안정과 번영의 시대에는 대부분 미래에 대한 걱정이 필요하지 않았기 때문이다.

근본적인 변화와 사회적 격변의 시기에는 미래가 어떻게 될지 알 수 없다. 요즘 나를 찾는 내담자 상당수도 미래를 불확실한 것으로 느끼고 있는데 이런 불확실성은 가능성과 기회, 개선보다는 위기나 몰락, 종말과 훨씬 더 많이 연관되어 있다. 2023년 여론조사 기관 치베이Civey가 실시한 설문조사에 따르면 많은 독일인이 가까운 미래에 경제 불황, 민주주의 질서의 위태로움, 기후 변화, 전반적인 번영의 상실 등 장기적으로 상황이 악화될 것을 두려워한다. 독일인들의 절반 이상이 긍정적인 미래를 믿지 않는다.[13]

그나마 영화에서만 끔찍한 미래의 모습을 보는 한 종말은 견딜 만하다. 가상의 종말 시나리오는 심지어 우리의 관심을 사로잡을 수도 있다. 고질라를 비롯한 모든 재난 영화가 성공하는 이유는 지루한 현재의 이야기보다 파괴적인 미래의 이야기에 더 매료되는 인간의 원초적 성향 때문이다. 우리는 그런 파괴적인 미래 이야기가 우리의 실제 삶과 동떨어져 있다고 생각한다. 그러나 우리가 보고 듣는 것이 현실이 될 것 같다는 위협을 느끼는 순간 그 효과는 반전된다. 가까운 미래에 실제로 부정적인 일이 일어날 것이라는 전망은 엄청난 스트레스를 유발하는데, 이에 대해 좀 더 자세히 살펴보도록 하자.

위협을 예상하는 것은 스트레스를 유발한다

세상의 종말은 우울한 사람들의 과대망상이다.
_마티아스 호르크스 Matthias Horx

자신의 미래를 부정적으로 인식하는 것은 매우 큰 스트레스다. 하이델베르크 대학교에서 175명의 피험자를 대상으로 한 연구에 따르면 부정적인 미래를 예측하는 것만으로도 실제로 그런 상황을 겪을 때와 동일한 스트레스 증상을 유발하는 것으로 나타났다.[14]

미래의 위험을 상상하는 것과 현재의 실제 위험 모두 비슷한 방식으로 뇌의 스트레스 중추를 활성화한다. 이는 예상이 현실이 될 경우를 대비할 수 있다는 점에서 진화적인 생존에 유리했다. 미래의 위험을 예상하면 실제로 그런 일이 벌어졌을 때 뇌가 특별히 비판적일 필요 없이 대략적인 인지만으로도 충분했다. 그보다 더 중요한 건 가능한 한 빨리 대응하는 것이었다. 시간이 지나서 위험이 무해한 것으로 밝혀진다고 해도 기껏해야 에너지를 조금 낭비한 것에 불과하기 때문이다.

쉽게 말하면 중요한 상황에서 적절하게 반응하지 못하는 것보다는 엉뚱한 상황에서 과도하게 반응하는 것이 나을 수 있었다. 우리는 이런 생물학적 유산을 오늘날까지 지니고 있다. 그러나 끊임없이 미래를 참담하게 바라보는 세상에서 이런 특징은 약점으로 바뀐다. 우리 마음을 끊임없이 괴롭히는 어두운 미래에 관한 이야기는 결국 우리의 머릿속을 지배하기 때문이다.

위협적인 시나리오는 미래에 대한 우리의 생각을 끊임없이 감염시킨다. 그러면 마음속에서 두려움이 생겨나고 자신감이 사라진다. 서식스 대학교의 과학자 웬디 존스턴Wendy Johnston은 세 그룹의 피험자에게 14분 동안 긍정적인 뉴스, 중립적인 뉴스, 부정적인 뉴스를 시청하게 해서 이 사실을 입증했다. 14분 동안 부정적인 메시지를 폭발적으로 접한 피험자들은 미래를 더 비관적으로 보는 경향이 있었으며 그 후에도 현저히 불안한 증세를 보였다.[15]

다가오는 재앙을 끊임없이 마주하는 것은 실제로 그런 재앙이 발생할 때와 똑같은 부담을 우리에게 안겨 준다. 미국의 심리학자 필립 짐바르도Philip Zimbardo는 외상 전 스트레스 증후군Pre-Traumatic Stress Syndrome이라는 용어를 만들었다.[16] 군인을 대상으로 한 덴마크의 연구에 따르면 군인들이 작전을 앞두고 전투지에서의 소식을 끊임없이 들을 때 앞으로 겪을 몇 주 동안의 시간을 불안해 하며 외상 전 스트레스 증후군을 보이는 것으로 나타났다.[17]

우리의 정신 면역체계가 이미 외상 전에 정신적 안정을 유지하기 위해 내내 싸워야 한다면 외상 후에는 더욱 지칠 수 있다. 미국의 한 연구는 이에 대한 인상적인 예를 보여 준다. 플로리다는 강력한 파괴력으로 지역 전체를 황폐하게 만드는 허리케인이 반복적으로 강타하는 곳으로 잘 알려져 있다. 최근 몇 년간 가장 강력한 허리케인 중 하나는 2017년 가을 동부 대서양에서 발생해 플로리다를 덮친 '어마'Irma였다. 이 허리케인의 발생 사흘 전과 한 달 후 1,637명의 주민을 대상으로 설문조사를 실시한 결과, TV와 인터넷을 통해 사전에 끊임없는 경고 방송을 하고 수많은 예언과 예측을 했음에도 사람들은 위험에 잘 대비하지 못했다는 게 드러났다. 그리고 주민들은 허리케인이 지나간 후 외상 후 증상을 더 많이 호소했다.[18]

물론 작전을 앞둔 군인들의 걱정도, 다가오는 허리케인에 대한 플로리다 주민들의 걱정도 당연하고 정당한 것이다. 이런 상황에서 침착함을 유지할 수 있는 사람은 거의 없을 것이다. 하지만 미래에 대한 끔찍한 시나리오를 그리는 것은 안 그래도 이미 어려운 상황을 불필요하게 악화시킬 수 있다.

오늘날 우리는 미래에 대해 끊임없이 나쁜 이야기를 접하면서 외상전 스트레스에 시달리고 있다. 그 이야기가 사실인지 아닌지는 중요하지 않다. 어느 경우든 우리에게 미치는 영향은 동일하기 때문이다. 그런 이야기는 우리를 낙담에 빠트리고 자신감을 잃게 한다. 철학자 세네카는 "가장 비참한 것은 앞날에 대한 불안감 때문에 이미 불행해진 마음이다."라고 말한 바 있다.

위험을 예상하는 것은 외상 전 스트레스와 외상 후 스트레스를 유발할 뿐만 아니라 자신감을 떨어뜨릴 수 있다. 또한 나중에 잘못된 것으로 판명될 행동을 하는 등 명백히 잘못된 결정을 내릴 수도 있다. 시간이 지나고 이런 과도한 흥분이 불필요한 행동이었다는 것이 밝혀지면 문제는 더욱 심각해진다.

뇌간이 쿠데타를 일으키다

"도와주세요! 하늘이 무너지고 있어요!"

1842년 존 그린 챈들러John Greene Chandler가 쓴 유명한 동화책에 나오는 암탉 헤니 페니는 미친 듯이 뛰어다니며 주변의 닭들에게 공포를 전염시키며 이렇게 외친다. 이에 놀란 닭들을 잡아먹기 위해 여우는 매혹적이면서도 사악한 미소를 지으며, 도움을 주는 척 닭들을 자신의 굴로 유인한다. 이 이야기가 주는 교훈은 극심한 두려움에서 촉발되는 공황 반응이 위험한 본능적 행동으로 이어져 함정에 빠질 수 있다는 것이다. 이야기 속의 닭은 그저 도토리 하나가 머리 위로 떨어졌다는 이유로 소리를 지르며 뛰어다녔다.[19]

물론 인간은 어리석은 닭이 아니다. 인간은 다음 단계에서 어떻게 조치할지 생각하며 행동을 유연하게 조절할 수 있다. 이는 뇌의 전전두엽

피질(전두엽)에 있는 특정 뇌 부위가 담당하는데, 이곳은 대부분의 다른 뇌 중추보다 상위에 있으며 뇌에서 대부분의 '통치 업무'를 담당한다. 그런데 예리한 사고를 할 때는 힘이 들고 에너지가 집중적으로 소모되며 시간이 오래 걸린다. 그렇기에 우리는 안전한 상황에서 또는 배가 부르고 시간적 압박이 없을 때 예리한 사고를 가장 잘한다.

반면 두려운 상황에 처했을 때는 이런 사고 중추가 작동을 멈춘다. 그리고 주로 우리의 감정을 담당하는 변연계Limbic System, 즉 갑자기 도망치거나(경우에 따라 어리석게 여우굴 속으로) 공격적으로 자신을 방어하거나 공포심에 얼어붙는 등 신속하고 본능적인 반응을 일으키는 더 깊숙한 영역이 활성화된다. 이 영역들은 주로 우리 뇌에서 진화적으로 가장 오래된 부분인 뇌간 영역에 위치한다.

최근 발표된 한 실험에서 두려움을 느낄 때 뇌의 의사결정 과정이 단순한 본능으로 바뀐다는 사실이 확인되었다. 실험에서 피험자들은 미로에서 자신을 잡으려고 쫓아오면서 고통을 가하는 맹수에게서 도망치는 비디오게임을 했다. 연구진은 피험자들이 가상의 생존 투쟁을 벌이는 동안 자기공명영상 검사를 하면서 그들의 뇌 활동을 관찰했다. 비디오게임이 진행되는 동안 피험자들의 두려움은 지속적으로 증가했고 뇌 활동의 위치는 뇌의 전두엽 영역에서 뇌간으로 점점 크게 이동했다. 게임 속에서 피험자들이 위협을 더 많이 예측할수록 이런 위치 이동은 더 뚜렷하게 나타났다.[20] 이 결과로 우리가 스트레스와 두려움을 느낄 때는 뇌간이 뇌를 지휘하게 된다는 것을 알 수 있다(나는 내 강의에서 '뇌간이 쿠데타를 일으킨다'라고 표현하곤 한다).

생존 본능의 실수

미디어가 끊임없이 경고를 울리고 우리를 공황 상태에 빠뜨리는 위협적인 상황이 끊이지 않는 사회에서 감정 중추와 뇌간은 쉴 새 없이 자극을 받는다. 그러면 우리는 주변 환경에 본능적으로 반응하게 된다. 이런 행위 중 상당수는 해당 상황에 적합하지 않은 원초적인 성급한 판단과 행동으로 이어진다. 본능은 우리가 즉시 행동하도록 부추긴다. 즉 우리는 위협에 처하면 주저하지 않고 즉각적으로 반응한다. 그리고 신중하게 생각하지 못하고 다양한 대안이나 관점을 고려하지 못한다. 이런 반응은 실제로 위험한 상황에서는 생명을 구할 수 있지만 위험하다고 여겨지는 상황에서는 맹목적인 행동 욕구로 이어질 수 있다.

1990년대 중반 이유식에 미량의 살충제가 함유되었다는 의혹으로 파산한 드러그스토어 체인 '슐레커Schlecker 스캔들'을 기억하는가? 언론의 폭풍적인 분노에 떠밀린 고객들은 슐레커 매장에서 발길을 돌렸고 집에 있던 슐레커 이유식도 전부 버렸다. 그러나 얼마 지나지 않아 연구자들은 이 기준치가 평생 지속적으로 소비할 경우를 가정한 것이기 때문에 아기의 건강에 해로운 영향을 미치지 않을 것이라고 지적했다. 병에 담긴 이유식은 일반적으로 아주 어린 아기들만 섭취하기 때문에(요리하지 못해 이유식으로 영양 보충을 하는 소수의 대학생도 있기는 하지만) 크게 우려할 필요가 없다는 것이었다.

그런데도 걱정에 휩싸인 많은 부모가 아기에게 죽을 직접 요리해서 먹이기 위해 시장에 달려가 재료를 구입했다. 하지만 이런 본능적인 행동은 궁극적으로 아기에게 더 해로운 결과를 초래했다. 일부 지역에서는 시판 채소에 드러그스토어에서 파는 이유식 제품보다 최대 200배 더 높은 농도의 유해 물질이 포함되어 있었다.[21] 이런 사례는 우리가 공황 상태일 때 기존의 위험에서 벗어나 또 다른 위험으로 곧장 뛰어든다는 것을 보여 준다. 이처럼 뇌간은 안타깝게도 우리가 사고를 잘하도록 돕기보다는 시장으로 곧장 달려가도록 충동질한다.

또 다른 예를 들어보겠다. 2001년 9월 11일 뉴욕 세계무역센터가 테러 공격을 받은 후 두려움에 빠진 많은 사람이 몇 달이 지나서도 비행기 표를 취소하고 자동차로 여행을 했다. 자신도 비행기 납치의 희생자가 될지도 모른다는 두려움 때문이었다. 여러 연구에 따르면 테러 이후 도로 교통량이 증가함에 따라 교통사고로 인한 사망자가 훨씬 더 많이 발생했다. 연구를 통해 이런 사실을 밝혀낸 저자들은 다음과 같이 썼다. "테러범들은 이중으로 공격을 가했다. 첫 번째는 테러라는 직접적인 살인을 통해, 두 번째는 사람들의 마음속에 공포를 유발하는 위험한 행동을 통해서다."[22]

오늘날 우리는 상대적으로 쉽게 두려움에 감염되고 깊이 생각하기보다는 번개처럼 빠른 속도로 반응한다. 인생에서 어떤 결정은 빨리 내려야 하지만 그렇다고 아무 생각 없이 무분별하게 결정해서는 안 된다. 신중하게 회의적인 태도를 유지한다는 건 위험한 사태 전개에 대해 눈을 감는 게 아니라 주의를 기울이는 것을 의미한다. 신중한 생각은 많은 경우 잘못된 경보와 과장, 성급한 행동 충동을 인식하고 피하는 데 도움이 된다. 우리는 생존 본능에 따른 기본적인 반응을 담당하는 뇌간보다 전두엽의 전문 지식을 통해 실제 문제를 더 잘 해결할 수 있다. 실제로 해롭지 않은 도토리 같은 사소한 것에 닭처럼 겁을 먹을 필요가 없다.

오늘날 우리가 정보를 소비하는 방식은 우리의 지식보다 본능에 더 의지한다. 즉 우리는 대부분 정보를 주의 깊게 읽지 않고 그저 피상적으로 훑어보기만 한다. 이런 사실은 영국의 한 연구에서 피험자들에게 다양한 주제에 대한 정보를 조사하게 하는 실험을 통해 입증된 바 있다. 대부분의 사람은 내용을 깊이 파고들지 않고 빠른 속도로 훑어봤다.[23]

이처럼 고도로 응축된 정보를 빠르게 흡수할 경우 우리는 많은 내용을 잘못된 방향으로(뇌간으로) 받아들여 오해할 수 있다. 그렇게 되면 기껏해야 어떤 인상을 느낄 뿐 더 깊은 이해는 하지 못한다. 그 결과 신중하게 성찰하기보다는 본능적으로 반응하게 된다. 따라서 어떤 판단을 내려야 할 때는 시간을 갖고 신중하게 생각하는 게 바람직하다. 인터넷이나 라디오에서 접한 내용을 흘려듣지 말고 깊이 생각해 보라. 또한 신문 기사를 정확하게 읽고, 여러 관점이 담긴 긴 글을 읽으며 보다 포괄적인 의견을 갖도록 하라. 대부분은 시간이 조금 더 주어지면 사안을 더 잘 검토하고 분류해 더 현명한 결론을 도출할 수 있다.

가짜 뉴스의 공포

"여러분은 일산화 이수소Dihydrogen Monoxide, DHMO를 폐기해야 한다고 생각하지 않습니까?"

1989년 캘리포니아 대학교 산타크루즈 캠퍼스 학생들은 다른 학생들에게 이런 질문을 던지면서 일산화 이수소라는 물질에 대해 경고하는 전단지를 캠퍼스에 배포했다. 이 물질이 산성비의 주성분일 뿐만 아니라 온실 효과와 토양 침식의 원인이며, 다량 흡입하거나 마실 경우 사망에 이를 수 있다는 것이었다. 심지어 이 물질이 말기 종양에서도 발견되었다고 했다! 일산화 이수소에 반대하는 캠페인은 매우 성공적이었고, 점점 더 많은 학생이 동참해 사용 금지에 찬성하는 목소리를 높였다. 1990년대 초에는 인터넷이 등장하면서 이 불길한 화합물에 대한 최신 정보를 게시하는 전용 웹사이트가 만들어지기까지 했다.[24]

하지만 이는 몇몇 학생들의 속임수였다! 즉 일산화 이수소는 일반적인 물에 대한 정확한 화학적 명칭이기는 하지만 흔히 사용되는 표현은 아니다. 이들은 완전히 무해한 물질인 물을 위험한 물질인 것처럼 보이도록 수년 동안 사람들을 속인 것이다. 물론 말도 안 되는 이 사실을 일찌감치 눈치챈 몇몇 영리한 사람들도 있었다. 그러나 일산화 이수소에 대한 경고 뉴스가 너무 빨리 확산되면서 점점 더 많은 사람이 신경과민에 감염되고 두려움을 갖게 되었다.

이 캠페인을 시작한 학생들은 거짓말을 할 필요조차 없었다. 그들이 물의 별칭인 일산화 이수소에 대해 진술한 모든 내용은 사실적으로 맞는 말이었기 때문이다. 1997년부터 '일산화 이수소 사건'은 대중의 무비판적인 정보 취급 행동을 지적하는 교육 자료로 사용되고 있다. 무엇보다 놀라운 점은 이 사건의 진실이 밝혀진 후에도 공포가 지속되었다는 것이다. 2004년에는 일산화 이수소를 둘러싼 언론의 과장된 보도로 캘리포니아의 한 카운티 지방 의회에서 발포 플라스틱 포장재에 이 물질을 사용하는 것을 금지하는 법안을 발의하기도 했다. 감정이 이성적인 판단을 압도한 것이다.

사람들은 논리적인 근거가 부족할 때 감정에 호소해 자신의 주장을 강조하려는 경향이 있다. 일상생활에서 우리는 종종 이와 비슷한 일을 경험하는데, 이를테면 열정적인 영업 사원이 전화를 걸어 "오늘만이 획기적인 거래를 할 유일한 기회"라고 단호한 목소리로 밀어붙이는 것이 그렇다. 또는 세미나 주최 측에서 워크숍 자리가 "몇 개밖에 남지 않았"다고 광고하거나 보행자 구역의 활동가는 "12시까지 1분밖에 안 남았"으니 찬성이나 반대 서명을 서두르라고 독촉하는 것도 그런 사례에 해당한다.

이런 수법은 모두 같은 목적을 지닌다. 즉 사람들이 깊이 생각하지 않고 뇌간으로 결정하게 만드는 것이다. 물론 그런 목적이 반드시 부당하다고 말할 수는 없지만 조작 행위가 벌어지고 있는 것은 엄연한 사실이다. 실제로 이런 조작은 이성을 무시하고 감정에 호소할 때 가장 효과적이다. 하지만 여러분에게는 자신의 생각과 감정에 대한 권리가 있다! 그러니 압박감에 휩싸이거나 정신을 놓지 마라. 일산화 이수소를 한 모금 여유롭게 마신 다음 신중히 생각하고 결정을 내려라.

시간이 흐르면 사람들이 더 똑똑해지고 이와 같은 실수를 반복하지 않을 것이라고 기대해 볼 수도 있다. 하지만 현실은 그렇지 않다. 매년 건강을 위협하는 위험에 관한 각종 뉴스가 우리를 엄습하고 집단적 공포를 불러일으킨다. 말고기 파동, 돼지 독감, 다이옥신Dioxin, 미세먼지, 질소 등은 인터넷 정보로 유발되고 확산되는 사이버콘드리아Cyberchondria 증후군을 일으키는 대표적인 예다.[25] 사이버콘드리아의 핵심은 적은 지식으로 최대 공포를 일으키는 것이다.

2000년에 떠들썩했던 소 해면상뇌증BSE을 기억하는가? 흔히 광우병이라고 불리는 이 병은 프리온Prion이라는 병원체가 소의 뇌를 파괴해 죽음에 이르게 한다. 소 해면상뇌증에 해당하는 인간의 질병은 변종 크로이츠펠트-야콥병vCJD이다. 원칙적으로 이 병은 인간이 광우병에 걸린 소를 섭취한 후 전염되는 것으로 알려져 있다.[26] 그래서 당시 사람들은 식당에 다녀온 후 자신의 뇌가 스펀지처럼 구멍이 뚫리는 건 아닐까 두려워했다.

각종 기사 제목은 이런 생각을 부추기는 수많은 공포 시나리오를 제공했다. 그러는 사이에 쇠고기 소비가 급격히 감소했다. 정치인들은 이런 언론 보도에 편승해 극도로 충동적으로 반응했으며 맹목적이고 상징적인 행동을 보였다. 광우병이 의심되는 암소와 황소 200만 마리가 도살되는 일까지 벌어졌다. 또한 미국에서 단 한 건(!)의 광우병 사례가 보고된 후에는 미국산 소고기의 수입이 독일에서 전면 금지되었다.

그로부터 20년이 넘는 시간이 흘렀다. 그때의 '광기'는 그만한 가치가 있었을까? 실제로 1995년부터 2018년까지 변종 크로이츠펠트-야콥병은 전 세계적으로 약 200건만 보고되었고 독일에서는 지금까지 단 한 건도 발생하지 않았다.[27] 소들은 다시 목초지에서 풀을 뜯고 있으며 더는 아무도 광우병 이야기를 하지 않는다. 여기서 아이러니한 점은 그때나 지금이나 (지극히 낮은) 위험의 정도는 원칙적으로 비슷하지만 지금은 더 이상 공포심을 유발하지 않는다는 것이다. 언론에서 사라지면 사람들의 기억에서도 사라지기 때문이다.

이 사례는 두려움을 결정하는 것이 위험에 대한 객관적인 사실이 아니라 우리가 해당 문제에 대해 기울이는 관심이라는 것을 보여 준다. 물론 정치와 언론에서 잠재적 위협에 대해 적절하게 대응하는 것은 옳은 일이다. 위험이 눈앞에 닥치는 상황에서 아무것도 하지 않는 건 태만일 수 있다. 그러나 두려움이 지나치게 커지면 균형과 절제를 잃고 비이성적으로 행동할 수 있다.

사태를 바라보는 이성적 태도를 키우고 더 나은 통계 지식을 확보하며 냉정하게 판단할 수 있는 용기를 갖추면, 무엇보다도 과민한 언론 보도가 줄어들면 위험을 더 잘 평가하는 데 도움이 될 것이다. 그렇지 않으면 고질라와 같은 큰 두려움이 생길 수 있다. 누구나 알다시피 이런 두려움은 합리적인 결정을 내리는 데 방해가 된다.

현재 사람들 사이에서 떠도는 일부 예측을 믿는다면 우리의 미래는 매우 위험해 보인다. 부정적인 예언은 매일 끊임없이 쏟아져 나오고 있다. 여러분도 이런 절망적이고 회의적인 말들을 계속해서 듣고 있는가? 그 말들은 정말로 타당한가?

예언 과잉의 시대

이른 아침 엘베강이나 도나우강의 일부 지역에서 귀를 쫑긋 세우면 무당개구리 울음소리를 들을 수 있다. 얕은 물과 강변의 낮은 땅에서 노란색 또는 주황색 배를 가진 무당개구리들이 슬피 우는 소리는 슬픔의 탄식을 연상시킨다. 이런 이유에서 누군가 큰소리로 비관적인 말을 할 때 무당개구리가 울고 있다고 말한다(일반적으로 인간이 양서류보다 비관적인 말을 훨씬 더 잘한다).

무당개구리 자체는 유럽의 일부 지역에서 멸종 위기에 처해 있다. 하지만 인간이 내는 비관적인 무당개구리 울음소리는 전혀 줄어들지 않고 있다. 오히려 그 소리가 점점 더 커지면서 곳곳에서 무당개구리가 늘어나고 있는 듯한 느낌이 든다.

언론 보도가 넘쳐나는 세상에서 인간 무당개구리는 심지어 엄청난 인기를 누리고 있다. 물론 비관과 절망의 소리가 대중의 반응이 중요한 상황에서는 가치가 있을 수 있다는 사실은 인정한다. 이를테면 정치인은 선거 캠페인 주제가 필요하고 전문가에게는 자신의 지식을 펼칠 수 있는 무대가 필요하며 미디어는 새로운 헤드라인이 필요하다. 말하자면 부정적인 예측과 암울한 예언은 대중에게 보이고 들리기를 원하는 사람이라면 누구에게나 적절한 기회가 될 수 있다.

이런 이유에서 우리는 몇 년 동안 (부정적인) 예측의 과잉을 경험하고 있다. 해당 주장이 얼마나 자극적인지는 대체로 미디어에서 얼마나 주목받느냐에 따라 결정된다. 크게 주목받고 싶은 욕망이 클수록 더 자극적인 내용을 주장하게 된다. 그렇다고 해서 그런 극단적인 주장이 반드시 틀린 것만은 아니다. 하지만 이런 주장이 토크쇼나 책에 등장하기 시작하면 더 과장되거나 극단적인 방향으로 치달을 수 있다.

불행하게도 우리는 절망적이고 비관적인 이야기에 귀 기울이는 것을 좋아하며 특히 그 이야기들이 매우 심각할 때 더욱 관심을 보인다. 예를 들면 노스트라다무스의 예언은 오늘날에도 여전히 세계에서 가장 널리 읽히는 책 중 하나다. 16세기 전반기에 프랑스의 의사이자 약사였던 노스트라다무스는 3,800년까지의 사건과 재앙을 잇달아 예언했다(나는 정신과 의사로서 여러분의 기분을 망치지 않기 위해 그의 어떤 예언도 추천하지 않는다). 지금까지 거의 모든 예언이 틀린 것으로 판명되었지만 이 사실은 그의 인기를 꺾는 데 아무런 도움이 되지 않았다. 심지어 몇몇 '팬'은 몇 가지 모호한 예언들이 어떻게든 들어맞을 때까지 계속해서 상황에 끼워 맞춘다. 정말로 터무니없는 일이다.

하지만 몇 년 전 한 연구진이 입증한 바에 따르면 예언이 틀렸다고 해도 비관적인 진단을 내리거나 자칭 예언가라고 말하는 사람들의 커리어에 치명적인 영향을 미치지 않았다. 예언가들이 자신의 과거 예언을 능가하는 더 끔찍하고 더 부정적인 예언을 계속해서 내놓으면 그 새로운 예언은 또다시 사람들의 관심을 끌었다. 새로운 공포를 직면하면 과거의 오류는 사라지는 법이다.[28]

TIP 예언가의 황금 법칙   +

만약 예언가가 되고 싶다면 이 법칙을 따르라.[29] 무슨 일이 일어날지 또는 언제 일어날지 둘 중 하나만 말하되 절대로 두 가지를 동시에 말하면 안 된다! 이를테면 경기 침체를 예언할 경우 안전을 기하기 위해 정확한 시기는 빼는 것이 좋다. 그러면 사실상 예언은 거의 항상 맞을 것이다. 이 요령을 이용하면 누구의 간섭이나 처벌을 받지 않고 세상의 종말을 예측할 수도 있다. 우리의 아름다운 지구는 언젠가 태양이 폭발하면 결국 자연적으로 종말을 맞이할 테니까. 하지만 그렇게 되려면 아직 시간이 많이 남아 있으니 이 책은 끝까지 다 읽을 수 있을 것이다.

예측에 오류가 발생하는 이유

미래에 관한 예측은 특히 어렵다.

_마크 트웨인

누구나 알다시피 인간의 뇌는 예측을 잘하지 못한다. 특히 미래에 대해서는 더욱 그렇다. 미국의 심리학자 필립 테틀록Philip Tetlock은 1980년 대 중반에 전문 지식이 풍부한 284명의 예측을 수집하고 분석해서 다양한 전문가들의 정치 및 경제 예측을 조사했다. 그는 20년 동안 총 8만 2,000개 이상의 발언을 분석한 결과 놀라운 사실을 확인했다. 즉 전문 가들의 진술이 자주 틀렸다는 것이다! 그들의 진술은 대체로 일반인의 진술보다 정확하지 않았다.[30]

통계학자이자 선거 분석가인 네이트 실버Nate Silver는 2013년 저서《신 호와 소음》에서 경제연구소들이 60번의 글로벌 경기 침체 중 단 두 번 만 정확하게 예측했다고 설명했다.[31] 또 다른 연구에서는 22개 은행의 전문가들에게 향후 10년간의 달러/유로 환율을 평가하도록 요청했는 데 그 결과에서도 대부분의 예측이 크게 벗어난 것으로 나타났다.[32] 그 런가 하면 최근 워털루 대학교에서 삶의 만족도나 정치 동향, 소셜 미디 어 정서와 같은 다양한 측면과 관련해 1년 동안 사회과학자들의 예측을 분석했는데, 연구 결과에 따르면 그들의 예측은 일반 대중의 평가보다 더 나을 게 없었다.[33]

하지만 내 말을 오해하지는 말기 바란다. 전문가들이 내놓는 예측이 모두 말도 안 된다는 뜻은 아니며 그중 많은 예측이 매우 정확하다. 또 설령 잘못된 예측이라 하더라도 위험한 방향으로 사태가 진전하지 않게끔 조치를 취하게 만드는 측면도 있다. 다시 말해 잘못된 예측도 상황에 따라서는 사회에 유리하게 작용할 수 있다. 그러나 세계화되고 복잡한 세계에서는 전문가들조차 미래를 예측하기가 매우 어렵다. 따라서 우리는 수많은 예측을 비판적으로 살펴봐야 하며 그것에 휘둘리지 않아야 한다.

예측에 오류가 발생하기 쉬운 세 가지 주요 이유는 다음과 같다.[34]

- 대부분의 예측이 너무 단순하다. 다시 말해 고려하는 측면이 너무 협소하다. 반면에 특정 사건이 장기적인 사태 진전에 미치는 영향은 실제보다 훨씬 더 과대평가되는 경우가 많다.
- 대부분 가정이 감정과 기분에 크게 영향을 받고 여론에 맞춰져 있는 경우가 많다. 따라서 객관성이 떨어진다.
- 예측은 일반적인 발전을 외면하는 경우가 많다. 이런 발전은 우리 미래의 문제를 해결하는 도구가 될 수 있다. 일반적으로 사회는 수년에 걸쳐 변화된 여건에 적응하고 번영과 성장, 평화를 유지할 수 있는 새로운 방법을 찾는다.

TIP 돈내기를 제안하라   +

우리가 부정적인 예언을 쉽게 내뱉는 이유는 '파국'으로 진전될 수 있는 무언가가 항상 존재하기 때문이다. 여러분의 지인 중에 늘 비관적인 말로 여러분의 기분을 우울하게 하는 사람이 있다면 그에게 자신의 진술에 일정 금액의 돈을 걸라고 해보라. 인터넷에는 이런 내기를 위한 수많은 사이트가 있다(예를 들면

Longbets.org가 있다).[35] 이런 사이트에서는 자신의 예언에 대해 일정 금액을 입금할 수 있으며 예언이 틀린 것으로 판명되면 그 돈은 당연히 사라진다. 사람은 대개 돈이 걸린 상황에서 갑자기 신중해진다. 즉 더 철저하게 생각하고 대안적인 관점에 개방적인 태도를 보이며 상황이 당연히 다르게 전개될 수 있다는 사실을 인정하게 된다.

두려움은 우리를 방어적으로 만든다

처음에는 이렇게 이의를 제기할 수도 있다. 미래에 대한 부정적인 예측이 어떤 행동을 취하도록 우리에게 동기를 부여하여 걱정했던 것처럼 사태가 전개되지 않게 만들 수 있다고 말이다. 쉽게 말하면 두려움을 느끼면 어떤 행동이라도 하게 된다는 것이다. 두려움은 실제로 우리가 당장 어떤 행동을 하게끔 밀어붙이기 때문에 이 말이 완전히 틀린 건 아니다. 하지만 몇 년 전 진행된 한 연구에서 알 수 있듯이 두려움을 느끼면 행동을 억제하는 경향이 더 커지기 때문에 장기적인 관점에서는 두려움이 상황을 진척시키기 위한 현명한 전략이 되지 못한다.[36]

미래사회 연구가 마티아스 호르크스가 말한 것처럼 매일 '점점 더 나빠지는 상황'Immerschlimmerismus[37] 속에서 동기부여와 자신감은 결국 어느 순간에 사라진다. '어차피 전부 다 망해 가는데 굳이 내가 노력할 필요가 있을까?'라는 생각을 하게 되는 것이다.

토론토 대학교의 한 연구진은 정치 뉴스와 미래 진단이 사람들의 기분과 행동 동기에 어떤 영향을 미치는지 알아보기 위해 약 2,000명의 일기를 몇 주에 걸쳐 조사했다. 그 결과 응답자들은 그들이 소비하는 미디어의 양에 따라 부분적으로 부정적이거나 불안한 반응을 보였다. 여기까지는 예상했던 결과다. 그러나 의외의 결과를 보이기도 했다. 사람들은 감정적으로 더 흥분할수록, 마음을 진정시키고 감정을 조절하기 위해 더 많은 전략을 사용할수록 행동 동기가 감소했다.[38] 자신의 마음을 보호하는 데 에너지를 대부분 소진했기 때문에 행동을 취할 힘이 부족했던 것일 수 있다.

이런 점에서 볼 때 위협에 대한 두려움과 예측은 심리적으로만 부담을 주는 게 아니다. 앞으로 나쁜 일이 계속 벌어질 것이라는 내용을 끊임없이 접하면 자신감을 잃을 수 있다. 최악의 경우 체념과 수동적 태도, 의욕 저하로 이어진다. 더 나은 것에 관한 전망은 우리의 열정을 불러일으켜 어떤 행동을 취하게 만든다. 미래에 대한 긍정적 기대는 지속 가능한 변화를 만들어 낼 수 있는 창의적인 힘을 제공한다.

불확실함은 우리를 나아가게 한다

미래를 회의적으로 바라볼 때 드는 불확실한 감정은 나쁜 것이 아니다. 제1장에서 나는 살면서 겪는 불확실한 상황에서 느껴지는 불안함이 어떤 이점을 가져다주는지 설명했다. 하지만 두려움과 불확실함을 구분할 필요는 있다. 두려움은 어떤 나쁜 일이 일어나고 있음을 우리에게 알려 준다! 두려움은 실제 또는 생각 속에 존재하는 (생명의) 위협에 대한 반응으로, 인지를 좁히고 우리 뇌를 생존 모드로 전환한다. 또한 행동

범위를 축소하고 최악의 경우 행동을 마비시킬 수 있다.

불확실함은 어떤 새로운 일이 일어나고 있음을 우리에게 알려 준다! 불확실함은 우리 뇌를 발견 모드로 전환하고 인지의 폭을 넓히며 우리가 새로운 것을 시도하도록 장려한다. 이 과정에서 우리는 낙관주의적인 마음을 갖게 된다. 물론 미지의 곳에는 어떤 길이 펼쳐져 있는지 알 수 없고 위험할 수도 있기에 불확실한 마음이 생기고 긴장되는 것은 당연하다. 두려움은 우리를 완전히 멈춰 서게 하지만, 불확실함은 느리기는 해도 조금씩 앞으로 나아가게 만든다. 어두운 지하실에서 더듬거리며 조심스럽게 앞으로 나아가는 것처럼 말이다. 한 걸음, 한 걸음씩.

이는 여키스-도슨 법칙Yerkes-Dodson Law으로 설명할 수 있다.[39] 우리는 불확실함을 살짝 느낄 때 수행 능력이 향상되고 일을 착수하려는 의지가 높아진다. 약간의 불확실함을 느끼면 우리는 안전지대를 벗어나 활동적으로 변한다. 하지만 내적 긴장이 점점 강해지면 활동성이 다시 감소한다. 긴장도가 극에 이른 상태, 극명한 두려움을 느낄 때는 (반사적으로 반응하는 것 외에는) 수행 능력이 거의 0에 가까워진다. 말하자면 사람의 각성/활성화 상태와 수행 능력 사이의 관계는 거꾸로 된 'U'와 같다. 즉 약간의 불확실함은 우리를 능동적으로 만들고, 높은 수준의 두려움은 우리를 방어적으로 만든다!

* * *

이 장의 후반부에서는 사태를 신중하게 이성적으로 바라봄으로써 두려움에 맞서 자신을 보호할 방법을 제시하고자 한다. 못 믿을 수도 있겠지만 여러분은 이미 이런 싸움을 위한 강력한 무기를 가지고 있다. 우리는 몇 가지 효과적인 기술을 사용해 두려움을 함께 줄여 나갈 것이다. 또한 불확실함이 지닌 에너지를 활용해 매일 우리를 사로잡는 걱정의 손아귀에서 벗어나는 방법도 알려 줄 것이다. 이로써 가능한 것에 집중하고 작은 발걸음을 내디디며 적극적으로 행동하는 것이 우리 마음에 어떤 긍정적인 영향을 미치는지 알게 될 것이다.

자신감은 단순히 올바르게 생각하는 것에서 온다기보다는 우리가 실제로 어떤 행동을 하고 그 결과가 성공적이었을 때 생겨난다. 그러니 자신감을 되찾기 위해 낙관주의자가 될 필요는 없다(어쩌면 여러분은 이 사실에 놀랄 수도 있다). 그보다는 다른 것이 더 중요하다. 그것이 양동이 속의 개구리, 거리의 환경미화원, 슈퍼마켓의 아이들과 어떤 관련이 있는지도 다음에서 설명하고자 한다. 여러분은 알게 될 것이다. 미래는 우리가 우려하는 것보다 훨씬 더 좋을 거라는 사실을.

사고력이라는 무기

많은 사람이 사고력을 가지고 있지 않기 때문에 잃을 사고력이 없다.

_발타자르 그라시안Baltasar Gracián

17세기 초 스페인의 유명한 도덕철학자 발타자르 그라시안은 우리 대부분에게 잃을 사고력조차 없다고 날카롭게 이야기했다. 나는 그의 이 냉소적인 견해를 과감하게 반박하고 싶다. 왜냐하면 모든 사람은 당연히 사고력을 가지고 있으며 그것도 대체로 아주 많이 가지고 있기 때문이다. 그런데 우리가 일상에서, 특히 두려움과 맞닥뜨렸을 때 사고력을 현명하게 사용하는지는 완전히 다른 문제다.

그전에 먼저 살펴볼 것이 있다. 사고력이라는 개념은 생각하고 헤아리고 결정을 내릴 수 있는 능력을 말한다. 그 덕분에 우리는 정신적으로 무언가를 파악하고 이해하고 판단할 수 있다.[40] 우리는 사고력의 도움으로 과장된 감정을 인식해 이를 진정시키거나 통제한다. 그래서 사고력은 우리 정신 면역체계의 강력한 무기가 되며 이 무기를 사용해 지나치게 큰 걱정과 두려움을 억제하고 그 압도적인 힘으로부터 자신을 방어할 수 있다!

우리 모두 일상에서 절실하게 느끼겠지만 사고력이라는 건 저절로 주어지는 것이 아니다. 즉 우리의 사고력은 여러 가지 약점을 가지고 있으며 다양한 사고 오류를 일으킬 수 있다. 또한 스트레스를 받거나 피곤하면 기능이 떨어지며 와인을 두 잔 정도 마신 후라면 더욱 신뢰할 수 없다. 그럼에도 불구하고 사고력의 도움으로 우리는 원칙적으로는 명확한 사고를 할 수 있다.

사고력은 전체적으로 보면 의식 속에서 강하게 떠오르는 모호한 감정에 비해 다소 눈에 띄지 않고 카리스마가 덜한 것처럼 보일 수 있다. 그래서 토크쇼에는 두려운 미래를 예측하는 사람이 사태를 객관적이고 정확하게 파악하는 지루한 과학 기술 전문가보다 더 자주 등장한다. 하지만 무엇보다 진실을 '주관적으로 느끼는' 지금과 같은 신경과민 시대에는 이성적인 균형추 역할을 해줄 사고력이 그 어느 때보다 필요하다. 감정이 우리 마음을 혼란스럽게 할 때 이를 가라앉히고 의식을 바로잡을 수 있는 것은 사고력이다.

재미있는 간단한 준비 운동으로 사고력을 조금 강화하는 것부터 시작해 보자. 사람들이 자신이 읽고 듣는 모든 정보를 의심하는 유일한 날이 있다. 바로 4월 1일 만우절이다. 이날 이른 아침에는 사람들이 아직 경계심이 없어 교묘한 속임수에 쉽게 넘어갈 수 있지만 시간이 지나면서 배우자나 동료, 라디오 진행자, 뉴스 앵커가 하는 말을 점차 믿지 않게 된다. 이날은 모두가 우리를 속이는 것 같다는 생각이 든다(나 역시 이날에는 아이들에게 속지 않기 위해 끊임없이 조심해야 해서 사고력이 극도로 활성화되어 있다).

이런 점에서 볼 때 4월 1일은 적절한 훈련의 장이 될 수 있다. 1년 중 매일이 4월 1일이라고 생각해 보라. 누군가 새로운 재앙을 이야기할 때 여러분의 사고력을 동원해 그 사람이 여러분을 속이려고 하는 것은 아닌지 곰곰이 생각해 보라. 여러분의 주의력이 높아지는 순간 상대의 과장된 이야기에 덜 휘둘릴 것이다. 만우절의 가벼운 회의적인 태도는 여러분의 정신을 명확하게 해주고, 두려움과 신경 과민에 맞서 여러분을 정신적으로 강하게 만들어 줄 것이다.

두려움을 줄이는 법

인생 대부분의 상황에서 우리는 두려움을 피하려는 경향이 있기 때문에 두려움과의 싸움에서 사고력을 무기로 사용하는 건 절대 쉽지 않다. 우리는 두려움에 가까이 다가갈수록 두려움이 커질까 봐 걱정한다. '두려움으로부터 등을 돌리기', '두려움 쫓아내기', '두려움을 사라지게 하기' 등을 주제로 한 수많은 자기계발서는 이런 경향을 부추긴다. 이런 책들은 암묵적으로 두려움과 거리를 두려는 반사적인 행동을 유발한다. 하지만 용기 있게 두려움과 맞서는 것이 훨씬 더 유익할 수 있다.

미하엘 엔데Michael Ende의 유명한 어린이 동화(혹은 어른 동화?)《짐 크노프와 기관사 루카스》에서 짐과 루카스 두 사람은 인구 과밀을 이유로 사랑하는 룸머란트를 떠나게 되었다. 이렇게 그들은 전 세계를 여행하기 시작했고, 사막에서 길을 잃은 어느 날 갑자기 지평선에서 거대한 형상을 마주했다. 처음에는 두려움이 느껴졌지만 계속 가까이 다가가기로 했다. 놀랍게도 그들이 가까이 다가갈수록 거인은 점점 더 작아졌다. 그들이 거인 앞에 다다르자 거인은 사랑스럽고 천진난만하게 미소 짓는 작고 쪼글쪼글한 노인의 모습을 하고 있었다.

그들이 두려움을 느꼈던 이 형체는 멀리서 보면 거대해 보이지만 가까이서 보면 훨씬 작고, 사람들이 두려워했던 것과는 완전히 다른 모습을 한 '겉보기 거인'이었다. 거인은 자신을 투르투르 씨라고 소개하며 길을 잃은 두 사람을 사막에서 구해 주었다.[41]

이 이야기가 전하는 메시지는 분명하다. 두려움은 멀리서 볼 때 커 보이지만 용기를 내서 가까이 다가가 다른 시각에서 자세히 들여다보면 대부분 생각만큼 크지 않다는 것이다. 그렇게 되면 상황이 두려워했던 것만큼 나쁘지 않다는 것을 깨닫고 다시 자율적으로 행동할 수 있게 된다.

미하엘 엔데는 고대 그리스 철학에 대한 깊은 이해가 있었던 것 같다. 왜냐하면 이미 기원전 5세기에 데모크리토스Democritus가 자신의 부정적인 감정을 피하지 말고 지성의 도움을 받아 신중하게 관찰하고 조명하고 탐구해야 한다고 제안했기 때문이다. 그렇게 하면 부정적인 일에 압도당하지 않고 새로운 기동력을 얻을 수 있다. 이는 침착함과 쾌활한 기분을 위한 전제 조건으로, 데모크리토스는 이를 '에우티미아'Euthymia라고 불렀다.[42] 데모크리토스가 '웃음의 철학자'로도 알려진 것을 보면 그 자신이 이런 권고를 실천하며 살았던 듯하다.

물론 우리의 두려움과 걱정이 대부분 완전히 비현실적인 것은 아니지만 종종 그 강도가 지나칠 때가 있다. 따라서 목표는 두려움과 걱정을 완전히 없애는 것이 아니라 사고력을 바탕으로 두려움과 걱정을 줄이는 것이다. 이렇게 두려움을 줄여 나가는 것을 동화 속 짐과 루카스에 빗대어 이야기하자면 '투르투르화'라고 말할 수 있을 것이다(나는 이 표현에 매우 호감이 간다. 감성이 부족한 사람은 이를 '대면'Facing이라고 칭하기도 한다).

구체적으로 생각해 보자. 여러분이 현재 직장 생활이나 사생활에서 두려워하거나 걱정하는 것은 무엇인가? 사고력의 도움을 받아 두려움과 대면하기 위해 다음과 같은 질문을 자신에게 던져 보자.

- **현실성:** 내가 두려워하는 대로 또는 우리가 끊임없이 듣고 읽은 대로 상황이 전개될 것이라는 증거가 있는가? 무엇이 사실이고 무엇이 추측인가? 이 질문은 우리가 매일 접하는 거짓과 잘못된 정보의 수를 줄여 준다.
- **적절성:** 내 걱정의 강도가 적절한가? 아니면 지나치게 걱정하는 것일 수도 있는가(다른 사람들도 그렇게 하고 있기 때문인가)? 내 걱정이 다른 사람들에게 감염된 것은 아닌가? 이 질문은 우리를 사로잡는 감정의 압도적인 힘을 줄여 준다.

- **반응:** 나는 내 걱정에 현명하게 대처하고 있는가? 나는 이성적으로 행동하고 있는가? 아니면 본능의 희생양이 된 것은 아닌가? 다른 대응 방법이 있는가? 이 질문은 우리가 두려움을 느낄 때 지나치게 크게 작용하는 본능을 밀어낸다.

여러분이 지닌 사고력의 힘을 과소평가하지 마라. 위의 질문들이 다양한 형태로 수많은 심리치료 기법에서 사용되는 데는 그만한 이유가 있으며 실제로 효과도 있다! 여러분이 약간의 시간을 들여 이 질문들에 대해 솔직하고 비판적으로 답한다면 대부분의 상황에서 두려움에 맞서 그 힘에 압도당하지 않고 행동할 수 있을 것이다.

중요한 건 두려움을 완전히 없애는 것이 아니라 더 이상 두려움에 마비되지 않도록 두려움을 줄이는 것이다. 객관적인 개연성과 과장의 가능성을 구별하는 것은 쉬운 일은 아니지만 미디어가 과민한 반응을 보이고 공포를 조장하는 시대에서 이는 매우 중요하다. 가장 이상적인 것은 두려움을 줄이는 것뿐만 아니라 뜻밖의 놀라운 해결책을 함께 인식하는 것이다. 투르투르 씨가 길을 잃은 짐과 루카스에게 마침내 사막에서 벗어나는 길을 알려 주듯이 말이다.

생각이 계속 맴돈다면 여러분이 신뢰할 수 있는 누군가에게 도움을 요청해서 문제를 함께 살펴보라. 여러분의 감정과 행동 반응을 함께 평가하고, 여러분의 두려움과 걱정이 과장된 것은 아닌지 함께 확인하는 것이다. 이는 집단 대화가 매우 효과적인 이유이기도 하다. 때로는 숙였던 고개를 다시 들고 명확하게 생각하기 위해 주변 사람들의 지적이 필요할 때가 있다.

또한 이 방법은 직장에서도 도움이 될 수 있다. 이를테면 팀 내에서 직원들이 걱정하고 미리 겁을 먹고 있다는 것이 느껴질 때 상황에 대해 함께 이야기를 나누는 것이다. 사태를 현실적으로 평가하고 어떤 행동을 취할지 생각해 보자. 사고력이라는 무기를 사용해 해결책을 찾을수록 적중 확률은 커진다.

TIP 중립적인 장소에서 창의력이 생겨난다 ＋

두려움에 효과적으로 맞서고 싶다면 한 번도 가 본 적이 없거나 자주 가지 않는 곳으로 가서 위에 언급한 세 가지 질문을 자신에게 던져 보자. 여기에는 두 가지 장점이 있다.

첫째, 낯선 장소에서는 관점을 바꾸기가 더 쉬워진다. 새로운 자극은 정신을 자극해 훨씬 더 색다른 아이디어를 떠올리게 한다. 한 번도 가 본 적 없는 장소에서 특히 창의적인 아이디어가 떠오르는 것은 바로 이런 이유에서다.

둘째, 새로운 장소는 자기 집의 책상이나 소파와 달리 걱정과 두려움이 자리 잡고 있지 않다. 집과 같은 익숙한 공간에서는 홈 어드밴티지가 작용해 두려움이 쉽게 떠오른다. 반면 새로운 장소에서는 두려움을 느낄 가능성이 줄어들고 그 대신 다른 감정들이 더 쉽게 떠오른다.

새로운 장소는 뇌를 위해 준비된 백지와 같으며 여러분은 이 백지에 무엇을 적을지 결정할 수 있다. 이를 위해 멀리 여행을 떠날 필요도 없다. 조금 떨어진 동네의 숲이나 호수면 충분하다. 아니면 이웃집 정원에 앉아 있는 것도 좋다. 이웃이 짜증스러운 표정으로 여러분을 바라본다면 무단 침입이 아니라 생각하는 연습을 하는 중이라고 말하면 된다(그러면 아무도 투덜대지 않을 것이다).

비판적으로 생각할 용기

과감히 알려고 하라!Sapere aude!

_호라티우스Horatius

칸트는 고대 로마 시인의 권고를 약간 수정해 다음과 같은 계몽주의의 핵심 원칙을 제시했다. "자기 자신의 사고력을 사용할 용기를 가져라." 그는 지적 미성숙의 원인이 대부분 자초한 것이라고 확신했다. 일반적으로 사람들에게 사고력이 부족한 것이 아니라 사고력을 사용하려는 의지, 다시 말해 다른 사람의 의견과 견해, 감정에 설득당하는 대신 직접 생각하려는 의지가 부족한 경우가 대부분이라는 것이다.

안타깝게도 우리는 정보 범람의 시대를 살면서 우리의 사고력을 점점 더 사용하지 않는 것 같다. 몇 년 전 캐나다 워털루 대학교의 한 연구진은 사람들이 스마트폰으로 더 자주 검색할수록 일상에서 스스로 생각하는 횟수가 줄어든다는 사실을 밝혀냈다.[43] 간단히 말하면 기술이 사람의 사고력을 대체하고 있다는 것이다.

우리는 생각하기 전에 먼저 구글 검색부터 한다. 이런 점에서 보면 주로 우리가 스스로 생각해야 할 책임에서 벗어날 때 두려움에 감염되는 건 당연한 일이다. 물론 선입견을 받아들이거나 미래에 대한 끔찍한 진단을 공유하는 것이 힘들게 사고력을 사용하는 것보다 더 편할 수 있다. 그러나 비판적 사고를 통해서만 진실과 거짓, 선과 악, 중요하지 않은 것과 중요하지 않은 것, 심각한 위험과 과민한 과장을 구분할 수 있음을 기억해야 한다.

명석한 사고력을 가진 사람은 통계적 추세가 어떤 특정 방향을 가리킨다고 해서 또는 어떤 진단이 '명확하게' 그에 해당하는 징후를 보인다고 해서 곧바로 멸망이 임박했다고 생각하지 않는다. 또한 예리한 사고력을 적용하면 많은 사고와 재난이 슬픈 개별의 사건일 뿐 세상의 종말이 임박했다는 전조가 아님을 인식할 수 있다. 날카로운 사고력은 사태가 위협적으로 전개되더라도 당황하지 않게 해주며 위험한 상황에서도 효과적으로 행동할 기회를 제공한다.

중요한 시기에 비판적 사고를 한다는 것은 모든 사람을 불신하거나 우리가 읽고 듣는 모든 것을 의심하는 것을 의미하지 않는다. 또한 지금 당장 우리 사정에 맞지 않는 모든 것을 '헛소리'로 규정하는 것도 아니다. 건강한 사고력을 사용한다는 건 감정적인 단순화를 조심한다는 것이다. 비판적 사고는 우리가 (명확함을 기하고자 할 때) 질문을 제기하고 (대안이 없다고 느껴질 때) 다른 관점을 고려하거나 관점을 바꾸며 (모든 것이 이미 너무 늦었다고 생각할 때) 행동의 여지를 찾을 때 가능하다.

우리가 사고력을 사용하는지는 능력의 문제가 아니라 의지의 문제다. 그러므로 자신의 사고력을 사용하고자 하는 용기를 가져야 한다. 사고력이라는 예리한 검을 들고 우리의 두려움에 맞서도록 하자!

TIP **두려움을 기록하기**　　　　　　　　　　　　　　＋

두려운 생각은 비교적 빠른 속도로 머릿속을 맴돈다. 특히 사고력으로 이를 제지하지 못할 경우는 더욱 그런데, 심각하면 두려운 생각이 편집증적인 수준에까지 이를 수 있다. 두려움을 유발하는 요인을 상세히 적어 두는 것은 이에 대한 효과적인 조치가 될 수 있다. 이렇게 하면 대부분 두려움이 현저하게 약해진다.

글쓰기는 우리 뇌의 인지 과정 속도를 늦추기 때문에 갑자기 부풀려진 과장을 인식할 수 있고 신중히 검토되지 않은 성급한 가정을 발견할 수 있다. 그러면 경각심을 일으키는 시나리오 대신 현실적인 개연성을 가지고 생각할 수 있게 된다. 여러분의 사고력이 뇌간보다 우위에 있을 수 있도록 글쓰기 시간을 가져 보자.

우리를 버티게 하는 에너지

이 시점에서 한 가지 좋은 소식은 두려움을 극복하고 걱정을 줄이기 위해 낙관주의자가 될 필요는 없다는 것이다. 물론 낙관주의자가 비관주의자보다 인생의 많은 일을 더 쉽게 처리한다는 건 분명한 사실이다. 낙관주의자는 스트레스에 대처하는 능력이 비교적 더 뛰어나고 주관적인 삶의 질도 더 높다.[44] 그러나 여기서도 중요한 사실은 어떤 것이든 적정량을 넘어가면 독이 될 수 있다는 것이다. 지나치게 낙관적인 태도는 지나치게 비관적인 시각만큼이나 문제가 될 수 있다. 다음의 이야기는 이를 아주 잘 설명해 준다.

개구리 세 마리가 우유가 가득 담긴 큰 양동이 안에 있었다. 그중 비관적인 개구리가 "우리의 미래는 사라졌어. 우리는 모두 죽을 거야."라고 탄식하다가 결국 우유에 빠져 죽었다. 반면 낙관적인 개구리는 "긍정적으로 생각하자. 언젠가는 누군가가 우리를 도와줄 거야."라고 말하다가 비관적인 개구리와 마찬가지로 우유에 빠져 죽었다. 마지막으로 남은, 자신감이 가득한 개구리는 양동이 밖을 바라보며 말했다. "무슨 일이 일어날지 누가 알겠어? 하지만 적어도 지금은 뭐라도 할 수 있잖아."

이 개구리는 양동이에서 계속 허우적거리다가 우유가 버터가 되자 양동이에서 튀어나올 수 있었다.

변하지 않는 기본 신념을 가진 사람들은 종종 이런 자신의 경직성 때문에 피해를 입는다. 끊임없이 비관적인 태도는 우리를 우울하고 무기력하게 만든다. 불길하고 나쁜 기분에 사로잡히면 두려움이 우리 행동을 저해하기 때문이다. 또한 지나친 낙관주의는 무기력함을 조장할 수 있다. 왜냐하면 계속 낙관적인 상태에 있으면 주의력을 잃고 나태해지기 때문이다.

문제를 해결할 때는 이런 두 가지 극단적인 태도 모두 나쁜 조건이 될 수 있다. 둘 다 우리의 시야를 좁히고 유연한 사고를 하지 못하게 만들며, 나아가 어떤 방식으로든 행동을 회피하게 하기 때문이다. 만약 모든 일이 저절로 잘되어 갈 것이라고 혹은 처참하게 끝날 것이라고 확신한다면 어떤 행동을 할 필요가 있겠는가? 확고한 기대는 긴장감을 줄여주기는 하지만 동기를 사라지게 할 수도 있다.

그보다는 긍정적이든 부정적이든 상황이 다양하게 진전될 가능성이 있다는 생각으로 정신적 유연성을 유지하는 것이 좋다. 좋은 일을 희망하면서 나쁜 일이 일어날 가능성도 함께 예상하는 것이다. 이렇게 하는 것이 장기적으로 볼 때 훨씬 유익하다. 왜냐하면 모든 불분명한 상황은 우리를 앞에서 언급했던 생산적 불확실성의 상태로 옮겨 놓기 때문이다. 불확실성의 에너지는 우리의 뇌를 효율적으로 만든다. 즉 우리는 깨어 있는 상태로 주의를 집중하고 사태가 다양하게 진전될 수 있다고 생각하며 행동할 준비를 갖춘다. 이 불확실성의 에너지야말로 우유가 버터가 되기까지 우리를 버티게 해주는 에너지다.

가능성의 관점에서 생각하라

실제로 동기부여의 관점에서 볼 때 뇌는 '가능한 것'에 가장 강하게 반응한다. 슈퍼마켓에서 작은 실험을 하나 해보자. 부모가 어린 자녀와 함께 마트에 가서 쇼핑할 때 아이들이 계산대에서 사탕이나 껌을 사 달라고 큰 소리로 떼를 쓸 때가 있다. 이는 부모가 평소 떼쓰는 아이들에게 사탕을 사 준 적도 있고 사 주지 않은 적도 있는 경우다. 부모가 사탕을 사 줄 수도 있다는 '가능성'은 아이들을 자극해 엄청난 에너지를 방출하게 한다.

그와 달리 항상 사탕을 사 주면 아이들은 낙관적인 기분을 느낄 수 있지만 어차피 사탕이 생길 것으로 생각하기 때문에 노력도 덜 하게 된다. 또한 사탕을 절대로 사 주지 않으면 아이들은 비관적으로 낙담하고 동기도 잃는다. 떼를 써도 소용없다는 것을 경험으로 알기 때문이다.

그러나 사탕을 얻는 것이 이론적으로 가능할 경우는 아이들의 뇌에서 동기부여 시스템이 강하게 작동하기 시작한다. 뇌는 행동 시스템에 다음과 같은 메시지를 전달한다. '조금만 더 떼를 써 봐. 그러면 사탕을 얻을 수 있을 거야!' (여러분에게 아이가 있다면 이런 상황에서 아이가 어떤 기발한 창의적인 전략을 펼치는지 관찰해 보라.)

가능성에 대한 이런 태도를 가능주의Possibilism라고 한다. 이 용어는 원래 독일계 스웨덴 작가 야코프 폰 윅스퀼Jakob von Uexküll에게서 유래한 것으로[45] 다른 작가들도 자주 사용하는 개념이다. 세계적인 베스트셀러 《팩트풀니스》[46]의 저자이자 스웨덴 의사인 한스 로슬링Hans Rosling도 자신을 가능주의자Possibilist라고 표현했다.

가능주의는 낙관주의와 비관주의라는 두 극단에 또 다른 차원을 더한다. 가능주의자는 모든 것이 저절로 잘되거나 나빠질 것이라고 가정하지 않고 다양한 가능성과 결과를 생각한다. 어떤 판단을 내릴 때 너무 많은 긍정적 또는 부정적 감정에 휩쓸리지 않으며 냉철하고 명확하게 생각한다. 그리고 명확한 결론을 도출하고 다양한 옵션을 신중하게 검토한다. 문제가 어떤 결과로 끝날지는 종종 (항상 그런 것은 아니지만) 자신이 어떤 행동을 취하는지에 따라 달라진다. 이를 통해 가능주의자는 좋은 해결책에 가장 가까이 다가가는 경우가 많으며 자신을 둘러싼 곤란한 상황에서 가장 먼저 헤쳐나올 수 있다.

오늘날 우리는 가능성의 관점에서 생각하는 것을 무척 어려워한다. 우리는 미래에 대해 철석같이 긍정적이거나 부정적인 기대를 하는 경향이 있다. 그 이유는 아마도 '반드시 일어날 것'이라고 예상하는 일들이 마치 확실한 사실인 것처럼 생각하기 때문일 것이다. 이런 확실성은 반박할 수 없는 확고부동한 진리가 되고 어떤 대안이나 경우의 수도 허용하지 않는다. 이처럼 우리는 일상생활에서 가능성을 간과하는 경우가 많다. 기본적으로 혼란스럽고 어려운 상황에서 벗어날(또는 애초에 그런 상황에 빠지지 않을) 방법은 항상 존재한다.

간단히 말하면 비관론자는 모든 것을 검은색으로 보고 낙관주의자는 모든 것을 장밋빛으로 본다. 그러나 가능주의자는 미래에 대한 관점을 다양한 회색 톤으로 유지하되 사태를 매우 극명하게 바라본다! 이는 인생에서 굉장한 이점이 될 수 있다. 살면서 세상을 어떤 색으로 그리는지보다 세상을 명확하게 바라보는 것이 훨씬 더 중요하기 때문이다.

현재 건강 문제나 부부 갈등, 재정 불안정 등의 큰 걱정거리를 안고 있다면 다음과 같은 방법으로 가능주의적 사고를 훈련해 보자. 상황의 다양한 전개와 결말을 예상하고 이에 대처할 수 있는 다양한 방법을 고민해 보는 것이다.

- 되도록 최선의 결과를 상상해 보라(최상의 시나리오). 상황이 어떻게 전개되는 것이 바람직한가? 원하는 대로 일이 진행되려면 어떻게 해야 할까? 이런 질문은 낙관적인 기분을 불러일으킨다. 왜냐하면 뇌의 동기부여 시스템은 긍정적인 기대와 관련해 특히 활성화되기 때문이다.
- 문제의 부정적인 결말에 대해서도 생각해 보라(최악의 시나리오). 우려한 대로 결과가 나오면 어떻게 해야 할까? 원치 않는 상황이더라도 거기서 내가 얻을 수 있는 게 있을까? 고통스럽게 잃는 것도 있겠지만 얻을 수 있는 건 무엇일까?

어쩌면 여러분은 두 극단 말고도 그 사이에 있는 다른 관점을 찾을지도 모른다. 더 많은 가능성을 생각할수록 앞으로 다가올 미래에 더 잘 대비할 것이다.

혹시 여러분은 나쁜 결말을 생각하는 것이 부정적 사고의 한 형태라고 생각하는가? 그렇지 않다. 파국적 사고Catastrophic Thinking 와 최악의 시나리오에는 큰 차이가 있다. 파국적 사고는 미래에 대한 비관적인 생각에 집중하며 실망이나 슬픔, 두려움, 절망과 같은 부정적인 감정을 중심에 둔다. 그렇게 되면 종종 정신적인 스트레스와 무력감을 느끼게 된다. 하지만 최악의 시나리오는 해결 지향적인 관점에서 사태가 최악으로 흘러갈 가능성을 생각한다. 고통에 초점을 맞추는 것이 아니라 상황에 대처할 가장 좋은 방법을 생각하는 데 중점을 두는 것이다.

이렇게 하는 것이 매우 유용한 이유는 상황이 기대했던 것보다 더 나빠지는 언짢은 상황에 대비해 최선으로 준비하기 때문이다. 또한 '최악의 상황'을 떠올리면서 항상 '대안적인 가능성'을 함께 고려한다. 이처럼 두 가지를 동시에 생각하면 (제2장에서 살펴본 것처럼) 우리의 기분이 오르락내리락하지 않고 용기와 자신감을 갖게 된다.

미래는 변경할 수 없는 확고부동한 시나리오가 아니라 가능성으로 가득 찬 공간이라는 사실을 항상 기억하라. 가능주의의 핵심은 냉철한 사고력으로 모든 가능성을 인식하고 그 과정에서 감정적으로 편향되거나 마비되지 않고 최선의 방법으로 여러 가지 가능성을 받아들이는 것이다.

행동은 두려움을 물리친다

행동으로 옮기지 않는 한 선善은 존재하지 않는다.
_에리히 케스트너

앞서 살펴본 것처럼 (부정적인) 기대에 집착하거나 불평하기보다 가능성의 관점에서 생각하면 능동적으로 행동할 수 있다. 가능주의는 미래에 대한 우리의 생각을 현재 실현 가능한 것으로 유도한다. 또한 불확실성의 에너지를 사용하여 행동으로 옮기게 해준다.

내게 상담받은 한 내담자의 감동적인 사례는 바로 이런 행동의 힘을 보여 준다. 얼마 전 한 고령의 여성이 나를 찾아와 2022년 2월 우크라이나에서 전쟁이 시작되면서 제2차 세계대전이 끝난 후 부모님과 함께 슐레지엔에서 피난을 떠나야 했던 무서운 기억이 되살아났다고 말했다. 당시 그녀는 어린아이였기 때문에 자세한 상황을 명확하게 기억할 순 없지만 그때 느꼈던 공포와 무력감은 기억 속에 두렵고 불안한 감정으로 남아 있었다.

그녀는 러시아의 우크라이나 공격 소식에 며칠 동안 불안하고 초조했으며 희생자들에 대한 걱정과 연민 때문에 잠을 이루지 못했다. 그래서 처음에는 현물과 금전적인 기부로 도움을 주었고 나중에는 구호 단체를 통해 자기 집의 방 한 칸을 난민을 위해 제공하기로 했다. 며칠 뒤 우크라이나에서 어린아이를 데리고 온 한 젊은 엄마가 이 방을 배정받았다. 그녀는 현재 이 젊은 엄마와 관공서에 함께 다니며 행정 절차를 도와주고 있으며 그 대가로 젊은 엄마가 가끔 요리를 해주거나 장을 볼 때 무거운 짐을 들어 준다고 한다.

노부인은 그 후로 편안하게 잠을 잘 수 있게 되었다. 자신의 집을 제공함으로써 젊은 엄마와 아이뿐만 아니라 그녀 자신도 도움을 받은 것이다. 이렇게 그녀는 자신의 두려움을 극복했다.

이 이야기는 사회심리학에서 자주 관찰되는 사실과 일치한다. 즉 가능성의 범위 내에서 행동을 취하는 사람은 무력감의 굴레에서 벗어날 수 있다는 것이다.[47] 여러 연구(와 경험)에 따르면 우리가 다른 사람들의 고통을 접할 때 일시적으로 슬픈 감정이 생겨나는 것은 사실이다. 하지만 (이타적인) 행동을 취하면 위협적인 상황과 미래에 대한 두려움이 줄어든다.[48] 곤궁에 처한 사람을 돕는다는 건 자신의 심리적 괴로움에서 벗어나는 것을 의미하기도 한다.

행동은 두려움에 대항하는 정신 면역체계를 강화하는 가장 효과적인 방법이다. 그러니 살면서 불확실한 상황에 빠져 신체적 불안이나 잡념, 수면 장애 등의 형태로 에너지가 많이 소모된다는 느낌이 든다면 무엇을 할 수 있을지 고민해 보라. 불확실성의 에너지를 활용하고 행동을 취하라.

다음은 두려움과 불안을 극복하기 위한 몇 가지 행동 예시다.

- 여러분과 배우자 사이에 부부관계 위기가 지속되고 있다면 관계 개선을 위해 무엇을 할 수 있을지 고민해 보라. 중요한 것은 어떻게 되기를 기대하는 게 아니라 행하는 것이다! 이를테면 부부가 함께 요리 수업이나 댄스 강좌를 신청하거나 정기적으로 극장에 함께 가 보는 것이다. 사소한 것이라도 실제 부부관계의 안정뿐만 아니라 여러분의 걱정(실은 이것이 더 핵심적인 문제다)에도 큰 영향을 미칠 수 있다.

- 일자리가 사라질 위험에 처했다면 현재 어떤 기술과 능력이 요구되는지 고민하고 여러분이 가진 능력을 활용해 회사에 기여하거나, 필요하다면 새로운 기술을 배우기 위해 직업교육을 받도록 하라. 이런 노력이 전근이나 해고를 막을 수 있는지는 모르지만 그게 중요한 것은 아니다. 중요한 것은 여러분의 행동이 여러분 자신에게 정서적으로 안정감을 준다는 점이다. 능동적으로 행동하면 두려움을 확실히 줄일 수 있다. 비록 그 행동이 가능성의 범위 내에

서 취하는 아주 작은 조치일지라도 말이다.

- 기후 위기에 대해 걱정하고 있다면 여러분이 할 수 있는 일을 고민해 보라. 탄소 배출량을 소량이라도 줄이거나 전기를 절약하거나 다른 희소한 자원을 덜 사용하는 등의 행동을 할 수 있다. 물론 여러분의 기여만으로는 뚜렷한 생태학적 효과를 얻을 수 없지만 작은 행동이라도 실천한다면 두려움을 줄일 수 있기 때문에 눈에 띄는 심리적 효과를 얻을 수 있다.[49]

위에 언급한 세 가지 예시에 모두 적용되는 사실은 행동을 취하는 목적이 문제를 완전히 없애는 것이 아니라는 점이다. 나는 이 사실을 강조하는 것이 특히 중요하다고 생각한다. 왜냐하면 안타깝게도 우리는 행동의 가치를 '효과성'으로만 판단하는 경향이 있기 때문이다. 우리는 우리의 행동이 최대 효과를 가져올 때만 유익하다고 느낀다. 하지만 이는 너무 일방적인 접근 방식이다. 행동의 가치는 두려움의 손아귀에서 벗어나 무력감을 끝낼 수 있게 해준다는 데 있다.

우리가 할 수 있다고 생각하는 행동을 하면 힘든 상황에서 억눌려 있던 불확실성의 에너지가 배출된다. 그래서 불확실성의 에너지가 더는 내부로 향하지 않고 신체적 증상을 유발하지 않는다. 대신 그 에너지는 외부로 흘러 적극적인 행동으로 전환된다. 그 결과 걱정스러운 마음으로 예측한 미래가 자신의 행동으로 실현할 수 있는 현재라는 경험을 하게 되면서 두려움이 줄어든다.

실현할 수 있는 것에 초점을 맞추기

성공은 매일 반복한 작은 노력의 합이다.

_로버트 밥 콜리어Robert Bob Collier

내가 25년째 살고 있는 레겐스부르크에는 오스카 쉰들러Oskar Shindler의 집이 있다. 독일의 유명한 기업가였던 그는 제2차 세계대전이 끝난 후 몇 년 동안 이 집에 살았다. 그의 이야기는 두려움 앞에서도 자신이 할 수 있는 일에 집중한 한 남자를 보여 준다.

쉰들러는 여러 해 동안 전쟁으로 큰 이득을 본 사람들 중 하나였다. 그는 1939년 크라쿠프에 있는 주석과 에나멜 주방용품 공장을 인수해 큰돈을 벌었다. 그의 공장에는 수많은 유대인이 일하고 있었다. 쉰들러 역시 나치친위대NSDAP의 일원이었지만 정치에는 거의 관심이 없었다.

1940년대 초반이 되어서야 그는 나치가 유대인에게 저지른 범죄에 대해 알게 되었다. 나치의 유대인 고문과 학대에 혐오감을 느낀 그는 자신이 경제적인 손해를 볼 위험을 감수하고서라도 가능한 한 많은 유대인 노동자를 추방과 살해로부터 구하기로 했다. 그는 자신의 공장이 '전쟁에 중요한 생산 시설'로 분류되도록 해서 유대인 노동력을 계속 고용했다. 나치 정권의 공포에서 살아남은 약 1,100명의 유대인 남성과 여성의 이름이 기록된 그 유명한 쉰들러 리스트는 이렇게 만들어졌다.[50]

쉰들러가 감행한 이런 시도는 자신이 반역자로 몰릴 수도 있다는 것을 염두에 두어야 했기 때문에 매우 위험했다. 그래서 그는 신중하게 단계적으로 행동했다. 자신의 행동이 정치적으로 위험해질 수 있는 상황을 피하기 위해 자신의 영향력 내에서 직접적으로 할 수 있는 일에 집중했다. 때로는 강제수용소 간수를 설득하고 달래기도 하고, 때로는 나치의 비밀국가경찰인 게슈타포에게 뇌물을 주거나 소규모 비밀 구호 단체를 조직하기도 했다. 이렇게 수많은 작은 행동이 모여 많은 유대인의 목숨을 구할 수 있었다. 후에 유대인 노동자들은 감사의 표시로 금이빨로 만든 반지에 탈무드에 나오는 다음과 같은 문구를 새겨 그에게 주었다. "한 사람을 구한 자는 온 세상을 구한 자다."

쉰들러의 이야기는 두려움의 상황에서 단 한 가지 조치로 모든 것을 해결하려 하면 안 된다는 것을 보여 준다. 복잡한 상황에서는 단 한 번의 행동으로 문제를 해결하는 것이 거의 불가능하다. 만약 그것이 목표라면 오히려 어떤 행동도 하지 않을 가능성이 크다. 최악의 경우 두려움만 커질 것이다. 그렇기에 덜 완벽한 접근 방식을 취하는 것이 좋다. 완벽한 해결책에 대한 소망은 오히려 아무 행동도 하지 못하게 우리를 마비시킨다. 중요한 것은 일단 무언가를 시작해서 길을 만들고 그 후에 점진적으로 상황을 개선하는 것이다.

지금 당장 여러분이 할 수 있는 일에 집중하도록 하라. 예를 들어 건강이 걱정되어 식단을 개선하고 싶다면 단것을 완전히 끊겠다고 선언하지 마라. 이는 오히려 마비 효과를 가져올 수 있다. 그보다는 지금 시점에서 실현 가능하고 쉽게 성공할 수 있는 작은 단계부터 시작하는 것이 좋다. 이를테면 다른 모든 것은 일단 그대로 유지한 채 아침 식단만 바꾸는 것이다. 양질의 아침 식사는 심혈관 질환 및 대사 질환의 위험을 줄여 주고(저녁에 감자 칩을 몇 개 먹더라도) 정신적으로 건강하게 하루를 시작할 수 있는 훌륭한 방법이다.[51] 극단적인 희생을 감수할 필요 없이 작은 실천으로도 건강에 긍정적인 영향을 미칠 수 있다.

만약 여러분이 기업가로서 회사의 근본적인 변화를 앞두고 있는데 이런 변화가 직원들에게 눈에 띄는 불안을 일으킨다면 먼저 작은 변화부터 점진적으로 시작하는 것이 좋다. 직원들이 변화의 긍정적인 결과를 경험하는 것이 중요하기 때문이다. 이로써 직원들은 무력감에서 벗어나고 불안감을 줄일 수 있다.

여러 가지 개별적인 조치를 함께 취하면 큰 효과를 낼 수 있는데 이를 심리학에서는 '집합'Aggregation이라고 한다. 목표를 향해 나아가는 작은 발걸음이 사소해 보일지라도 절대로 과소평가해서는 안 된다. 수많은 발걸음이 모이면 먼 길을 나아갈 수 있다.

> **TIP   내 영향력의 범위는 어디까지인가?**   +
>
> 혼란스럽고 과도한 부담을 느끼는 상황에서 다음의 연습은 가능한 것에 집중하는 데 큰 도움이 될 수 있다. 이 방법은 미국의 작가 스티븐 코비Stephen Covey가 매우 간결하게 설명해 대중화한 것으로[52] 아마도 여러분은 고전적인 자기계발서에서 이미 여러 차례 접했을 수도 있다.
>
> 이 훈련은 원래 인지 행동 치료의 전통적 개념에서 가져온 것이다. 걱정스러운 어떤 문제에 직면했을 때 종이에 원 하나를 그리고 그 주위에 더 큰 원을 또 하나 그린다. 그런 다음 이론적으로는 가능해 보이지만 실천할 수 없는 해결책이 무엇인지 생각하고 그것들을 바깥쪽 원 안에 적는다. 이번에는 두려워하던 일이 일어나지 않도록 여러분이 영향력을 발휘할 수 있는 것이 무엇인지 생각하고 안쪽 원안에 적는다. 그리고 바로 여기에 불확실성의 에너지를 집중시키는 것이다!
>
> 이처럼 자신이 영향력을 발휘할 수 있는 영역이 무엇인지 도식으로 정리하면 그 내용이 명확해지고 스트레스 상황에서 지금 당장 무엇을 할 수 있는지 알게 된

다. 하지만 때로는 자신이 영향을 미칠 수 있다고 생각하는 부분과 실제로 달성할 수 있는 부분 사이의 경계가 모호해질 수 있다. 바로 이 두 가지 측면을 정확하게 구분하는 것은 성공의 열쇠이기 때문에 매우 중요하다.

자신감은 지금, 이 순간에 생겨난다

지금까지 논의한 내용을 다시 한번 살펴보자. 사고력으로 두려움을 줄이는 것, 현실적인 가능성의 관점에서 생각하는 것, 실현 가능한 것에 집중하는 것, 가능한 영향력의 범위 내에서 행동하는 것은 자신감을 높이고 우리의 정신 면역체계를 강화한다.

두덴Duden 독일어 사전에 따르면 자신감은 '미래의 긍정적인 발전에 대한 확고한 믿음'이라고 정의되어 있다. 심리치료 맥락에서 볼 때 사람들은 시간상 가까운 것, 구체적으로 생각할 수 있는 것, 자신이 영향을 미칠 수 있는 것에 대해 자신감을 느끼는 경우가 많다. 엄밀히 보면 이는 놀라운 사실은 아니다. 왜냐하면 '자신감'Zuversicht이라는 단어는 중세 독일어 'Zuoversiht'에서 유래한 것으로 눈앞에 보이는 것에 대해 '좋은 전망'을 갖는다는 의미이기 때문이다.

언제가 될지 모르는 아득한 시간과 연관된 희망과는 달리 자신감은 대체로 시간상 가까운 것과 관련이 있다. 예를 들어 사람들은 죽음 이후의 삶에 대해서는 '희망'하지만 다른 사람의 도움 없이 자전거 튜브를 수리하거나 프로젝트를 수주하거나 도시 마라톤을 완주하는 것에 대해서는 '자신감'을 갖는다.

그런데 우리가 눈앞의 순간과 그때 주어진 가능성에 집중하지 않고 짙은 안개처럼 우리 앞에 펼쳐진 먼 미래에 중점을 둘 때는 바로 이런 자신감을 잃게 된다. 우리가 가능성을 접하는 때는 오직 지금, 이 순간 뿐이다. 그렇기에 우리 마음과 생각을 온전히 현재에 집중하면 활력과 즉흥성, 창의성이 증가한다.[53]

그러니 먼 미래에 주의를 지나치게 집중하지 말고 어려운 시기일수록 현재 자신이 영향력을 미칠 수 있는 반경에 집중하라. 불확실한 상황이 되었을 때 자신에게 다음과 같은 질문을 던져 보라. 현재 내 손에 달려 있는 것은 무엇인가? 지금 내가 할 수 있는 일은 무엇인가? 진정한 의미에서 우리를 자신 있게 만드는 것은 우리 눈앞에 보이는 것, 우리를 앞으로 나아가게 하는 것, 우리 자신의 능력으로 영향을 미칠 수 있는 것이다.

미하엘 엔데의 소설 《모모》에서 모모는 도로 청소부인 친구 베포에게 끝이 보이지 않는 긴 거리를 청소하는 일을 어떻게 견딜 수 있는지 묻는다. 그러자 베포는 이렇게 대답한다. "항상 이것만 생각하면 돼. 다음에 디딜 걸음, 다음에 쉴 호흡, 다음에 할 빗질만 생각하는 거야. 그러면 청소가 즐거워져. 어느 순간 뒤를 돌아보면 모든 도로를 다 청소했다는 것을 갑자기 알게 돼. 그리고 숨이 차지도 않아."

베포의 대답은 인간의 인지에 담긴 반박할 수 없는 진리, 즉 자신감은 먼 곳에 있는 모호한 목표가 아니라 항상 올바른 방향으로 나아가는 다음 단계에 의해 촉진된다는 사실을 알려 준다. 이런 깨달음에 대해 좀 더 자세히 살펴보자.

큰 목표를 작은 단계들로 나눠라

미래에 관한 생각은 인간 심리의 관점에서 볼 때 일종의 딜레마다. '미리' 생각할 수 있는 인간의 재능은 한편으로 성공적인 삶을 위해 필수적이다. 그래야만 일을 계획하고 다가올 일에 대비할 수 있기 때문이다. 가령 현재의 우정에 노력을 쏟으면 미래에 위기 상황이 되었을 때 내 편이 되어 줄 사람들을 기대할 수 있다. 그리고 지금 건강한 생활 방식에 시간을 투자하면 나중에 질병에 걸릴 위험을 줄일 수 있다. 또한 매달 조금씩 돈을 모아 두면 노년기에 재정적으로 더 안정된 삶을 누릴 수 있다.

위에 언급된 예시 중 어느 것도 미래의 발전을 보장할 순 없지만 그렇게 될 가능성은 훨씬 더 크다. 즉 제때 땔감을 모아 놓은 사람만이 나중에 불을 지필 수 있다. 또한 우리는 미래에 정신적으로 영원히 머물도록 만들어지지 않았다. 짙은 안개 속에 가려진 먼 지평선을 향해 끊임없이 방향을 설정하면 세세한 모든 것이 안개 속으로 사라져 방향 감각을 잃고 만다. 안개 속에서는 멀리 볼수록 시야가 더 흐려지는 법이다.

이런 이유로 우리는 너무 멀리 내다보는 걸 좋아하지 않는다. 바젤 대학교와 만하임 대학교의 연구진은 2023년 1월에 진행한 연구에서 다양한 연령대의 사람들 약 300명에게 얼마나 먼 미래 또는 얼마나 먼 과거로 여행하고 싶은지 물었다. 물론 사람들은 상상 속으로만 시간 여행을 했다(실험실에서 타임머신을 구동하는 일은 없었다). 평균적으로 사람들은 157년 전의 과거로 여행할 의향이 있었지만 미래로는 단지 40년 후까지만 여행할 의향이 있었다.[54]

이처럼 우리는 미래보다 과거를 더 멀리 들여다보는 것을 선호한다.

우리의 생각은 가까운 미래의 구체적이고 가시적인 세부 사항에 초점을 맞추며 먼 미래에 대해서는 상대적으로 덜 느낀다. 여러 연구에 따르면 우리는 먼 미래의 우리 자신을 마치 다른 사람을 관찰하는 것처럼 바라본다고 한다.[55] 이 두 가지 사실은 우리가 특정 시점 이후의 미래에 대해 점점 더 무관심해지는 이유를 말해 준다. 너무 먼 미래의 일은 우리가 아닌 다른 누군가에게 영향을 미치는 것처럼 느껴지기 때문이다.

미래에 대한 이런 추상적인 느낌은 우리가 일상에서 내리는 많은 의사결정 과정을 설명해 준다. 때때로 우리가 자신의 미래를 희생하면서 살아가는 이유도 이 때문이다. 지금과 나중 사이에서 하나를 선택해야 하는 상황에서 사람들은 항상 현재를 선택한다.[56]

예를 들어 폐 기능이 약해진 탓에 니코틴을 끊고 싶은 흡연자 중 상당수는 미래의 폐섬유증에 대한 두려움보다 담배에 불을 붙이고 싶은 현재의 욕구가 더 강하기 때문에 담배를 계속 피운다. 같은 이유로 사람들은 미래에 갚아야 할 큰돈을 생각하지 않고 현재의 간절한 소원을 위해 큰돈을 빚지기도 한다. 여러분이 믿거나 말거나 나 역시 이 장을 끝까지 집필하려고 하는 지금, 주방에서 나는 상큼한 케이크 냄새에 마음이 강하게 흔들리고 있다(아마 나는 버티지 못하고 케이크를 먹을 것이다. 지금 내게 미래는 전혀 중요하지 않으니까).

당연히 미래는 기침 소리로 경고를 하지도 않고, 향기로운 케이크 냄새를 풍기지도 않기 때문에 현재보다 실감하기가 쉽지 않다. 반면에 현재는 모든 감각을 통해 인지할 수 있다. 우리는 현재를 듣고, 보고, 냄새 맡고, 맛보고, 느낀다. 하지만 미래에 대해서는 추상적인 생각만 할 뿐이다. 따라서 미래를 시각적으로 구체화하고 미래에 긍정적인 전망을 담을 때 우리는 비로소 미래를 실감할 수 있다. 이 경우에만 사람들은 미래를 더 많이 고려하고 필요한 경우 지금부터 미래에 투자할 의향을 갖는다. 중요한 사실은 가까운 미래는 현재와 몇 가지 유사점이 있다는 것이다. 미래의 이미지는 너무 낯설거나 기괴해서는 안 된다. 그런 경우 동기부여가 되지 않기 때문이다.[57]

이는 일상생활의 간단한 예에서 쉽게 확인할 수 있다. 어린 자녀와 하이킹을 해본 사람이라면(보통 하이킹은 아이들이 가장 좋아하는 10가지 활동 중에 속하지 않는다) 5킬로미터만 가면 정상에 도달한다는 사실로 힘들어하는 아이들을 달래지 못한다. 그보다는 작은 목표들을 세우고 단계마다 매혹적인 작은 선물로 보상해 주는 것이 효과적이다. '숲을 통과하면 초콜릿 바를 줄게.' '다음 산장에 도착하면 아이스크림을 줄게.' 나이가 들어 500미터마다 선물을 받을 필요가 없어지더라도 이런 인간의 동기부여 시스템은 평생 동일하게 유지된다. 즉 미래가 손에 닿을 수 있을 정도로 가까이에 있고 긍정적인 전망과 연결될 때 더 큰 동기가 생겨난다. 그래야 우리는 노력을 기울이고 용기 있게 앞으로 나아간다.

여러분이 일상에서 어떤 걱정에 대한 해결책이 멀게만 느껴진다면 현재 할 수 있는 일들을 생각해 보라. 그리고 경로를 개별 단계로 세분화하라. 이 접근법은 만성 질환자의 심리 상담에서도 자주 사용된다. 예를 들어 암 때문에 끝이 보이지 않는 수많은 검사와 치료를 앞두고 있다고 상상해 보라. 당연히 큰 부담감을 느낄 것이다. 미래의 완치는 멀고 모호하며 그에 이르는 길은 무한히 멀어 보인다.

이럴 때는 미래를 각각의 '구획'으로 나누고 매번 현재 구획에만 집중하는 것이 도움이 된다. 이를테면 모든 진단을 완료하는 것에만, 그다음에는 항암 치료에만, 그다음에는 수술에만, 마지막으로 사후 관리에만 집중하는 것이다. 가능한 한 생각과 감정이 미래로 흘러가지 않도록 하고 지금 할 수 있는 일에 모든 에너지를 쏟는다. 그리고 그 외의 다른 구획은 마음속에서 멀리 밀어낸다. 물론 완치라는 목표는 의심의 여지 없이 지평선에서 계속 빛나야 하겠지만 자신감은 지금 눈에 보이는 순간을 바라봄으로써, 최선을 다해 이룬 삶의 작은 성공들을 바라봄으로써 비롯된다는 사실을 항상 머릿속과 가슴에 새겨 두자.

사회의 변화 과정도 점진적인 접근을 통해 대중에게 신뢰감을 주어야 한다. 정치인들은 광범위한 종합 계획으로 많은 시급한 문제를 해결하려고 한다. 하지만 우리에게는 이런 계획이 저 멀리 있는 거대한 고질라처럼 보인다. 여기에서도 변화의 성공 여부는 작은 빗질이 모여 그 효과가 합산된다는 데 있다.

사람들은 일반적으로 정치인들이 더 멀리 내다보고 계획하며 무언가를 이뤄 가기를 기대하지만 실제로는 그렇지 않아서 다소 불쾌감을 느끼기도 한다. 더 나은 세상을 만들기 위해서는 정치인들이 그들의 임기를 넘어 더 많은 노력을 기울여야 하지 않을까? 물론이다! 그리고 문제를 해결하기 위해 교육 정책이나 기후 정책과 같은 몇몇 전략적 결정을 내릴 때는 훨씬 장기적인 관점에서 문제를 해결해야 하지 않을까? 당연하다! 하지만 25년 또는 50년 후에 달성될 장기 목표가 아무리 정치적으로 올바르고 중요하다고 해도 매력적이고 그럴듯한 단기 비전을 제시하지 못하면 사람들은 낙관적인 분위기에 빠지지 않는다. 어느 정도 뇌의 작동 방식에 맞게 미래를 계획하고 설계하려면 큰 아이디어에도 작은 단계들이 필요하다.

우리가 위험을 피할 수 있는 이유

내 삶은 끔찍한 불행으로 가득 차 있었다.
하지만 그중 대부분은 일어나지 않은 불행이었다.

_미셸 드 몽테뉴 Michel de Montaigne

가능성과 실현 가능성에 초점을 맞추고 두려움을 사고력으로 억제하면 자신감을 어느 정도 키울 수 있다. 모든 일이 잘 풀리지는 않지만 종종 우리는 머리 위에 떨어진 것이 하늘이 아니라 도토리였다는 사실을 뒤늦게 깨닫는다. 프랑스의 인본주의자이자 철학자인 몽테뉴가 한 위의 말은 한 가지 중요한 질문을 제기한다. 인생은 정말 생각보다 잘 풀릴까?

사실 우리는 대체로 너무 비관적으로 생각한다. 몇 년 전 파리의 도핀 대학교에서 진행한 한 실험에서 연구진은 약 1,500명의 피험자에게 동전을 10번 던지는 상상을 하게 했다. 이때 앞면이 나오면 10유로, 뒷면이 나오면 아무것도 받지 못한다고 했다. 그런 다음 피험자들에게 동전을 10번 던진 후 얼마나 많은 돈을 받을 것으로 예상하는지 물었다. 통계적으로 볼 때 피험자들은 평균 50퍼센트의 승률을 고려해 50유로의 금액을 예상할 것이라 짐작할 수 있다. 그러나 실제 기대치는 평균 39유로에 불과했다. 이처럼 우리는 종종 성공 가능성을 확률의 법칙보다 더 부정적으로 평가한다.[58]

이런 사실은 삶의 많은 경험과 일치한다. 한 해를 마무리하면서 지난 일들을 돌이켜 보면 우리는 대부분의 일이 예상했던 것보다 더 나은 결과를 낳았다는 것을 깨닫게 된다. 코넬 대학교의 과학자 로버트 리히 Robert Leahy 는 저서 《걱정 활용법》 The Worry Cure 에서 피험자들에게 장기간에 걸친 그들의 걱정을 기록하고 그중 어떤 것이 현실화되었는지 평가하도록 했다. 결과는 명백했다. 피험자들이 우려했던 사건의 85퍼센트가 일어나지 않았다.[59] 이처럼 우리가 많은 위험을 피할 수 있는 이유는 친절한 운명이 우리를 보호해서가 아니라 우리가 다음과 같은 두 가지 인지 오류를 범하기 때문이다. 이는 미래에 대한 많은 예측이 실패하는 원인이기도 하다.

개별 사건을 과대평가한다

우리는 개별 사건을 지나치게 과대평가하고 실제보다 훨씬 더 중요하게 여긴다. 하지만 그러면 스트레스를 많이 받고 있는 현재 상황이 미래에도 지속될 것이라고 잘못 생각하게 된다. 그러나 여러분이 어제의 특정 프로젝트를 성공 혹은 실패했다고 해서 앞으로 몇 달 동안의 직업적 성공이 여기에 좌우되는 것은 아니다. 또한 몇 시간 전의 데이트가 성공적이었거나 그날 저녁 식사의 분위기가 아주 좋았다고 해서 여러분이 내년 여름에 연인과 함께 있을지는 모를 일이다. 그리고 현재 여러분이 심각한 질병을 앓고 있는지 여부가 노년기의 건강에 큰 영향을 미치는 것은 아니다.

그러니 미래에 대해 수없이 틀린 예측을 하는 똑같은 실수를 반복하지 않도록 하자. 인생에서 절대 놓쳐서는 안 되는 기회라는 건 없다. 그리고 몇 가지 예외를 제외하면 인생 전체를 무너뜨리는 운명의 한 방 같은 것도 존재하지 않는다. 그보다는 위기나 비운의 사건, 문제가 발생하더라도 삶은 항상 계속되고 종종 예상보다 더 나은 방향으로 나아간다는 사실을 깨닫는 게 인생에서 가장 중요한 깨달음일 것이다. 대부분의 부정적인 일들은 지나가거나 약해지기 마련이다. 그리고 우리가 놓친 기회는 대개 어떤 형태로든 다시 돌아온다. 카이로스가 하늘에 다시 나타나는 것처럼.

위기에 대처하는 자신의 능력을 과소평가한다

우리는 기본적으로 자신의 대처 능력을 과소평가하는 경향이 있다. 그러나 우리는 상황을 변화시키고 운명을 긍정적인 방향으로 이끄는 엄청난 힘을 끌어모을 수 있다. 또한 각자 자신의 강점과 재능을 발견하고 아이디어를 개발하며 서로를 지지할 수 있다.

예를 들어 갑작스럽게 고통스러운 이별을 겪은 사람들은 앞으로 다시는 사랑하지 못할까 봐 두려워하는 경우가 많다. 이처럼 감정적으로 몹시 힘든 순간에는 절망적인 상황을 극복하고 새로운 관계와 행복을 다시 찾을 수 있다는 것을 깨닫지 못한다. 하지만 실제로는 그것이 사실이다. 통계적으로 보면 사람들은 첫 번째 결혼보다 두 번째 결혼에서 더 행복하다고 느낀다.[60] (여러분 중에 기혼자가 있다면 섣불리 결론을 내리지 않도록 주의하라. 이별은 항상 어려운 일이다.)

하나의 관계가 끝난 후 사람들은 보통 일시적인 위기를 겪기는 하지만 나중에 다시 (행복한) 새출발을 하게 된다. 이들은 대개 이별의 결과로 발생한 재정적인 문제나 주거 관련 문제에 대해 비교적 빠르게 해결책을 찾는다. 또한 헤어진 지 얼마 안 된 사람들은 보통 친구와 가족으로부터 도움을 받기도 한다. 갑작스럽고 예기치 않게 삶을 새롭고 행복한 방향으로 이끄는 놀라운 만남은 언제 어디서나 나타난다.

스트레스를 주는 개별 사건에 휘둘리지 않고 자신의 강점과 주변 사람들 그리고 운이 따르는 상황을 믿으며 미래를 설계하면 평온한 인생을 유지할 수 있다. 아이슬란드에는 '셋타 렛다스트!'Þetta reddast라는 아름다운 표현이 있는데, 이는 모든 일이 잘될 것이라는 뜻이다. 잘될 것이라는 의미는 단순히 운명에 맡기고 수동적으로 희망을 기다리는 것이 아니라 자신이 무엇을 만들어 갈 수 있는지 알고 항상 어떻게든 앞으로 나아간다는 뜻이다.

2022년 초가을에 이 책의 첫 부분을 쓰기 시작했을 때 이른바 '검증된' 전문가들로부터 2023년에 대한 매우 암울한 진단을 들었다. 전문가들은 에너지 위기가 모든 산업 분야를 붕괴시키고 인플레이션이 완전히 통제 불능 상태에 빠질 것이며 추운 겨울 동안 난방 부족으로 거실에서 추위를 견뎌야 할 것이라고 말했다. 나는 본능에 이끌려 나의 집필 계약서에 세계 종말에 관한 조항을 넣을 뻔했다.

하지만 우리 모두 알다시피 종말론적 예언은 실현되지 않았다. 이미 2023년 3월에 가스 저장시설은 다시 가득 찼고 유가와 전기 요금은 평소 수준으로 떨어졌으며 인플레이션은 10.4퍼센트에서 7.5퍼센트로 하락했다. 심지어 독일 경제는 2022년에 1.9퍼센트 성장했다. 대부분의 상황이 예상보다 훨씬 좋거나 적어도 우려한 것보다는 덜 나빴다.

우리가 미래에 대해 생각하고 논의하고 미디어에서 소통하는 방식은 대개 현실에 부합하지 않게 부정적이라는 특징이 있다. 우리는 매일 현재를 만들어 가면서 미래를 조금씩 개선하는 힘을 가지고 있지만 이 힘을 종종 과소평가한다.

용기 있게 뒤돌아보기

인생은 앞을 향해 살아가는 것이지만 뒤돌아볼 때만 이해할 수 있다.
_쇠렌 키르케고르

물론 나중에 돌아보면 모든 일이 별일 아닌 건 아니지만 대부분의 두려운 상황들은 시간이 지나고 나서 보면 그렇게 큰 문제가 아니었음을 알게 된다. 일상에서 쉽게 찾아볼 수 있는 예로는 운전면허 시험이나 구술 시험, 첫 출근, 이사, 의료 수술 등을 들 수 있다. 시부모나 장인, 장모가 찾아와 3주 동안 함께 지내는 것도 대부분 우리가 걱정했던 것만큼 나쁘지 않다.

그러니 두려움을 느끼는 새로운 도전에 직면했을 때 과거를 잠깐 돌아보는 것은 다시 용기 있게 앞을 내다보는 데 도움이 될 수 있다. 최근 몇 년 동안 여러분이 삶에서 무엇을 성취했고 어떻게 그것을 이뤘는지 생각해 보라. 처음에는 몇 가지 실패나 좌절을 떠올릴 수도 있다. 하지만 그런 것들을 지나쳐 그 뒤에 있는 훨씬 더 큰 것을 바라보라. 그러면 실패한 것보다 성취한 것이 더 많음을 깨달을 것이다.

다음을 연습해 보자. 괴물처럼 너무나 크고 부담스럽게 느껴져 여러분을 거의 주저앉게 만든 과거의 어떤 구체적인 문제를 떠올려 보라. 그런 다음 아래와 같이 생각해 보자.

- 그 문제를 어떻게 해결했는가? 여러분의 어떤 특성이 문제 해결에 도움이 되었는가?
- 어떤 창의적인 아이디어를 떠올렸는가?

- 그 과정에서 사람들로부터 어떤 지원을 받았는가?
- 어떤 우연을 어떻게 활용했는가?

과거에 당신을 힘들게 했던 일이 지금은 어떻게 느껴지는가? 자신감은 현재의 행동에서 비롯된다. 그러나 과거를 호의적인 시선으로 바라보면 자신이 이뤘던 성공을 기억하는 데 도움이 될 수 있다. 과거의 성공을 떠올리면 다음 단계로 나아갈 용기가 생겨난다.

나는 내담자들에게도 위에서 설명한 것처럼 과거의 몇 가지 성공 사례를 적어 보라고 했다. 그 결과 그들은 과거를 돌아본 후 자신감을 충전했다. 나는 그들에게 다음과 같이 말했다. 당신의 문제 해결 능력, 아이디어 개발, 주변 사람들, 가끔은 카이로스를 만나는 행운은 일회적인 사건이 아니며 앞으로도 일어날 일이라고 말이다. 이 말을 여러분에게도 하고 싶다. 유일한 전제 조건은 두려움에 휩쓸리지 말고 용기를 가지고 자신의 길을 계속 걸어가는 것이다. 그리고 만약 용기를 잃게 된다면 딱 몇 걸음만 내디뎌 보길 바란다.

어떤 일이 예상했던 것만큼 나쁜(혹은 더 나쁜) 결과를 가져오더라도 당황할 필요는 없다. 왜냐하면 우리는 부정적인 상황이 우리에게 미칠 정서적 영향을 과대평가하기 때문이다. 미래의 자기감정 상태를 정확하게 평가하는 이런 (무)능력을 정서 예측Affective Forecasting이라고 한다.[61] 사실 우리의 예상은 대부분 완전히 틀린다.

예를 들어 직장을 옮긴 후 수입이 줄어들거나 더 작은 집으로 이사해야 할 때 처음에는 불행해질 거라는 생각이 들긴 하지만 실제로는 그렇게 불행하지 않다. 일시적으로 조금 괴로울 수는 있지만 새로운 재정 상황에 매우 빨리 익숙해진다. 우리는 시험에 대한 두려움, 이별 후의 상심, 새로운 직장에 적응하기 위한 노력에 대해서도 과대평가한다. 그러나 미래에 우리를 불행하게 만들 것으로 생각되는 일은 나중에 다시 돌아보면 그렇게 나쁘지 않다. 대부분의 상실과 좌절은 사건이 발생한 바로 그 순간에 느끼는 감정적 충격만큼 장기적으로 큰 타격을 주지 않는다.[62] 말하자면 미래는 우리의 뇌가 상상하는 것보다 덜 드라마틱하다.

유감스럽게도 그 반대도 마찬가지다. 미래에 우리를 엄청나게 행복하게 해줄 것 같은 일들도 대부분 우리가 상상했던 것만큼 황홀하지 않은 경우가 많다. 이를테면 몇 주 전부터 고대하던 파티가 기대에 미치지 못할 수 있다. 마찬가지로 몰디브에서 휴가를 보냈을 때나 복권에 당첨되었을 때 느꼈던 초반의 행복감이 앞으로도 계속 지속될 것이라고 과대평가하지만 실제로는 그렇지 않다.

우리는 미래에 대한 우리의 감정을 두 방향으로 과장한다. 그리고 더 먼 미래를 바라볼수록 그 추정치는 정확도가 떨어진다. 긍정적인 과장일 경우 일이 기대했던 대로 흘러가지 않으면 기껏해야 안타까워하는 정도에 그친다. 그러나 부정적인 과장은 정상적인 약간의 불확실성이 우리를 마비시킬 정도의 불필요한 두려움을 유발하기 때문에 결과가 훨씬 더 심각하다. 미래에 일어날지 모르는 일을 사실이라고 여기면 매우 암울해질 수 있다. 그러니 이런 감정의 굴레에 휘둘려선 안 된다. 결론적으로 말하면, 앞으로 닥칠 일들이 우리가 예상하는 것만큼 큰 타격을 주지는 않을 것이라는 점은 확실하다.

모든 것은 왔다가 사라진다

나의 소녀여, 기뻐하라. 그것은 낡은 것이다.
해는 여기 앞에서 지고 있지만 저 뒤에서 다시 떠오르고 있다.

_하인리히 하이네 Heinrich Heine

마지막으로 여러분에게 특별한 생각을 심어 주고 싶다(참고로 나 역시 곤궁에 처했을 때 항상 이 생각을 떠올린다). 바로 인생은 변화무쌍하다는 것이다! 이는 우리 모두에게 똑같이 적용되는 기본 법칙이다.

나의 상담 경험에 비춰 볼 때 오늘날 우리는 이 법칙을 거의 무시하고 살아간다. 그 이유는 우리가 완전히 잘못된 전제에서 출발하기 때문이다. 우리는 열심히 노력하여 일을 제대로 해낸다면 상황이 더 나은 방향으로 쭉쭉 나아갈 것이라고 기대한다. 하지만 이는 잘못된 생각이다. 인생은 오르막과 내리막이 끊임없이 이어지는 여정이다. 이런 리듬을 인정하고 맞춰 나간다면 아주 큰 자신감을 가질 수 있다. 이에 대해 좀 더 자세히 살펴보자.

내가 내담자들에게 그들의 재정적 상태나 부부관계, 건강 또는 전반적인 행복감이 시간에 따라 어떻게 발전했는지 그려 달라고 요청하면 거의 모든 내담자가 직선을 그린다. 그 모양은 때로는 약간 상승하기도 하고, 때로는 수평을 보이기도 하며, 노년기로 갈수록 건강에 대해서는 하강하기도 한다. 그들이 어떻게 그리든 항상 직선 모양이다.

그러나 인생에서 실제로 직선적인 것은 없다. 오히려 변동이 실제적인 기본 원칙이다. 우리의 기분은 오르내리고 의욕이 생겼다가 사라지고 능률이 올랐다가 다시 떨어지기도 한다. 우리가 하는 일은 때로는 더 힘들게, 때로는 더 편안하게 느껴지기도 한다. 살아가면서 때로는 더 많은 돈을 벌기도, 때로는 더 적은 돈을 벌기도 한다. 때로는 활기차고 건강하다고 느끼기도 하고, 때로는 지치고 의욕이 떨어지기도 한다. 때로는 관계에서 안정감과 행복감을 느끼기도 하고, 때로는 관계를 의심하기도 한다. 행복도, 슬픔도 영원하지 않다. 모든 것은 언젠가는 결국 중심으로 돌아오려고 하며 때로는 반대 방향으로 흔들릴 수도 있다. 인생은 파도의 움직임과 비슷하지만 멈추거나 돌아서지 않고 항상 한 방향으로 계속 나아간다.

나는 가끔 인생의 굴곡을 받아들이지 못하는 내담자들에게 이탈리아의 수도인 아름다운 로마가 경도 12도쯤에 위치한다는 사실을 설명하면서 그들을 설득한다. 나의 고향 레겐스부르크는 정확히 북쪽으로 이탈리아 로마와 거의 같은 경도에 있다(이런 이유에서 레겐스부르크는 이탈리아 최북단의 도시라고 불리기도 한다). 만일 여러분이 자동차를 운전해 레겐스부르크에서 로마까지 가려면 남쪽으로 완전히 직선으로 따라가면 된다.

물론 이는 실제로 불가능하다. 고속도로가 알프스를 넘어가는 도중에 강의 계곡과 산길을 굽이굽이 지나야 하기 때문이다. 하지만 아마도 여러분은 이를 크게 신경 쓰지 않고 기분 좋게 길을 따라 계속 운전하며 갈 것이다. 운전해 가는 동안 길은 때로는 동쪽으로 치우치는가 하면 이내 다시 서쪽을 향한다. 길은 이렇게 균형을 맞추면서 결국 목적지인 남쪽으로 (태양을 따라) 여러분을 안전하게 안내할 것이다.

인생도 마찬가지다. 여러분이 극심한 커브 길에 갇혀 있더라도 그 길은 보통 다시 중앙으로 돌아오게 되어 있다. 물론 매일 불치병으로 고통받거나 평생의 상처를 남기는 비운을 경험하는 사람들도 있다. 정신과 의사인 나는 그런 사람들을 많이 만난다. 그러나 항상 그런 것은 아니지만 살다 보면 묵직한 부담감이 약해지기도 한다. 경험에 따르면 사람들의 고통은 일반적으로 시간이 지남에 따라 줄어든다.

그러니 만약 수술 직후에 통증을 느낀다면 시간이 흐르면서 통증이 사라질 것이라고 믿어도 된다. 또한 결혼 생활의 위기를 겪고 있다면 좋은 시기가 올 것이라는 희망을 가져도 된다. 어린 자녀를 돌보느라 극도로 스트레스를 받는 상태라면 언젠가는 상황이 다시 나아질 것이라고 기대해도 좋다. 영원히 지속되는 것은 거의 없으며 최악의 생활 환경도 시간이 지나면 대체로 나아진다.

반대로 최고의 순간도 영원히 지속되지 않는다. 우리가 사랑에 빠져 행복감을 느끼거나 완벽한 몸매를 만들거나 성공으로 큰 명성을 누리는 기간은 유한하다. 결국 언젠가는 새로운 것으로 대체될 것이다. 좋은 것이든, 나쁜 것이든 모든 것은 왔다가 사라진다. 이 원리를 이해하고 내면화하면 미래를 불길하게 바라보지 않고 자신감을 충전하고 마음속의 평화를 찾을 것이다.

페르시아의 시인 파리두딘 아타르Fariduddin Attar에 의해 전승된 수피즘Sufism의 한 이야기는 이런 삶의 원리를 아름답게 묘사한다. 어느 날 왕이 절망에 빠졌다. 그는 자신에게 힘이 될 문구를 반지에 새기고 싶어 했다. 그러나 아무도 왕에게 현명한 제안을 하지 못했다. 늙은 신하 한 명만이 왕에게 이렇게 말했다.

"제가 한 가지 문구를 알고 있습니다. 정말로 중요한 문구입니다."

그는 왕에게 종이 한 장을 주며 그 문구를 반지 안쪽에 새기고 모든 것이 완전히 실패했다고 생각할 때 읽어 보라고 조언했다. 얼마 후 왕은 왕국을 잃고 적들을 피해 도망치다가 심연의 절벽에 서게 되었다. 그는 반지 안쪽에 새겨진 문구를 읽었다.

'이 또한 지나가리라.'

그리고 정말로 문구대로 되었다. 추격자들은 숲에서 길을 잃고 왕을 놓쳤고, 왕은 군대를 모아 왕국을 되찾았다. 승리를 거두고 수도로 돌아온 왕은 환호하는 군중 속에서 늙은 신하를 발견했다. 왕이 그에게 큰 감사를 표하자 그는 이렇게 말했다.

"지금 이 순간에도 그 말을 기억하십시오. 이 또한 지나갈 것입니다."

그러자 왕은 처음으로 진정한 평화를 느꼈다.

시간이 무엇을 가져다줄지는 아무도 모른다. 나는 정신과 의사로서 그저 영혼만을(그것도 제한적으로만) 들여다볼 수 있을 뿐 미래는 들여다볼 수 없다. 나는 내담자들과 여러분에게 그리고 나 자신에게 건강도, 사랑도, 성공도 약속할 수 없다. 하지만 이것만은 비교적 확실하게 말해 줄 수 있다. 많은 일이 우리가 우려했던 것보다 더 나은 결과를 가져올 것이라는 사실을 말이다. 그 이유는 우리가 몇몇 비극적인 사건을 지나치게 강하게 미래에 투영하고, 상황을 바로잡고 새로 가꿔 나가는 우리 능력을 과소평가하며, 곤궁에 처했을 때 다른 사람들로부터 받은 지원을 잊어버리고, 과거에도 수없이 찾아왔던 우연과 운을 기대하지 않기 때문이다.

새로운 부부관계, 새로운 직장, 앞으로 살게 될 새로운 장소 등 불확실한 미래를 향해 나아가는 사람들은 이 메시지를 마음에 새겨야 한다. 또한 변화를 꾀하려는 사회도 이 메시지를 명심해야 한다. 우리 인간은 성공에 대한 열망이 있으며 그래서 현재 우리가 인식하는 것보다 미래를 훨씬 더 잘 만들어 간다. 때로 용기를 잃을 때는 과거를 돌아보고 우리가 성취한 모든 것을 상기하는 것이 도움이 된다.

이 장의 핵심이자 내 일상 업무의 핵심은 사람들이 걱정과 두려움에 빠졌을 때도 어느 정도 자유롭게 행동하고 자신감을 가지고 대처할 수 있도록 힘을 실어 주는 것이다. 지금까지 살펴본 것처럼 극단적인 비관주의자나 순진한 낙관주의자가 될 필요는 없다! 그보다는 미래의 다양한 발전 가능성을 믿는 것이 훨씬 더 유익하다. 그러니 열린 마음을 유지하라. 좋든 나쁘든 다양한 시나리오에 대비하고 여러 가지 가능성을 염두에 두어라. 그리고 각 상황에서 어떻게 행동하는 것이 가장 좋을지 생각해 보는 것이다.

이렇게 하면 장밋빛 전망이 아니라 선명한 전망이 보인다. 가능주의는 용기 있는 행동을 가능하게 하고 우리가 수렁에서 빠져나올 수 있도록 도와준다. 나쁜 미래는 두려움에서 비롯되고 좋은 미래는 가능성에서 비롯된다. 좋은 미래를 만드는 비결은 실현 가능한 것에 집중하고 지금 바라는 방향으로 나아가는 것이다. 조금씩 차근차근.

미래를 바라보는 시선은 당연히 어느 정도 불확실하다. 이는 유익한 일이기도 하다. 왜냐하면 불확실성은 우리가 신중함과 정확성을 기하게 만들고 특별한 방식으로 뇌를 활성화하기 때문이다. 불확실성은 우리의 수행 능력을 높이고 배우려는 의지를 갖게 해주며 발견하고자 하는 열망을 불러일으킨다. 불확실성의 에너지가 증가하면 우리가 행동하고 일을 실행하는 데 필요한 추진력이 생겨난다. 그렇기에 불확실성이 우리를 마비시킬 정도의 두려움으로 변하지 않는 한 불확실성을 두려워할 필요는 없다.

지금의 고통이 결국 지나가리라는 것을 믿어도 된다. 영원한 것은 거의 없으며 아주 큰 슬픔과 고통도 영원하지 않다. 인생이라는 길은 구불구불하고 때로는 몇 번을 우회하더라도 항상 앞으로 나아간다. 다음에 고속도로를 운전하게 될 때 이 사실을 떠올려 보라!

궁극적으로 다시 한번 주목해야 할 문제는 무엇에 초점을 맞춰야 하는가다. 우리는 끊임없는 위험한 시나리오에 휩쓸려 미래에 대한 걱정에 점점 더 얽매여야 할까? 아니면 수많은 자극과 자신의 두려움에서 벗어나 침착하게 생각하고 우리가 발휘할 수 있는 영향력의 반경 내에서 행동하는 게 좋을까? 스스로 불안한 종말론적 분위기에 감염되지 않도록 하라. 두려움에 어리석은 행동을 하지 않도록 하라. 이때 우리의 사고력이 도움을 줄 수 있다. 사고력은 과장된 두려움을 해소하고 단순한 뇌간의 반사 작용을 넘어서는 새로운 관점과 대안 적인 행동 방침을 열어 준다. '과감히 알려고 하라!'

결국 우리는 이 시작점으로 돌아오게 된다. 왜냐하면 미래로 나아가는 일 에는 항상 약간의 용기가 필요하기 때문이다. 직장에서든, 집에서든, 사회에서 든 용기를 내서 한 걸음씩 나아갈 때마다 새로운 자신감이 생겨나고 이 자신 감은 우리의 여정을 더 쉽게 만들어 준다. 로마의 시인 호라티우스는 이 장의 서두에서 "과감히 알려고 하라!"라고 말하면서 현명해지라고 조언한다. 그는 같은 시구에서 지혜로운 또 다른 문장을 남겼다. 이 문장으로 이 장을 마무리 짓고 자 한다.

"어떤 일을 시작할 용기를 가지면 반은 이긴 것이다!"

강한 마음,
밝은 미래

독서의 끝에서 잠시 휴식

이제 거의 끝에 다다랐다. 이 세상의 끝이 아니라 이 책의 끝 말이다. 지금 어떤 기분이 드는가? 뇌와 마음을 살펴보는 여행에 지쳐서 정신적인 휴식이 필요한가? 아니면 이 책이 제시한 몇 가지 좋은 생각이 영감을 주었는가? 물론 두 가지 모두일 수도 있다. 누구나 그렇겠지만 여행 덕분에 영혼이 충만해지고 새로운 추진력을 가득 채워 돌아왔어도 여전히 지치고 마음의 평온함이 필요하다고 느낄 수 있다.

나는 이 책에 여러 가지 사연과 신경과학적 배경 정보, 수많은 실천법을 가득 담았다. 이 모든 것은 진지한 주제를 가능한 한 다양하고 재미

있는 방식으로 여러분을 안내하고 여러분에게 생각의 계기를 제공하며 용기를 가지고 시도해 보도록 인도하고 싶은 나의 바람에 따른 것이었다. 지금 여러분의 머리가 꽉 찼다면 좋은 징조다. 어쩌면 잠깐의 휴식이 도움이 될 수도 있다.

그러니 양심의 가책을 느끼지 말고 책을 덮고 그동안 빼앗긴 힘을 되찾길 바란다. 물론 잠시 휴식을 취한 후에 이 책을 다시 꺼내서 읽고 싶다는 생각을 들게 할 정도로 여러분의 뇌에 몇 가지 생각 및 감정의 흔적이 남았다면 기쁜 일이다. 이를 위해 지금까지 우리가 다룬 내용과 이후에 중요하게 다뤄야 할 내용을 다시 한번 간단명료하게 요약하고자 한다.

마음 처방의 핵심 요약

심리적 스트레스를 받는다고 해서 반드시 심각한 '병'에 걸린 것은 아니다. 대다수 사람이 직장과 사생활에서 반복적으로 스트레스를 경험하지만 이에 대해 병원 치료나 급성 치료가 필요하지는 않다. 하지만 스트레스가 많은 생활 환경은 다양한 증상을 유발하고 마음의 여유나 편안함을 앗아갈 수 있다. 또한 정치적 위기와 사회적 격변도 자신감이 약해진 사람들의 어깨를 무겁게 짓누르는 경우가 많다.

우리는 이런 스트레스로부터 자신을 보호하고 심리적으로 회복할 수 있는 정신 면역체계를 가지고 있다. 우리의 정신 면역체계는 불확실성과 변화, 부정적이고 암울한 미래에 대한 예측이 난무하는 현재의 세상에서 끊임없이 작동한다. 오늘날 많은 사람이 정신적으로 큰 부담을 겪고 있으며 어떤 이들은 과부하 상태가 되기도 한다. 이런 과부하는 신경불안이나 두려움, 피로감, 예민함, 과민함, 비관적 사고 등 심리생리학적 자극 상태로 이어질 수 있다.

이런 이유에서 지금과 같은 어려운 시기에 여러분의 정신 면역체계가 여러분 자신을 지킬 수 있도록 몇 가지 방법을 소개하고 싶었다. 정신 면역체계를 강하게 만드는 본질적인 측면을 다시 한번 간략하게 요약하면 다음과 같다.

더 유연해지기

겉으로 보이는 확실성에 덜 의존하고 즉흥적으로 행동할 수 있는 용기를 기른다면 불확실한 시기에도 안정감을 느낄 수 있다. 유희적이고 실험적인 태도로 삶에 접근하면 매우 소중하고 독특한 순간을 경험할 수 있을 뿐만 아니라 불확실하고 예측할 수 없는 시기에도 자신감 있게 자기 삶을 만들어 갈 수 있다는 자신감이 생겨난다.

좋은 것에 집중하기

좋은 것에 주의를 집중하면 마음이 나쁜 것에 감염되지 않을 수 있고 동시에 좋은 것을 인지하는 능력도 개선할 수 있다. 좋은 것과 나쁜 것, 이 두 가지를 모두 나란히 두고 받아들인다면 미디어에서 묘사하는 것보다 세상을 더 현실적으로 이해할 수 있다. 긍정적인 것, 성취한 것, 성공적인 것을 바라보는 안목을 키우면 행동하려는 의지가 강해지고 상황을 변화시키거나 개선하려는 노력을 하게 된다.

생각 스위치를 끄기

생각을 내려놓는 법, 거리를 두는 법, 상상의 세계에서 벗어나는 법을 배우면 잡념과 두려움, 걱정을 멈출 수 있다. 스트레스를 받는 상황에서 벗어나 잠시 자기 자신을 잊는 시간을 가져 보자. 자연 속에서 시간을 보내거나 몰입 활동을 하거나 거리를 두는 연습을 하면 도움이 될 수 있다. 정신적으로 스위치를 차단하면 긴장이 풀리고 다시 해결 지향적인 방식으로 생각하고 행동할 힘을 얻게 된다.

유쾌함을 유지하기

코미디와 풍자, 자조를 사용해 스트레스 상황을 희화화할 수 있다. 이렇게 하는 이유는 상황의 심각성을 인식하지 못해서가 아니라 운명이나 역경을 심리적으로 극복하는 데 도움이 되기 때문이다. 유머러스한 태도는 삶이 힘든 상황에서도 가벼운 마음을 유지할 수 있게 해준다. 그러면 흥분 상태가 가라앉고 염증이 생긴 정신적 상처도 더 잘 치유할 수 있다.

자신감을 갖기

사고력의 도움으로 두려움을 줄이고, 충동적이며 본능적인 행동을 피할 수 있다. 자신감은 미디어가 끊임없이 떠들어대는 시대에 매우 소중한 강점이다. 이성적인 성찰은 과장된 감정을 인식하고 대안적 관점에 도달하게 해주며 이로써 우리는 어떤 행동을 취해야 하는지 선택할 수 있다. 가능성의 관점에서 생각하면 자신감이 생긴다. 그리고 자신감은 강력한 힘으로 빼앗긴 자유를 되찾아 준다.

몇 가지 측면은 이 책에서 소홀히 다뤄졌지만 충분히 언급할 만한 가치가 있다. 이를테면 사랑과 우정, 공동체가 우리의 정신 건강에 긍정적인 영향을 미친다는 사실 등이 그렇다. 이런 요인들은 삶이 수월할 때든, 어려울 때든 언제나 사람들을 안정시키고 강하게 만든다. 그렇지만 나는 이 책에서 사회적 측면보다는 정신적 측면에 더 초점을 맞추고 싶었다. 물론 앞으로의 이야기에서는 사랑과 우정, 공동체가 주인공이 될 것이라고 장담할 수 있다.

꾸준한 연습이 대가를 만든다

마지막으로 여러분을 얼음물에 들어가게 하고 불편한 메시지로 여러분을 자극하고자 한다. 만일 정신 면역력을 강화하고 싶다면 이 책을 읽는 데서 멈추면 안 된다. 잘 알다시피 휙 스치듯 한 번 읽고 일상으로 돌아간다면 달라지는 것은 거의 없다. 물론 첫 깨달음이 중요하다는 건 의심할 여지가 없지만 이런 생각을 실행에 옮기는 것만이 진정으로 강해지는 길이다.

이는 언어를 배울 때와 같다. 조용한 방에서 영어 단어를 벼락치기로 공부한다고 해서 언어 실력이 향상되기는 어렵다. 익힌 단어와 표현을 실제로 사용하고 거리에서 대화하고 일상적인 맥락에서 문법을 연습해야만 자신의 언어가 되고 말하기 능력이 향상된다. 우리를 대가로 만드는 것은 지식이 아니라 연습이다.

독일의 철학자 페터 슬로터다이크는 2009년 한 에세이에서 인간은

"연습하면서 자신을 만들어 나가는 평생의 수련자"라고 썼다. 인간은 이런 식으로 끊임없이 자신을 개선하며 개인뿐만 아니라 사회도 이런 방식으로 발전해 간다는 것이다.[1] 이 훌륭한 구절은 연속적인 학습 과정을 강조하는 동시에 우리가 끊임없이 연습하면 무엇을 얻을 수 있는지 알려 준다.

다음은 지금 당장 실천으로 옮길 수 있는 세 가지 방법이다. 이 방법들은 이전 장들에서 언급된 예에서 가져온 것이다.

- 저녁에 평소보다 10분 일찍 TV를 끄고 오늘 하루 동안 겪은 좋은 일과 성공적인 일들을 떠올려 보는 것은 어떨까? 잠자리에 들기 전에 긍정적이고 건설적인 몇 가지 생각을 머릿속에 입력하면 잠자는 동안 뇌에서 이 생각들을 처리하고 정리할 수 있다. 이렇게 하면 밤에 더 편안하게 잘 수 있고 정서적으로도 균형이 잡힌다.
- 내일부터 집 안에 세상과 완전히 분리되는 공간을 마련하는 것은 어떨까? 모든 것이 너무 힘들고 미쳐 버릴 것만 같은 기분이 들 때 이 공간을 찾아 휴식하는 것이다. 모든 것을 뒤로하고 잊을 수 있는 나만의 공간을 만들어 보자.
- 다음 주말에는 아무 계획이 없는 일요일을 만들어 보는 것은 어떨까? 여러분이 확실한 것에 익숙하고 정돈된 일상을 좋아하는 사람이라면 전혀 계획되지 않은 일상의 불확실성에 알레르기 반응을 보일 수도 있다. 이런 심리적 가려움증을 견디고 예상치 못한 것에서 발생하는 뜻밖의 이득을 즐겨 보자.

위의 예들은 빠른 시작을 위한 제안일 뿐이며 다른 방법을 선택해도 괜찮다. 이 책에 언급된 모든 실천법은 여러분의 정신 면역력을 강화해 줄 것이다. 물론 이 책에서 소개한 모든 것이 여러분에게 맞을 수도, 그렇지 않을 수도 있다. 이미 실천하고 있는 것도 일부 있을 것이고, 개인적인 상황에 따라 쓸모없다고 생각하는 것도 있을 수 있다. 하지만 각 장에서 과도하게 자극된 마음을 완화하고 일상을 더욱 수월하게 만들어 주는 측면을 단 한 가지라도 발견했다면 여러분은 이미 많은 걸 성취한 것이다.

쓰라린 경험을 딛고 성장하다

'Per aspera ad astra'는 세네카가 말한 것으로 추정되는 라틴어 관용구로 '역경을 뚫고 별을 향하여'라는 뜻이다. 말하자면 상황이 좋은 방향을 향하려면 인생에서 먼저 노력이 필요하다는 의미다. 이 말을 우리가 다루는 주제로 옮기면, 힘든 상황을 성공적으로 극복하고 우리가 겪은 것으로부터 올바른 결론을 끌어내면 쓰라린 삶의 환경이 우리를 더욱 강하게 만들어 앞으로의 도전에 잘 대처할 수 있다는 것이다.

많은 종교에서 혹독한 시련을 신의 시험으로 보거나 천상에서 행복한 삶을 누리기 위해 현세에서 겪어야 하는 조건으로 여긴다. 그러나 위에서 언급한 관용구는 그런 의미가 아니다. 그보다는 우리가 혹독한 상황을 견뎌 내면 (학습 능력이 뛰어난 정신 면역체계 덕분에) 개인적으로 성숙하고 발전할 기회를 얻는다는 의미라고 생각하는 것이 좋다.

살면서 아주 긴 기간 동안 큰 스트레스를 겪지 않는 사람들은 일반적으로 우리가 생각하는 것만큼 행복하지 않다. 그런 사람들은 갑작스러운 위기 상황에 잘 대처하지 못하고 사소한 일에도 쉽게 흔들리는 경우가 많다. 뉴욕 대학교의 학자 마크 시어리Mark Seery와 그의 연구팀은 이와 같은 사람들 2,400명을 수년 동안 추적 관찰했다. 그 결과 관찰 기간에 어떤 어려움도 겪지 않은 사람들은 같은 기간에 다양한 문제를 해결해야 했던 사람들보다 일상생활에서 더 낮은 행복감과 더 많은 스트레스 증상을 호소했다. 그리고 다양한 문제를 해결한 사람들은 삶의 만족도가 상대적으로 더 높았다.[2]

암 환자를 대상으로 한 많은 종단 연구에서도 암 진단을 받기 전보다 치료 후에 더 큰 만족감을 느끼는 것으로 나타났다.[3] 우리는 단순히 스트레스에 대한 회복력만 있는 것이 아니다. 스트레스는 우리를 변화시킨다. 즉 스트레스를 통해 성숙하고 성장한다.

이런 놀라운 결과가 나타나는 이유는 다음과 같다. 위기는 우리가 정신을 똑바로 차릴 수 있게 해준다. 또한 위기는 우리가 올바른 것, 필요한 것에 주의를 집중하게 하고 우선순위를 재설정하게 한다. 우리는 갑자기 중요한 것과 중요하지 않은 것을 구분할 수 있게 되고, 이전에는 없어서는 안 될 것처럼 보였던 모든 무의미한 것으로부터 비교적 쉽게 분리된다. 이렇게 하면 긴장이 크게 완화된다.

한편 괴로운 상황에 처한 사람들은 고통을 겪으면서 나중에 삶을 더 풍요롭게 해주는 무언가를 얻기도 한다. 이를테면 자신의 재능과 능력을 깨닫고 이를 문제 해결에 활용할 수 있게 된다. 그 결과 용기를 얻고 자신감이 커진다. 종종 당사자들은 앞으로 자신을 무엇으로부터 더 보호해야 하는지 깨닫거나 자신에게 유익하고 도움이 되는 것이 무엇인지 배우게 된다. 그리고 자신을 위기와 위험에 빠뜨렸던 일들에 대해 감사함과 소중함을 더 크게 깨닫는다.

어떤 사람들은 갑자기 우정이나 부부관계의 가치를 더욱 소중히 여기게 된다. 심각한 질병을 앓았던 사람들은 이전보다 더 가벼운 마음으로 삶을 즐기는 경우가 많다. 이런 모든 사례는 긍정적인 힘을 보여 준다. 스트레스로 인한 변화들은 우리에게 긍정적인 영향을 미치며 미래를 위해 우리의 정신 면역체계를 강하게 만들어 준다. 이를 '외상 후 성장'이라고 한다.[4]

그러나 중요한 전제 조건은 기본적으로 도전을 극복할 수 있어야 하고 자신의 힘이나 다른 사람의 도움으로 문제를 해결할 수 있어야 한다는 것이다. 그래야 긍정적인 학습 효과가 보장된다. 우리가 어떤 문제를 일단 성공적으로 해결하면 나중에 그 문제를 다시 접했을 때 스트레스를 덜 받는다. 이는 여러 연구를 통해 입증된 사실이다. 즉 대부분의 사람은 비운의 사건을 겪은 후 심리적으로 더 단단해진다.[5] 하지만 모두가 항상 그런 것은 아니므로 주의할 필요는 있다.

정도와 적중

프리드리히 니체는 "나를 죽이지 못하는 것은 나를 더 강하게 만든다."라고 말한 바 있다. 이 말은 오늘날까지도 많은 사람에게 사랑받고 있다. 커피잔이나 달력에서도 이 문구를 찾아볼 수 있고 동기부여 전문가와 자기계발 코치들이 무대에서 강연할 때 청중의 자신감을 높이기 위해 사용하기도 한다. 하지만 안타깝게도 동기를 부여하는 것처럼 들리는 이 말은 현실의 작은 부분만을 반영할 뿐이다. 철학자 니체의 삶조차 이 말에 대한 증거로 적합하지 않다. 왜냐하면 니체는 평생 우울증에 시달리며 무력감을 느꼈기 때문이다. 그는 40대 중반 무렵부터 정신적으로 쇠약해졌고 50대 중반에 여동생의 품에서 숨을 거두었다.

이 위대한 사상가의 개인적 운명과는 별개로 그의 논지는 경험적으로도 탄탄하지 않다. 즉 모든 정신적 스트레스가 우리를 성장하게 하는 건 아니다. 반복적이고 심각한 위기는 우리의 정신 면역체계를 해칠 뿐만 아니라 장기적으로 허약하게 만들 수도 있다. 폭력과 테러의 피해자가 된 사람들이나 자연재해로 삶의 모든 것을 잃은 사람들은 심각한 심리적 상처를 입는다. 이런 예외적인 상황에 놓인 사람들에게 외상 후 성장을 말하는 건 너무 매정한 게 아닐까?

이는 정도와 적중의 문제다. 삶이 스트레스로부터 완전히 벗어나 있지도, 과도한 스트레스로 가득 차지도 않을 때 정신 면역체계는 건강하게 발달할 수 있다. 경미하거나 중간 정도의 스트레스를 가끔 받고 이를 성공적으로 극복하면 훈련 효과가 나타나고 정신 면역체계의 성장과 성숙이 뒤따른다. 이처럼 정신 면역체계는 현재의 스트레스로부터 우리를 보호하고 지켜 줄 뿐만 아니라 앞으로 닥칠 방어전에 대비해 최선으로 우리를 준비시킨다.

강해진다는 것은 부상이나 타격을 입은 후 주먹을 불끈 쥐고 세상에 맞서 "나는 정신력이 강해서 그 무엇도 나를 쓰러뜨릴 수 없다."라고 외치는 걸 의미하지 않는다. 영웅적인 불굴의 의지는 대부분 자아도취적인 자세에 지나지 않는다. 혹독함은 상처를 치유하는 것이 아니라 오히려 장기적으로 우리를 정신적으로 병들게 한다. 그러므로 강해진다는 건 자신의 약점과 한계를 깨닫는 걸 의미할 수도 있다.

이런 점에서 볼 때 외상 후 성장이란 반드시 모든 스트레스로부터 더 강하고 안정적으로 벗어나는 게 아니라 앞으로 자신을 더 잘 보호하기 위해 무엇이 필요한지 알고 더 현명해지는 것을 의미한다. 이 또한 가치 있는 성장이 될 수 있다!

고개를 떨구지 마라

한겨울에야 나는 마침내 깨달았다, 내 안에 무적의 여름이 존재한다는 사실을.

_알베르 카뮈 Albert Camus

여러 문헌을 보면 인간의 위기는 종종 7년 주기로 되풀이된다고 한다. 흔히들 말하는 '빌어먹을 7년 차'라는 개념은 과학적으로 그다지 타당하지는 않지만(특히 부부관계의 경우에는 '빌어먹을 4년 차'가 더 맞는 경우가 많다)[6] 여기서 중요한 것은 그게 아니다. 중요한 건 위기는 개인적으로든, 직업적으로든, 사회적으로든 '왔다가 사라진다'는 것이다.

앞에서 언급한 레겐스부르크에서 로마로 가는 고속도로처럼 인생은 때로는 왼쪽으로, 때로는 오른쪽으로 방향을 틀기도 하지만 결국 항상 앞을 향해 나아간다. 우리가 잊지 말아야 할 사실은 자신의 정신 상태를 보호하고 강화할 수많은 능력이 우리에게 있다는 점이다. 나는 그중 몇 가지 능력을 여러분에게 상기시키고 싶었다.

친애하는 독자 여러분, 여러분에게 어려운 시기가 닥쳤을 때 고개를 떨구지 말기 바란다. 여러분이 자신의 정신 면역체계를 조금만 돌본다면 정신 면역체계는 계속해서 여러분을 지켜 주고 충성스러운 친구로 여러분의 곁을 지킬 것이다.

새로운 출발을 위한 용기

혼란은 지나간다

이 책의 프롤로그에서 소개한 '불안으로 힘들어하는 여인'은 아마도 오늘날에는 신경쇠약증 진단을 받지 않을 것이다. 물론 이런 진단이 오늘날에도 여전히 사용되고 있기는 하지만 현재는 과도한 심리적 자극과 정신 쇠약에 대해 대부분 다른 진단을 내리고 있다. 오늘날에는 이 여인과 같은 유형의 불편한 증상을 (업무 관련) 피로나 지속적인 스트레스 반응, 장기적인 적응 장애, 건강염려증, 신체형 장애 또는 우울 질환과 연관시킨다.

이런 복잡하고 혼란스러운 진단 체계가 여러분에게는 다소 임의적인 것처럼 느껴질 수 있다. 이와 관련해 오스트리아의 작가이자 풍자가인 카를 크라우스Karl Kraus는 "가장 흔한 질병 중 하나는 진단이다."라는 아주 딱 맞는 표현을 한 바 있다. 하지만 여기서 우리가 분명히 짚고 넘어가야 할 사실은 질병과 건강이 의학적 개념이라기보다 사회적 개념이라는 것이다!

자연이 오래전에 우리에게 불편한 증상과 질병을 주었을 때 안타깝게도 이를 명확하게 구분하고 분류하는 체계까지 함께 제공하지는 않았다. 그래서 우리가 직접 분류해 명칭을 부여해야 했다. 그리고 이것이 (오늘날까지 지속되고 있는) 혼란의 시작이었다. 왜냐하면 심리적 부담감에 대한 용어와 개념이 과학적 연구 상태와 문화적 맥락, 시대정신에 따라 계속 변화해 왔기 때문이다.[1]

결국 중요한 것은 우리가 '심리생리학적 자극 및 피로 상태'를 어떤 이름으로 부르든 정치 및 경제 변화의 시기에는 스트레스 증상이 증가한다는 사실이다. 19세기 후반에도 그랬고 오늘날에도 마찬가지다. 사람들은 삶의 여건에 문제가 있다고 인식할수록 불안감과 우울증, 수면장애, 과민 증세, 피로감을 더 많이 호소한다.[2] 반대로 사회적 여건이 개선되면 집단적 불만도 그에 따라 감소한다.

예를 들면 신경쇠약증은 20세기 초반 20년 동안 전 세계적으로 그 의미가 크게 줄어들었다. 여기에는 여러 가지 이유가 있었다. 사람들은 시끄럽고 지저분한 도시 생활 환경과 빠른 삶의 속도, 새로운 일, 함께 살아가는 새로운 방식에 익숙해졌다. 그러면서 점차 새로운 도전에 더 잘 대처하는 법을 익히게 되었다. 여전히 많은 사람이 비참한 상황에 놓여 있었지만 시간이 지남에 따라 많은 분야에서 생활 여건이 개선되었다.

특히 독일에서는 19세기 후반 최초의 (여전히 조심스럽기는 하지만) 사회입법Sozialgesetzgebung이 도입되고 의료보험이 의무화되었으며 노동조합이 설립됨으로써 근로자와 피고용인은 질병이나 장애로 인한 사회적 하락으로부터 보호받을 수 있었다.

1871년 독일 제국이 건국된 시점부터 1914년 제1차 세계대전이 발발하기까지의 시기는 정치적으로나 경제적으로나 전반적으로 새출발의 분위기가 지배적이었다(비록 그 과정이 직선으로 진행된 것은 아니지만). 이때부터 이루어진 고도의 산업화는 수많은 과학 및 기술의 발전을 가속화했고 그 결과 수많은 혁신과 특허가 탄생했다. 20세기 초반 20년 동안 노벨상 세 개 중 한 개는 독일 연구자들이 차지했다. 이렇게 집단적 자신감이 생겨나기 시작했다! 새로운 세기가 시작될 무렵 산업 분야의 격변은 대부분 마무리되었고 새로운 시대가 초래한 집단적 혼란도 점차 진정되었다.[3]

미래는 우리에게 달려 있다

어쩌면 더 좋은 시대가 있을지도 모르지만 지금 이 시대는 우리의 시대다!

_장폴 사르트르 Jean-Paul Sartre

지난 세기의 전환기에 독일을 비롯한 세계 각지의 사람들이 혁명을 딛고 살아남아 더 강해진 것은 단순히 운이 좋아서가 아니었다. 일부 역사학자들은 우리가 역사 속에서 집단적인 불운을 겪고도 반복적으로 회복하고 그때그때의 변화를 통해 더 강하고 안정된 상태로 나아갈 수 있었던 건 다양한 방식으로 자신을 방어하고 강화하며 성숙해 가는 복잡한 과정이 작용했기 때문이라고 생각한다.[4] 이번에도 그렇게 되지 않을 이유가 없다.

그러나 여전히 독일인들은 새로운 위기가 닥칠 때마다 항상 최악의 상황을 상상하는 경향이 있다. 독일인들의 마음속에는 웬만해서는 뽑히지 않는 뿌리 깊은 비관주의가 자리 잡고 있는 것일까? 스위스의 정신과 의사 칼 구스타프 융Carl Gustav Jung은 특정 집단의 사람들이 전형적으로 여겨지는 공통된 감정이나 신념을 가질 수 있다고 생각했다. 그는 집단 무의식에 관해 설명했는데, 이는 부모의 양육이나 개인적인 삶의 경험에 좌우되는 것이 아니라 깊은 집단 감정의 표현으로서 초개인적인 인지 영역을 의미한다. 말하자면 집단 무의식은 여러 세대가 공유하는 일종의 정신적 유산이다.[5]

이 이론은 과학적으로 확실하게 입증된 적은 없지만 독일의 불안이 오랜 기간 독일인들의 꼬리표가 된 사실에서 미묘하게 확인할 수 있다. 2023년 9월 독일 지역연합통신 RND의 의뢰로 여론조사 기관인 포르자Forsa에서 1,003명을 대상으로 실시한 설문조사에 따르면, 독일인의 46퍼센트는 10년 후 상황이 더 나빠진다고 믿는 반면 더 나아진다고 생각하는 사람은 17퍼센트에 불과했다.[6] 독일인들은 전반적으로 미래에 대한 확신이 없으며 많은 독일인이 정치와 언론 그리고 자기 자신에 대한 신뢰가 없다.

우리가 미래를 비관적으로 바라보는 이유는 무엇보다 현재 시점에서 인류의 발전이 끝났다고 잘못 믿고 있기 때문이다. 우리 뇌가 저지르는 이런 사고의 오류는 '역사의 종말 환상'End Of History Illusion이라는 이름을 갖고 있다. 이는 인류가 종말에 이르렀다는 잘못된 믿음, 더 나아질 수 없고 모든 것이 더 나빠질 수밖에 없다는 믿음이다.[7] 하지만 현재는 역사의 종말이 아니다. 후속편이 아직 쓰이지 않았을 뿐이다. 이것은 중요한 차이점이다!

중요한 진실은 우리 사회가 모든 영역에서 끊임없이 진화하고 있다는 것이다. 그저 몇 가지만 나빠질 뿐 다른 모든 것은 상당히 좋아지고 있다. 이는 위기와 격변의 시기에도 마찬가지다. 아니, 더 그렇다. 이에 대해 이미 많은 글이 쓰였기에 나는 그저 여러 과학자와 데이터 전문가, 저자들이 훌륭한 업적을 남겼다는 사실만 간단히 언급하고 싶다.[8] 그들의 관점과 인식은 우리가 세상을 장밋빛으로만 보지 않고 명확하게 볼 수 있도록 도와 준다!

미래를 어떻게 바라보는지는 우리에게 달려 있으며 이를 깨닫는 것이 중요하다고 생각한다. 발전은 자연적으로 예정된 것이 아니라 우리가 매일 세상을 더 좋게 만들기 때문에 생겨나는 것이다. 다만 아무도 이에 대해 보고하지 않을 뿐이다. 그리고 우리도 이를 느끼지 못한다. 이렇게 우리가 만들어 온 성장과 발전을 우리 스스로도 잘 인식하지 못하는 데에는 두 가지 이유가 있다.

- 미해결 문제는 기본적으로 오래전에 해결된 문제보다 눈에 더 잘 띈다. 그러므로 이미 해결된 문제는 금방 당연하게 여겨지고 쉽게 잊힌다.
- 개선은 일반적으로 '한 번에 팡팡 터지며 급격하게' 이뤄지는 것이 아니라 점진적으로 이뤄진다. 그러나 우리는 작은 일에 대해서

는 정확하게 인식하지 못하기 때문에 많은 곳에서 일상적으로 발생하는 진전을 간과한다.

용기 있게 미래를 바라보기 위해서는 과거와 화해하는 방식으로 뒤를 돌아보고, 지난 몇 년 동안 성취하고 구축하고 개선한 것을 기억하는 것이 때로는 도움이 된다. 제5장에서 설명한 것처럼 나는 내담자와 상담할 때 자신의 과거에 대한 이런 호의적인 시선을 매우 성공적으로 활용하고 있으며 사회적인 차원에서도 이를 권장한다. 이런 관점은 현재 모든 정치적 소통의 주제인 '시대적 전환점'을 이번에도 극복할 수 있다는 용기를 준다!

이 시점에서 여러분은 미래에 대한 평온한 시각을 유지하려면 어떤 약이 도움이 되는지 궁금할 것이다. 솔직히 말하면 정신과 의사로서 나는 비교적 편리하게 다양하고 적절한 약을 선택할 수 있지만 분명히 말하건대 그 어떤 약도 복용하지 않는다. 또한 나는 모든 나쁜 것을 좋게만 말하는 순진한 낙관주의자도 아니다. 물론 하늘이 어두워진다고 해서 곧바로 검은색으로 칠하지도 않는다. 의사로서 그리고 한 개인으로서 나는 항상 가능성을 꿈꾸는 사람이었고 지금도 그렇다. 좋은 일이든 나쁜 일이든 언제나 여러 가지 발전이 가능하다고 생각한다.

이렇게 어느 한쪽에 극단적으로 치우치지 않고 많은 것이 가능하다고 여기는 생각은 한편으로 주의를 집중하게 만들고, 다른 한편으로 큰 자신감을 불러일으킨다. 이런 기본적인 긴장감과 자신감이야말로 인생에서 무언가를 발전시킬 수 있는 가장 좋은 방법이라고 나는 확신한다.

감기에 걸린 사회?

경제 주간지《이코노미스트》The Economist 2023년 8월호에서 독일은 수액이 달린 거치대를 들고 있는 신호등 맨Ampelmann('Ampelmann'은 독일의 신호등에 등장하는 남성 캐릭터다 — 옮긴이)의 모습으로 묘사되고 있다.[9] 현재 우리 사회를 병들게 하는 요인은 연구 및 교육에 대한 투자 부족, 지나친 관료주의, 디지털 인프라 부족 등으로 이는 수많은 격렬한 정치적 논쟁의 주제가 되고 있다. 어쩌면 독일인들의 현실적 삶을 무시하는 지나치게 이데올로기적인 정책이 문제일까? 아마도 상당 부분이 사실일 것이다.

하지만 영국의 경제 주간지에 묘사된 '병든 독일'의 모습에서 정말로 슬픈 점은 독일인들 스스로 이런 독일의 모습을 매우 자주 언급한다는 것이다. 우리가 직면한 어려움은 우리를 병들게 하지 않는다. 정말로 우리를 병들게 하는 것은 현재 우리가 서로에게 말하고 있는 비관적인 태도와 위협적인 미래에 대한 두려움이다.

사실은 그렇게 할 이유가 전혀 없다. 여기서도 잠깐 과거를 되돌아보자.《이코노미스트》는 1999년에도 독일을 '유럽의 병자'라고 표현한 적이 있다.[10] 당시 독일은 통일 비용, 사회복지 지출의 급격한 증가, 어려운 노동 시장으로 큰 경제적 타격을 입었고 일시적으로 활력을 잃었다. 그러나 다양한 개혁과 경제 수출 증가, 무엇보다도 안정적인 국제 정치 상황 덕분에 몇 년 후 힘을 되찾았다.

적어도 영국 언론은 최근《이코노미스트》의 삽화에 (서 있는 모습의 빨간색 신호등 맨이 아니라) 걸어가는 모습의 녹색 신호등 맨을 사용했다.

아마도 독일이 앞으로 나아갈 수 있다고 여전히 믿기 때문인 것 같다. 독일이 얼마나 효율적이고 혁신적인지 그리고 무엇을 이뤄 낼 수 있는지 기억하고 있기 때문일 것이다.

그렇다면 우리 역시 우리 자신이 얼마든지 앞으로 나아갈 수 있다고 믿어야 한다! 우리는 심각하다고 생각했던 많은 질병이 나중에 알고 보면 심한 감기였다는 사실을 일상을 통해 이미 알고 있다(많은 아내가 남편이 가벼운 감기 증상에도 온종일 침대에 누워 자신이 에볼라 바이러스에 감염되었다고 확신하면서 신부를 불러 성사를 받으려고 하는 모습을 본 적이 있을 것이다).

독일은 어려운 격변의 시기를 거치면서 감기에서 회복되고 있으며 침대에 누워 집중 치료를 받을 정도로 심각하지는 않다. 우리 사회는 새로운 상황이나 매우 위협적인 상황에 직면할 때마다 조금씩 성숙해졌기 때문에 어쩌면 현재의 부담감을 더 잘 견뎌 낼 수도 있다. 도전에 맞닥뜨리는 것은 단기적으로 우리를 아프게 할 수 있지만 장기적으로는 우리의 면역력을 높여 준다.

부담감을 딛고 더 강해지기 위해서는 과도한 자극으로 터지기 일보 직전의 수포처럼 되지 말고 일단 침착해져야 한다. 이는 무관심하게 물러나 수동적인 태도로 일관하거나 눈앞의 변화가 가능한 한 작은 범위 내에서 이뤄지기를 바라는 것을 의미하지 않는다. 그보다는 마음이 휩쓸리지 않고 평정심을 유지하며 원하는 방향으로 한 걸음, 한 걸음 나아가는 것을 의미한다.

침착함을 유지해야만 뇌는 오랫동안 효율적으로 작동하고 장기적인 문제를 성공적으로 해결할 수 있다. 이를 위해서는 인간의 심리와 뇌의 작동 방식에서 파생된 다음 지침에 따라 행동을 조정해야 한다. 다음과 같이 생각하고 행동하는 데 집중한다면 우리는 미래를 잘 만들어 나갈 수 있다.

- 가능주의적 태도를 유지하고 상실과 포기에 대한 두려움에 빠지지 않으며 가능성의 관점에서 생각하기 시작한다.
- 더 나은 미래를 위한 계획에서 몇 가지 위험과 불확실성을 감수한다. 이는 새로운 분야를 발견하고 개척하는 과정에서 불가피한 요소다.
- 미래를 구체적으로 만들어 갈 때 너무 먼 지평선을 목표로 설정하기보다 가시적이고 실질적인 목표에 뜻을 모으고, 이를 일관되고 단계적으로 추구한다.
- 선정적인 미디어 환경과 목청이 터질 듯이 소리 지르는 토론 문화로 서로의 용기를 빼앗기보다 우리가 이뤄 낸 것과 이뤄 낼 수 있는 것에 주의를 집중한다.
- 이 모든 것에 대해 유쾌함을 잃지 않는다. 우리는 유쾌함을 통해서만 격렬한 변화를 만드는 데 필요한 회복탄력성, 총명하고 틀에 얽매이지 않는 해결책을 위해 필요한 유희적이고 창의적인 자유를 유지할 수 있다.

고개를 들라!

매일 그리고 오늘도 전 세계에서 위기가 발생하고 있으며 내일도 새로운 위기가 닥칠 것이다. 이 중 대부분의 위기는 뜻밖에 찾아온다. 하지만 우리가 부정적일 것으로 예상했던 것은 대개 우려한 것보다 결과가 나쁘지 않거나 순식간에 더 나은 방향으로 발전하기도 한다. 이런 결과는 우주나 신이 정한 운명 때문이 아니라 우리 스스로가 만든 것이다. 이 중요한 사실을 다시 한번 명심해야 한다. 우리는 매일 조금씩 더 나아질 것이라는 전망으로 행동하며 이는 미래의 가장 큰 원동력이자 모든 기술과 과학, 사회 진보의 토대다. 이런 희망적인 전망은 우리에게 자신감을 선사한다.

그 누구도 예측할 수 없는 불확실한 미래에 직면해 우리는 불확실성에서 나오는 에너지를 현명하게 사용해야 한다. 불평하고 한탄하거나 비생산적인 생각만 하거나 공격적으로 반대만 하기보다는 용기 있게 도전하고 실행하는 것이 중요하다. 사람과 사회를 한 걸음씩 앞으로 나아가게 만드는 힘을 활용해야 한다. 이 과정에서 여러분은 여러분의 뇌를 충분히 신뢰해도 된다.

마지막으로, 앞서 언급했던 그리스 신화 속 기회의 신 카이로스에 대해 다시 한번 이야기하려고 한다. 카이로스는 매일 우리의 머리 위를 날아다니기 때문에 고개를 숙이고 있으면 카이로스를 보지 못한다. 그러므로 시선이 향하는 방향을 바꿔야 한다! 비관적인 마음으로 아래를 내려다보지 말고 무엇이든 가능하다는 자신감으로 고개를 들고 위를 바라봐야 카이로스의 머리털, 즉 좋은 기회를 잡을 수 있다.

이 책의 마지막 구절을 쓰면서 나는 테라스로 보이는 대성당을 배경으로 내가 가장 좋아하는 도시 레겐스부르크의 지붕들을 바라보고 있다. 나의 시선은 이리저리 떠돌다가 푸른 하늘을 올려다본다. 어쩌면 신기루일지도 모르지만 저 멀리서 나를 향해 빠르게 날아오는 어떤 형체가 보이는 것 같다.

나는 기본적으로 혼자 책을 쓰며 대필 작가는 두지 않는다. 하지만 나의 대략적인 생각을 이해하고(적어도 이해하려고 노력하고) 나의 사명을 공유해 주는 소중하고 뛰어난 사람들의 희생과 도움이 없었다면 이 책을 완성하지 못했을 것이다. 이 자리에서 그중 몇 사람들에게 진심으로 감사의 말을 전하고 싶다.

이 책을 집필하는 과정 동안 나와 함께 해준 위르겐 볼츠에게 드로에머 출판사를 대표해 감사드린다. 시간과 관련된 주제에 대한 그의 경험, 명료한 사고, 주제에 대한 열정은 나를 항상 올바른 방향으로 이끌었다. 그리고 귀중한 글쓰기 아이디어와 단어에 대한 영감, 이 책을 사람들에게 널리 알리려는 열정을 보여 준 킴 게르스텐베르크와 페트라 하름스 그리고 크레디츠 엔터테인먼트Credits Entertainment의 모든 팀에 진심으로 감사를 드린다.

또한 사랑하는 부모님에게 감사한다는 말을 드린다. 부모님의 지원이 없었다면 나는 결코 이런 길을 걷지 못했을 것이다. 부모님은 내가 내 삶을 발전시킬 수 있었던 가장 중요한 토대였다. 사랑하는 아내와 나의 두 자녀에게도 고마운 마음을 전한다. 긴 글쓰기 과정 동안 그들의 사랑은 나를 창의적이고 유쾌하게 만들어 주었다. 항상 나를 지지해 준 그들의 친절과 인내심에 감사드린다. 그들은 매일 나의 정신 면역체계를 강하게 해주었다.

나의 내담자들에게도 감사를 전한다. 그들이 없었다면 나는 절대로 작가가 되지 못했을 것이다. 내 경험의 대부분은 실험실이나 논문 연구에서 나온 것이 아니라 실제 생활에서 비롯된 것이다. 나와 함께 많은 대화를 나누고 의사이자 치료사로서 나를 신뢰해 준 모든 내담자에게 감사드린다.

마지막으로 내 커피머신에게 감사의 말을 전하고 싶다. 이 커피머신은 몇 달 동안 좋은 친구처럼 내 곁에서 내 뇌가 최고의 성능을 발휘할 수 있도록 이끌었다. 이제 편히 쉬어도 좋다. 이 커피 머신에게 받은 사랑을 모든 사람에게 전하고 싶다!

프롤로그

1   Schäfer, M., *Zur Geschichte des Neurastheniekonzeptes und seiner modernen Varianten Chronic-Fatigue-Syndrom, Fibromyalgie sowie Multiple Chemische Sensitivität*. Fortschritte der Neurologie, Psychiatrie, 2002. 70: S. 570 –582.

2   Beard, G., *Neurasthenia, or Nervous Exhaustion*. The Boston Medical and Surgical Journal, 1869. 80(13): S. 217 –221.

3   Haisch, S. et al., *Burnout und Neurasthenie – die Zeitdiagnosen der Jahrhunderte*. Swiss Archives of Neurology, Psychiatry and Psychotherapie, 2018. 169(2): S. 54 –57.

4   Dilling, H. et al., *Internationale Klassifikation psychischer Störungen: ICD-10 Kapitel V (F), Klinisch-diagnostische Leitlinien*. 2015: Hogrefe.

브리핑

1   Maurer, M., *AXA Mental Health Report 2023*, AXA Gruppe (Hg.), 2023.

2   Jacobi, F. et al., *Psychische Störungen in der Allgemeinbevölkerung: Studie zur*

Gesundheit Erwachsener in Deutschland und ihr Zusatzmodul Psychische Gesundheit (DEGS1-MH). Der Nervenarzt, 2014. 85.

3   Mack, S. et al., *Self-reported utilization of mental health services in the adult German population–evidence for unmet needs? Results of the DEGS1-Mental Health Module (DEGS1-MH).* Int J Methods Psychiatr Res, 2014. 23(3): S. 289 – 303.

4   Müller, T., *Mehr Krisen, mehr psychische Störungen.* InFo Neurologie + Psychiatrie, 2014. 16(5): S. 63.

5   Mauz, E. et al., *Psychische Gesundheit der erwachsenen Bevölkerung in Deutschland während der COVID-19-Pandemie. Ein Rapid-Review.* Journal of Health Monitoring, 2021.6(S7).

6   Radkau, J., *Das Zeitalter der Nervosität: Deutschland zwischen Bismarck und Hitler.* 1998: Carl Hanser.

7   R+V, *R+V Studie: Die Ängste der Deutschen.* 2023; 다음에서 접속함: https://www.ruv.de/newsroom/themenspezial-die-aengste-der-deutschen. (accessed 22.11.2023).

8   Klöckner, J. und F. Specht, *Die Angst der Deutschen vor der Künstlichen Intelligenz.* In Handelsblatt 09.06.2023, 다음에서 접속함: https://www.handelsblatt.com/politik/deutschland/ki-die-angst-der-deutschenvor-der-kuenstlichen-intelligenz/29190948.html (accessed 12.12.2023).

9   Olah, A., *Anxiety, Coping, and Flow: Empirical Studies in Interactional Perspective.* 2005: Trefort.

10   Vaillant, G. E., *Ego mechanisms of defense and personality psychopathology.* Journal of abnormal psychology, 1994. 103(1): S. 44 – 50.

11   Gupta, T. und N. Nebhinani, *Let's build the psychological immunity to fight against COVID-19.* Indian J Psychiatry, 2020. 62(5): S. 601 – 603.

12   Rachman, S. J., *Invited essay: Cognitive influences on the psychological immune system.* J Behav Ther Exp Psychiatry, 2016. 53: S. 2 – 8.

13   Antonovsky, A. und A. Franke, *Salutogenese: zur Entmystifizierung der Gesundheit.* 1997: Dgvt.

14 Rosenbaum, M. und Y. Jaffe, *Learned helplessness: the role of individual differences in learned resourcefulness.* Br J Soc Psychol, 1983. 22 (Pt 3): S. 215 – 25.

15 Kobasa, S. C., *Stressful life events, personality, and health: an inquiry into hardiness.* J Pers Soc Psychol, 1979. 37(1): S. 1 – 11.

16 Tedeschi, R. G. und L. G. Calhoun, *Trauma and Transformation: Growing in the Aftermath of Suffering.* 1995: SAGE Publications.

17 Van Breda, A., *A critical review of resilience theory and its relevance for social work.* Social Work, 2018. 54.

18 Sonnenmoser, M., *Resilienz: Ein Konzept im Wandel.* Dtsch Arztebl International, 2018. 17(11): S. 504.

19 Kaufmann, S., *Basiswissen Immunologie.* 2014: Springer.

20 Ogle, C. M. et al., *The Frequency and Impact of Exposure to Potentially Traumatic Events Over the Life Course.* Clin Psychol Sci, 2013. 1(4): S. 426 – 434.

21 Knechtle, B. et al., *Cold Water Swimming – Benefits and Risks: A Narrative Review.* International Journal of Environmental Research and Public Health, 2020. 17(23): S. 8984.

제1장 더 유연해지기

1 Saint-Exupéry, A. de, *Der Kleine Prinz.* 2015: Pelekanos Books.

2 White, J. K. und I. E. Monosov, *Neurons in the primate dorsal striatum signal the uncertainty of object–reward associations.* Nature Communications, 2016. 7(1): S. 12735.

3 Berns, G. S. und E. Bell, *Striatal topography of probability and magnitude information for decisions under uncertainty.* Neuroimage, 2012. 59(4): S. 3166 – 3172.

4 de Berker, A. O. et al., *Computations of uncertainty mediate acute stress responses in humans.* Nature Communications, 2016. 7(1): S. 10996.

5 Hennessy, D. und Wiesenthal, D., *The Relationship between traffic congestion,*

driver stress and direct versus indirect coping behaviours. Ergonomics, 1997. 40: S. 348–361.

6   Liao, M.-N. et al., *Uncertainty and Anxiety During the Diagnostic Period for Women With Suspected Breast Cancer.* Cancer Nursing, 2008. 31(4): S. 274–283.

7   Monosov, I. E. et al., *Anterior Cingulate Cortex and the Control of Dynamic Behavior in Primates.* Curr Biol, 2020. 30(23): S. R1442–R1454.

8   Simmons, A. et al., *Intolerance of uncertainty correlates with insula activation during affective ambiguity.* Neurosci Lett, 2008. 430(2): S. 92–97.

9   Kim, M. J. et al., *Intolerance of uncertainty predicts increased striatal volume.* Emotion, 2017. 17(6): S. 895–899.

10 Boswell, J. F. et al., *Intolerance of uncertainty: a common factor in the treatment of emotional disorders.* J Clin Psychol, 2013. 69(6): S. 630–645.

11 Dugas, M. J., K. Buhr und R. Ladouceur, *The Role of Intolerance of Uncertainty in Etiology and Maintenance,* in *Generalized anxiety disorder: Advances in research and practice.* 2004: The Guilford Press. S. 143–63.

12 Carleton, R. N. et al., *Increasing intolerance of uncertainty over time: the potential influence of increasing connectivity.* Cogn Behav Ther, 2019. 48(2): S. 121–136.

13 United Nations Development Programme, *2022 Special Report on Human Security.* 2022.

14 Bröckling, U., *Vorbeugen ist besser. Zur Soziologie der Prävention.* Behemoth: A Journal on Civilisation, 2008.1.

15 Rosen, N. O., B. Knäuper und J. Sammut, *Do individual differences in intolerance of uncertainty affect health monitoring?* Psychology & Health, 2007. 22: S. 413–430.

16 Damrath, U., *Verifikation von Wettervorhersagen.* Promet, Meteorologische Fortbildung, 2002. 28: S. 8–16.

17 Der Versicherungsbote, D. *Nie zuvor gaben die Deutschen so viel für Versicherungen aus.* 2022, 다음에서 접속함: https://www.versicherungsbote.de/id/4907987/Nie-zuvor-gaben-die-Deutschen-so-viel-fur-Versicherungen-aus/

(accessed 22.11.2023).

18   Kretschmer, Fabian, *Wütender Tsunami: Wie China von der Null Covid Bastion zum weltweit größten Covid Hotspot wurde,* in *RND Deutschland.* 12.12.2022, 다음에서 접속함: https://www.rnd.de/politik/china-vonder-null-covid-bastion-zum-weltgroessten-corona-hotspot-ZLJTGTEOHNEGBDV74P2NCD6PGI.html (accessed 13.12.2023).

19   Helbig-Lang, S. und F. Petermann, *Tolerate or eliminate? A systematic review on the effects of safety behavior across anxiety disorders.* Clinical Psychology: Science and Practice, 2010. 17: S. 218-233; Norr, A. M., D. W. Capron und N. B. Schmidt, *Medical information seeking: Impact on risk for anxiety psychopathology.* Journal of Behavior Therapy and Experimental Psychiatry, 2014. 45(3): S. 402-407.

20   Shapiro, M. O. et al., *Prospective associations between intolerance of uncertainty and psychopathology.* Personality and Individual Differences, 2020. 166: S. 110210.

21   Klein, S., *Alles Zufall: Die Kraft, die unser Leben bestimmt.* 2015: Fischer.

22   Peters, A., *Unsicherheit: Das Gefühl unserer Zeit – Und was uns gegen Stress und gezielte Verunsicherung hilft.* 2018: C. Bertelsmann.

23   Massi, B., C. H. Donahue und D. Lee, *Volatility Facilitates Value Updating in the Prefrontal Cortex.* Neuron, 2018. 99(3): S. 598-608.e4.

24   Schmidt, B. et al., *Wearing a bike helmet leads to less cognitive control, revealed by lower frontal midline theta power and risk indifference.* Psychophysiology, 2019. 56(12): S. e13458.

25   Adams, J. und M. Hillman, *The risk compensation theory and bicycle helmets.* Injury Prevention, 2001. 7(2): S. 89-91.

26   Runco, M., *Uncertainty Makes Creativity Possible.* 2022, S. 23-36.

27   Ibert, O. et al., *Uncertainty as an asset for creativity? Dynamic shifts between embracing, ignoring and fixing uncertainty: the cases of music and pharma.* Organized Creativity Discussion Paper, 2018.18(1): S.1-28.

28   Babauta, L., *Fearless Purpose: Training with the Uncertainty & Anxiety of Your*

Meaningful Work. 2020: Selbstverlag.

29 Boswell, J. F. et al., *Intolerance of uncertainty: a common factor in the treatment of emotional disorders.* J Clin Psychol, 2013. 69 (6): S. 630 – 645.

30 Laposa, J. M. et al., *Longitudinal changes in intolerance of uncertainty and worry severity during CBT for generalized anxiety disorder.* Journal of Anxiety Disorders, 2022. 91: S. 102623.

31 Grenier, S. und R. Ladouceur, *Manipulation de l'intolérance a l'incertitude et inquiétudes. [Manipulation of Intolerance of Uncertainty and worries.].* Canadian Journal of Behavioural Science / Revue canadienne des sciences du compor tement, 2004. 36: S. 56 – 65.

32 Mosca, O., M. Lauriola und R. N. Carleton, *Intolerance of Uncertainty: A Temporary Experimental Induction Procedure.* PLOS ONE, 2016. 11 (6): S. e0155130.

33 Rodgers, J. et al., *Coping with uncertainty in everyday situations (CUES©) to address intolerance of uncertainty in autistic children: an intervention feasibility trial.* Journal of Autism and Developmental Disorders, 2022.

34 Garfield, S., *Karten! Ein Buch über Entdecker, geniale Kartografen und Berge, die es nie gab.* 2014: Wissenschaftliche Buchgesellschaft.

35 Dugas, M. J. et al., *Behavioral Experiments for Intolerance of Uncertainty: A Randomized Clinical Trial for Adults With Generalized Anxiety Disorder.* Behav Ther, 2022. 53 (6): S. 1147 – 1160.

36 Humphreys, A., *Microadventures: Local Discoveries for Great Escapes.* 2014: HarperCollins Publishers.

37 Förster, C. und V. Busch. *Frei Raus ins Leben: Wie wir Mikroabenteuer gestalten.* 2021; 다음에서 접속함: https://drvolkerbusch.de/frei-raus-ins-leben-wie-wir-mikroabenteuer-gestalten-und-geniessen/ (accessed 22.11.2023).

38 Freizeit-Monitor, *Top Aktivitäten – Wie die Mehrheit der Bundesbürger ihre Freizeit verbringt,* in *Stiftung für Zukunftsfragen.* 20.12.2022; 다음에서 접속함: https://www.freizeitmonitor.de/2022/topaktivitaeten/ (accessed 13.12.2023).

39 Druyen, T., *Die ultimative Herausforderung – über die Veränderungsfähigkeit der*

Deutschen. 2018: Springer.

40 Kühlem, M. F., *Keith Jarretts »The Köln Concert«: Fliegen mit gestutztem Flügel.*
Rolling Stone Germany 2023; 다음에서 접속함: https://www.rollingstone.
de/keith-jarretts-koeln-concert-fliegen-mit-gestutztem-fluegel-375594/
(accessed 22.11.2023).

41 Felsman, P. et al., *Reducing social anxiety and intolerance of uncertainty in
adolescents with improvisational theater.* The Arts in Psychotherapy, 2023. 82: S.
101985.

42 Taleb, N.N. und S. Held, *Antifragilität: Anleitung für eine Welt, die wir nicht
verstehen.* 2013: Knaus.

43 Beck, U. et al., *Eigenes Leben: Ausflüge in die unbekannte Gesellschaft, in der wir
leben.* 1995: Beck.

44 Höffe, O. und J. L. Ackrill, *Aristoteles, die Nikomachische Ethik.* 1995: Akademie.

제2장 좋은 것에 집중하기

1 McLaughlin, B., M. R. Gotlieb und D. J. Mills, *Caught in a Dangerous World:
Problematic News Consumption and Its Relationship to Mental and Physical Ill-
Being.* Health Communication, 2022: S. 1–11.

2 Gladwell, M., *The Tipping Point: How Little Things Can Make a Big Difference.*
2006: Little, Brown.

3 Ewers, H. G., *Vamanu,* P. Rhodan (Hg.). 1981.

4 Hatfield, E., J. T. Cacioppo und R. L. Rapson, *Emotional Contagion.* Current
Directions in Psychological Science, 1993. 2(3): S. 96–100.

5 Block, P. und S. Burnett Heyes, *Sharing the load: Contagion and tolerance of
mood in social networks.* Emotion, 2022. 22(6): S. 1193–1207.

6 Jeon, H. und S.-H. Lee, *From Neurons to Social Beings: Short Review of the Mirror
Neuron System Research and Its Socio-Psychological and Psychiatric Implications.*

Clinical Psychopharmacology and Neuroscience: the Official Scientific Journal of the Korean College of Neuropsychopharmacology, 2018. 16(1): S. 18 – 31; Bastiaansen, J. A. C. J., M. Thioux und C. Keysers, *Evidence for mirror systems in emotions.* Philosophical Transactions of the Royal Society of London. Series B, Biological sciences, 2009. 364(1528): S. 2391 – 2404.

7   Västfjäll, D., S. Slovic und M. Mayorga, *Pseudoinefficacy: negative feelings from children who cannot be helped reduce warm glow for children who can be helped.* Frontiers in Psychology, 2015. 6.

8   Hammond, D., *Health warning messages on tobacco products: a review.* Tob Control, 2011. 20(5): S. 327 – 337.

9   Hwang, J. et al., *The Relationship among COVID-19 Information Seeking, News Media Use, and Emotional Distress at the Onset of the Pandemic.* International Journal of Environmental Research and Public Health, 2021. 18(24): S. 13198.

10   Almerekhi, H., H. Kwak und B.J. Jansen, *Investigating toxicity changes of cross-community redditors from 2 billion posts and comments.* PeerJ Comput Sci, 2022. 8: S. e1059.

11   Kramer, A.D.I., J.E. Guillory und J.T. Hancock, *Experimental evidence of massive-scale emotional contagion through social networks.* Proceedings of the National Academy of Sciences, 2014. 111(24): S. 8788 – 8790.

12   Der Spiegel Netzwelt, *3,4 Millionen Deutsche waren noch nie im Internet.* 11.04.2023; 다음에서 접속함: https://www.spiegel.de/netzwelt/netzpolitik/3-4-millionen-deutsche-waren-noch-nie-im-internet-a-6d0b939a-c611-486b-b4d3-b74a1d3f70a7 (accessed 13.12.2023).

13   Holman, E.A., D.R. Garfin und R.C. Silver, *Media's role in broadcasting acute stress following the Boston Marathon bombings.* Proceedings of the National Academy of Sciences, 2014. 111(1): S. 93 – 98.

14   Thompson, R.R. et al., *Media exposure to mass violence events can fuel a cycle of distress.* Science Advances, 2019. 5(4): S. eaav3502.

15   Furedi, F., *The only thing we have to fear is the ›culture of fear‹ itself NEW ESSAY:*

How human thought and action are being stifled by a regime of uncertainty. Spiked, 2007. 4.

16 Semetko, H. A. und K. Schoenbach, *News and Elections: German Bundestag Campaigns in the Bild, 1990–2002.* Harvard International Journal of Press/ Politics, 2003. 8(3): S. 54–69.

17 Vinkers, C. H., J. K. Tijdink und W. M. Otte, *Use of positive and negative words in scientific PubMed abstracts between 1974 and 2014: retrospective analysis.* BMJ, 2015. 351: S. h6467.

18 Robertson, C. E. et al., *Negativity drives online news consumption.* Nature Human Behaviour, 2023. 7(5): S. 812–822.

19 Honigmann, D. und M. Hrncif, *Kunstprojekt im Prager Stadtzentrum: Laterne reagiert auf Fake News,* in *Radio Prague International.* 14.01.2022.

20 Levine, T., *Truth-Default Theory (TDT): A Theory of Human Deception and Deception Detection.* Journal of Language and Social Psychology, 2014. 33: S. 378–392.

21 Feldman, R., *Liar: The Truth about Lying.* 2010: Virgin.

22 Tandoc, E. C. und S. K. Seet, *War of the Words: How Individuals Respond to »Fake News,« »Misinformation,« »Disinformation,« and »Online Falsehoods«.* Journalism Practice, 2022: S. 1–17.

23 Tang, L. et al., *Social media and outbreaks of emerging infectious diseases: A systematic review of literature.* American Journal of Infection Control, 2018. 46(9): S. 962–972.

24 Borges do Nascimento, I. J. et al., *Infodemics and health misinformation: a systematic review of reviews.* Bull World Health Organ, 2022. 100(9): S. 544–561.

25 Vosoughi, S., D. Roy und S. Aral, *The spread of true and false news online.* Science, 2018. 359(6380): S. 1146–1151.

26 Welch, D. und J. Fox, *Justifying war: propaganda, politics and the modern age.* 2012: Palgrave Macmillan.

27 Fazio, L.K. und C.L. Sherry, *The Effect of Repetition on Truth Judgments Across*

Development. Psychological Science, 2020. 31(9): S. 1150 –1160.

28   Pennycook, G. und T. Cannon, *Prior exposure increases perceived accuracy of fake news.* Journal of Experimental Psychology General, 2018.147(12): S.1865–1880.

29   Bendau, A. et al., *Associations between COVID-19 related media consumption and symptoms of anxiety, depression and COVID-19 related fear in the general population in Germany.* Eur Arch Psychiatry Clin Neurosci, 2021. 271(2): S. 283 –291.

30   Kellerman, J. K. et al., *The Mental Health Impact of Daily News Exposure During the COVID-19 Pandemic: Ecological Momentary Assessment Study.* JMIR Ment Health, 2022. 9(5): S. e36966.

31   Eichstaedt, J. C. et al., *Psychological Language on Twitter Predicts County-Level Heart Disease Mortality.* Psychological Science, 2015. 26(2): S. 159 –169.

32   Garfin, D. R., R. C. Silver und E. A. Holman, *The novel coronavirus(COVID-2019) outbreak: Amplification of public health consequences by media exposure.* Health Psychology, 2020. 39(5): S. 355 –357.

33   de Hoog, N. und P. Verboon, *Is the news making us unhappy? The influence of daily news exposure on emotional states.* Br J Psychol, 2020. 111(2): S. 157 –173.

34   Hoc, S., *Psychoneuroimmunologie: Stress erhöht Infektanfälligkeit.* Deutsches Ärtzeblatt International, 2003. 2(2): S. 83.

35   He, X. et al., *Media Exposure to COVID-19 Predicted Acute Stress: A Moderated Mediation Model of Intolerance of Uncertainty and Perceived Social Support.* Frontiers in Psychiatry, 2021. 11.

36   Rozin, P. und E. Royzman, *Negativity Bias, Negativity Dominance, and Contagion.* Personality and Social Psychology Review, 2001. 5.

37   Hodges, B. H., *Effect of valence on relative weighting in impression formation.* Journal of Personality and Social Psychology, 1974. 30(3): S. 378 –381; Hamilton, D. L. und M. P. Zanna, *Differential weighting of favorable and unfavorable attributes in impressions of personality.* Journal of Experimental Research in Personality, 1972. 6(2 –3): S. 204 –212.

38   Soroka, S., P. Fournier und L. Nir, *Cross-national evidence of a negativity bias in*

psychophysiological reactions to news. Proc Natl Acad Sci U S A, 2019. 116(38): S. 18888 – 18892.

39   Thomas, D.L. und E.D. Diener, *Memory accuracy in the recall of emotions.* Journal of Personality and Social Psychology, 1990.59(2), S. 291 – 297.

40   Pratto, F. und O.P. John, *Automatic vigilance: the attention-grabbing power of negative social information.* J Pers Soc Psychol, 1991. 61(3): S. 380 – 391.

41   Hanson, R., *Overcoming the Negativity Bias.* 2022.

42   Roozendaal, B., B. McEwen und S. Chattarji, *Stress, memory and the amygdala.* Nature reviews. Neuroscience, 2009.10: S. 423 – 433.

43   Aston-Jones, G. und J. Cohen, *An integrative theory of locus coeruleus-norepinephrine function: Adaptive gain and optimal performance.* Annual review of neuroscience, 2005. 28: S. 403 – 450.

44   Cisler, J. M. und E. H. W. Koster, *Mechanisms of attentional biases towards threat in anxiety disorders: An integrative review.* Clinical Psychology Review, 2010. 30(2): S. 203 – 216.

45   Doll, A. et al., *Mindful attention to breath regulates emotions via increased amygdala-prefrontal cortex connectivity.* Neuroimage, 2016. 134: S. 305 – 313.

46   Trussler, M. und S. Soroka, *Consumer Demand for Cynical and Negative News Frames.* The International Journal of Press/Politics, 2014. 19(3): S. 1-28.

47   Puccetti, N. A. et al., *Linking Amygdala Persistence to Real-World Emotional Experience and Psychological Well-Being.* The Journal of Neuroscience, 2021. 41(16): S. 3721 – 3730.

48   Lee, S. et al., *Actual Cleaning and Simulated Cleaning Attenuate Psychological and Physiological Effects of Stressful Events.* Social Psychological and Personality Science, 2022.14(4): S. 1-10.

49   Yan, R. et al., *Abnormal Alterations of Regional Spontaneous Neuronal Activity in Inferior Frontal Orbital Gyrus and Corresponding Brain Circuit Alterations: A Resting-State fMRI Study in Somatic Depression.* Frontiers in Psychiatry, 2019. 10; Fitzgerald, P. B. et al., *A meta-analytic study of changes in brain activation in*

depression. Human Brain Mapping, 2008. 29(6): S. 683 –695.

50   Rosenbaum, D. et al., *Stress-related dysfunction of the right inferior frontal cortex in high ruminators: An fNIRS study.* NeuroImage: Clinical, 2018. 18: S. 510 –517.

51   Hu, Y. und S. Dolcos, *Trait anxiety mediates the link between inferior frontal cortex volume and negative affective bias in healthy adults.* Soc Cogn Affect Neurosci, 2017. 12(5): S. 775 –782.

52   Sharot, T. et al., *Selectively altering belief formation in the human brain.* Proceedings of the National Academy of Sciences, 2012. 109(42): S. 17058 –17062.

53   Gerbner, G. et al., *The »Mainstreaming« of America: Violence Profile No. 11.* Journal of Communication, 2006. 30(3): S. 10 –29.

54   Ytre-Arne, B. und H. Moe, *Doomscrolling, Monitoring and Avoiding: News Use in COVID-19 Pandemic Lockdown.* Journalism Studies, 2021. 22: S. 1 –17.

55   Anand, N. et al., *Doomsurfing and doomscrolling mediate psychological distress in COVID-19 lockdown: Implications for awareness of cognitive biases.* Perspect Psychiatr Care, 2022. 58(1): S. 170 –172.

56   Price, M. et al., *Doomscrolling during COVID-19: The negative association between daily social and traditional media consumption and mental health symptoms during the COVID-19 pandemic.* Psychological Trauma: Theory, Research, Practice, and Policy, 2022. 14.

57   Kelley, K. W. und S. Kent, *The Legacy of Sickness Behaviors.* Frontiers in Psychiatry, 2020. 11.

58   McLaughlin, B., M. R. Gotlieb und D. J. Mills, *Caught in a Dangerous World: Problematic News Consumption and Its Relationship to Mental and Physical Ill-Being.* Health Communication, 2022: S. 1 –11.

59   Simmel, G., *Die Großstädte und das Geistesleben.* 2016: Hofenberg.

60   Rozado, D., R. Hughes und J. Halberstadt, *Longitudinal analysis of sentiment and emotion in news media headlines using automated labelling with Transformer language models.* PLoS One, 2022. 17(10): S. e0276367.

61   Leibniz-Institut für Medienforschung, *Deutsche sind nachrichtenmüde.* 16.06.2022;

다음에서 접속함: https://www.leibniz-gemeinschaft.de/ueber-uns/neues/
forschungsnachrichten/forschungsnachrichtensingle/newsdetails/rueck
laeufige-nachrichtennutzung (accessed 13.12.2023).

62 Hölig, S., J. Behre und W. Schulz, *Reuters Institute Digital News Report 2022:
Ergebnisse für Deutschland,* V.H.B. Institut (Hg.), 2022.

63 Fullana, M.A. et al., *Coping behaviors associated with decreased anxiety and
depressive symptoms during the COVID-19 pandemic and lockdown.* Journal of
Affective Disorders, 2020. 275: S. 80 –81.

64 Bendau, A. et al., *Associations between COVID-19 related media consumption and
symptoms of anxiety, depression and COVID-19 related fear in the general population
in Germany.* Eur Arch Psychiatry Clin Neurosci, 2021. 271(2): S. 283 –291.

65 Achor, S. und M. Gielan, *Consuming negative news can make you less effectiv at
work,* in *Harvard Business Review.* 14.09.2015; 다음에서 접속함: https://hbr.
org/2015/09/consuming-negative-news-can-make-youless-effective-
at-work (accessed 13.12.2023).

66 Rosa, H., *Unverfügbarkeit.* 2018: Residenz.

67 Levenson, J. C. et al., *Social Media Use Before Bed and Sleep Disturbance Among
Young Adults in the United States: A Nationally Representative Study.* Sleep, 2017.
40(9).

68 Bartel, K., R. Scheeren und M. Gradisar, *Altering Adolescents' Pre-Bedtime Phone
Use to Achieve Better Sleep Health.* Health Commun, 2019. 34(4): S. 456 –462.

69 Stroud, N., C. Peacock und A. Curry, *The Effects of Mobile Push Notifications on
News Consumption and Learning.* Digital Journalism, 2019. 8: S. 1 –17.

70 Pörksen, B., *Zündelnde Tweets und gefährliche Sätze,* in *Die Zeit.* 2022.

71 Lobo, S., *Digitale Ungeduld,* in: Der Spiegel Netzwelt. 2011.

72 McGuire, W. J. und D. Papageorgis, *The relative efficacy of various types of prior
belief-defense in producing immunity against persuasion.* The Journal of Abnormal
and Social Psychology, 1961. 62: S. 327 –337.

73 Roozenbeek, J. et al., *Psychological inoculation improves resilience against misin*

formation on social media. Science Advances, 2022. 8(34): S. 1-11.

74   Banas, J. A. und S. A. Rains, *A Meta-Analysis of Research on Inoculation Theory.* Communication Monographs, 2010. 77(3): S. 281–311.

75   Schmid-Petri, H. und M. Bürger, *The effect of misinformation and inoculation: Replication of an experiment on the effect of false experts in the context of climate change communication.* Public Understanding of Science, 2021. 31(2): S. 152-167.

76   Basol, M., J. Roozenbeek und S. van der Linden, *Good News about Bad News: Gamified Inoculation Boosts Confidence and Cognitive Immunity Against Fake News.* J Cogn, 2020. 3(1): S. 2.

77   DROG. *Here's how to deal with disinformation.* 2024; 다음에서 접속함: https://drog.group (accessed 22.11.2023).

78   Basol, M., J. Roozenbeek und S. van der Linden, *Good News about Bad News: Gamified Inoculation Boosts Confidence and Cognitive Immunity Against Fake News.* J Cogn, 2020. 3(1): S. 2.

79   Newman, N., *Executive Summary and Key Findings of the 2020 report,* in *Digital news report,* Reuters Institute und University of Oxford (Hg.), 2020.

80   Strasser, M. A., P. J. Sumner und D. Meyer, *COVID-19 news consumption and distress in young people: A systematic review.* J Affect Disord, 2022.300: S. 481–491.

81   ARD Morgenmagazin, *Kurz und Gut,* in *Das Erste MOMA.* 2023.

82   BR Bayern 1, *Die guten Geschichten aus Bayern.* 2023; 다음에서 접속함: https://www.br.de/radio/bayern1/formular-gute-geschichte-100.html (accessed 22.11.2023).

83   Info, N., *Perspektiven: Auf der Suche nach Lösungen.* NDR Info, 2023.

84   Der Spiegel, *Vier Musiker spielen für 2292 Pflanzen.* 24.06.2020; 다음에서 접속함: https://www.spiegel.de/kultur/musik/vier-musiker-spielen-fuer-2292-pflanzen-a-40dbb3eb-c261-43e5-be55-34b9f89fcf21 (accessed 13.12.23).

85   Brussig, T., *Meine Apokalypsen: Warum wir hoffen dürfen.* 2023: Wallstein.

86   Krämer, W., *Die Angst der Woche: Warum wir uns vor den falschen Dingen fürchten.* 2012: Piper.

87   Knight Foundation, K. *American Views 2022: Part 2, Trust Media and Democracy.* 2022; 다음에서 접속함: https://knightfoundation.org/reports/american-views-2023-part-2/ (accessed 22.11.2023).

88   Gleich, U., *Nutzungserfahrungen mit konstruktivem Journalismus.* Media Perspektiven, 2022. 12/2022: S. 6.

89   Horizont Online, *15 Minuten schlechte Nachrichten,* in *Horizont.* 2023.

90   Roginski, A., *The long history of the power of positive thinking.* Openbook, 2022. Spring 2022.

91   Wood, J. V., W. Q. Elaine Perunovic und J. W. Lee, *Positive Self-Statements: Power for Some, Peril for Others.* Psychological Science, 2009. 20(7): S. 860 – 866.

92   Bendall, R. C. A., A. Mohamed, and C. Thompson, *Emotional real-world scenes impact visual search.* Cognitive Processing, 2019. 20(3): S. 309 – 316.

93   Kuckertz, J. und N. Amir, *Cognitive Bias Modification.* 2017. S. 463 – 491.

94   Martinelli, A., J. Grüll und C. Baum, *Attention and interpretation cognitive bias change: A systematic review and meta-analysis of bias modification paradigms.* Behaviour Research and Therapy, 2022. 157: S. 104180.

95   Layous, K., J. Chancellor und S. Lyubomirsky, *Positive activities as protective factors against mental health conditions.* J Abnorm Psychol, 2014. 123(1): S. 3 – 12.

96   Marquard, O., *Skepsis in der Moderne: philosophische Studien.* 2007: Reclam.

97   MacKinnon, M., A. Davis und S. Arnocky, *Optimistic Environmental Messaging Increases State Optimism and in vivo Pro-environmental Behavior.* Frontiers in Psychology, 2022. 13: S. 1-7.

98   Göbel, A., *Bushaltestellen für Bienen,* in Deutschlandfunk; 15.08.2019. 다음에서 접속함: https://www.deutschlandfunk.de/nachhaltigkeit-in-den-niederlanden-gruene-bushaltestellen-100.html (accessed 13.12. 2023).

99   Baumeister, R. et al., *Bad Is Stronger than Good.* Review of General Psychology, 2001. 5.

100   Fredrickson, B. und M. Losada, *Correction to Fredrickson and Losada (2005).* American Psychologist, 2013. 68: S. 822.

101 Brown, N. J. L., A. D. Sokal und H. L. Friedman, *The complex dynamics of wishful thinking: The critical positivity ratio.* American Psychologist, 2013. 68: S. 801 – 813; Nickerson, C. A., *There Is No Empirical Evidence for Critical Positivity Ratios: Comment on Fredrickson (2013).* Journal of Humanistic Psychology, 2018. 58(3): S. 284 –312.

102 Smyth, J. M. et al., *Online Positive Affect Journaling in the Improvement of Mental Distress and Well-Being in General Medical Patients With Elevated Anxiety Symptoms: A Preliminary Randomized Controlled Trial.* JMIR mental health, 2018. 5(4): S. e11290–e11290.

103 Krpan, K. M. et al., *An everyday activity as a treatment for depression: the benefits of expressive writing for people diagnosed with major depressive disorder.* J Affect Disord, 2013. 150(3): S. 1148 – 1151.

104 Emmons, R. A. und M. E. McCullough, *Counting blessings versus burdens: an experimental investigation of gratitude and subjective well-being in daily life.* J Pers Soc Psychol, 2003. 84(2): S. 377 –389.

105 Lieberman, M. D. et al., *Putting feelings into words: affect labeling disrupts amygdala activity in response to affective stimuli.* Psychol Sci, 2007. 18(5): S. 421 –428.

106 Rich, J. B., *The Oxford handbook of memory.* 2000: Oxford University Press.

제3장 생각 스위치를 끄기

1 Tseng, J. und J. Poppenk, *Brain meta-state transitions demarcate thoughts across task contexts exposing the mental noise of trait neuroticism.* Nature Communications, 2020. 11(1): S. 3480.

2 앞의 논문.

3 Wendsche, J. et al., *Mentales Abschalten von der Arbeit als Erholungsindikator: Wirkungen, Einflussfaktoren und Gestaltungsansätze.* Arbeitsmedizin, Sozialmedizin, Umweltmedizin: ASU, Zeitschrift für medizinische Prävention, 2018. 53: S.

25-31.

4   Sonnentag, S. und U.-V. Bayer, *Switching Off Mentally: Predictors and Consequences of Psychological Detachment From Work During Off-Job Time*. Journal of Occupational Health Psychology, 2005. 10(4): S. 393 –414.

5   Wikipedia. *Surrogates – Mein zweites Ich*. 2022; 다음에서 접속함: https:// de.wikipedia.org/wiki/Surrogates_–_Mein_zweites_Ich (accessed 22.11.2023).

6   Schiebler, T., W. Schmidt und K. Zilles, *Anatomie – Zytologie, Histologie, Entwic klungsgeschichte, makroskopische und mikroskopische Anatomie des Menschen*. 1995: Springer.

7   Watzlawick, P., *Anleitung zum Unglücklichsein*. 2010: Piper.

8   Zhou, H.-X. et al., *Rumination and the default mode network: Meta-analysis of brain imaging studies and implications for depression*. NeuroImage, 2020. 206: S. 116287.

9   Kühn, S. et al., *Why ruminators won't stop: the structural and resting state correlates of rumination and its relation to depression*. J Affect Disord, 2012. 141(2 –3): S. 352 –360.

10   von Hippel, W., *The Social Leap: The New Evolutionary Science of Who We Are, Where We Come From, and What Makes Us Happy.* 2018: HarperCollins.

11   Verduyn, P. und S. Lavrijsen, *Which emotions last longest and why: The role of event importance and rumination*. Motivation and Emotion, 2015. 39(1): S. 119 –127.

12   Mixa, E. et al., *Un-Wohl-Gefühle: Eine Kulturanalyse gegenwärtiger Befindlichkeiten.* 2016.

13   Suter, M., *Abschalten: Die Business Class macht Ferien*. 2012: Diogenes.

14   Wiehler, A. et al., *A neuro-metabolic account of why daylong cognitive work alters the control of economic decisions*. Current Biology, 2022. 32(16): S. 3564 –3575.e5.

15   Schmitz, T. W. et al., *Hippocampal GABA enables inhibitory control over unwanted thoughts*. Nature Communications, 2017. 8(1): S. 1311.

16   Petroff, O. A., *GABA and glutamate in the human brain*. Neuroscientist, 2002.

8(6): S. 562 – 573.

17   Lyubomirsky, S. und C. Tkach, *The consequences of dysphoric rumination.* Rumination: Nature, theory, and treatment of negative thinking in depression, 2004: S. 21 – 41.

18   Martinelli, C., K. Cavanagh und R. Dudley, *The Impact of Rumination on State Paranoid Ideation in a Nonclinical Sample.* Behavior therapy, 2013. 44: S. 385 – 394.

19   McLaughlin, K. A. und S. Nolen–Hoeksema, *Rumination as a transdiagnostic factor in depression and anxiety.* Behav Res Ther, 2011. 49(3): S. 186 – 193.

20   Calmes, C. A. und J. E. Roberts, *Repetitive Thought and Emotional Distress: Rumination and Worry as Prospective Predictors of Depressive and Anxious Symptomatology.* Cognitive Therapy and Research, 2007. 31(3): S. 343 – 356.

21   Moberly, N. J. und E. R. Watkins, *Ruminative self-focus and negative affect: an experience sampling study.* J Abnorm Psychol, 2008. 117(2): S. 314 – 323.

22   Takano, K. und Y. Tanno, *Self-rumination, self-reflection, and depression: Self-rumination counteracts the adaptive effect of self-reflection.* Behaviour Research and Therapy, 2009. 47(3): S. 260 – 264.

23   Rothbart, M. K., H. Ziaie und C. G. O'Boyle, *Self-regulation and emotion in infancy.* New Dir Child Dev, 1992(55): S. 7 – 23.

24   Wiseman, R., *The Luck Factor.* Skeptical Inquirer, 2003. 27(3): S. 26 – 30.

25   Lydon–Staley, D. M., P. Zurn und D. S. Bassett, *Within-person variability in curiosity during daily life and associations with well-being.* Journal of Personality, 2020. 88(4): S. 625 – 641.

26   Donaldson, C. und D. Lam, *Rumination, mood and social problem-solving in major depression.* Psychological Medicine, 2004. 34(7): S. 1309 – 1318.

27   Chiang, Y.-T. et al., *Exploring online game players' flow experiences and positive affect.* Turkish Online Journal of Educational Technology, 2011. 10: S. 106 – 114.

28   Csikszentmihalyi, M. und A. Charpentier, *Flow. Das Geheimnis des Glücks.* 2017: Klett–Cotta.

29   Dietrich, A., *Neurocognitive mechanisms underlying the experience of flow.* Consciousness and cognition, 2005. 13: S. 746 – 761.

30   Ulrich, M. et al., *Neural correlates of experimentally induced flow experiences.* Neuroimage, 2014. 86: S. 194 – 202.

31   Stepina, C. K., *Die Begriffe Praxis und Poiesis bei Aristoteles.* Maske und Kothurn, 1996. 42(2 – 4): S. 289 – 306.

32   Stern, W., *Person und Sache. Bd. Die menschliche Persönlichkeit. 1919.* 1923: J.A. Barth.

33   Althoff, T. et al., *Large-scale physical activity data reveal worldwide activity inequality.* Nature, 2017. 547.

34   Bratman, G. N. et al., *Nature experience reduces rumination and subgenual prefrontal cortex activation.* Proceedings of the National Academy of Sciences, 2015. 112(28): S. 8567 – 8572.

35   Sudimac, S., V. Sale und S. Kühn, *How nature nurtures: Amygdala activity decreases as the result of a one-hour walk in nature.* Molecular Psychiatry, 2022. 27(11): S. 4446 – 4452.

36   Brand, S. et al., *Acute Bouts of Exercising Improved Mood, Rumination and Social Interaction in Inpatients With Mental Disorders.* Front Psychol, 2018. 9: S. 249.

37   Kühn, S. et al., *Spend time outdoors for your brain – an in-depth longitudinal MRI study.* The World Journal of Biological Psychiatry, 2021: S. 1 – 7.

38   Schnoor, J., *The Benefits of Being Green.* Environmental science & technology, 2012. 46: S. 11487.

39   Stobbe, E. et al., *Birdsongs alleviate anxiety and paranoia in healthy participants.* Scientific Reports, 2022. 12(1): S. 16414.

40   Rankin, K., S. Andrews und K. Sweeny, *Awe-full uncertainty: Easing discomfort during waiting periods.* The Journal of Positive Psychology, 2019. 15: S. 1 – 10.

41   Yeon, P. S. et al., *Effect of Forest Therapy on Depression and Anxiety: A Systematic Review and Meta-Analysis.* Int J Environ Res Public Health, 2021. 18(23).

42   Büssing, A., *Wondering Awe as a Perceptive Aspect of Spirituality and Its Relation*

to Indicators of Wellbeing: Frequency of Perception and Underlying Triggers. Front Psychol, 2021. 12: S. 738770.

43 Sturm, V. E. et al., *Big smile, small self: Awe walks promote prosocial positive emotions in older adults*. Emotion, 2022. 22(5): S. 1044 – 1058.

44 Rolland, R., *Ein schönes Gesicht für alle Sinne. Briefwahl von Romain Rolland*. 1967: Albin Michel.

45 The Lancet Regional, H.-E., *Time to integrate spiritual needs in health care*. Lancet Reg Health Eur, 2023. 28: S. 100648.

46 Streib, H. und R. Hood Jr, *Semantics and Psychology of »Spirituality«. A Cross-cultural Analysis*. 2016: Springer.

47 Balboni, T. A. et al., *Spirituality in Serious Illness and Health*. Jama, 2022. 328(2): S. 184 – 197.

48 Jain, S. et al., *A Randomized Controlled Trial of Mindfulness Meditation Versus Relaxation Training: Effects on Distress, Positive States of Mind, Rumination, and Distraction*. Annals of behavioral medicine: a publication of the Society of Behavioral Medicine, 2007. 33: S. 11 – 21.

49 Wikipedia. *File:MagrittePipe.jpg*. 2009; 다음에서 접속함: https://en.wikipedia.org/wiki/File:MagrittePipe.jpg (accessed 22.11.2023).

50 Mischkowski, D., E. Kross und B. J. Bushman, *Flies on the wall are less aggressive: Self-distancing »in the heat of the moment« reduces aggressive thoughts, angry feelings and aggressive behavior*. Journal of Experimental Social Psychology, 2012. 48(5): S. 1187 – 1191.

51 White, F., *The Overview Effect: Space Exploration and Human Evolution*. 1987: Houghton Mifflin.

52 Yaden, D. et al., *The Overview Effect: Awe and Self-Transcendent Experience in Space Flight*. Psychology of Consciousness: Theory, Research, and Practice, 2016. 3: S. 1 – 11.

53 Cocking, R. R., K. A. Renninger und A. Renninger, *The development and meaning of psychological distance*. 2013: Psychology Press.

54   Ayduk, O. und E. Kross, *From a distance: implications of spontaneous self-distancing for adaptive self-reflection.* J Pers Soc Psychol, 2010. 98 (5): S. 809 –829.

55   Polman, E. und K. J. Emich, *Decisions for Others Are More Creative Than Decisions for the Self.* Personality and Social Psychology Bulletin, 2011. 37 (4): S. 492 –501.

56   Kross, E. und O. Ayduk, *Chapter Two – Self-Distancing: Theory, Research, and Current Directions,* in *Advances in Experimental Social Psychology,* J.M. Olson, (Hg.). 2017, Academic Press. S. 81 –136.

57   Kross, E. und O. Ayduk, *Chapter Two – Self-Distancing: Theory, Research, and Current Directions,* in *Advances in Experimental Social Psychology,* J.M. Olson, (Hg.). 2017, Academic Press. S. 81 –136.

58   Verduyn, P. et al., *The relationship between self-distancing and the duration of negative and positive emotional experiences in daily life.* Emotion, 2012. 12 (6): S. 1248 –1263.

59   Moser, J. et al., *Third-person self-talk facilitates emotion regulation without engaging cognitive control: Converging evidence from ERP and fMRI.* Scientific Reports, 2017. 7.

60   McGregor, I. und J. Holmes, *How storytelling shapes memory and impressions of relationships over time.* Journal of Personality and Social Psychology, 1999. 76: S. 403 –419.

61   Sohal, M. et al., *Efficacy of journaling in the management of mental illness: a systematic review and meta-analysis.* Fam Med Community Health, 2022. 10 (1).

62   Goethe, J.v., *Johann Wolfgang Goethe: Tagebücher.* Vol. Band I –IV. 2000, Stuttgart: J.B. Metzler.

63   Sutanto, C.N., W.W. Loh und J.E. Kim, *The impact of tryptophan supplementation on sleep quality: a systematic review, meta-analysis, and meta-regression.* Nutr Rev, 2022. 80 (2): S. 306 –316.

64   Bravo, R. et al., *Tryptophan-enriched cereal intake improves nocturnal sleep, melatonin, serotonin, and total antioxidant capacity levels and mood in elderly humans.* Age (Dordr), 2013. 35 (4): S. 1277 –1285.

1   Davila-Ross, M., M. Owren und E. Zimmermann, *The evolution of laughter in great apes and humans*. Communicative & integrative biology, 2010. 3: S. 191 – 194.

2   Turpin, A., *The time of our lives*. 2005.

3   Nwokah, E. E. et al., *The development of laughter in mother-infant communication: Timing parameters and temporal sequences*. Infant Behavior & Development, 1994. 17: S. 23 – 35.

4   Martin, R. und N. Kuiper, *Daily occurrence of laughter: Relationships with age, gender, and Type A personality*. Humor – International Journal of Humor Research, 1999. 12: S. 355 – 384.

5   Streeck, U., *Die generalisierte Heiterkeitsstörung*. Forum der Psychoanalyse, 2000. 16(2): S. 116 – 122.

6   Die Welt, *Die Deutschen sind die unwitzigste Nation*. 2011; 다음에서 접속함: https://www.welt.de/kultur/article13421700/Die-Deutschen-sinddie-unwitzigste-Nation.html (accessed 12.12.2023).

7   DESTATIS, Robert-Koch-Insitut, *Wie geht es Deutschland in Europa? Ergebnisse des European Health Interview Survey (EHIS) 2*. Journal of Health Monitoring, 2019.

8   Freud, S., *Jenseits des Lustprinzips*. 2015: e-artnow.

9   Bohn, R. und J. Short, *Measuring Consumer Information*. International Journal of Communication, 2012. 6: S. 980 – 1000.

10   Gesundheit Institute, *The Gesundheit! Institute*. 2023; 다음에서 접속함: https://www.patchadams.org (accessed 22.11.2023).

11   Stiwi, K. und J. Rosendahl, *Efficacy of laughter-inducing interventions in patients with somatic or mental health problems: A systematic review and meta-analysis of randomized-controlled trials*. Complement Ther Clin Pract, 2022. 47: S. 101552.

12   Abel, E. L. und M. L. Kruger, *Smile Intensity in Photographs Predicts Longevity*. Psychological Science, 2010. 21(4): S. 542 – 544.

13   Romundstad, S. et al., *A 15-Year Follow-Up Study of Sense of Humor and Causes*

of Mortality: The Nord-Trøndelag Health Study. Psychosom Med, 2016. 78(3): S. 345 –353.

14   Buchowski, M. S. et al., *Energy expenditure of genuine laughter.* Int J Obes (Lond), 2007. 31(1): S. 131 –137.

15   Fry, W. F., *The biology of humor.* Humor: International Journal of Humor Research, 1994. 7: S. 111 –126.

16   Bennett, M. und C. Lengacher, *Humor and Laughter May Influence Health [Part] IV. Humor and Immune Function.* Nursing Faculty Publications, 2009. 6.

17   Koller, D. und C. Gryski, *The life threatened child and the life enhancing clown: towards a model of therapeutic clowning.* Evid Based Complement Alternat Med, 2008. 5(1): S. 17 –25.

18   Dunbar, R. I. et al., *Social laughter is correlated with an elevated pain threshold.* Proc Biol Sci, 2012. 279(1731): S. 1161 –1167.

19   Manninen, S. et al., *Social Laughter Triggers Endogenous Opioid Release in Humans.* The Journal of Neuroscience, 2017. 37(25): S. 6125 –6131.

20   Kocherov, S. et al., *Medical clowns reduce pre-operative anxiety, post-operative pain and medical costs in children undergoing outpatient penile surgery: A randomised controlled trial: Medical clowns in paediatric urology practice.* Journal of Paediatrics and Child Health, 2016. 52.

21   Strack, F., L. L. Martin und S. Stepper, *Inhibiting and facilitating conditions of the human smile: a nonobtrusive test of the facial feedback hypothesis.* J Pers Soc Psychol, 1988. 54(5): S. 768 –777.

22   Anacker, M., *William James: Die James/Lange-Theorie der Gefühle,* in *Hauptwerke der Emotionssoziologie,* K. Senge und R. Schützeichel (Hg.), 2013: Springer Fachmedien, S. 181 –186.

23   Wild, B. et al., *Neural correlates of laughter and humour.* Brain, 2003. 126(Pt 10): S. 2121 –2138.

24   Provine, R. R., *Laughter.* American Scientist, 1996. 84(1): S. 38 –45.

25   Scott, S. et al., *The social life of laughter.* Trends in cognitive sciences, 2014. 18.

26 McGettigan, C. et al., *Individual Differences in Laughter Perception Reveal Roles for Mentalizing and Sensorimotor Systems in the Evaluation of Emotional Authenticity.* Cerebral cortex 2013. 25(1): S. 246-257.

27 Höffe, O., *Aristoteles: Poetik.* 2010: De Gruyter.

28 Mobbs, D. et al., *Humor Modulates the Mesolimbic Reward Centers.* Neuron, 2003. 40(5): S. 1041 –1048.

29 Lexikon, H. P. *Riddikulus.* 2023; 다음에서 접속함: https://harrypotter.fandom. com/de/wiki/Riddikulus (accessed 22.11.2023).

30 Schopenhauer, A., *Die Welt als Wille und Vorstellung.* 1844: Brockhaus.

31 Focus Online, *Feuerwehrmänner lassen sich von einem kleinen Mädchen die Fingernägel lackieren.* 2019; 다음에서 접속함: https://www.focus.de/panorama/ welt/sie-war-in-einen-autounfall-verwickelt-feuerwehrmaenner-lassen- sich-von-kleinem-maedchen-die-fingernaegellackieren_id_11238921.html (accessed 12.12.2023).

32 More, T. et al., *Ideal Commonwealths: Plutarch's Lycurgus, More's Utopia, Bacon's New Atlantis, Campanella's City of the Sun and a Fragment of Hall's Mundus Alter Et Idem.* 1896: Routledge.

33 Jainish, P. und P. Prittesh, *Consequences of Repression of Emotion: Physical Health, Mental Health and General Well Being.* International Journal of Psychotherapy Practice and Research, 2019. 1(3): S. 16 – 21.

34 Eagleton, T., *Humour.* 2019: Yale University Press.

35 Matsukawa, K. et al., *Deactivation of the prefrontal cortex during exposure to pleasantly-charged emotional challenge.* Sci Rep, 2018. 8(1): S. 14540.

36 Cheng, D. et al., *Laughter Is (Powerful) Medicine: the Effects of Humor Exposure on the Well-being of Victims of Aggression.* Journal of Business and Psychology, 2019. 34: S. 1 – 14.

37 Stollmann, R., *Leben, lieben, lachen,* in *Ursache – Wirkung.* 2021.

38 Freud, S., *Der Witz und seine Beziehung zum Unbewussten.* 1912: Deuticke.

39 Berk, L. S. et al., *Neuroendocrine and Stress Hormone Changes During Mirthful*

Laughter. The American Journal of the Medical Sciences, 1989. 298(6): S. 390 –396.

40 Dionigi, A., M. Duradoni, and L. Vagnoli, *Humor and anxiety: The relationship between the comic styles, worry and general well-being.* Personality and Individual Differences, 2021. 181: S. 111028.

41 Arntzen, H., *Satire in der deutschen Literatur: Geschichte und Theorie.* 1989: Wissenschaftliche Buchgesellschaft.

42 Frankl, V. E., ··· *trotzdem Ja zum Leben sagen: Ein Psychologe erlebt das Konzentrationslager.* 2010: Penguin Random House.

43 Documentary, R. *Live in Kyiv: comedy in a war zone.* zone/ (accessed 22.11.2023).

44 *Anschlag auf Charlie Hebdo.* Wikipedia; 다음에서 접속함: https://de.wikipedia. org/w/index.php?title=Anschlag_auf_Charlie_Hebdo&oldid=239909392 (accessed 12.12.2023).

45 Ewin, R. E., *Hobbes on Laughter.* The Philosophical Quarterly, 2001. 51(202): S. 29 –40.

46 Martin, R. A. et al., *Humor, coping with stress, self-concept, and psychological well-being.* 1993. 6(1): S. 89 –104.

47 Vaughan, J., V. Zeigler-Hill, and R. Arnau, *Self-Esteem Instability and Humor Styles: Does the Stability of Self-Esteem Influence How People Use Humor?* The Journal of social psychology, 2014. 154: S. 299 –310.

48 Bressler, E. und S. Balshine, *The influence of humor on desirability.* Evolution and Human Behavior, 2006. 27: S. 29 –39.

49 Greengross, G. and G. Miller, *Humor ability reveals intelligence, predicts mating success, and is higher in males.* Intelligence, 2011. 39: S. 188 –192.

50 van Tilburg, W. A. P., E. R. Igou, und M. Panjwani, *Boring People: Stereotype Characteristics, Interpersonal Attributions, and Social Reactions.* Personality and Social Psychology Bulletin, 2022. 49(9): S. 1329-1343.

51 Ruch, W., *The Sense of Humor: Explorations of a Personality Characteristic.* 2007: Mouton de Gruyter.

52   León-Pérez, J. M. et al., *Effectiveness of a Humor-Based Training for Reducing Employees' Distress.* Int J Environ Res Public Health, 2021. 18(21).

53   Elsayed, Y. und A. B. Hollingshead, *Humor Reduces Online Incivility.* Journal of Computer-Mediated Communication, 2022. 27(3).

54   McGhee, P. E. und E. Pistolesi, *Humor, Its Origin and Development.* 1979: W. H. Freeman.

55   *Spiegel Online, Architekt installiert rosa Wippen in Grenzzaun.* 2019; 다음에서 접속함: https://www.spiegel.de/panorama/gesellschaft/architekt-installiert-wippen-im-grenzzaun-zwischen-usa-und-mexiko- a-1279764.html (accessed 12.12.2023).

56   Lederle, J., *Das Leben ist schön,* Filmdienst (Hg.), 1997.

57   Cann, A. und C. Collette, *Sense of Humor, Stable Affect, and Psychological Well-Being.* Europe's Journal of Psychology, 2014. 10(3): S. 464 – 479.

58   Talbot, L. und D. Lumden, *On the association between humor and burnout.* Humor-international Journal of Humor Research, 2000. 13: S. 419 – 428.

59   Abel, M. H., *Humor, stress, and coping strategies.* 2002. 15(4): S. 365 – 381.

60   Kelly, W. E., *An Investigation of Worry and Sense of Humor.* The Journal of Psychology, 2002. 136(6): S. 657 – 666.

61   Gelkopf, M., *The use of humor in serious mental illness: A Review.* Evid Based Complement Alternat Med, 2011. 2011: S. 1–8.

62   Waggerl, K. H., *Heiteres Herbarium: Blumen und Verse.* 1950: O. Müller.

63   Yip, J. A. und R. A. Martin, *Sense of humor, emotional intelligence, and social competence.* Journal of Research in Personality, 2006. 40(6): S. 1202 – 1208.

64   Amir, O. und I. Biederman, *The Neural Correlates of Humor Creativity.* Frontiers in Human Neuroscience, 2016. 10.

65   Bihrle, A. M. et al., *Comprehension of humorous and nonhumorous materials by left and right brain-damaged patients.* Brain Cogn, 1986. 5(4): S. 399 – 411.

66   Berger, P. et al., *Personality modulates amygdala and insula connectivity during humor appreciation: An event-related fMRI study.* Soc Neurosci, 2018. 13(6): S.

756 – 768.

67   Willinger, U. et al., *Cognitive and emotional demands of black humour processing: the role of intelligence, aggressiveness and mood.* Cognitive Processing, 2017. 18(2): S. 159 – 167.

68   Plessen, C. Y. et al., *Humor styles and personality: A systematic review and meta-analysis on the relations between humor styles and the Big Five personality traits.* Personality and Individual Differences, 2020. 154: S. 109676.

69   Tagalidou, N. et al., *Effectiveness and feasibility of a humor training in a routine care setting for people suffering from mental disorders.* HUMOR, 2019. 32(3): S. 449 – 473; Ruch, W. et al., *Training the sense of humor with the 7 Humor Habits Program and satisfaction with life.* HUMOR: International Journal of Humor Research, 2018. 31.

70   Freud, S., *Der Witz und seine Beziehung zum Unbewussten.* 1912: Deuticke.

71   Provine, R. P. und K. R. Fischer, *Laughing, smiling, and talking: Relation to sleeping and social context in humans.* Ethology, 1989. 83: S. 295 – 305.

72   Schneider, R. M., *Plädoyer für eine Geschichte des Lachens.* In *Das Lachen im Mittelalter.* J. Le Goff (Hg.), 2021, Klett-Cotta.

73   Grimm, I., *Ernsthaft, WDR?,* in *RedaktionsNetzwerk Deutschland.* 2023.

74   FAZ.Net, *Da zeichnet sich was ab,* 2019; 다음에서 접속함: https://www.faz. net/aktuell/feuilleton/medien/die-new-york-times-streicht-nacheinem-skandal-die-karikaturen-16233461.html#:~:text=Nachdem%20die%20 amerikanische%20Ausgabe%20der,Ihre%20Zeichner%20sind%20 entt%C3%A4uscht. (accessed 12.12.2023).

75   Jones, P. W., *Who's laughing now?* , K. Research (Hg.), 2022.

76   Bridgland, V. M. E., P. J. Jones und B.W. Bellet, *A Meta-Analysis of the Efficacy of Trigger Warnings, Content Warnings, and Content Notes.* Clinical Psychological Science. 0(0).

77   *Harvey Ball.* Wikipedia; 2023; 다음에서 접속함: https://de.wikipedia.org/ wiki/Harvey_Ball (accessed 22.11.2023).

78   Krüss, J., *Timm Thaler oder Das verkaufte Lachen.* 2017: Friedrich Oetinger.

제5장 자신감을 갖기

1   Dominy, N. J. und R. Calsbeek, *A movie monster evolves, fed by fear.* Science, 2019. 364(6443): S. 840 – 841.

2   Davey, G. C. L., F. Meeten und A. P. Field, *What's Worrying Our Students? Increasing Worry Levels over Two Decades and a New Measure of Student Worry Frequency and Domains.* Cognitive Therapy and Research, 2022. 46(2): S. 406 – 419.

3   Ruscio, A. M. et al., *Cross-sectional Comparison of the Epidemiology of DSM-5 Generalized Anxiety Disorder Across the Globe.* JAMA Psychiatry, 2017. 74(5): S. 465 – 475.

4   Wang, M., M. Rieger und T. Hens, *The Impact of Culture on Loss Aversion.* Journal of Behavioral Decision Making, 2016. 30: S. 270–281.

5   Bode, S., *Die deutsche Krankheit – German Angst.* 2006: Klett-Cotta.

6   Castel, R., *Die Wiederkehr der sozialen Unsicherheit,* in: Prekarität, Abstieg, Ausgrenzung: die soziale Frage am Beginn des 21. Jahrhunderts, 2009: S. 21 – 34.

7   Kohlrausch, B., *Wirtschaftliche Belastungen und Sorgen durch Ukraine-Krieg und Inflation weiter verbreitet als auf Höhepunkt der Corona-Krise.* 2022, Pressedienst des WSI, Hans Böckler Stiftung.

8   Möller-Slawinski, H., *Cybermobbing und Klimaangst 2002/23,* SINUS-Jugendstudie im Auftrag von BARMER, 2022.

9   Biess, F., *German Angst: Fear and Democracy in the Federal Republic of Germany.* 2020: Oxford University Press.

10   Cole, S. N., S. R. Staugaard und D. Berntsen, *Inducing involuntary and voluntary mental time travel using a laboratory paradigm.* Memory & Cognition, 2016.

44(3): S. 376 – 389.

11   Kvavilashvili, L. und J. Rummel, *On the Nature of Everyday Prospection: A Review and Theoretical Integration of Research on Mind-Wandering, Future Thinking, and Prospective Memory.* Review of General Psychology, 2020. 24(3): S. 210 – 237.

12   Seligman, M. E. et al., *Homo prospectus.* 2016: Oxford University Press.

13   Jäkel, L., *Das sind die größten Sorgen der Deutschen für das Jahr 2023,* in *Business Insider / Civey.* 2023.

14   Neubauer, A., J. Smyth und M. Sliwinski, *When You See It Coming: Stressor Anticipation Modulates Stress Effects on Negative Affect.* Emotion, 2018. 18: S. 342 – 354.

15   Johnston, W. M. und G. C. L. Davey, *The psychological impact of negative TV news bulletins: The catastrophizing of personal worries.* British Journal of Psychology, 1997. 88(1): S. 85 – 91.

16   Zimbardo, P., R. Sword und R. Sword, *The Time Cure: Overcoming PTSD with the New Psychology of Time Perspective Therapy.* 2012: Wiley.

17   Karstoft, K. I. et al., *Early identification of posttraumatic stress following military deployment: Application of machine learning methods to a prospectivestudy of Danish soldiers.* J Affect Disord, 2015. 184: S. 170 – 175.

18   Thompson, R. R., E. A. Holman und R. C. Silver, *Media Coverage, Forecasted Posttraumatic Stress Symptoms, and Psychological Responses Before and After an Approaching Hurricane.* JAMA Network Open, 2019. 2(1).

19   Chandler, J. G. und R. S. Davis, *Remarkable Story of Chicken Little.* 1842: Benjamin B. Mussey.

20   Mobbs, D. et al., *When Fear Is Near: Threat Imminence Elicits Prefrontal-Periaqueductal Gray Shifts in Humans.* Science, 2007. 317(5841): S. 1079 – 1083.

21   Bauer, T. et al., *Grüne fahren SUV und Joggen macht unsterblich: Über Risiken und Nebenwirkungen der Unstatistik.* 2022: Campus.

22   Gaissmaier, W. und G. Gigerenzer, *9/11, Act II: A Fine-Grained Analysis of Regional Variations in Traffic Fatalities in the Aftermath of the Terrorist Attacks.*

Psychological science, 2012. 23.

23 University College, L. et al., *Information behaviour of the researcher of the future.* 2008.

24 Corinth, E., *Die weltweite Dihydrogen-Monoxid-Verschwörung.* 2004.

25 White, R. und E. Horvitz, *Cyberchondria: Studies of the Escalation of Medical Concerns in Web Search.* ACM Trans. Inf. Syst., 2009. 27.

26 Beghi, E. et al., *Bovine spongiform encephalopathy and Creutzfeldt-Jakob disease: Facts and uncertainties underlying the causal link between animal and human diseases.* Neurological sciences: official journal of the Italian Neurological Society and of the Italian Society of Clinical Neurophysiology, 2004. 25: S. 122–129.

27 RKI. *Creutzfeldt Jakob Krankheit.* 2018; 다음에서 접속함: https://www.rki.de/ SharedDocs/FAQ/CJK/CJK.html (accessed 22.11.2023).

28 Tetlock, P. E., *Expert Political Judgment. How Good Is It? How Can We Know?* 2005: Princeton University Press.

29 Bauer, T. et al., *Grüne fahren SUV und Joggen macht unsterblich: Über Risiken und Nebenwirkungen der Unstatistik.* 2022: Campus.

30 Tetlock, P. E., *Expert Political Judgment. How Good Is It? How Can We Know?* STU – Student edition ed. 2005: Princeton University Press.

31 Silver, N., *Die Berechnung der Zukunft,* 2013: Heyne.

32 Epstein, D. J., *Range: Why Generalists Triumph in a Specialized World.* 2019: Riverhead Books.

33 Grossmann, I. et al., *Insights into the accuracy of social scientists' forecasts of societal change.* Nature Human Behaviour, 2023.

34 Horx, M., *Die Zukunft nach Corona: Wie eine Krise die Gesellschaft, unser Denken und unser Handeln verändert.* 2020: Ullstein.

35 Bets, L. *The arena for accountable predictions.* 2024; 다음에서 접속함: https:// longbets.org (accessed 22.11.2023).

36 Golub, S. A., D. T. Gilbert und T. D. Wilson, *Anticipating one's troubles: the costs*

and benefits of negative expectations. Emotion, 2009. 9(2): S. 277−281.

37 Horx, M., *Anleitung zum Zukunfts-Optimismus: Warum die Welt nicht schlechter wird.* 2007: Campus.

38 Ford, B. et al., *The political is personal: The costs of daily politics.* Journal of personality and social psychology, 2023.

39 Yerkes, R. M. und J. D. Dodson, *The Relation of Strength of Stimulus to Rapidity of Habit Formation.* Journal of Comparative Neurology & Psychology, 1908. 18: S. 459−482.

40 Eisler, R. und K. Roretz, *Wörterbuch der philosophischen Begriffe.* 1927: E. S. Mittler.

41 Ende, M. und F J. Tripp, *Jim Knopf und Lukas der Lokomotivführer.* 1973: Thienemann.

42 Diels, H. und W. Kranz, *Die Fragmente der Vorsokratiker, griechisch und deutsch.* 1951: Weidmann.

43 Barr, N. et al., *The brain in your pocket: Evidence that Smartphones are used to supplant thinking.* Computers in Human Behavior, 2015. 48: S. 473−480.

44 Conversano, C. et al., *Optimism and its impact on mental and physical well-being.* Clin Pract Epidemiol Ment Health, 2010. 6: S. 25−29.

45 von Lüpke, G., *Die Alternative: Wege und Weltbild des alternativen Nobelpreises: Pragmatiker, Pfadfinder, Visionäre.* 2003: Riemann.

46 Rosling, H. et al., *Factfulness: Wie wir lernen, die Welt so zu sehen, wie sie wirklich ist.* 2018: Ullstein.

47 Alipour, F., J. Mesrabadi und S. Rahimi, *Problem-Solving Skills and Anxiety Relation: A Meta Analysis.* Social Cognition, 2022. 10(2): S. 139−164.

48 Fujiwara, T., *The role of altruistic behavior in generalized anxiety disorder and major depression among adults in the United States.* Journal of Affective Disorders, 2007. 101(1): S. 219−225.

49 Bouman, T. et al., *When worry about climate change leads to climate action: How values, worry and personal responsibility relate to various climate actions.* Global

Environmental Change, 2020. 62: S. 102061.

50 Crowe, D. M., *Oskar Schindler: Die Biographie*. 2005: Eichborn.

51 Gibney, M. J. et al., *Breakfast in Human Nutrition: The International Breakfast Research Initiative*. Nutrients, 2018. 10(5).

52 Covey, S. R., *Die 7 Wege zur Effektivität: Prinzipien für persönlichen und beruflichen Erfolg*. 2018: GABAL.

53 Strosahl, K. et al., *A Practical Guide to Acceptance and Commitment Therapy*. 2004. S. 31 – 58.

54 Ettlin, F. und R. Hertwig, *Back or to the future? Preferences of time travelers*. Judgment and Decision Making, 2012. 7(4): S. 373 – 382.

55 Pronin, E. und L. Ross, *Temporal differences in trait self-ascription: when the self is seen as an other*. J Pers Soc Psychol, 2006. 90(2): S. 197 – 209.

56 Bartels, D. M. und O. Urminsky, *On Intertemporal Selfishness: How the Perceived Instability of Identity Underlies Impatient Consumption*. Journal of Consumer Research, 2011. 38(1): S. 182 – 198.

57 Hershfield, H., *Future self-continuity: How conceptions of the future self transform intertemporal choice*. Annals of the New York Academy of Sciences, 2011. 1235: S. 30 – 43.

58 Napp, C., E. Jouini und S. Mansour, *Is There a Pessimistic Bias in Individual Beliefs? Evidence from a Simple Survey*. SSRN Electronic Journal, 2006.

59 Leahy, R. L., *The Worry Cure: Seven Steps to Stop Worry from Stopping You*. 2006: Harmony/Rodale.

60 Daily Express, *Wedded bliss? Marriage is BETTER the SECOND time around, study shows*. 2017; 다음에서 접속함: https://www.express.co.uk/life-style/life/782516/marriage-better-second-time-around-after-divorce (accessed 12.12.2023).

61 Wilson, T. D. und D. T. Gilbert, *Affective Forecasting:Knowing What to Want*. Current Directions in Psychological Science, 2005. 14(3): S. 131 – 134.

62 Halpern, J. und R. M. Arnold, *Affective forecasting: an unrecognized challenge in*

making serious health decisions. J Gen Intern Med, 2008. 23(10): S. 1708–12;

Eastwick, P. W. et al., *Mispredicting distress following romantic breakup: Revealing the time course of the affective forecasting error.* Journal of Experimental Social Psychology, 2008. 44(3): S. 800–807.

전망

1   Sloterdijk, P., *Du musst dein Leben ändern: über Anthropotechnik.* 2009: Suhrkamp.

2   Seery, M. D. et al., *An Upside to Adversity?: Moderate Cumulative Lifetime Adversity Is Associated With Resilient Responses in the Face of Controlled Stressors.* Psychological Science, 2013. 24(7): S. 1181–1189.

3   Sears, S. R., A. L. Stanton, and S. Danoff-Burg, *The yellow brick road and the emerald city: benefit finding, positive reappraisal coping and posttraumatic growth in women with early-stage breast cancer.* Health Psychol, 2003. 22(5): S. 487–497.

4   Tedeschi, R. G. und L. G. Calhoun, *Trauma and Transformation: Growing in the Aftermath of Suffering.* 1995: SAGE Publications.

5   Wu, X. et al., *The prevalence of moderate-to-high posttraumatic growth: A systematic review and meta-analysis.* J Affect Disord, 2019.243: S. 408–415.

6   Fisher, H. E., *Evolution of human serial pairbonding.* Am J Phys Anthropol, 1989. 78(3): S. 331–354.

에필로그

1   Shorter, E., *Moderne Leiden: zur Geschichte der psychosomatischen Krankheiten.* 1994: Rowohlt.

2   Scull, A., *Psychiatry and social control in the nineteenth and twentieth centuries.* History of Psychiatry, 1991. 2(6): S. 149–169.

3   Wehler, H. U., *Das Deutsche Kaiserreich, 1871–1918*. 1988: Vandenhoeck & Ruprecht.

4   Kroth, J. A. und J. Kroth, *The Psychic Immune System: A Hidden Epiphenomenon of the Body's Own Defenses*. 2016: Lexington Books.

5   Jung, C. G. and L. Jung-Merker, *Die Archetypen und das kollektive Unbewußte*. 1996: Rascher.

6   Speer, M. et al., *Wie blickt Deutschland in die Zukunft?*, in *Redaktions-Netzwerk Deutschland*. 2023.

7   Quoidbach, J., D. T. Gilbert und T. D. Wilson, *The End of History Illusion*. Science, 2013. 339(6115): S. 96–98.

8   Rosling, H. et al., *Factfulness: Wie wir lernen, die Welt so zu sehen, wie sie wirklich ist*. 2018: Ullstein; Pinker, S., *Enlightenment Now: The Case for Reason, Science, Humanism, and Progress*. 2019: Penguin Books.

9   The Economist, T., *Is Gemany once again the sick man of Europe?*. 2023.

10   The Economist, T., *The sick man of the euro*. 1999.